Red at Heart

How Chinese Communists Fell in Love with the Russian Revolution

紅心戀歌

20世紀兩場革命中的跨國愛情體驗

伊麗莎白・麥瑰爾 Elizabeth McGuire 著

第五篇
我和你吻別，一九六〇年代與之後 349

羅斯
斯諾亞爾斯克
貝加爾湖
伊爾庫次克
赤塔
滿州里
海蘭泡
伯力
哈爾濱
烏蘭巴托
蒙古
長春
海參崴
瀋陽
北京
大連
天津
延安
中國
西安
上海
南京
長沙
廣東
香港

現代俄羅斯與中國地圖
Oksana Limankina 製圖

序曲

在窩瓦家

二〇〇四年七月，一個炎熱的夏日午後，炙熱難耐，根本無法走在北京復興門區綿長、靜謐的街道上。街道兩旁林立著高聳的公寓。十四號在哪兒啊？好像有點不對勁。查閱地圖顯示，這裡有兩條非常接近的街，街名都很長，只有一字之差。但我走的這條街不對，難怪怎麼找都找不到十四號。

距離約定的時間已經過了一個小時，我終於找到了十四號。大門旁小小的警衛室裡，有個中年男子抬頭一瞥，我還沒開口發問，他就舉手示意要我入內，指了指庭院右後方的角落，他似乎是習以為常了。我穿過庭院，經過入口，走上一小段台階，穿過敞開的大門。

我先用中文禮貌問候了窩瓦的太太，接著窩瓦連珠炮般用俄文說了一大串熱情的斥責：怎麼這麼晚？發生什麼事了嗎？迷路了嗎？怎麼不先打個電話呢？來來來，坐吧，坐吧。妳想知道些什麼？來，我給妳看照片，也讓妳看看上次我們在伊萬諾沃市（Ivanovo）聚會的影片。

一個小時過去了，接著兩個小時過去了，到了晚餐時間，這時餐桌也已經擺設好。有中式的魚香茄子和中式水煮全魚，也有俄羅斯沙拉、馬鈴薯香煎洋蔥和蘑菇，還有俄式牛肉餅——加入了些許中式風味，恰好讓它既不能算是俄式，也不足以稱作中式。桌上備有筷子，可是窩瓦夫婦很快就將叉子遞給我；也有喝果汁的玻璃杯，杯裡放有餐巾；還有喝酒的小型一口杯，杯緣鑲有金色的葉片。餐點都已上桌，非常可口，夾雜著中俄兩種風味。

晚餐後窩瓦向我介紹他的院子，那是一座俄式花園。什麼叫做俄式花園？他自顧自解釋著，指向外面那些植物。對面公寓有位鄰居從一樓的窗戶探出頭來，窩瓦對她打了聲招呼，和她聊了起來，但一時之間他以為自己還在俄國，竟對她說著俄語——窩瓦從俄羅斯回到中國已經過了十五年，但才不過三個小時，幾杯黃湯下肚，又回到了俄國模式。她搖搖頭，將身子從窗口縮了回去。

他有意識到自己的錯誤嗎？很難說。他繼續往下說著。這有說不完的故事。

前言

認真的戀情

一九二〇年代開始，成千上萬的中國青年革命者踏上旅途，前往蘇聯——在他們這個年齡，這一趟旅程很可能會決定未來的一生。在蘇聯期間，他們學習了俄語，感受著蘇維埃共產主義，許多人也墜入愛河，結婚生子。從這方面來看，他們與來自世界各地的人相似：無論出身東方或西方，都為俄國革命所著迷，被吸引而來到莫斯科。

但東西有別：這些中國人回家，打了一場戰爭，然後在一九五〇年代推動了一場變革。這場變革對蘇聯來說，是最具有地緣政治意義、極為重要的遺產。這些中國革命者後來還把孩子送到莫斯科念書，並將他們自己年輕時對俄國的愛，傳承給無數的中國人，中國人因此讀了俄羅斯小說，看過俄羅斯電影，又學過俄羅斯歌謠，俄羅斯文化成了一九五〇年代成年人記憶的一部份。雖然後來中國發生了文革，蘇聯也解體了，社會主義價值觀和政策又逐漸式微，但當年的記憶還在。

這種親身經歷是多代人的共同記憶，讓中國對俄羅斯的關係在情感方面來說相當複雜，也具有文化深度——這在二十世紀共產主義出現之前，是從沒見過的。而今共產主義已經消失，這種複雜的感情與文化深度卻一直保存下來。

＊

這本書採用「終身不渝的戀情」為比喻，來講述一個中俄關係的新故事，而不是常見的、用兄弟之邦或友情甚篤來比喻國際社會主義。本書的重點不在一九六〇年代的「中蘇分裂」，而是想探討：「這兩個國家一開始是怎麼在一起的？」為了回答這個問題，本書研究了那些最深入體驗中蘇關係的人：一群中國的革命者，因為他們旅居俄國的經驗，因為他們接觸到的俄國人民與文化，而深深影響了他們的情感世界。

傳統上，中蘇關係的焦點放在雙邊領導人、意識形態、地緣政治和政黨。冷戰期間，學者們爭論的是蘇聯所造成的影響有多深、影響的機制為何；探討的是中國共產主義到底是固有的還是外來的，後來造成的衝突究竟有多深等等。[1]一九九一年後俄國方面檔案解密，後人終於能夠計算出來中國共產黨成立早期到底接受了多少蘇聯的金援，也能閱讀毛澤東和赫魯雪夫之間憤怒對話的逐字稿。[2]來自東歐集團各國檔案館的新資料，使得後人得以從事詳細的記錄和透徹的研究，主題包括中蘇兩國在第三世界的競爭與冷戰結束的原因等。[3]然而，卻很少人從文化和社會分析角度去研究中蘇關係——即便文化和社會對共產主義的大歷史有極大的影響。

一般人都相信共產社會本質上是一個反動派的非官方文化，但在蘇聯檔案開放、各種「歷史秘辛」造成的喧嘩平息之後，新的證據顯然不支持這種假設。共產執政期間出現了尖酸刻薄的蘇聯笑話，而蘇聯異議人士也滿心憤怒，但隱藏於其後的，並不完全是一般人民的不滿，而是努力為自己和家庭賺錢的平民老百姓，是真誠追念戰爭的愛國者，是人民掏心掏肺、為了理解和融入共產主義社會所寫下的信件和日記。一九九〇年代，俄羅斯出現了對共產蘇維埃時代的全面懷念，許多重量級的研究強調了在社會主義下，國家與社會之間的共生關係。[4]

漸漸地，研究國際社會主義的新方法也逐漸出現，包含從個人經歷、個人信念和生活方式切入，來看待國際社會主義。另外一個新的研究方向，針對蘇聯內部的俄羅斯人和非俄羅斯族裔之間的關係，也得到了驚人的發現：雖然蘇聯要求非俄羅斯族裔者必須入籍成為蘇聯公民，但蘇聯同時也推動了「非俄羅斯民族主義」。[5]有些研究還分析了蘇聯人民與外國人之間的互動，探討這些跨文化交流如何影響人們對全球共產主義和對自身的感受。這些外國人包含前往蘇聯的外國人、蘇聯人參與西班牙內戰時的同袍、蘇聯二戰中的敵人，以及二戰後蘇聯人士前往國外旅遊碰到的人。[6]

雖然蘇聯境內的歐洲人、美國人和其他外國人的物質生活與情感世界已經有人研究過了，但是對中國人的研究卻少之又少——別忘了這些中國人當中有些後來成為繼蘇聯之後，世界上另一個共產主義大國的領導人。[7]更引人注目的是，雖然歐洲，日本和美國在塑造中國二十世紀的轉變過程中，都不如蘇聯那麼重要，可是關於在歐、日、美的中國人的書籍卻為數不少。[8]就彷彿大家都認為在這幾十年間前往莫斯科的幾千位中國人士，都是意識形態的狂熱分子或地緣政治的人質，而最後才想起原來他們也是有血有肉的真人。事實上，早在其中一些人成為中國和台灣的國家領導人之前，他們早已經在二十世紀最迷人、最浪漫的跨文化相會當中，擔任領先者的角色了。

・本書作者及資料引述的方法，雖有堅實的學術背景，但為便利讀者閱讀，書中的中文引文有時以當代白話中文寫出。另外，在原著者的協助下，本書已盡量呈現中文引文的原貌，然遇到作者引自俄文、德文、法文及其他語文檔案之資料，或作者間接引述等情況下，本書仍以當代中文白話翻譯。尚請讀者諒察。

✽

「戀情」在本書當中有許多意義及功能，但正是因為「戀情」這個主題在歷史資料裡清晰可見，這些意義與功能才能成立。許多中文的史料文獻中偶爾可見到浪漫元素，有些則可說是充滿了愛情的記載。此外，莫斯科的檔案館中大量的政黨文件裡，包含了一系列的信件和報告，內容都顯示了在莫斯科的中國人是如何為愛情所苦，是如何充滿了慾望。在一九二〇到三〇年代，無論蘇聯當局如何努力，都無法阻止中國人偷情、懷孕、墮胎（這些事件出現的比率相當驚人），並且想盡各種辦法追殺情敵——包括在政治整肅的場合陷害對方。當局也無法阻止這些中國人熱烈討論歌德的浪漫小說《少年維特的煩惱》是否與他們在蘇聯的生活相關，或者要如何把亞歷山德拉．柯倫泰（Alexandra Kollontai）提倡的性愛放任主義應用於他們在蘇聯的生活裡。蘇聯新聞宣傳機器當時有辦法確保中國第一個派到蘇聯革命時代莫斯科的記者瞿秋白，在發稿時內容都符合蘇聯官方《真理報》的路線，可是等瞿秋白一回國，立刻著手撰寫《赤都心史》——後來成為世上最有影響力的「紅色宣傳」素材之一，此時蘇聯當局卻無計可施。[9]

如果要寫一段歷史來解釋俄國革命對第一代中國激進人士的巨大吸引力，就不能忽視這種親密關係與意識形態的交融，或將其視為理所當然。愛情、性、慾望和戀情不但不是配角，不是煽情的註腳，反而是中蘇史的重心，具有重要的歷史意義。留俄的中國共產主義人士，對日後的中蘇關係帶來了極大的影響，而在他們一生當中，情感和地緣政治是交纏不清的。

早期有關在俄國的戀情故事，能夠在中國引起共鳴，因為這些故事與中國的重大文化和社會變化相吻合。一九二〇年代這段時期充滿了實驗性思想，無論是在中國還是蘇聯，家庭、愛情、性和文學等各方面都出現了新的嘗試。在中國，激進的年輕人開始拒絕父母的媒妁之言，而有些蘇聯青年則完全拒絕婚姻。中國人大量閱讀了翻譯作品，包括屠格涅夫和托爾斯泰這些十九世紀的歐洲小說家；而俄羅斯人則閱讀葉賽寧（Esenin）的同性戀詩歌和左琴科（Zoshchenko）筆下所描繪的共產主義愛情諷刺故事。中國人搭上了西伯利亞大鐵路的列車，往來於兩種同樣痴迷於愛與文學革命的文化之間，只是方式不同。[10]莫斯科很快就成為中國年輕人的憧憬之地，並在那裡做著在自己家鄉，甚至是在上海可能永遠不敢做的事。這群中國人真的就只為了學習馬列主義，就跳上火車前往蘇聯嗎？

不過一旦上了車，他們就成為歷史互動的代理人，在中蘇這兩個革命體之間打造出人際連結。一般來說，社會科學研究者如果想了解不同的革命之中有何關連，他們會先找出定義，找出革命的類型，或者（借用馬克思的想法）找出可適用於多種情況的因果解釋，要不然就是比較各個革命的特定面向，找出革命隨著時空而演變的基本過程。社會科學家還證明了一場革命產生的思想會啟迪其他思想，或者一場革命以哪些方式擴大、推動或助長其他地方的革命。[11]

最後一種方式對研究中蘇關係的歷史學家影響極大。以往歷史學家從單獨的個人角度來考量中蘇關係時（而不是從這個人在政黨或經濟階級裡的角色、這個人是否為國家領導人等角度來考量），重點是放在所謂的蘇聯「顧問」和「專家」身上，這兩種人因為蘇聯「影響中國未來發展」的大目標而前往中國。當然，對於許多中國人來說，蘇聯人就是導師（這段一九二〇到一九六〇年代間的導生關係，是本書的另一個副主題）。[12]然而，這些政治策士、軍官或工程師，在他們的本行裡通常是中階的男性專業人員，他們在中國的生活只是生命中的一段插曲，而不是貫穿一輩子的焦點。他們沒學中文，沒娶中國妻子，而且很多人並非自願前往的。相比之下，年輕的中國人急切地前往蘇聯，去的時候只是個普通的激進人士，回國後卻成了高階革命幹部，還有些人成為了詩人和總統。

前往中國的蘇聯人民，和前赴蘇聯的中國人之間的差異，反映了一個深刻的真理：這是一場不對稱的戀情。自彼得大帝第一次提倡西化運動以來，俄羅斯精英文化的發展方向一直是明確地走歐洲路線。俄國大革命的浪漫主義是法式的；而正如托爾斯泰在《戰爭與和平》中所提出的那樣，俄羅斯革命的概念首先出現在俄羅斯與法國拿破崙的相遇中，後者激發了一八二五年「十二月黨人」起義事件。俄國革命黨人想像自己是法國大革命時期的代表人物如丹敦（G. Danton）或羅伯斯比（M. Robespierre）。如果時光能夠倒流，他們就能回去體驗一七九〇年代的巴黎，正如中國人在一九二〇年代前往莫斯科一樣。一九一七年以後，布爾什維克人仍痴迷於一種「俄羅斯波拿巴派」的想法，這是一個保守的派別，目標是逐漸消除激進的社會議題，正如拿破崙終結了激進的雅各賓派。同時，他們想要鼓動（或強迫）歐洲各地發生革命；德國若能革命最好，但匈牙利爆發革命也行。在一九三〇年代，史達林的政權以越來越狹隘的方式重新定義「無產階級國際主義」，可是西班牙內戰引發了可說是蘇聯最激情的浪漫，且這種激情一直延續到戰後對古巴的感情。[13]

二戰後，蘇聯早期的無產階級國際主義觀念再次復興，後來卻完全排除了中國。東歐新出現了共產國家，非洲及拉丁美洲也去殖民化了，帶來一波席捲全球的俄國革命，此情此景，第一代布爾什維克人只有想像的份。貿易、援助、觀光旅遊和文化交流為全球社會主義國家的人民打開了全新的世界，他們彼此交流往來的互動頻繁，甚至不必經過蘇聯領土。中國一度參與了這一波的交流，歷史學家也一直渴望在戰後國際主義的故事裡找到華人的蹤跡。但是，從一九六〇年代開始，中國與蘇聯中斷了交流，而從蘇聯的觀點來看，中國代表著共產制度的專制及危險。即使毛澤東思想在全球的影響力達到了頂峰，中國卻也淪落到「俄羅斯想像」的邊緣地位。[14]

傳統上，當俄羅斯領導人想到「東方」時，主要指的是歐俄東南部、西南部的領土，也就是中亞、高加索地區、近東，或印度、中東，也有時候包含日本。[15]在啟蒙運動時期，當歐洲對中國感到著迷，而俄羅斯迷上歐洲時，凱瑟琳大帝寫信給伏爾泰說：「閣下，雖然您如此稱讚中國，但若我告訴您我與中國交往的經驗，恐怕就會摧毀了您對他們『很高雅』的想法。」[16]對於凱瑟琳大帝和她的繼任者來說，中國最主要的角色是貿易夥伴，有時是找麻煩的鄰國。[17]一九一七年之後，中國有時也吸引到蘇聯政治和文化精英的目光（一次在一九二〇年代末期，一次在六〇年代後期），但基本上俄羅斯菁英其實很不在意中國。原因一方面是俄羅斯人向來認同自己是西方的愛人，無法暫時放下這個身份去變成別人的西方；另一方面，俄國革命創造出一個以俄羅斯為中心的新宇宙，中國只是這個新世界的一部份。[18]想當然爾，中國不願意處於這個世界的邊陲。

今天，隨著越來越多的中國人移民到俄羅斯，研究這些移民的學者焦急地發現，有一種帶有刻板印象的「他者」經常出現，而「他者」並不傾向於同化。研究者感嘆，俄羅斯和中國正在彼此隔離，在感情上和意識形態上形同陌路。[19]所謂的「歐亞主義者」強調俄羅斯與「東方」的文化聯繫（不管東方的定義是什麼），但這在俄國都只是不受重視的意見，因為俄國一直以歐洲的標準衡量自己。[20]

不過退一步看，俄國革命和中國革命顯然是緊密關聯的。如果我們將革命定義為「一種過程，起點是嘗試摧毀舊秩序，發展的高峰是採用武力革命運動改變社會，到了對變革的記憶消失則革命就告衰退」，那麼俄國和中國革命就是同時代的產物。中國在一九一一年推翻滿清，建立了民主共和，六年後俄羅斯推翻羅曼諾夫王朝。在這兩次革命之後，都出現了複雜的軍事衝突和政治的不確定性。在一九二〇年代後期，當布爾什維克人正在制定一個五年計畫，想要從根本上重塑蘇聯社會之際，中國國民黨也進行著國家機器支持的社會轉型。一九三〇年代，史達林於作秀公審中消滅了他的反對者，蔣介石則無情地肅清中共黨員，中共同時正在進行黨內鬥爭，驅除異己。

第二次世界大戰最終有利於中國紅軍，使共產力量能在中國推動激進的社會變革，正如第一次世界大戰對於俄羅斯的效用。這樣也證明了蘇聯的實驗是有效的，從中共的角度來看更是如此。一九五〇年代初期，中華人民共和國遵照戰後蘇聯技術專家的作法，展開了一場自己的工業化運動，然而，此時有些第一代中國共產主義者仍然在位，依舊堅持著他們當初在蘇聯看到的激進作法。中國的大躍進和文化大革命令人聯想起一九三〇年代的蘇聯，而俄國第二代領導人早已質疑一九三〇年代蘇聯的作法了。另一方面，到了一九七〇年代，中國正在以俄羅斯幾十年來無法實現的方式開放農村經濟。一九八九年，柏林圍牆倒塌，天安門廣場發生了屠殺，俄羅斯和中國似乎已經走上了截然不同的道路。然而，從二十一世紀的角度來看，中國經濟蓬勃發展，文化也日益全球化，而俄羅斯的政治改革前景難料，又模糊了中俄分歧。回頭來看，俄羅斯和中國在長達一個世紀、深刻影響了整個歐亞大陸的變革當中，其實是亦步亦趨的。

在二十世紀上半葉長達幾十年的時間裡，一直有中國人源源不絕前往莫斯科學習。他們是兩國革命之間的人類媒介，他們的故事說明了意識形態、政治變化、經濟改革背後的感情投入。他們的故事代表有一股強大的吸引力，強大到讓這些年輕人在自己的家鄉中都感受到力量，然後這股吸引力帶領他們橫跨西伯利亞，抵達一個若不是他們家鄉發生革命，他們根本不可能會有興趣的地方。他們最終協助領導了一場非常類似俄羅斯的革命，但原因並非完全是國際帝國主義導致了中國境內的階級鬥爭加劇（這是列寧的預言），也不完全是因為布爾什維克人抵達中國協助革命。原因在於，他們在青年時代被俄國革命帶來的機會所吸引：革命讓他們獲得新生，創造新的中國。

✻

本書所稱的中蘇戀情，始於一九二〇年代，年輕的中國革命者首度將俄羅斯、愛情、革命三者融合為一。有些人刻意將愛情故事編織進入他們講述的俄羅斯故事中，或者把自己的戀愛故事寫入傳記裡。這些人以愛情為比喻——換言之，以追憶的方式把「愛情」和「革命」連結起來，因為這兩者間的關係很難透過明確具體、有系統的比較來連結（不僅在文字上很難連結，實際上也難以做到）。這些日後將要回到中國投入革命的人，若想找到與蘇聯的連結，就必須克服語言障礙，學習歷史，掌握意識形態。但同時，他們也可以搭上前往莫斯科的列車，躲避父母在家鄉為他們安排好的婚姻。一旦抵達，更可建立起一段只需一點點語言就夠了的關係。就算做不到，他們也能寫寫俄羅斯浪漫故事，引用普希金的詩句給自己的中國愛人聽。

要理解政治、跨文化和國際互動，就要了解比喻手法。國際關係中許多最基本的概念，例如權力的「平衡」或「硬實力、軟實力」都是比喻，而國家則常被描述為個人。[21]國王一直是人民的「父親」，這在儒家思想盛行的中國和絕對主義當道的歐洲都一樣，殺死國王以創造更加平等的「兄弟」政體，就是「弒父」的行為。[22]聯盟一直被稱為「婚姻」，迷戀外國文化就是「浪漫」，軍隊的暴行就是「強姦」。當然也會發生真實的人際互動，例如政權之間的聯姻，跨文化的愛情故事，以及軍事入侵時的姦淫擄掠等。

中國的革命人士用愛情當作想像的方式，用愛情來聯繫蘇聯，這並不是什麼特別新鮮的事情，但他們這樣做，卻為中蘇的結盟創建出一種很特殊，又常被忽略的情感意味：兩國關係倒退，感覺就像心碎；雙邊意見分歧，如同戀人背棄——這兩種狀況又使得現實生活中的中蘇愛情事件和家庭關係更加複雜。一直以來，浪漫主義與兄弟情誼或友誼的比喻是互相衝突的，這些比喻描述了中國革命人士對蘇聯「應該保持」的看法。布爾什維克人在整個內戰和一九二〇年代都高度依賴「共產主義兄弟情誼」這個比喻，而史達林在一九三〇年代在國際間以及多種族的蘇聯內部，都推動了「人民的友誼」。二戰後，蘇聯與東歐集團各國之間在社會、文化上的交流，也常見「人民的友誼」這種比喻。[23]

一九四九年中國共產黨全面掌權後，向中國年輕一代大力宣傳中華人民共和國與蘇聯之間如兄弟、如朋友的情誼。中國和台灣的領導人都不讓自己的感情史被一般大眾知道，因為戀情公開只會帶來無窮無盡的麻煩，而且戀情比「兄弟之邦」、「友誼永固」更敏感也更複雜。然而，仔細探究一九五〇年代的歷史就知道，儘管官方使用「兄弟」等男性比喻來大肆宣傳中蘇關係，但涉及女性的戀情主題和家庭主題卻一再出現，於整個文化大革命期間一直存在於一些中國人的想像之中，且到了一九八〇年代重新出現。到了一九九〇年代，有一整代成長於一九五〇、六〇年代的親俄中國人開始重新研讀他們心愛的語言和文學，撰寫出新一波為數極多的、關於中俄文化關係的研究和回憶錄。而今天，中國年輕的俄羅斯文學學者則想要把「更嚴肅、更理性的態度」（這是某位專家的說法），帶入長期被戀情主題（不管是個人的戀情，還是政治上的結合）所纏繞的中俄關係裡。[24]

可是歷史學家卻借用了「兄弟」和「戀情」這種混合的比喻，又沒有解釋清楚，很不恰當地把一九五〇年代俄羅斯和中國的結合稱呼為兄弟情誼，又用「分手、離婚」等字眼來描述雙方在一九六〇年代的關係，完全沒想到早先是以浪漫的方式來形容雙方的結盟。[25]實際上，自從中蘇之間的戀情於一九二〇年代展開，未來的數十年間它一直展現出顯著的跨文化差異。無論是一九二〇代末、三〇年代中後期、四〇年代末、五〇年代中後期，直到六〇年代末和八〇年代中期，中國人一次又一次前往莫斯科見證並參與一種正在進行的轉型，且覺得這種轉變與他們自己非常有關。這種經歷，每個人的體驗都不同，但一旦使用戀情這種比喻，就可以用各種方式創造出中蘇關係的新視野。正因為「戀情」這種人類比喻具有反覆無常的性質，所以碰到地緣政治或意識形態爭執的時候，中蘇之間的戀情並不一定等於中國對俄羅斯的明確感情或親蘇立場。「朋友」和「兄弟」在情感上應該是堅定及溫和的，「情人」則經常充滿激情、變化無常、盲目又痴迷，因此「戀情」恰好可以讓我們既直觀又感性地解釋中蘇關係的劇烈波動。

最能理解這種關係的人，就是去過俄羅斯的人。長期來看，他們的旅程為中蘇關係描繪出一幅獨特的感情地圖。

我們若回顧留俄第一代中國革命者的生命史，在中蘇兩國關係發展的背景之下，他們對俄羅斯的感情，恰可對照人生當中長期戀情的許多特徵：期待所帶來的興奮、初次相遇、強烈的渴望引發熱戀、愛的結晶等，也造成了心碎、幻滅和疏離。中年危機出現，乖乖結了婚，生下子女。可是現實生活的責任，加上日益複雜的家庭生活緊張關係，最終導致感情的破口，離了婚。以上這些，都無法阻止第二代、甚至第三代人繼續對愛好奇，繼續追愛——而一開始，就這份愛讓他們降生於世。以上這些，也沒有讓中蘇兩國戀情出現痛苦的結局：隨著時間的流逝，對敵意的記憶消失了，取而代之的是一種至今仍留戀的真誠懷舊之情。

接下來的章節將借用文學上羅曼史的特點，嘗試捕捉中蘇關係中的情感元素，本書同時也整理了文獻，呈現出中蘇之間的文化史。從某個角度來看，中蘇關係是一次單戀，或說是一種不對稱的愛情故事。但它也有如中世紀的浪漫色彩：英雄角色前往異國的一次追尋之旅，故事的主角們都熟悉中國偉大的中世紀浪漫文學：《西遊記》、《水滸傳》、《紅樓夢》等，還有些人的實際生活簡直就像這些傳說故事裡的情節。因為這是真實生活裡的戀情歷史，所以由主角們親自解釋他們的感受及故事，而檔案資料、回憶錄、訪談和歷史作品則描述他們所處的環境，並盡可能把他們的說詞對照實際的社會脈絡。他們表達的情感、描述的外表、當時的回想內容等等，都按照原樣呈現在書中，所有的細節和對話都是真實的。

本書既以戀情的比喻為主軸，章節的順序也依循著戀情的循環：第一次相遇、校園戀情、愛情故事、共組家庭、彼此吻別。[26]雖然以少數幾人當主角，但也有許多人出場。

關於赴蘇俄的華人史，有一個特點，就是裡面有許多重要的中國政治人物，包括劉少奇、鄧小平和江澤民等。可是在中俄兩國關係的戀情裡，他們不是要角，因為除了劉少奇之外，他們在俄期間並沒有明顯的戀情故事，也沒有留下特別有趣的文章講述他們在蘇聯的生活。然而，這本書可能會間接照映出他們的經歷，所以書中偶爾也會在重要政治人物登場時，特別加以說明。同樣，儘管俄羅斯不太關注中國，但中國革命引起俄羅斯關注的時刻，本書也加以記載。儘管這本書並不是俄羅斯文化在中國的歷史，但對旅俄的中國人來說，是文學引發並滿足了他們對俄國的興趣，並加速他們踏上旅程。

本書第一篇「初遇」描述了兩位主角初到俄羅斯的故事。第一位是《赤都心史》的作者瞿秋白，他是跨文化文藝政治的重要人物，曾短暫代理中共總書記。第二位是埃彌．蕭（本名蕭三），毛澤東小時候的朋友，曾任中蘇友好協會早期領導人，也是中蘇關係當中的重要詩人。他們的故事，將中蘇之間戀情的肇因追溯至更廣的範圍，亦即二十世紀初中國爆發革命之際，中國對於外國文學與教育的著迷。

第二篇「校園戀情」跟隨著瞿秋白、蕭三等人，進入了蘇聯和中國的革命學校。研究一件事，和愛上一件事，兩者之間只有細微的不同，蘇聯檔案中有確切的證據，證明了中國學生在莫斯科時想盡各種方法將「愛情」和「革命」結合，以及蘇聯的教師們煞費苦心想教導中國學生什麼才是革命。在這裡，本書第三個主角登場：蔣介石的兒子蔣經國。他曾在蘇聯度過動蕩的十年，最終成為台灣總統。瞿秋白的學生陳碧蘭也在本篇出現，本書描述了她成為第一位在莫斯科學習的中國女性的過程。第二篇「校園戀情」以中國一九二七年失敗的革命畫下句點。

第三篇「愛情故事」焦點在於一九三〇年代一系列引人注目的中蘇人民愛情事件。此時中俄兩國關係相對疏遠，這種情況恰好讓有些中蘇民間戀情深化。蔣經國與白俄羅斯女工的低調婚姻，與蕭三的高調婚姻形成鮮明對比——他先娶了俄羅斯女子，接著又娶了一個在蘇聯的德裔猶太人。再來是莉莎．基什金娜（中文名為李莎，原名為 Elizabetha Pavlovna Kishkina），她是出生於貴族家庭的俄羅斯女子，與中國著名的勞工煽動者、共產黨領導人李立三結婚。毛澤東第三任妻賀子珍的蘇聯之旅，則替中蘇戀情添加了一筆毛式風格的轉折。另外，蘇聯的孤兒院裡出現了數十名中國私生子，顯示出上一代人做出的選擇，會對下一代產生什麼影響。有位名叫尤拉（中文名叫黃健）的男孩無法得到應有的愛，他從自己的視角，為這些因異國戀情而誕生的孩子發聲，訴說像他們這樣的孩子在特殊的俄羅斯國際社會主義家庭成長的故事。

第四篇「共組家庭」以一九五〇年代為開端，那時候劉少奇和其他第一代中國留蘇聯學生，白天忙於國政，操弄地緣政治，晚上還要面對他們受過俄羅斯教育的孩子帶來的親子衝突。第四篇也將接續介紹前面提到的蕭三、李莎、尤拉等人，在一九五〇年代大規模文化交流中擔任的領導角色，更將把「兄弟之邦」這個比喻，拿來和他們的私生活對比，也和最受歡迎的蘇聯電影、小說和歌曲的戀情意境來對比。這些章節還將探討王蒙這位親俄作家，他生長於一九五〇年代，後來在一九八〇年代後期成為中國文化部長。他沒有參與第二波的大規模留俄學生潮，但他深愛俄羅斯文學和音樂，他後來的遊記也描述了他對蘇聯歷史和文化的終身關注。

第五篇「我和你吻別」仔細檢視了中蘇聯姻的家庭，從一九五〇年代開始出現的緊張關係（這種緊張關係的出現，比中蘇兩國的分裂還早）。中蘇兩國長達數十年的關係，影響了許多人的生命，而從這些人的眼光來看，兩國在一九五〇年代早期熱絡的「友誼」和一九六〇年代初期戲劇性的「分手」，只不過是一次小波折而已，只不過是情緒從一個極端擺盪到另一個極端。本書在第五篇解說了中蘇聯姻的跨文化、跨革命家庭當中，父母與子女於文化大革命前後遭遇的困境，主要的角色是李莎、尤拉等人。同時也繼續講述王蒙的故事——他的故事凸顯了中蘇戀情的復甦，雙方重回愛戀的起點。後來他終於有機會帶著熱切的期待前往莫斯科，尋找想像中「真正的」俄羅斯，也就是他從歷史上所讀到、記憶在心裡的俄羅斯。

如今中蘇戀情已經結束，兩國間只剩後續要處理。二十世紀之初，兩個帝國是遙遠的對手，但共產主義卻以意想不到的方式將兩國人民和文化聚集在一起。本書描述的個人愛情故事反映了一個更宏觀的背景，在這個背景中，中俄兩國關係不但更加緊密，也無法回頭。

第一篇

初遇，約在一九二二年

第一章

蕭三的大冒險：長沙、巴黎、莫斯科

埃彌要出國

時值一九二二年冬，一列駛向莫斯科的火車才剛過拉脫維亞邊界，一名年輕的中國男子就走了下來，拿著一個寫有俄語「我想吃東西」的牌子。他不會說俄語，法語倒是說得不錯，那句俄文是與他同行的比利時乘客幫他寫的。他的臉圓圓的，笑容也很溫暖，穿著歐式的衣裝，留著一頭光澤的黑髮，只是他還想再留長一點。二十六歲的他，自稱為「埃彌兒．蕭」（Emil Siao）。「蕭」是他的姓氏，而「埃彌兒」則取自十九世紀法國作家埃米爾．左拉（Emile Zola）。後來不知何時，名字裡的那個「L」字母不見了，他的外國朋友們索性叫他「埃彌」（Emi）。他找到了一家咖啡廳，裡面的店員給了他湯和麵包。說是說湯，但只不過是水加幾塊魚肉；而麵包則硬到他覺得店員一定得用斧頭才砍得動，何況麵包裡面還有幾根稻草。[1]

如果我告訴你，埃彌下車是世界歷史的大事，你相信嗎？自第一次世界大戰伊始，政治覺醒的中國學生以及數十萬中國勞工持續流入西歐。雖然清朝於一九一一年覆亡，社會的全面改革卻沒有出現，所以許多知識分子把歐美視為成功革命的典範。法國特別受到青年的歡迎，「勤工儉學」的他們和其他國家的移民一樣，在工廠中賺錢謀生，也上夜校，並組織小團體一起閱讀和思考。惡劣的工作條件導致一些思想左傾的學生放棄了法國大革命的自由主義理想，轉而對馬克思主義產生了興趣，對於蘇聯的反帝國主義言論和社會正義的強調感到好奇。

埃彌是第一個離開法國前往俄羅斯的學生。[2]此舉代表向西取經的激進中國知識分子改變了目標，從巴黎轉向莫斯科。

從農村到長沙

一九一一年，十四歲的埃彌離開了家鄉湖南的時候，完全無法想到他會在一九二二年抵達莫斯科。

埃彌出生於一個小村莊中的低階士紳家庭。他父親受過教育，卻和其他許多讀書人一樣，未能考取功名而不能擔任官職。有些落榜的考生——或許是因為被摒除在現行政治體系之外而感到憤怒——轉而成為大型抗爭活動的領導者。但這些求官的考生們（仕子）通常還是在小村或是大家庭裡擔任私塾教師。而中國社會裡常流傳著許多關於這些地方私塾先生的笑話。[3]

為了讓教育體系現代化，中國於一九〇五年取消了科舉考試，這也讓埃彌免於走上他父親的老路。埃彌的父親則抓住這個歷史性的機會，改變了他自己的歷史。一九〇四年，他父親三十四歲，回到學校學習物理、數學等新科目，然後到附近中學講授科學課程，並帶他的兒子埃彌去那裡上學。[4]

埃彌和他的哥哥於一九一一年畢業，他的父親接著將他們送到湖南省會長沙，進入了由士紳改革者在全國推廣的一所全新師範學院。為了抵免學費，入學的小男孩們必須在畢業後前往省級小學任教。[5]

埃彌莫斯科之旅的起點，是一段將近五十公里的艱苦旅程，從家裡徒步到湘江，搭船上行前往長沙。這艘江輪的船主是一家外國公司，所以也稱作「外國船」，而埃彌到老都記得這艘船：船艙上層有十排座位，每排有十張椅子，以帆布為頂，高度不高；還記得他和他的哥哥在船上一面吃著鹹菜和香腸，一面盯著船上賣的高級菜餚。[6]

長沙這個遠超過他們家鄉的大城市，讓兄弟倆經歷了一次典型的現代化視角轉變：這裡的建築物高得不可思議，街道也比家鄉的寬得多。名為湖南第一師範的學校位於長沙市郊，是該市唯一的現代化建築。它坐落在山丘上，有一道五百級的石階通往火車站，再過去一點就是湘江河畔。[7]

也許因為毛澤東是校友，湖南第一師範現今依然保持當時的模樣。沿著江邊散步是學生們最喜歡的消遣；江上有一座小島，種有非常多橘子樹，多到樹上結實纍纍時，從遠處看來就像是「晚靄峰間起」。至少這就是學生們散步時，一人一句輪流即興作詩所描述的內容。[8]

聽起來或許很夢幻，但許多學校是為了實現未來的夢想而興建的。清末民初，掀起了一股興建學校的狂熱，新成立的大學反映了烏托邦式的願景：西方的數學和東方的詩歌，將使得中國在現代世界處於領先地位。

湖南第一師範的課程非常多元，從儒家經典到化學不一而足。學校的競爭非常激烈，最優秀的作文會被貼出來供大家欣賞，而學生們之間也形成明確的團體階級。埃彌的成績不算優秀，他最強的科目是語言和音樂，而且他很怕考試，常在恐懼中度日。由於擔心拿不到獎學金，他還仔細計算了全部科目所需的平均成績，免得自己被退學。而他的哥哥表現出色，獲獎作文會也定期被張貼出來。[9]

弟弟活在哥哥的陰影下，這種事相當常見；但從歷史上來看，埃彌的情況之所以特別，是因為他的哥哥蕭瑜（原名蕭子昇）是毛澤東的摯友。他們兩個在河邊散步時似乎都丟下了埃彌，熱烈討論著教育改革和中國的命運。[10]

一九一一年：童年，革命

一九一一年，還是小伙子的埃彌兄弟抵達長沙之際，他們的「革命之路」還有很長。辛亥革命是上一代青壯年取得的政治成就，革命精英們推翻滿清，建立共和，開始建立中華民族國家，為整整一個世紀的變革開闢了道路。[11]

但對於埃彌和他的同輩來說，辛亥革命當天就是個槍聲不斷的陰天，一場突然的學生集會，和一場黃昏的遊行，數百盞燈籠在黑暗的天空下閃爍。毛澤東後來講了個故事：辛亥革命當天因為下雨，他又找不到能穿的膠鞋，來不及參與革命。事實上，這三個男孩都來不及參加革命，就像一九一〇年代學生激進主義的早期浪潮平息之後，那些抵達新省級師範學校的一整代學生一樣。[12]

辛亥革命後埃彌和他的青少年同學們有了更多的自由去規劃自己的學習課程。埃彌鑽研《福爾摩斯》，還有《紅樓夢》等廣受歡迎的中國小說、民間傳說以及上海報紙上的連載小說。另一方面，蕭瑜和毛澤東則在深夜中看著長沙的夜景，談論著救國之道。蕭瑜回憶，在一九一四年的一次深夜討論中，他和毛澤東決定創立一個非正式的學生協會，藉由提升成員的道德水準來進行國家改革。[13]

一九一六年畢業後，埃彌在一個想要現代化的鄉村祠堂學校找到了一份工作。由於是祠堂，校內的所有學生和職員都姓黃。雖然埃彌想將他在湖南第一師範學院學到的改革計畫教給學生，但在這所學校教書非常累，地位也不高，所以埃彌找到機會就離開了。一九一七年春天，他找到了下一份工作，負責巡遊各地創立童軍團，然後以童軍團領導人的身份定居在長沙。就在埃彌忙於童軍事務時，蕭瑜和毛澤東把他們的小組變成了正式的組織：新民學會。蕭瑜是第一任會長；埃彌也入了會。[14]

當時中國各地遍佈類似新民學會這種團體，旨在支持北京的新文化運動。辛亥革命之後發生了一連串的軍事政變，減損了國民政府的權威，而各省的軍閥仍掌握實質上的政治權力。失望的中年知識分子認為，辛亥革命是失敗的，因為它純屬政治性質的革命。他們認為，如果中國仍然受制於儒家思想，就無法成為現代化國家。一九一五年至一七年間，著名的改革家們接掌了北京大學，開始出版《新青年》雜誌，鼓勵各地的中國學生質疑傳統。[15]領導新文化運動的許多知識分子曾到國外留學，完全相信若要重建國家，就要與外國交流。

這個想法雖不新穎，但也不算太過時。一八七〇年代，滿清政府改革派曾將一小批學生派往美國或歐洲讀中學和大學，或參加海軍培訓，但出國留學的想法直到一八九五年甲午戰爭之後才開始流行起來。一八九八年，一位清朝官員寫了一份備忘錄，解釋日本重要的改革家都曾在國外學習，後來成為明治維新的功臣，所以他建議中國的年輕人去日本留學。[16]

這個建議代表了中國人在心態上的鉅變。一千多年來，日本在傳統上只是個派遣學生到中國學習的藩屬國，而現在日本被看作是通往先進歐洲的捷徑，因為留學日本不但費用較為低廉，在語言上和文化上也和中國較接近。二十世紀初，許多中國學生前往日本，透過日文譯本讀到各種西方的政治哲學，並公開加入反清組織。俄國的無政府主義在日本激進人士當中特別受歡迎，他們所翻譯的俄國無政府主義思想接著影響了中國革命者，並激發了一些獨立的恐怖事件。到了一九一一年，已有一萬名中國人或多或少接受過日本教育。[17]

一九一一年以後，越來越多的中國人開始去美國留學。新成立的教育部沒有太多出國留學的預算，派公費生出國這件事，就由地方官員接手。美國是最昂貴的地方，當地有數千名中國學生，很可能來自富裕家庭。家境較不富裕的學生則得另覓他處。[18]

在歐洲國家裡，最便宜的是俄羅斯，但要去那裡留學非常難。凡是中國學生申請前往學習高等教育，都由帝俄外交部逐案審核。二十世紀初大部分的留俄中國學生都申請學習技術科目，包括軍事技術，但俄國政府以國家安全為由拒絕了其中一些申請。一九一七年留在彼得格勒的八名中國留學生中，有一人回憶道，即使在一戰爆發之前，當地的中國學生也不到三十人。[19]

另一方面，在第一次世界大戰期間，成千上萬的中國勞工湧入西歐工廠工作，所以改革者提出了新的策略：學生可以去歐洲半工半讀。而勤工儉學會和華法教育會等正式組織則努力使歐洲的教育既實惠又方便。

從湖南到北京

一九一八年春天，湖南新民學會正式成立，毛澤東、蕭瑜和埃彌收到了一些勤工儉學宣傳資料。六月份，他們召開會議，決定派一名成員到北京打聽是怎麼一回事。到了八月，埃彌、蕭瑜、毛澤東和其他約二十名學生都已搭火車離開長沙，前往北京。[20]

北京的生活非常艱困，但也令人嚮往。毛澤東在北大圖書館找了份工作，埃彌和其他學生則在勤工儉學會預備學校學習法語。埃彌與十一個人共睡一間房，睡在同一個大炕上。小麥是北方窮人的主食，不過他們不知道如何用小麥做飯，況且他們去北京也不是為了過好日子。他們學習法語，思考何謂自由、平等和博愛的同時，他們的心中有更崇高的理想。[21]

北京的生活之所以引人入勝，不僅是因為法語課或法國革命的理想。埃彌和他的朋友們在五四運動前夕抵達北京，當時中國的愛國、反傳統氣氛到了最高點，即將引爆。在第一次世界大戰的最後幾天，日本要求德國將中國境內的租借地移交給日本，而中國希望列強諸國在凡爾賽條約中抵制日本的要求。一九一九年四月下旬，中國人民發現日本即將接收德國在中國的租借地，人民對政府、對歐洲列強的不滿敵意節節升高。[22]

像其他在北京的學生一樣，埃彌和他在法語預備學校的朋友們打算參加五月四日的遊行，當天將有三千名學生走向天安門——這場示威將使後世的天安門廣場具有濃厚的政治氣息。剛開始示威是和平的，直到學生抵達外國使館，與警察扭打起來，一名學生死亡，多人被捕。這次事件引發了輿論，導致全國各地發生罷工。後來五四運動產生了效果，六月二十八日，中國政府拒絕在巴黎和會上簽字。[23]

毛澤東早在五四運動之前就先回到了湖南，創辦一份激進的學報。而埃彌於六月下旬也回到湖南，加入毛澤東的行列。埃彌寫了一些熱門的文章，並和毛澤東一起在街上販售創立之初的幾期學報。他們組織會議和遊行，安排湖南同鄉前往上海和北京參加學生活動。這種大城市與省城之間的交流傳播了五四運動的思想，也激化了五四運動。[24]

這份學報還強調旅行的重要，因為能夠接觸新的思想。五四運動之後，有些年輕人繼續反抗儒家思想，掙脫傳統家庭，在中國追求新的生活方式；另外像埃彌和蕭瑜等人則為了前去法國而加倍努力。蕭瑜設法在華法教育會找到了秘書的工作，成為該協會會長（一位既有名氣又有錢的無政府主義者）的得力助手。一九一九年初，蕭瑜和他的新老闆前往法國。[25]

埃彌和其他人就沒那麼幸運。眼見學生對勤工儉學計劃的需求太大，勤工儉學會將旅行費用提高到五百五十銀元，這對貧困家庭來說可不是一筆小數目。湖南勤工儉學小組給埃彌一個幾乎不可能完成的任務：籌集資金，安排學生從上海出國。他一度想讓學生開餐館和洗衣店，為出國留學湊足盤纏。最後，埃彌拜訪了蕭瑜的資助人，他慷慨解囊，讓埃彌獲得了湖南小組出國所需的資金。[26]

就在布爾什維克黨掌理俄國兩年後，中國最激進的學生才前往法國留學，部分費用由富有的貴族資助。對許多中國人來說，俄羅斯共產主義之旅，始於探索歐洲自由民主之旅。

從上海到巴黎

一九二〇年五月九日，埃彌和其他一百二十六位工讀生乘坐四等艙離開上海，出發前往巴黎，這是一艘巨大的改裝貨船。木板床鋪上是由粗藍色材料做成的寢具，內填稻草。船艙很黑，食物少又難吃，而且每個人都暈船。

不過學生們運用所學來應對惡劣的環境：他們組織起來了。每個省份的學生選出兩名代表，組成「赴法海上自治組織」，下轄生活組，新聞組，法語組和音樂組，負責大家的團膳並指派清潔任務。每個學生有一個編號，寫在一塊白色的小布條上，別在衣服上。埃彌負責新聞、音樂和體操。[27]

並不是所有登船赴歐的學生都像湖南學生這麼有政治活力。對於一些學生來說，乘船本身就是一種改變生活的體驗，因為他們能接觸其他思想激進的年輕人。一位沒有參加過五四運動的學生稱這趟旅程為「我個人的五四之旅」。[28]

從上海出發後，這艘船先駛向香港，途經新加坡，然後到了非洲的吉布地，再穿過紅海、蘇伊士運河和地中海。三十八天後，這艘船於六月十四日抵達法國馬賽。他們在夢想之國的第一晚，就在公園和博物館附近散步，到晚上九點才用餐，這是勤工儉學會替他們安排的第一份法國餐，選在一家豪華餐廳。他們去巴黎之前在火車上住了幾晚，所以省下了一些住宿費。[29]

到了巴黎，和埃彌同船的學生們都分開送往各個學校，參加法國政府開設的法語速成課，為期兩個月，埃彌則被送到巴黎近郊的楓丹白露。他的老師說他的法語突飛猛進，他還受邀到老師家作客，後來更成為老師家裡的常客。這麼早就有這樣的經歷，也讓他在中國學生間與眾不同。[30]

有一次，法語老師的孩子走近埃彌，把手指壓在埃彌的鼻子上，埃彌以為這是說他的鼻子太扁塌了，於是他用自己的食指在他的鼻樑上鉤了鉤，表示法國人的鼻子太挺了，這讓孩子們大笑了起來。另一次，有一部法國戲劇營造出中國相當落後的形象，讓一些在楓丹白露學習的中國學生感到不滿，於是他組織了一場學生戲劇晚會，讓法國人了解中國文化。晚會的票很快就售罄，也說明了埃彌很早就在跨文化的表現和調和方面，展現出天賦。[31]

在楓丹白露待了兩個月後，埃彌搬到巴黎南方七十英里處的蒙塔爾吉斯（Montargis），當地已有一些湖南人住在那裡。一九二〇年七月，他們在蒙塔爾吉斯開了新民學會的會議。除了討論自己的政治組織之外，新民學會還分派責任，每個人負責閱讀不同的法國報紙；埃彌負責閱讀《世界報》（Le Monde）。此時，包括埃彌在內的一些成員開始認真研讀馬列主義著作。一九二〇年十二月，該組織派埃彌去法國西北方的勒阿弗爾（Le Havre）調查當地華工的情況，並提交了一份報導給某家上海報紙。[32]

工讀學生們的物質條件也不是那麼好。一半以上的學生找不到工作，一九二一年的時候有將近兩百名學生無家可歸，只好住在巴黎市中國文化中心主場館外草坪上的帳篷裡。[33]艱困的物質條件讓很多學生產生了懷疑：法國是不是追尋革命的地方？一名學生回憶起他在法國追尋革命理想的心路歷程：

> 但我們周圍的法國呢？天主教神父穿著黑色長袍，每天到學校向學生傳教。學生看見校長和舍監，就好像老鼠看著貓一樣；他們對於如何發起社會運動絲毫沒有概念，也從來沒有討論到抵抗、革命、社會主義、無神論、無政府主義等等；他們閱讀的書籍和雜誌從未提到過這樣的話題。難道法國沒有五四運動嗎？……幸好，最近出版的《新青年》雜誌刊載了張松年翻譯的〈精神獨立宣言〉，由羅曼．羅蘭、亨利．巴比塞、伯特蘭．羅素和一些我從未聽說過的人所簽署。[34]

為了瞭解法國當代革命思潮，這位學生只好閱讀中文刊物。

面對物質與精神的貧乏，每個學生的反應大不相同，並非所有人都決心投入革命。有些人踏上了犯罪之路；有些人勉強自力更生；有些人則加入了教會資助的組織；還有許多人在法國的全期都痛苦不堪。埃彌在蒙塔吉斯的朋友採取了最激進的方式：學生裡的馬列主義理論者說服大家說，在工廠做工只會被資本家剝削，向祖國政府請求財務支援方為解決之道。他們號召支持者，於一九二一年二月前往巴黎的中國領事館抗議惡劣的生活條件，在那裡與法國警察發生了衝突。[35]

接下來的幾個月裡，學生抗議活動頻繁，中國政府不得不開出「回國免旅費」的條件，開始強行要求學生回國。[36]至此，中國學生在法國的留學運動，已帶有過濃厚的政治氣息（稍早日本的經驗也是如此），隨著許多學生離開法國，留學法國慢慢結束，但這最終也導致中國的政治開始向左傾。

跨文化橋樑

埃彌和一些學生留在歐洲，但沒有收入，也看不到前景，所以埃彌和一位朋友在一九二一年底決定前往柏林，聽說那裡的生活費較低。埃彌向一個小叔借了點錢，和朋友住在一家便宜的旅館，吃的問題就在一家小型的中餐館解決。如果

埃彌・蕭，本名蕭三。蕭氏家族提供

埃彌會從歷史上提早消失，那很可能就是此時。

但他沒有。一九二二年春，周恩來前來拜訪他（周恩來比較有時間參加政治活動，因為他有獎學金），告訴埃彌在巴黎出現了一個新的、更激進的組織。埃彌於一九二二年六月及時回到了布洛涅（Bois de Boulogne），參加歐洲共青團的組織會議，這是中國共產黨的早期分支。他在一家製造絕緣材料的工廠找到了一份工作，並在廠裡大部份是女工的環境中，結識了一位中年法國女性。[37]

同時，由於他擁有優秀的語言能力，他受命掌理青年團的對外關係。埃彌和另外四人透過新朋友胡志明，加入了新成立的法國共產黨，埃彌也擔任該黨聯絡人。大多數時候他們只是參加一些無聊的地方會議，討論著團體內的人事問題，但埃彌還是能與知名的法國激進分子密切往來。他和他的朋友們在週日常包場咖啡館，邀請法國理論家來和中國人談話。他又為一本法國雜誌寫了篇文章，談中國工讀生的情況，文章作者署名為埃彌．蕭。[38]

用這個新名字（靈感源自佐拉）發表了這一篇初試啼聲的作品，象徵著他以獨立作家之姿，躋身於國際激進分子的紛雜世界。這是他第一次擁有了獨立的身份，不再附屬於他的哥哥，也不再附屬於組織中的其他學生。埃彌是最能與外界溝通的人，雖然思想上最相容的同志，有時也會因文化差距而分裂，但埃彌熱情、開放的面孔和流暢的語言，使他能超越這種分裂，因此無論是中國人還是歐洲人，都對他的名字都琅琅上口。

有一天在法國共產黨總部，法國殖民事務負責人提到，莫斯科開了一所新的大學，收來自「東方」國家的學生，並問埃彌是否有興趣報名。埃彌說當然有——至少他可以從西伯利亞回到中國。埃彌告訴他，在柏林時從這所學校的一位學生那裡聽說過這間大學，也曾想要過去，但無緣獲得簽證。這位法國人拿出名片，在背面潦草地寫了幾句俄語，並要埃彌再試一次。[39]

於是，埃彌於一九二二年冬天回到了柏林。他在領事館出示了那位法國人的名片，半小時內就獲得了蘇聯的護照和入境簽證。埃彌先用德語感謝幫助他的官員，然後也用俄語表達感謝之意——他前一週臨時學了幾句俄語。「你會說俄語嗎？」這位官員問道。埃彌用他僅知的俄語說：「我不會說俄語，但會說德語和法語。」[40]

在這樣的因緣際會之下，由於對法國的理想幻滅，埃彌成為許多學生中第一個前往莫斯科的人。在這一點上，共產國際（Communist International，簡稱 Comintern，又稱第三國際）這個致力於推動世界革命的蘇聯組織，和新生的中國共黨歐洲分部並沒有直接關係；反而是在法國共產黨總部的一次偶然，讓埃彌獲發簽證。[41]

然而，埃彌先被選中並不是偶然。在他遊歷世界途中，以及待在法國和德國的這段時間裡，雖有文化的差異和語言的隔閡，他仍然脫穎而出。他的經歷說明，即使離開自己的同胞前往異國，只要有一點魅力，就可以將自己的文化差異轉化為大家的認同。也難怪他是歐洲所有的中國激進分子中，前往俄羅斯的第一人。也是他，為中國人離開巴黎前往莫斯科開了先例。

從柏林到莫斯科

埃彌一個人搭火車，從柏林到德國海岸。他在那裡搭上一艘前往拉脫維亞的船，穿過波羅的海，然後乘火車到了剛進入俄羅斯邊境的小火車站，在那裡吃晚餐。這裡，距離莫斯科只有幾個小時的車程。[42]

火車終於抵達莫斯科，但沒有任何教育協會的人迎接他，反而是一名紅軍士兵願意幫助他前往市中心的共產國際辦公室。在那裡，櫃台小姐幫他找到了他在家鄉認識的人。這位朋友馬上把他帶到了共產國際代表下榻的特維爾卡婭（Tverskaia）的魯克斯酒店（Lux Hotel）。他們進入一個大房間，房裡有一大群中國人，包括不久前才在共產國際的指導下，成立於上海的全新中國共產黨的一些領導幹部。

介紹結束後，埃彌發現他認識其中幾個人。有一個人埃彌未曾謀面，但從這人文雅的談話語氣中認出他是誰。多年後，埃彌回憶起初遇知名記者瞿秋白：「一看便知是大知識份子。」43

第二章
瞿秋白的追尋：托爾斯泰與跨西伯利亞之旅

如果埃彌認出了瞿秋白，那或許是因為任何關心俄羅斯的中國人，一定都知道瞿秋白這號人物。自一九二一年初開始，瞿秋白是第一個在俄羅斯現場見證俄羅斯革命進程的人，並將他的報導傳回北京的報社。大量閱讀這些文章的中國年輕人，可能單靠這些文章就拼湊出瞿秋白的形象：「博學，思想敏銳，健談，有幽默感的白面書生。」[1]

瞿秋白確實是一位白面書生。他標準的瓜子臉上一片蒼白，平平淡淡，他的眉毛稀疏，眼睛很小，鼻子太扁。埃彌遇見瞿秋白的時候，日後將會接任中國共產黨總書記的瞿秋白，正在經歷重大的身心轉變——在莫斯科這個惡劣的環境歷練了一年，瞿秋白也從小男孩蛻變為男人。[2]

叛逆的俄國學生

一八九九年，瞿秋白出生於中國沿海的省分江蘇，從小他母親就教他唐詩，鼓勵他讀書。他父親出身書香，但家道已中落，曾學習山水畫，又涉獵道家秘宗、吸鴉片，把家產揮霍殆盡，最終離開妻子與六個孩子，恥辱地住在宗祠裡。瞿秋白身為長子，只得偷偷去當舖典當家裡的字畫及家具。[3]

一九〇九年，瞿秋白進入江蘇常州的中學就讀。在校時他的成績優異，不問政治，還創辦了詩社，夢想著修行與超越。畢業前一年，他家再也無力支付學費，他只得離校前往一個小村莊的小學擔任校長一職。在這個時候，他的母親在親族壓力下成為他父親失敗人生的代罪羔羊，於一九一五年初，她喝下了泡著紅頭火柴的虎骨酒，自殺身亡。[4]

瞿秋白後來回憶，母親去世後他做了許多決定，卻沒有明確的方向。

母親自殺、家人分散後，我獨自去了北京，想考北大的中文系，一輩子當老師。我沒有「統治世界」的雄心壯志，加上我只會讀書，只是一位愛學習的藝術愛好者，也不打算走上傳統仕途，尋求問達。到了北京，我和堂兄住在一起，我原本寄望他能資助我念北大的學費，但他真的沒辦法，所以他要我參加普通文官的考試，可我也沒有考上，只好就讀外交部的俄文專修館，是免費的。這是我在一九一七年夏天開始學俄語的原因。我不知道當時俄羅斯正發生革命，也不知道俄國文學的價值，只是想找個謀生的方式。[5]

也難怪瞿秋白對俄國語言、俄國文學和俄國革命毫無興趣（雖然這些在未來會對他的生活產生重大影響）。俄羅斯革命的消息很晚才傳到中國，而在布爾什維克於一九二一年贏得內戰前，俄羅斯對中國人來說就像是另一個由軍閥分治的國家。俄羅斯文學在中國乏人問津，學俄語也沒什麼價值。

對中國人來說，直到二十世紀初才開始流行學習外語及出洋留學。不過學俄語既不像學日語那麼容易，也不像學英語那樣普遍或是容易謀生。邊境地區的商人為了貿易，都會說一口很溜的洋涇浜俄語，而張家口有一所學校就是用這種中式俄語授課。但北京的文人對此毫無興趣，因為學俄語的前途有限。在二十世紀初，全中國只有十所學校教俄語，而且大多數的老師是中國人，而非俄國人。[6]

瞿秋白就讀的北京俄文專修館是中國最好的，還保障畢業生在滿洲或俄羅斯遠東工作。一八九六年，中國被日本打敗之後，與俄羅斯聯手建設東清鐵路（按，此路在不同時期有多種名稱，本書統一稱為東清鐵路），從俄國的赤塔經中國東北抵達海參崴。由於很少有中國人會俄文，俄國人會中文的也很少，所以雙邊的正式文件內容錯誤百出。因此東清鐵路的督辦決定在外交部創辦一所俄語學校。[7]該校學生不但免學費，還可領津貼，這個事實說明當時中國學生認為俄語的價值不高。

這所俄語學校也從俄羅斯招募了一些最有資歷、最受歡迎的中國專家，打算在中國創造對俄羅斯的正面形象。聯合創辦人狄米奇．帕茲德涅夫（Dmitrii Pozdneev）曾編纂了一套世界級水準、關於滿州北部的叢書，也是俄羅斯財政部的高階官員，更是整個俄羅斯帝國中少數受過中文教育的人。[8]

俄文專修館於一九〇〇年正式辦學之後，反對列強的義和團攻入北京，迫使俄文專修館暫時關閉。叛亂分子對政府在領土問題上向俄羅斯讓步感到憤怒，放火燒了學校大樓，殺了一名俄羅斯教師。該學校的中國聯合創辦人在被殺之前還被人用木鋸鋸斷了雙腿——顯然是慈禧太后本人下的命令，因為他勾結洋人。[9]義和團之亂平定一年後，學校重新開學。

教師們面臨一項艱鉅的任務：不但沒有教科書，甚至連現成的中俄詞典都沒有；也沒有任何一部已經譯成中文的俄羅斯文學作品。雖然有一些俄羅斯寓言和短篇小說的中文翻譯，但這些都是透過日語轉譯的二手翻譯，不能讓學生了解俄語。於是學校的老師們一步一腳印地為學生們編寫了一本教科書，裡面有許多俄羅斯諺語和文學作品摘錄，並編纂了一本初版俄漢詞典。[10]

一九〇三年，俄羅斯的文學作品《上尉的女兒》在中國出版，這是俄羅斯重要經典作品首次直接由俄文譯成中文。作者為普希金，講述的是叛亂時期的愛情故事。這雖然不是普希金最著名的作品，但若中國讀者想了解俄羅斯文學，倒是很適合當作入門讀物。這部小說的場景始於十八世紀後期的普加喬夫起義（Pugachev Rebellion）——一場反對凱瑟琳大帝統治的大規模農民起義，由俄羅斯歷史上最臭名昭著的「假沙皇」領導（按：反抗軍首領普加喬夫自稱為彼得三世沙皇）。故事主角是一個被指控叛國即將處死的忠臣，但獲得凱瑟琳大帝親自赦免。[11]而由中國史上最大的仿冒者之一，天王洪秀全（自稱上帝之子）領導的太平天國之亂被清廷弭平後，不到四十年又發生了義和團事變，但慈禧太后對義和團的叛亂視而不見，因此《上尉的女兒》就因為切合時事，廣受中國讀者歡迎。

中國通俗小說的讀者應該會對《上尉的女兒》中的人物和情節發展有種熟悉的感覺。故事開始時，主角將保暖的外套送給一位陌生人——恰好就是普加喬夫本人。後來，主角被普加喬夫的部隊俘虜，但普加喬夫認出了主角，因此釋放了他。主角後來愛上了軍隊中一名上尉的女兒，並且在一個叛徒圖謀不軌的時候，出手挽救了她的清白。故事中寬宏大量的叛軍領導人、對陌生人的仁慈友善、可怕的誘惑以及叛逆與忠誠之間的微妙界線等等特色，恰好也是中國古典小說的主要特徵，《水滸傳》即為一例，說的是一群英雄好漢相聚首，最後為岌岌可危的朝廷效命的故事。《上尉的女兒》於一九〇三年翻成中文，可說是俄羅斯和中國的文化主題相連的分水嶺。[12]

二十世紀初，中國流行了一波關於俄羅斯的故事，包含《上尉的女兒》，這些故事的主題主要是俄羅斯的虛無主義，內容都很容易被一般大眾理解。早在一八七〇年代，許多年輕的俄羅斯知識分子前往農村教育農民，煽動他們叛變，而當農民沒有反應時，這些知識分子就改採恐怖主義，發動了無數次襲擊，最終在一八八一年暗殺了沙皇亞歷山大二世。消息傳到中國，當時中國人對清廷的失望與日俱增，對俄羅斯虛無主義的迷戀也同步增加。一九〇四年一本關於虛無主義者的書這麼開頭：「虛無主義者，虛無主義者！我愛你，我崇拜你，你的工作輝煌燦爛。你總是能殺死這些皇帝（該死的混蛋）來驚天地泣鬼神，拯救苦難中的兄弟姐妹們。你們的黨員來自各處，有偽裝的漂亮女人，年輕的男孩和赤誠忠心的人，但都受到了菩薩的拯救。」[13]佛教傳說中的菩薩是沒有性別、廣受愛戴的人物，他們甘願放下自己的救贖，先幫助他人走上光明的道路。

中國人特別著迷於女性虛無主義者，如索菲亞·普羅夫斯卡婭（Sofia Perovskaia），她因為參與暗殺亞歷山大二世而被判處死刑，但她以蘇菲亞（Su Feiya）的身份在一些關於她的中國故事裡得到了來生。一本名為《東歐女英雄》的通俗中文小說以讚嘆的筆調寫道：「世上可能從未有像俄羅斯一樣的國家，有那麼多美麗的愛國女英雄。」這些俄羅斯女性才貌雙全，以革命之名運用她們的魅力，誘騙富裕的官員與她們結婚，並從這些官員身上獲得革命行動所需的資金。[14]

一九一一年清政府被推翻後，中國人不再迷戀俄羅斯的虛無主義者。雖然繼《上尉的女兒》之後十年，又有許多俄文經典被翻譯成中文，但最終還是中國出現了新文化運動，才將俄羅斯文學提升至中國的崇高文化，使得俄語成為令人興奮的文學形式——對於那些有文學抱負的年輕人來說尤為如此，如瞿秋白。

春潮

一九一五年，一群志在改革的人發起新文化運動，主要目標之一就是改革文字。中國從未經歷過文學方面的白話革命，大多數詩歌和散文都用文言文寫成，而文言文與任何一種中國方言的口說形式都大不相同。幾世紀以來，中國的教育系統一直注重提高閱讀文言文的能力。即使在一九一一年後，中國革命者撰寫對政府的評論時，依舊很自然地是以古文寫出；不用文言文則感覺不夠成熟。語言似乎限制了政治和社會變革。15

正當革命者們想要尋找出方法來解釋他們的革命思想，一些作家開始全心投入外國文學翻譯。推動新文化運動的人當中，許多曾經留洋，對他們來說，「接觸新思想」與「學習新語言和新的生活方式」兩者並行不悖。當他們看到中國現有的外文翻譯作品，感到大為震驚。當時中國最著名的譯者叫做林紓，他不懂外語，但他與十六名通曉外語的助手合作，由助手把讀過的書逐句口述給他，林紓再同步寫下符合標準、非常古典的文言文，速度為每小時一千到兩千個中文字。他以這種方式翻譯了一百八十本書，其中一百零五本源自英國，三十三本法文書，二十本來自美國及七本俄文書。其中一些譯作，比如他翻譯的《茶花女》，中文譯文本身就具有高度的中國文學價值，立刻在中國家喻戶曉。然而，這正是新文化運動所反對的：翻譯掩蓋了語言和文化的差異，其目的在於將外文作品納入中國典籍，而不是突顯差異來顛覆傳統。16

一九一五年，新文化運動的主要領導人之一陳獨秀創辦了一本名為《新青年》的雜誌，創刊號中刊載了伊凡．屠格涅夫的《春潮》（Spring Torrents），是由俄文翻譯過來、截然不同的愛情故事。之後也出刊了更知名的《初戀》（First Love），亦為屠格涅夫的作品。從政治角度來看，屠格涅夫算是十九世紀俄國的溫和派作家，如果中國革命者選擇屠格涅夫小說《父與子》作為反傳統雜誌的內容，似乎比較合理，因為《父與子》描述的就是虛無主義青年和他們改革家長輩之間的衝突，所以後人不免覺得奇怪，為何陳獨秀會選擇《春潮》當作《新青年》創刊號的內容。[17]

在《春潮》中，一位年輕的俄羅斯貴族來到德國，愛上了一家糖果店老闆那天真又美麗的女兒，並且勸誘她遠離她的德國未婚夫。但後來，貴族卻受到另一位激情洋溢、思想自由的已婚俄羅斯貴族女子所吸引，在她色誘之下俄國男子拋棄了年輕德國女孩，後半輩子都和那位已婚的俄羅斯女貴族在一起。等他老了之後，他發現他的德國愛人已經移居美國，而當他打算要搬到美國時，故事就結束了。[18]

從某種意義上說，《春潮》講的是一個浪漫的年輕人，開始走向開明的歐洲，這是許多年輕的中國人想做的，也是陳獨秀親身實踐的——只是後來還是無望地被墮落的母國所吸引回去。然而，這個故事的反派角色卻是一位新女性：這位俄羅斯女貴族熱情、獨立又意志堅定，與中國女子及西歐女性不同，前者受儒家習俗影響而柔弱又孤絕，後者則被資產階級的道德觀念所束縛。同樣，《初戀》的女主角是一位年輕、貧窮，但有自信而又俏皮的貴婦，她有許多年輕的追求者，但她選擇與有婦之夫熱戀，婉拒了其他男性的求婚。故事雖以悲劇收場，卻沒有減少她們的魅力。

在《新青年》創刊號裡的《春潮》譯文之前，陳獨秀放了一小段出自馬克斯・奧羅爾（Max O'Rell）、關於男女關係的短文，把英文與直譯成小語錄的中文並列：

夫女子雖非為發號施令而生，然其天賦之權能，足以統馭發號施令之男子，最善良最和樂之伉儷，其婦人每最擁威權……不見愛於所愛之人，大不幸也。然愛汝者為汝不愛之人，其不幸尤甚。[19]

然後陳獨秀收錄了一小段屠格涅夫的簡介，其中說到作者長居法國，在俄國時曾遭逮捕，所以對故事中討論的各種衝突都非常熟悉。《新青年》於一九一五年創刊之後大受歡迎，年輕的改革者排隊搶購，而當年的陳獨秀已經三十七歲，年紀大到都能夠當毛澤東、埃彌或是瞿秋白這些年輕激進分子的父親了。陳獨秀從自己的親身經驗體會到，對於年輕的中國知識份子來說，最痛苦的莫過於因為媒妁之言而娶了一個沒有受過教育的女性。陳獨秀自己是個風流男子，而且一輩子都與太太的妹妹維持著戀愛關係，可是就像許多同時代的激進男子一樣，他無法拋棄糟糠之妻。他確信，除非能打破儒家道德體系構成的基本價值（如語言和感情），否則任何政治變革，都無法為像他這樣的人帶來有意義的自由。作為一位敦促「後輩」反抗傳統的「長者」，陳獨秀認為，在中國的時代背景下，《春潮》其實更像是煽動性文本。

雖然各種變革的潮流無法撼動中國的媒妁之言舊習，但白話文的普及速度倒是飛快。越來越多的西方文學作品翻成中文，為中文帶進大量的外國詞彙，而且源源不斷的外語句法和自我表達習慣，也不斷改變著所有中國作家。[20]

創刊之後兩年，《新青年》發表了一篇名為《狂人日記》的短篇小說——這不是由尼古拉·果戈里（Nikolai Gogol）著名的俄羅斯中篇小說翻譯成中文的，而是中國在二十世紀最有創意的作品之一。《狂人日記》的作者魯迅多年來一直將英文版或日文版的歐洲文學翻譯成中文。[21]和《狂人日記》相比，果戈里書中的瘋子是一位卑微的小公務員，他漸漸相信他是西班牙的國王；而魯迅創作的狂人則是一位地位較低的士紳學者，深入研究儒家經典後他明白這些經典字裡行間都隱藏著「吃人」兩字，於是他相信村裡的每個人都打算吃掉他。魯迅用文言文為故事寫了一篇介紹，在這篇介紹中，一位朋友解釋向讀者解釋，作者的瘋病已經治好了。故事本身的白話文，則帶有極強的力道。

《狂人日記》的預言式文字簡潔又優雅，顯示中國有能力去適應並借助俄羅斯的框架，用中國人的方式激發革命性的改變。魯迅雖然廣泛閱讀歐洲小說，但當他想撰寫一篇改變中國文學的故事的時候，他選擇採用俄羅斯文學當作原型。

魯迅喜歡果戈里；陳獨秀喜歡屠格涅夫，但在二十世紀初的中國，最有影響力的俄羅斯作家是托爾斯泰。無論托爾斯泰選擇什麼文類或主題，他所傳達的生活願景最能與中國讀者產生共鳴，而且許多中國讀者是透過托爾斯泰的道德政治觀而了解這位作家。[22]

一九一一年以前，托爾斯泰、巴枯寧和克魯泡特金等俄羅斯無政府主義者的著作，透過日文譯介，深深影響了中國革命者。無政府主義者反對國家和社會階級制度，這有點類似中國古老的道家思想（托爾斯泰等俄羅斯無政府主義者有注意到這種關聯）。道教並不反對國家，但堅持包括統治者在內的所有人類只能道法自然，這種自然秩序反對使用暴力，反對將人為的等級制度和社會公約強加於人。道家最重要的典籍《道德經》神秘而簡潔，所以特別容易被挪用，翻譯版本也很多。托爾斯泰和一位來訪的日本學者在家中花了五個月，將《道德經》從文言文翻譯成俄語。讀過《道德經》後，托爾斯泰發現帝俄以及戰爭是很不公正的，同時厭惡聖彼得堡的社會習俗，並偏好鄉村生活的自然節奏。[23]

到了一九一七年，已經有十幾個俄羅斯文學的重要經典有中文譯本，其中五個是托爾斯泰的作品：《塞瓦斯托波爾紀事》、《復活》、《活屍》、《童年》、《少年》與《青年》。精簡版的《安娜．卡列尼娜》也終於在一九一七年付梓，此時瞿秋白剛進俄羅斯語言學院就讀。[24]美麗的安娜．卡列尼娜勇於打破愛情規則，因此也成為又一位被中國讀者熟知的美麗俄羅斯女性。而安娜這個女主角也巒符合新文化運動當中的激進社會訴求——打破對男女都很殘酷的家庭體系。

同時，托爾斯泰對貴族文化卻懷有深厚且看似矛盾的情意，這反映了許多中國年輕人也懷念一去不返的傳統。[25]對中國人來說，閱讀托爾斯泰，就是對貴族文化和文學價值的一種禮讚——這是他們想要改變並摧毀的貴族文化和文學；他們也想保留文學的美學，作為一種政治和社會力量。

歷史的誤會

一九一七年間，北京俄文專修館由一位流亡白俄負責，他同時也擔任中國外交部顧問。當時蘇聯遠東地區的白俄因為反對布爾什維克革命，許多人流亡到哈爾濱、上海，以及北京。學校讓瞿秋白和他的同學閱讀幾段十九世紀俄國文學的原文摘錄，這似乎引起了瞿秋白的興趣。多年以後，瞿秋白使用了「逸趣」來解說俄語的美，亦即是一種「概念的美感表達」，如「山上的色彩、水的味道、盛開的花、女性的姿態」。[26]

年輕時的瞿秋白在俄文專修館花很多時間讀書，又閱讀佛教經文，對北京的生活感到日益不耐，同時撰寫一本小雜誌並和朋友一起出版，還經常反思他生命中虛擲的時光。等到他的俄語好到足以閱讀俄文小說，他對周圍的政治狂熱就失去了興趣。

我在一九一八年開始看了許多新雜誌，思想上似乎有相當的進展，新的人生觀正在形成。可是，根據我的性格，所形成的與其說是革命思想，無寧說是厭世主義的理智化。所以最早我與鄭振鐸、瞿世英、耿濟之幾個朋友組織《新社會》雜誌的時候，我是一個近於托爾斯泰派的無政府主義者，而且，根本上我不是一個「政治動物」。五四運動期間，只有極短期的政治活動。不久，因為已經能夠查著字典看俄國文學名著，我的注意力就大部分放在文藝方面了。27

一九一九年，瞿秋白出版的第一篇翻譯是《趁著天色還亮的時候工作（Work While Ye Have the Light）》，出自托爾斯泰一部關於基督教生活的教誨寓言，原為該部作品的前言。這篇前言吸引瞿秋白的原因顯而易見，因為它是關於一個家庭的小故事，討論家中成員是否應該停止傳統的生活方式，轉從精神上改善自己和世界。在瞿秋白的譯文中，托爾斯泰筆下的年輕人感嘆道：

> 我們為什麼要過這樣的生活？既然不願意，何苦逆來順受？為什麼我們不能找到改變生活的力量？我們都知道自己的奢華、財富、傲慢（這是最糟糕的）、不敬虔、與生命隔絕等等，這些都是可怕的陷阱。為了爭名奪利，我們拋掉了生活中的喜悅。我們住在城市裡，整天待在如鳥籠的空間……至死方休……我不想再過這種生活了。28

這段話反映了瞿秋白自己的挫敗感：每天學習十一個小時，只為了獲得一份無聊的公職。然而，歷史給了瞿秋白一個機會。瞿秋白到了生命晚期，待在獄中回想自己這輩子是如何走到這一步的，於是把五四運動定為這一切的開端。「那時，」他寫道，「是『歷史誤會』的開始」。這段話意味著那時候是瞿秋白第一次參與政治。

這段話可以理解為：五四運動一開始，我就當了俄文專修的總代表之一，當時的一些同學裡，誰也不願意幹，結果，我得做這個學校的「政治領袖」，我得組織同學去參加當時的政治運動。29

瞿秋白宣稱只因為沒有人想做，他就成為領導者，這說法有點難以服人。他自己說他是個孤立、躁動不安的人，那麼，若能參與重大行動，且在其中找到志同道合的人，或許這件事就有點吸引力了。

政治運動果然具有高度戲劇張力。瞿秋白與同學們一起遊行，和警方發生了衝突。回到家中他就開始咳血，這是他一輩子對抗肺結核的起點。瞿秋白自言，政治永遠是一種病，影響了他對學術的追求。他很快就在一九一九年六月被捕。

也許是因為憤怒，也許是因為在街頭抗議中學乖了，瞿秋白決定改當作家。正如當時許多其他新作家一樣，他以翻譯為創作的起點，先翻譯了托爾斯泰的《閒聊》，然後是他的《祈禱》和《人們過日子》、《克魯采奏鳴曲》及其評論，以及文章《關於人民教育》。瞿秋白還翻譯了果戈里的短篇小說和部分較不知名的法文小說。[30]

瞿秋白在一九一一年底加入了北大新成立的馬克思學說研究會，這是一個年輕的激進菁英組織，而他因為俄語夠好，所以能入會。

不久，李大釗，張崧年他們發起馬克思學說研究會（或是「俄羅斯研究會」吧？），我也因為讀了俄文的倍倍爾（Bebel）的《婦女與社會》的某幾段，對於社會——尤其是社會主義最終理想發生了好奇心和研究的興趣，所以也加入了。這時候大概是一九一九年底一九二〇年初。[31]

瞿秋白說他有點困惑，李大釗的組織研究的到底是「馬克思主義」還是「俄羅斯」？他的質疑點出了參與者對於馬克思主義、俄羅斯和革命三者之間的關係，感到很模糊。雖然李大釗和陳獨秀很快就建立了中國共產黨，但即使在這個激進的團體中，了解蘇聯的人也很少，部分原因是很少有中國作家實際待過蘇聯。

中國第一位駐莫斯科記者

瞿秋白正想翻譯托爾斯泰的《復活》時，上天賜給他一個無法拒絕的機會。政治立場溫和的《北京晨報》打算推出專門報導俄羅斯革命的版面，於是提供他每年兩千元的稿費，請他擔任派赴俄羅斯的三名記者之一。[32]瞿秋白在小學教書所賺的薪水和這比起來，簡直微不足道。儘管他在俄文專修館念書不但免學費還有津貼，但還是得靠著他堂哥給予經援。擔任駐俄記者除了金錢誘因之外，能發揮所學的俄語也是很大的因素，而且瞿秋白還能親眼看看這個年輕知識分子都很推崇的國家。[33]

瞿秋白此時的選擇，使得他與當時許多其他親俄的中國青年走上不同的道路。當時絕大多數人從來沒有願意，也沒有機會或勇氣去俄羅斯。對於愛上俄羅斯的知識分子來說，他們共同的想法是以後當個俄國文學的譯者，或是成為作家，如此一來便能將他們的閱讀和寫作技巧提升到瞿秋白無法達到的境界。然而，說到形塑中國人對蘇聯的看法，瞿秋白做出的貢獻可說是最多的。

對他來說，去紅色莫斯科擔任中國第一位記者，從此再也不必擔憂讀書要幹嘛，以後是不是要去當沒有前途的鐵路官員，也不必再擔憂財務困境。不過他的親朋好友都覺得他的選擇沒什麼道理，其中有些人聽說過蘇聯艱困的物質條件，便勸他不要去。可是瞿秋白從親友的勸告中發現了自己的命運，他說他之所以要去蘇聯，是因為該地是「餓鄉」。他引用了一篇十八世紀中國學

者的文章，寫的是絕食致死的高貴（清代管同所作之《餓鄉記》）

餓鄉，天下之窮處也，其去中國不知幾何里……始極苦不可耐，強前行，多者不十日已可至。至則豁然開朗，如別有天地……非強忍堅定，守死善道之君子，雖至是鄉，輒不幸中道而反。

「我現在有了我的餓鄉了——蘇維埃俄國。」瞿秋白說。[34]

厭惡的邊緣

一九二〇年十月十六日，瞿秋白離開了北京，開始了跨越邊境、駛向莫斯科的一百天車程。與他同車的還有一些外交官，象徵著中俄關係正處過渡時刻：新舊政權正在交替，而傳統模式——亦即邊境貿易、兩個文化迥異的舊政權互相對抗，都想得到物質利益和地緣政治優勢——也走到了盡頭。[35]

瞿秋白則代表一種新的思想：讓兩種文化的核心價值和傳統，面對面地交會在中心點，最後融合在一起。但是為了實現這個雄心壯志，瞿秋白必須先搭火車越過國界抵達中心點——這條鐵路，正是無數骯髒的討價還價之標的；和瞿秋白一塊在這條鐵路上的人，正是參與喊價的人。

瞿秋白跨越的第一個邊界是滿洲，當地的鐵路反映了中國北部帝國主義的實際情況。十月十八日，瞿秋白在天津搭上一列火車向北駛，一開始沿著風景秀麗的黃海海岸，然後轉進內陸，朝滿洲的中心地帶前進。他在奉天換車，登上日本掌控的南滿線。瞿秋白的中學歷史課本上說，滿洲是中國的領土，但這裡包括所有的火車人員在內，到處都是日本人。他暗忖：華籍的腳夫在哪裡？二十日他在長春下車，走出車站環顧一片冰封的大地，似乎覺得「已經蕭然天地變色」。36

瞿秋白在長春對俄羅斯有了第一次體驗。

車站外面停著好幾輛俄國式的馬車，馬夫也有俄國人，頭上戴著嚴重磨損、油膩不堪的皮帽；風吹他帽上絲絲的毛亂動，時時掩拂著他們的長眉毛，越顯得那俄國式的面貌愁慘。37

然後他轉搭中國的東清鐵路，那裡的站務人員大多是俄羅斯人，而警察大多是日本人。這個車站非常髒亂，和瞿秋白的故鄉：江蘇小鎮的車站相比「根本天差地遠」。火車上的情況也好不到哪裡去：三等車廂只是「稍微好些」而已，整車都是背著大袋子的俄羅斯人，嘴裡叼著香煙又隨地吐痰，女人在後面拉著孩子。38

但到了哈爾濱才算是真的進入「俄羅斯」，那裡的火車站是俄式的，「單純而簡單」。瞿秋白和他的旅伴們在火車上遇到的中國人為他們推薦了一家旅館。下了火車後他們乘馬車朝著這家旅館而去。這家旅館令人「瞠目結舌」，住滿了小商人，他們身上有一股北方的「惡臭」味。住宿費也很貴，但瞿秋白的旅伴找不到更便宜的住處了，只好屈就這家髒亂的旅館。瞿秋白說道：

可憐、可笑，「我們」這樣「文明化」的中國人，一入真正的中國生活，就著實覺得受不了，而且半歐化的俄國文明也使我們覺得駭怪：原來「西洋人」也有這樣的。39

不久，瞿秋白發現他行程受阻，只能待在邊界，無法朝著莫斯科進發。白軍將軍謝苗諾夫（Grigory M. Semyonov）與赤塔人民軍之間的戰鬥正在蔓延，赤塔中部的一座重要橋樑被炸毀，火車線路受阻。他每天都買俄語報紙，希望獲得好消息，但都是徒勞。此時天氣越來越冷，物質條件也越來越差，這對他的肺結核病相當不利。旅館窗戶上的冰越積越厚，他開始覺得自己被困在水晶宮殿裡。[40]

但瞿秋白的職責是採訪，所以他必須離開水晶宮殿，去親眼看看哈爾濱，調查醜惡的帝國式異族通婚。[41]對瞿秋白來說，哈爾濱是個文化沙漠，日本的經濟影響力在當地壓縮了俄羅斯人和中國人的空間。他只找到了來自湖北的理髮師和寧波的裁縫師，他們為娶了俄國太太的中國商人製作西裝。

放眼整個哈爾濱，瞿秋白只找到三、四所中文學校和幾家中文報紙，也沒有太多書可以看，所以哈爾濱的中國人的生活感覺是靜止的。他在俄文專修館的同學都算是大材小用了。瞿秋白發現他們在滿洲各火車站服公職，生活與內地那些學過英語或法語的學生相比，更加節儉和淒苦。下層階級，包括許多以鐵路工作維生的苦力，過著「俄羅斯農村式的黑暗生活」。每個人都會說些洋涇浜的俄語。「灰色的中國人生活到哈爾濱更變成黑色的了。」[42]

至於在哈爾濱的俄羅斯人，瞿秋白把他們描述為白黨和資本家，這群人成天「和日本人鬼鬼崇崇串些新鮮把戲」。瞿秋白遇到了一些具有同情心的俄羅斯人，但他們對中國崇高的文化卻一無所知；當他問他們對中國的看法時，他們異口同聲說：「我們沒到過中國。你們以為哈爾濱是中國麼？」然後出自禮貌對「古老的東方文化」表示有點興趣。然而，他們對莫斯科的了解好像也不比瞿秋白多。最後，瞿秋白邀請了幾個他認識的俄羅斯人共進晚餐，吃的是中國菜，他們很驚訝中國菜竟然如此美味。這些俄國人的生活周遭都是中國人，但他們從未吃過中國菜。[43]所以，對瞿秋白來說，哈爾濱是一個荒涼的邊緣地帶，而瘋狂的帝國主義者在此地酷寒的氣候下追逐名利，使得兩種文化的長河已經幾近凍結。

瞿秋白只好寄情於文宣的撰寫，將周圍的苦難轉化成為美麗的文字。他開始撰寫他的《餓鄉記程》，使用一種既不文言文又不白話文的奇怪語言，寫下哈爾濱和自己的故事。[44]正如一位學者指出，瞿秋白有一種「奇怪的感知能力……對詞語的哲學含義，有一種高度的意識」。[45]這是瞿秋白對哈爾濱自然世界的敘述：

> 灰濛濛的天空，佈滿了雪，反映在黃昏的雲層中，就像春蠶蛻皮一樣，光芒從明亮嚴酷的冬季緩緩流出；矮樹說著私密的悄悄話，刺骨的，酷寒的北風穿過森林；一架艙門開著的飛機，那些落在白雪中的草逐漸枯萎，突然間到處晃來晃去，隨風搖曳，沙沙作響，反映著互有高低的雲彩和雪堆，彷彿是呢喃的內心話，語帶怨懟地感嘆著沉悶的生活。[46]

這時中文才剛開始出現充滿修飾語的長句，而瞿秋白的文句就是這樣。此時在北京正盛行印象式的、意識流的敘事方法，文句有沒有意義並不重要，重點是要很感性。[47]

從他前往莫斯科的那一天起，瞿秋白成了一夕成名的知識分子。他離開北京時，他的朋友們把他們寫給他的告別詩寄給了《北京晨報》，而《北京晨報》也將這些詩刊出，大肆炒作這趟旅行。一九二〇年的十一月和十二月間，瞿秋白常將報導文章寄給報社，而報社也立刻刊出。[48]瞿秋白使用一種過渡性的語言，描述他在過渡地區的過渡心境，這種語言也勢必會激起在家鄉的年輕讀者對一種新的語言，及一個新的世界，的熱切渴望。

跨西伯利亞之夢

幾天、幾個星期、甚至幾個月都快過去了，瞿秋白和他的朋友們就好像十八世紀抵達餓鄉的客旅，心裡生了懷疑，想回國去。與他同行的記者後來回憶說：「我們此行，本是『無牛則賴犬耕』。」最後，十二月初消息傳來：阻礙火車通行的戰鬥已經結束。瞿秋白一行人便去買了大量食物，以繼續他們前往餓鄉之程，讓他們在莫斯科的前幾個月不必挨餓。最後，在十二月十日，也就是抵達哈爾濱五十五天後，他們繼續啟程前往莫斯科。[49]

在漫長的火車旅途中，瞿秋白用半夢半醒的遐想來打發時間。他寫道，「車行飛掠，聽著狂吼的北風，震顫冰天雪窖的嚴壁，『紅色恐怖』和東方太陽國的財神——資本主義——起劇烈的搏戰，掀天動地呢。」[50]之後又寫道：

> 寒氣浸浸的車艙裡，擁著厚被，躺在車椅上，閉眼靜聽，澎湃的輪機聲，怒號的風雪聲，好一似千軍萬馬奔騰猛進，顯現宇宙活力的壯勇，心靈中起無限的想像，無限的震蕩；一東方古文化國的稚兒，進西歐新舊文化。[51]

瞿秋白大概希望一直沉醉在他對赤色首都的夢想裡，但旅伴卻一直找他講話。瞿秋白代表中國新青年，火車包廂裡三名在莫斯科領事館工作的中國人代表中國守舊派，兩邊一起奔赴莫斯科。

瞿秋白說，這是「截然兩個世界兩個社會的人聚在一塊」。[52]

當時中國外交界有個重要議題，就是俄羅斯遠東地區大量華工的命運。十九世紀後期，俄羅斯缺乏人力去開發遠東地區，而中國人也發現如果他們移民過去，就能獲得兩到三倍的工資，於是華工大量前往。到了一九一〇年，俄羅斯遠東地區已經有二十萬中國移工。當俄羅斯陷入內戰，他們本已惡劣的工作和生活條件急遽下降，移工的困境引起了菁英們的關注。瞿秋白的旅伴所掌握的小道消息指出：顢頇的中國駐俄使館腐敗無能，還侵佔中國政府援助移工的資金。一九一七年，當其他國家的特使為了護送他們的公民安全回國而忙得不可開交，中國公使「腳底抹油」，安排了一輛專門列車離境，只剩幾個學生負責處理悲慘的移工事務。[53]

和瞿秋白同行的三位中國外交官，就是奉派前往取代那些落跑的使館人員，他們並未避談前任的過失，但瞿秋白認為這些接任者也有缺陷。新的領事很快就顯露貪財特性，要求瞿秋白和他的旅伴們支付額外費用，說是為了支應這一行人前往莫斯科的旅費。有時在沿途的車站，當地的中國商界領袖會登車和他們聊聊與「紅鼻子的布爾什維克呆瓜」爭執的事。但有次三位華人上車請求領事去向伊爾庫次克（Irkutsk）附近的三百名中國工人講話，領事卻不肯。[54]

瞿秋白覺得這些都已經很誇張了，但最糟糕的是，儘管這位新特使曾在聖彼得堡住了七年，竟對俄羅斯文化一無所知，而且連一句俄語也不會說；[55]這群人身在中俄關係的核心，特徵卻是邊緣再邊緣；就彷彿哈爾濱那種對文化漠不關心的態度，也感染了中國派駐在俄羅斯心臟地帶的精英代表。

十二月十三日，瞿秋白一行人抵達了滿洲里（Manzhouli），這是個滿洲和蘇聯赤塔共和國邊界上的小鎮。四天后，他們獲得赤塔政府的批准，搭上白軍撤退後第一班駛離滿洲里的火車。火車行駛在臨時鋪成的鐵路上，緩緩駛向赤塔。這些鐵軌分段鋪設在冰面上，以取代在內戰中遭到破壞的軌道。56

他們在赤塔逗留了兩個星期，期間收到了緊急通告，要他們別再繼續前進，這讓他們再次感到像「餓鄉」的居民一樣，覺得「雖至是鄉，輒不幸中道而反」。幸好這一行人在一月四日離開赤塔。瞿秋白是第一位描述貝加爾湖之美的中國激進分子，也是第一位理解俄國黑麵包味道的人：「其酸其苦，泥草臭味，中國沒有一人嚐過的，也沒有一人能想像的。」57

最後，一九二一年一月二十五日晚上十一點，列車駛入莫斯科的雅羅斯拉夫爾車站（Yaroslavsky）。來自外交事務委員會（Commissariat of Foreign Affairs）的代表將他帶到古老的尼雅茲德沃爾酒店（Knyazhi Dvor），這間酒店是外交事務人民委員會職員的住處。58

心之史

外交事務人民委員會東方司將瞿秋白介紹給《真理報》的編輯，使得瞿秋白在莫斯科的外國記者生涯順利了起來。編輯教導瞿秋白如何採訪別人，並給他一位叫做柯洛柯洛夫（V. S. Kolokolov）的翻譯，他後來變成瞿秋白的朋友，還告訴瞿秋白許多俄式生活的風貌。59

在莫斯科，瞿秋白寫了一系列新的報導，其中一些他寄給《北京晨報》，其他部分則於返國後出版的《赤都心史》中批露。瞿秋白的報導是匆促完成、僅供快速消費的東西，有如拍立得照片一樣，拍下了重點，也把周遭背景全部收入，毫不掩飾作者完全的主觀。《赤都心史》的開頭說明了瞿秋白的經歷：

生命在心靈的明亮，清晰的鏡像中流逝，像是拋光的圖像，閃爍，消逝，奇異而雜亂……生活的意義看起來客觀上甚至是平等的，你只能看到電影的連續影像，但實際上它們是個人獨立的影像。60

瞿秋白的莫斯科報告描繪出一幅又一幅的印象，古怪又混雜，這不但給讀者們自行解讀的空間，也讓他們把自己置入瞿秋白的位置來觀看。這是一種特殊的，有時甚至是精妙的宣傳，也許是有史以來最為荒謬，卻也有效的「紅色」宣傳。儘管用語有些過時，但對俄羅斯感興趣的中國年輕人還是愛讀。

瞿秋白參觀了新蘇維埃政府認為值得展示的所有「景點」，參加了它認為相關的所有「事件」，然後加以報導。對於一個從托爾斯泰的無政府主義到蘇聯社會主義的年輕人來說，他參加的第一件大事就是一九二一年二月中旬克魯泡特金的葬禮——自二十世紀初期以來一直受到中國激進份子喜愛的俄國無政府主義者。後人只能想像國內讀者從瞿秋白的報導中感受到的二手刺激，想像著瞿秋白圍繞在搖旗吶喊的無政府主義者、社會革命黨人、孟什維克人（Mensheviks，俄國社會民主工黨中的派別）和藝術家研究小組的人群中，被簇擁著前進。61在人群中，瞿秋白代表了中國激進思潮發展的一個時刻：每個年輕人都在新思潮的路上，被人群推擠著往前進。

接下來的幾個月中，瞿秋白報導了以下主題：「戰爭共產主義」嚴厲統治下的莫斯科、克龍史泰之亂（有譯王冠城叛亂 Kronstadt rebellion）、俄羅斯試圖恢復國際貿易和國際關係、一九二一年夏天的大共產國際會議、與列寧的短暫相遇（早期關於此主題的中文重要報導）、一九二一至二二年的飢荒，以及旨在復興內戰後蘇聯經濟的「新經濟政策」。

結識托爾斯泰一家

從舊政權的末期為起點，編織新的社會主義世界的形象，這不是瞿秋白最重要的任務。他本人出身沒落的書香世家，寫作時特別同情家道中落的俄羅斯貴族及其文化。瞿秋白抵達莫斯科才幾天，就在特列季亞科夫畫廊（Tretyakov Gallery）找到「古老文化砂礫中的黃金」。「漫步遠方，沉浸其中，流連忘返。」後來瞿秋白解釋了為何俄國人向來痛恨貴族與知識階級追求資本主義，並稱讚那些「回頭是岸的貴族」，還表示共產黨黨內有很多黨員以前是貴族。瞿秋白有一篇動人的文章描述了貴族青年淪落到在路邊變賣珠寶、古董，甚至是地毯。[62]

但這些觀察，最後都將融合匯集在《赤都心史》的結尾。

一天晚上，瞿秋白參加了一個由蘇聯團體無產階級文化部（Proletcult，簡稱無產文化）召開的會議，他們的目標是要創造新的無產階級文化。托爾斯泰的孫女蘇菲亞找了瞿秋白說話，並邀請他拜訪托爾斯泰位於莫斯科、已經作為展覽之用的公寓。她帶著瞿秋白參觀，解釋牆上的畫作（包括托爾斯泰親筆所繪的一幅畫），並分享了一些她對祖父托爾斯泰的回憶。

這次訪問讓瞿秋白詩興大發，翻譯了浪漫詩人列爾孟托夫（Lermontov）的作品，然後為蘇菲亞寫了一首中文詩。「皓月落滄海，碎影搖萬里。生理亦如斯，浩波欲無際。」[63]瞿秋白是否把這首詩送給了蘇菲亞，無從得知。但這對瞿秋白的讀者們來說是一份禮物，他們可以想像自己用愛的語言，為托爾斯泰的孫女書寫。

在復活節時，瞿秋白參加了基督救主主教座堂著名的午夜彌撒，由剛從監獄獲釋的俄羅斯東正教牧師主領。他以虔誠的語言描述了這次經驗：

夜深了。雖是俄國詩人的「五月天氣」，晚寒還暗襲行人的衣袂。莫城稠密的街市，一時也稍沉寂，隱隱約約漸聽著四處教堂的聖鐘殷鳴——陡破夜神的深寂。巷口街梢，三三五五的人影漸現，一時多似一時。教堂鐘聲越久越多，越晚越洪，聖詩的歌聲搖曳沉抑，縈繞天際。等到夜間一二時，教堂的聖街前已聚集著黑默默一大堆人，星星點點耀炫著聖徒手中的聖燭，畫像的高門下排著神甫入廟的儀式，年老龍鍾襤褸疲弱的乞丐雙手拱著等候基督徒的慈悲——復活節的夜祭開始了。我們擠在基督救主廟裡，人山人海，至少也有二三萬，一切儀式也不能十分看得十分清楚。好容易擠得出來，回寓已經四點多鐘，很疲乏。莫斯科城卻為一千五百餘教堂的鐘聲——殷鴻沉遞——的震動飛顫。「異教徒」的清夢也受騷擾。64

瞿秋白也介紹了復活節的習俗，其中一項是女生和男友在復活節互換禮物及親吻。他說，這次復活節特別歡樂，因為列寧的新經濟政策已經為市場找回了傳統節日的動力。

五月一日，瞿秋白去拜訪一位身份不明的「女性熟人」，沿途經過各種由國家資助的紅場周邊慶祝活動。與他前一天晚上形容宗教信仰的華麗詞藻相比，他對這些活動的描述就顯得平淡許多。瞿秋白描述自己到了這個年輕女子的家門口時兩人的對話。她天真但卻真誠地問中國是否有復活節，而瞿秋白則向她簡單介紹了中國人的精神信仰。瞿秋白承認，因為「東方人的羞態」個性使然，他沒有親吻這個女孩。65

瞿秋白與托爾斯泰家人的愛情，面臨來自蘇聯政府的威脅。瞿秋白說，有天晚上他去了蘇菲亞的公寓，幾個俄羅斯姑娘和他坐在小廚房裡一起「談論與東方孩子的感情」。蘇菲亞告訴他，曾有一個「非常重要的布爾什維克人士」來過她家，她說那人就是「全俄中央執行委員會秘書長」。

不管這個布爾什維克黨員是誰，他都很詫異：「中國的新聞記者也到我們這裡來了！」然後他單刀直入地問道，蘇菲亞的母親的工資是否足夠，並以故事暗示他曾與可怕的帝俄秘密警察交過手。瞿秋白不帶任何評論地轉達這個插曲；這是他深愛的兩件事，俄羅斯革命和俄羅斯文學，產生衝突的一個時刻，激烈到就算是他也不能，或不願意解決。66

托爾斯泰時光倒錯

瞿秋白後來在共產黨內爬到高位，中國共產黨也發現他的寫作可以有各種用途，因此後人發現他對蘇聯生活簡短的、印象式的描寫當中，竟然包含了一篇七個部份組成的拜訪托爾斯泰鄉村莊園故事，不免會覺得有點奇特。不過瞿秋白的詞彙高明之處就在這裡：讓人回想起來有點看似不成比例或不協調之感。他觸動了俄羅斯的空間和時間，與中國當代的現實相對應，卻沒有忽視俄羅斯的過去正在不可逆地改變了中國的現狀。在托爾斯泰時代的俄國，社會變革的節奏是由貴族掌控，直到激進的領袖從底層興起，並且將貴族的房舍變為博物館為止。

中國也有以士紳為主的知識階層，中國的政治文化一直是他們定義的。然而，當中國青年對辛亥革命的結果不滿，想尋求更徹底的解決方案，他們卻轉向共產主義。俄國共產主義發展了幾十年才有成果，而像瞿秋白這樣的中國人卻可以快速直接取用。此外，跨國旅行和交流越來越頻繁，意味著像瞿秋白這樣的中國人可以親身超越俄羅斯和中國的隔閡。

但這種超越，還是相當大的一步，尤其是對於像瞿秋白這種出身士紳家庭的孩子，仍因家庭失去了社會、政治地位而不知所措。作為思想家，瞿秋白含蓄地提出了一些還沒有人想過的問題。中俄兩場革命發生在同一時代，又互相關聯，而且在時序上相當複雜。而相較於後來蘇聯和中國的馬克思主義者對這種複雜時序的理解，瞿秋白則看得更為透徹，因為中、蘇的馬克思主義者老是卡在「中國歷史上的哪個時刻與一九〇五年的俄羅斯最相符」這種問題上。

藉由走訪托爾斯泰紀念館，瞿秋白想表達的是：此時此地我們中國的知識分子，不但可以穿越到俄羅斯的過去，找到我們的時刻，還可以飛躍到當下俄羅斯的一個新時刻，從而重塑中國的未來。

考慮到當代俄羅斯與中國政治發展之間的複雜性，也難怪瞿秋白會將托爾斯泰莊園之行描述得淋漓盡致。

瞿秋白和二十位小學生以及他們的兩位老師、兩位托爾斯泰的親戚和一位「年輕的蘇維埃小姐」一起去清田村（Iasnaia Poliana），那位年輕的蘇維埃小姐其實是搭他們的便車順道回鄉。瞿秋白先前已遇過幾位年輕貌美卻貧窮的「年輕的俄羅斯女士」，他解釋說，這些女子成為新政府官僚機構的秘書，並心知肚明自己就是老闆的情婦。瞿秋白讓讀者明白，他個人與這些小姐們沒有任何關係，但暗示了城市裡有很多挨餓、年輕貌美又願意配合的女性。[67]

在火車站附近的一棟老房子度過一宿後，瞿秋白和孩子們出發前往托爾斯泰莊園。散步對瞿秋白來說，是對自然世界的一種狂想：「樹影俯窺溪流；水雲映漾」，輕步蓑草上，如「天然的氍毹」，「黯淡秋雲，卻時時掩隱薄日」，日影如「傘蓋迎人，拂肩而過」。瞿秋白久居都市的鬱悶不見了，他帶著興高采烈的心情，走過院子裡的花棚，抵達托爾斯泰家。[68]

那天對瞿秋白來說，最動人的莫過於托爾斯泰家中的文物了：鋼琴、書桌、全家福照。托爾斯泰的孫子亞歷山大是紀念館的管理員，他向瞿秋白保證，自從托爾斯泰去世後，所有的東西都維持原狀。托爾斯泰家有兩間圖書室，亞歷山大說托爾斯泰曾希望將它們合併，卻未能實現。屋裡還有許多托爾斯泰家人的照片，唯獨牆上的相框空空如也；亞歷山大解釋，這原本是托爾斯泰叔叔的照片，因為他酗酒好賭，所以照片被拿下來了。在書架上，瞿秋白被一本書上的中文字吸引：中英對照的《道德經》。在這個遙遠的土地上，他看到了他的先聖先賢。[69]參訪結束後，他們走到外頭的一棵樹下，托爾斯泰曾經坐在這棵樹下和農民談話；和瞿秋白同行的學生們在附近用落葉鋪蓋托爾斯泰的墳墓。

當晚瞿秋白與托爾斯泰的親戚們共進晚餐。當托爾斯泰的一位侄子朗讀十九世紀作家伊凡·岡恰羅夫（Ivan Goncharov）的作品時，瞿秋白問了他的學業狀況。親戚們表示，這孩子根本沒有去上學，因為蘇聯的學校實在太少了。而其中一位女士問瞿秋白中國人是否會賭博，她也提到了自己過去在巴黎因為賭博而輸錢。接著她拿出一盒照片，裡面都是托爾斯泰的家人，然後向瞿秋白一一介紹；看到她兒子時，她說她兒子被「邪惡的布爾什維克」殺了。[70]

瞿秋白帶著小學生們和幾位托爾斯泰親戚搭夜班列車回到莫斯科。對瞿秋白而言，他自己、學生們及托爾斯泰家族代表了三種不同的文化，也是瞿秋白的理想旅伴：沒落的貴族，他說：「正盡力成為普通的俄羅斯人，但他們貴族般的禮儀依舊不時流露出來。」嘻哈打鬧的學生們，和「東方的孩子」即將一起返抵莫斯科。[71]在放鬆的心情下，瞿秋白悄然入睡。

第三章

新青年，新俄國人

瞿秋白前往莫斯的同時，共產國際第一位真正有影響力的代表也在中國適應新環境。布爾什維克於一九一七年在莫斯科奪取政權，堅信歐洲很快就會爆發共產主義革命。但實際上，他們被迫放棄烏克蘭和波羅的海國家，還在遠東地區陷入曠日持久的內戰。直到一九二二年底，海參崴仍由日軍支持的白軍掌控。但布爾什維克仍然相信俄羅斯革命無遠弗屆，而且中國五四運動的激進主義引起了他們的注意。

瞿秋白在莫斯科的報導、蘇聯代表的友善提議，以及一九二〇到二一年間幾千個年輕中國知識分子與俄羅斯接觸的經驗，這三個因素開啟了一個複雜的過程，使得日後中俄兩國的共產主義深深糾結在一起。對於許多第一代中國共產主義者來說，一九二〇年至一九二一年是他們第一次與蘇俄實質接觸，並且創造了許多歷久不衰的主題。

老毛子

中國年輕人對俄羅斯從排斥轉為接受，這個過程並不直接，也未必符合邏輯。一位共產主義前輩回憶，在一九二一年之前：

對於熟悉國際事務的一般中國知識分子來說，帝俄就代表著腐敗、黑暗、專制和落後。它併吞中國北部邊境，侵略東北（滿洲）。中國人眼中的俄羅斯人，是好奇心強烈的北方人，有著長長的頭髮，穿著沉重的毛皮，嗜酒又傲慢，所以被稱為「老毛子」。1

雖然中國讀者透過中譯的俄羅斯經典文學，認識了幾個特別富有同情心的角色（他們當然不是「老毛子」），但中國人並未因此原諒歷史上侵略中國的俄國人。

陳獨秀這個人的身上，就完美地反映了俄國的複雜程度。他生於一八七九年，與托洛斯基同年。一九〇二年，他赴日留學五年，在日本積極參加革命，並從馬志尼（Giuseppe Mazzini）的「青年義大利黨」獲得靈感，成立了「青年會」。反對俄國侵入滿州是他最早的政治運動之一，陳獨秀還組織一支志願軍，與清政府並肩對抗俄軍；後來也在家鄉組織學生示威活動，反對俄羅斯。與此同時，他還寫了一本中篇小說《黑天國》，講的是俄羅斯革命家在西伯利亞流亡的愛情故事。2對陳獨秀來說，俄羅斯既是中國在地緣政治上的威脅，是他亟欲與之對抗的帝國，同時也是他夢寐以求的、浪漫又啟迪人心的革命。

然而，在陳獨秀及許多人眼中，「革命」並不是俄羅斯所獨有的。一九一七年初，在新文化運動期間，陳獨秀興致勃勃地寫道：

今日莊嚴燦爛之歐洲，何自而來乎？曰，革命之賜也。歐語所謂革命者，為革故更新之義，與中土所謂朝代鼎革，絕不相類；故自文藝復興以來，政治界有革命，宗教界亦有革命，倫理道德亦有革命，文學藝術亦莫不有革命，莫不因革命而新興、而進化。近代歐洲文明史，直可謂之革命史。[3]

陳獨秀相信，歐洲比中國更強大的原因之一，是它擁有強大的基督教信仰。需要注意的是，陳獨秀即使後來與布爾什維克合作（布爾什維克相信共產主義以及基督教是互斥的），竟仍認為基督教對中國來說是一個可行的選擇。

「俄羅斯」不完全等同於「社會主義」，而「社會主義」也不是許多左派知識分子在意識形態的首選，更不用說「共產主義」或「馬克思主義」。五四運動後，一些年輕人轉為激進，加入各種學會，辯論何謂意識形態。此時無政府主義比社會主義更受歡迎（中國透過日文引進了不少歐洲社會主義小冊子，這是社會主義在中國為人知的原因）。其實，中國在一九一一年就已經有了小型的社會主義黨，而它的領導人遲至一九二〇年代後期才訪俄，且對他所見的景象感到不滿。[4]同樣，許多中國人因為伯特蘭・羅素（Bertrand Russel）而了解社會主義，他離開蘇聯後，於一九一九年高調抵華訪問。羅素支持社會主義，但反對蘇維埃主義；他的中國之行廣獲報導，其作品也被翻譯成中文並擁有廣大的讀者。

雖然一九一九年五月十九日那一期的《新青年》雜誌整本都在講馬克思主義，裡面也只有李大釗所寫的一篇文章全力支持馬克思主義。李大釗的第一篇文章內容讚揚了俄國革命，他把這篇文章投稿到一份中國的報紙上，指出即將開始的不是馬克思主義革命，而是一場偉大的全球轉變，會造就出一個新時代。在這個新時代裡，俄羅斯和中國這種落後國家將能迎頭趕上，甚至超越西方。[5]許多年輕人將這一期的《新青年》雜誌從城市帶回家鄉，分送給親友。然而，即使是最熱切的讀者也不太了解馬克思主義與俄羅斯現況有何關係。

總之，有些人在一九二〇年認為可以吸引年輕的中國激進分子組成列寧式的政黨，並動員他們去鼓吹蘇聯式革命。但這樣想就大錯特錯了。

儘管如此，這並沒有阻止俄羅斯主導的共產國際中某些人的想法和規劃。布爾什維克受到五四運動的激進主義情緒所激勵，也注意到大多數中國人對帝俄懷有敵意，於是在一九一九年發表了「加拉罕宣言」，放棄了帝俄時期與中國所簽訂的不平等條約。表面上看來，這意味著俄羅斯將有價值的東清鐵路交給中國，放棄俄人在中國的治外法權（反正大多數在華俄人都是白軍），並放棄俄國租界——這幾點對愛國華人來說，都是長年的國恥。雖然布爾什維克後來違背了加拉罕宣言，但對於一九二〇年的中國革命者來說，這份「宣言」是一個轉捩點，因為它似乎彌補了背信忘義的威爾遜主義外交，而那也是一開始引發五四運動的主因。[6]這份宣言還勾勒出俄羅斯的新願景，為中俄關係訂下新準則——在未來幾十年內，許多中國人也以此準則來衡量俄羅斯的行動。

正當加拉罕宣言的消息傳播開時，蘇聯俄羅斯第一個正式的共產國際代表吳廷康（Grigorii Voitinskii）抵達北京。這兩件事並非巧合。吳廷康當時只有二十七歲，卻經歷過三種人生：他是一位小職員的兒子，二十歲時去了美國，然後到加拿大半工半讀。他於一九一八年回到海參崴加入俄羅斯共產黨，在城市中進行地下工作，反抗白軍，後來在庫頁島被白軍逮捕下監，一九二〇年一月才獲釋。獲釋後他立即聯繫共產國際，四個月後就抵達了北京。[7]或許是剛獲釋，他工作時帶有一股特別的熱情。

吳廷康會見了陳獨秀，也舉行一系列公開討論，參加的都是對蘇聯感到好奇的人。不久後，除了最激進的年輕學生之外，其他人都不來參加會談了，於是他開始鎖定在意識形態上最相近的人，和他們成為盟友。[8]吳廷康和陳獨秀一樣，絕不只是單純灌輸革命理論，而且他似乎是個不一樣的俄國人。一位後來信奉共產主義、將俄國人稱之「老毛子」的人回憶，就是吳廷康改變了他對俄國人的觀點。

我跟吳廷康談過很多次，談到了共產黨的基本信仰、組織原則、共產國際的成立、俄國革命發生的事情以及中國革命等主題。主要在交換意見，沒有打算得出任何結論……他（吳廷康）充滿著年輕人的熱情，很容易接納那些有五四精神的人。而且他認為中國人和外國人之間、黃種人和白種人之間並沒有區別……他的行為說明他真的是由革命所誕生的新俄羅斯人。[9]

陳獨秀由於參加五四運動被捕，獲釋後前往上海，並在吳廷康的幫助下，在上海法租界的住家中組織了馬克思主義研究學會。陳獨秀在激進分子當中有相當大的影響力，也有一些年輕學生支持他的行動，無論行動背後的目的究竟為何。他和吳廷康組織了社會主義青年團和另一個機構，專門將蘇聯媒體的文章翻譯成中文，並把這些文章發表在中文報刊上。布爾什維克於一九二〇年一月從白軍手中奪取了伊爾庫次克之後，便能與中國以電報聯繫，從而直接發送新聞和宣傳。在北京分部的協助下，該機構能夠在三十多份不同的報紙上刊登作品。吳廷康也有一台印刷機，用來印製他從海參崴收到的資料。最後，他在天津、武漢、漢口和濟南開設了機構辦事處。[10]

中國的布爾什維克

吳廷康有一位能幹的助手楊明齋，如果說一九二〇年中國有布爾什維克成員的話，肯定非他莫屬。楊明齋和許多二十世紀初中國東北的年輕、貧窮農民一樣，於一九〇二年移居海參崴找工作。這種情況在當時相當普遍。在一家小工廠工作了幾年後，楊明齋西進西伯利亞，成為一名礦工。

楊明齋半工半讀，很關心中國移工在俄羅斯惡劣的工作條件。第一次世界大戰正酣，楊明齋在帝俄外交部工作，他在自己的中文傳記中聲稱他也代表中國紅軍志願者，秘密協助布爾什維克，並在革命之前加入了這個黨。他並非孤軍奮戰；一些消息來源稱，有多達三到四萬中國人加入了紅軍，有一名中國人甚至在列寧的私人衛隊中服役。[11]

楊明齋之所以重要，在於他是個「有思想的」中國人／工人／布爾什維克成員，其形象和俄羅斯內戰中的中國紅軍士兵、拉脫維亞人，以及沒有中心思想的布爾什維克黨羽完全不同。到了一九二五年，米哈伊爾．布爾加科夫（Mikhail Bulgakov）發表了短篇故事〈中國故事〉，故事中的苦力小工俄語程度非常低，只會說幾個單字以及「你媽媽」，但他天生善用機關槍，為紅軍殺人不眨眼，以換取麵包和鴉片。[12]

而楊明齋俄語流利，也懂馬克思主義。作為吳廷康的左右手，他是能夠搭起中俄兩國革命之間語言、文化和意識形態橋梁的少數人之一。有人稱他為「像半個俄羅斯人的中國人」，說得更確切點，他是俄羅斯人和中國人兼而有之」。是什麼讓楊明齋如此俄羅斯？他「既雜亂無章又情感強烈」、「直言不諱」，「粗魯卻心地善良」，慷慨大方，而且寫書也盡量使用托爾斯泰和普希金風格的語言。[13]

楊明齋的特點突顯出，必須把革命從「人際之間」的層面再加擴大。為此，一九二〇年秋季吳廷康和陳獨秀運用了布爾什維克黨西伯利亞局注入的兩萬元，開設了一所新學校，並任命楊明齋為校長。[14]該校叫做上海外國語學社，是中國第一個可以讓年輕左派分子學習俄語的學校，但學俄語的目的不是為了服公職，也不是成為俄國文學譯者，而是了解俄國革命。

經上海前往莫斯科

上海外國語學社運作僅不到一年，但還是有辦法招收第一批中國學生前往蘇聯留學。這一小批人包括一些將在一九二〇年代影響中國共產主義發展的年輕人，少數幾位甚至將在未來塑造中華人民共和國的中蘇關係，包含劉少奇以及北京大學俄羅斯語言文學系系主任曹靖華。

後來擔任中華人民共和國國防部副部長的蕭勁光，於一九八一年寫下他留學俄國的回憶。五四運動期間，蕭勁光在長沙讀中學，他記得第一次聽說俄國革命是在學校裡。

有一天，老師突然用非常嚴肅的態度說：「現在世界上有一種新的思維方式，那就是俄羅斯的極端主義。支持者認為你的東西就是我的東西。你們同意嗎？」我們聽著，感到很困惑。老師又問：「同意的話就舉手！」但沒有人舉手。於是老師又問：「那不同意的舉手！」零零星星的幾位同學舉起了手。[15]

參加了狂熱的五四活動後一年，時值一九二〇年夏天，蕭勁光急切地想去法國，但他那時只有十七歲，而且還錯過了埃彌的留學生團。有一天，他的室友任弼時跑回來喊道：「有辦法了！有辦法了！」任弼時從一位朋友那裡聽說俄羅斯研究協會，那是毛澤東在一位以前的老師協助下，於長沙所創辦的，那位老師正在組織一小群學生去俄羅斯。蕭勁光和任弼時中學都還沒畢業，但他們立刻和其他四人一起從長沙前往上海霞飛路漁陽里六號，就讀上海外國語學社。16

就連小組中年紀較大的成員，也記得自己倉促前往上海的過程，並認為意識形態是冒險的理由。例如，彭述之對學習革命意識形態的渴望，絕不比其他人低。彭述之在湖南西南部一個小村莊中的大士紳家庭裡長大，家中務農。他父親希望他接受媒妁之言，並管理家中的農田，但彭述之並未順從父親的希望，反而去了長沙讀中學。彭述之就像埃彌和瞿秋白一樣，畢業後成為了一名中學老師。17

彭述之在一九一九年放假返鄉，遇見幾位年輕的彭家親戚，這幾位親戚是毛澤東以及其他煽動者在湖南第一師範學院的同學。一位叔叔給了彭述之一本一九一九年五月十九日號的《新青年》雜誌，就是知名的、主題是馬克思主義的那一期。之後彭述之開始大量閱讀內容激進的期刊，在狂熱的日記中規劃拯救中國的計畫，而且不教書了，宣稱自己是無政府主義者。他還認識了一位在上海有人脈的老人，這位老人已經把他的四名學生交給了陳獨秀的小組；而陳獨秀也計劃將這四位學生送到莫斯科留學。由於彭述之痴迷於他自己也一知半解的想法中，年方二十五歲的他也決定要去莫斯科。距離他第一次聽聞俄羅斯革命還不到一年，距離他開始自稱無政府主義者（或社會主義者，反正是什麼也不重要）還不到幾個月，他已經啟程前往上海。18

上海外國語學社於一九二〇年秋開學。學生們上午學習俄語，有些學生下午參加陳獨秀的社會主義青年團和中俄通訊協會的活動（協會總部也設在學校裡）。在吳廷康的要求下，學生們必須閱讀共產黨宣言的首版中譯全文。蕭勁光記得，裡面每一個字都懂，組合起來後意思卻弄不明白。他還記得自己出力幫忙製作布爾什維克宣傳，包含刻鋼板、印傳單，並將這些東西帶到工廠。在漁陽里六號，學生若想加入中國這個最激進的群體，並不需要參加公開政治活動，甚至連意識形態也不是重點。光是在這裡學習俄語就是一種政治宣言。一位中國歷史學家認為：「外語是為生命鬥爭的武器」。[19]

正當中國第一批學生因對俄國革命有興趣而學習俄語時，瞿秋白的報導開始在《北京晨報》刊登。彭述之還記得他和同學閱讀瞿秋白文章的強烈感受。後來彭述之才知道，這些關於蘇聯的文章中所包含的具體「資訊」，大部份都是瞿秋白把《真理報》的內容巧妙整理之後呈現的。但瞿秋白的這些翻譯，都是有所取捨、創新且主觀的，所以讀者才覺得他的報導具有意義。在漁陽里六號，包括曹靖華在內，有些學生是瞿秋白在北京的俄文專修館的同學，這種個人關係進一步擴大了瞿秋白的寫作效果。光是透過翻譯學習俄語或馬克思，可能會讓人們對遙不可及的革命產生心癢難耐的困惑；相較之下，瞿秋白持續更新的遊記，則使得革命更加接近，更讓人感同身受。

其中一位學生是個忠實的無政府主義者，他說校方上級故意阻撓學生們的莫斯科之行。據他所言，起初學生們獲悉去俄羅斯旅行只需要三十元，而且有五百個名額，但之後費用上漲到一百元，員額還減少到五十人。[20]

一九二一年初春，大約有二十幾名學生拆成兩到三組分批前往莫斯科，以免引起注意。他們在上海登上了一艘俄羅斯商船，前往由日本所控制的海參崴。船接近海參崴時大家都很緊張，因為有人告訴他們，日本官員會嚴格檢查他們的所有物品。學生們有吳廷康所寫的介紹信，為的是要確保他們在蘇聯能夠暢行無阻。儘管如此，彭述之還是記得他和他的朋友很怕日本警方發現這封信，所以快要到達海參崴時，他們就把信給撕了扔到海裡。這一瞬間的決定讓他們悔不當初，因為他們後來被紅軍士兵認為是日本間諜而遭到扣留。其他人則是還記得他們那時也是一時慌張，扔掉了俄語課本。[21]

蕭勁光回憶，有些學生在海參崴被軍閥張作霖的駐海參崴代表扣留，因為張作霖認為這些學生是孫中山的特使。劉少奇也是被扣的人，但他告訴張作霖的手下說他是裁縫，於是獲釋；任弼時則被認為身上帶著瘟疫。要通過海參崴雖然很難，但若想渡江到俄國也不容易。有些學生渡過了松花江到達伯力，江邊兩岸的警察一邊是中國人，另一邊是蘇維埃人，江面上也有兩國的警察船隻巡邏。總而言之，第一批學生在踏上蘇聯領土前，都經歷過一些驚險的時刻。[22]

大多數學生直接從伯力前往莫斯科，除了彭述之和任作民兩人之外。這是因為當地的布爾什維克聽到來了一群受過教育的華人，便命令學生們留下兩人，幫助他們為新成立的中國工人聯盟辦報。沒有人想留，這件事就掉到彭述之和任作民兩人頭上。[23]

彭述之和任作民就這麼在伯力的中國貧民窟住了幾個月，吃中國菜，講中文，辦中文報紙。想獲得關於中國和日本的消息，就得仰賴從海蘭泡走私過來的報刊，這是混在伯力華人社區所需要的菸斗和茶包中夾帶進來的。當他們需要翻譯俄羅斯新聞時，聯盟中一位能讀俄語的中國人就為彭述之和任作民進行口頭翻譯，再由他們修飾成通順的中文，還會為「蘇維埃」和「辛迪加（syndicate）」等新名詞附上解釋。[24]

後來是一封來自伯力的信救了彭述之：遠東共和國軍隊的首席政治委員聽說，在伯力有一些年輕的中國學生，於是他要求學生們做一件比辦報更光榮的任務。遠東共和國招募了大批中國土匪幫助紅軍對抗日本人，但這些蘇維埃稱之為紅鬍子的土匪卻很難管。[25]

所以彭述之得去見一位貨真價實的土匪頭子，他對於土匪首領的「膽識過人、暴烈剛愎、慷慨大方」印象深刻。他受命說服這群大老粗：如果他們先為蘇維埃打日本人（在過程中學會欣賞布爾什維克主義的優點，那更好），以後就可以回到中國繼續打日本，並趕走軍閥張作霖。這份工作彭述之欣然接受，因為他相信自己不單可以說服這群土匪，更可以讓整個中國起來反抗壓迫者。[26]彭述之——在一九二一年前往莫斯科的學生中，他的年紀較大、學識較高——把這群紅鬍子類比為《水滸傳》中的豪傑，寫成一篇中國人最喜愛的反抗故事，也不忘強調他自己熱愛冒險。

終於，與同學們分開五個月後，彭述之和任作民總算繼續前往莫斯科。在伊爾庫次克短暫停留後，他們登上了橫跨西伯利亞、駛向莫斯科的列車。由於讀過了瞿秋白的絢麗描述，彭述之更能深刻體會西伯利亞之美。於夏末經過貝加爾湖時，彭述之記得在日落之後，湖水是如何化做了一張「巨大、閃閃發光的星之地毯」，在他看來，那似乎是他見過最美麗的東西。火車穿過俄羅斯中部森林，其間有不少挨餓的日子，但來自上海外國語學社的最後兩名學生終究是挺了過去。一九二一年九月，他們終於抵達莫斯科。[27]

第二篇

校園戀情，一九二〇年代

第四章
校園劇場

對埃彌、瞿秋白、彭述之以及成千上萬跟著他們腳步抵達的中國人來說，莫斯科這個終點站最具魅力。在所有革命遺址中，東方勞動者共產主義大學（以下簡稱東方大學）是最有異國情趣、最戲劇性的一個，也座落於莫斯科最美麗的社區。

革命後，布什維爾克在歷史悠久的史特斯特奈亞廣場（Strastnaia Square）上設立了東方大學，讓學校沿用這座廣場上壯麗的舊政府建築。從克里姆林宮，經過特維爾卡婭大街走過去只要十分鐘，這條街有時候也被稱做莫斯科的香榭麗舍大街。

特維爾卡婭大街上的三十名中國學生

但這些建築物可說是金玉其外，敗絮其中，內部陳設和漁陽里六號一樣陽春。三十位中國學生得擠在二樓的一間大房內，裡面沒有任何家具，僅有幾張床而已，而且還只有兩張床上面鋪有草蓆和毛毯；還有幾張「桌子」，但其實也就是用釘子釘在一起的幾塊木板而已，以及幾張凳子，裡頭最奢華的設備是中央暖氣。[1]

學生們若不是肚子太餓，這些艱苦的生活條件其實也沒什麼。但他們的早餐只有熱開水，可能會加一點糖。配給到的麵包得立刻吃掉；因為一旦隔夜就會變成粉，就只得用湯匙才能吃。學生們在學校餐廳裡吃兩餐，通常是馬鈴薯和湯，有時候會配一小塊肉或魚乾。條件雖然不佳，但實際上他們領的是紅軍配給，在當時的莫斯科已經算好的了。儘管如此，挨餓仍是家常便飯，導致學生們有時候走四層樓去餐廳都走不動。他們有空的時候就睡覺，或是抽煙。[2]

彭述之比他的朋友們晚了幾個月才到學校，剛到校就從劉少奇那兒聽到了一些壞消息。學校奇差無比的物質條件已造成學生內部分歧，他們發現有兩個俄語說得比較好的學生會偷麵包，這兩個學生在中國學生的名單上加了兩個假名字，而校方行政人員也按照那份名單來配給麵包，因此那兩位學生就有多出來的麵包可以吃。其他學生抱怨挨餓時，他們兩個卻得了便宜還賣乖：「怎麼啦，你們到底是來蘇聯享受的，還是來學習革命理論和革命實踐的？」彭述之聽了也很驚訝，沒想到那些熱衷革命的同胞們，在短短幾個月之內就變得如此不團結和迷失。[3]

各種第一印象

多年以後，劉少奇和一群即將於一九五〇年代初期前往俄羅斯的年輕中國學生談話時，想起了一九二一年的莫斯科。劉少奇當時在俄羅斯其實相當不開心，一位傳記作者將他的心情描述為「浪漫而壓抑，既多情又沮喪」，並引用了一段據稱是劉少奇寫給國內一位朋友的句子：「你的眼睛充滿憂慮，你的思想單純而真誠。在最繁忙的大街上，你不受任何人的認可。此情僅能遙寄知音。」數十年後，他與即將前往莫斯科的年輕人談話時，語氣更加務實。他告訴年輕人：「蘇聯有很多值得學習的地方，但也不是樣樣都要學，比如珠光寶氣的女性。蘇聯並不是什麼都好；他們其實也有乞丐、小偷和酒鬼。」[4]從劉少奇的話中可知，一九二一年是俄國革命中最混亂和矛盾的時刻。

雖然布爾什維克紅軍剛剛在內戰中勝利，但中國學生還是得越過日本支持的白軍所控制的領土，才能到達莫斯科。革命的目標是從富裕精英手中奪取權力和財產，重新分配給無權者，然而布爾什維克和白軍都因戰爭而大肆徵用財產，搞到雙方麾下最忠誠的部隊也起來反抗主子，更使得全國經濟停滯，爆發了可怕的飢荒。彭述之還記得當時在莫斯科辦了個大型攝影展，展題為飢荒，想去的外國人沒幾個，但中國人倒是結伴去觀展。[5]為了刺激經濟，布爾什維克剛剛宣布了新經濟政策，催生了新的私人貿易富商階級。

由於中國人就生活在蘇聯最菁英、最有開創性的教育機構中心位置，因此可以近距離觀看布爾什維克這個新政權最大的賣點之一「掃除文盲」。劉少奇和他的同學們之所以會去俄羅斯，就是受惠於主張「透過白話文提升識字率」的新文化運動。而教導來自外國的窮文盲，提升其識字率，增進其對政治組織的了解，這不僅是東方大學的使命，對布爾什維克及其中國學生來說，也是為了達成統一且平等的社會所需採行的合理步驟。

反帝國主義學院

嚴格來說，東方大學於一九二一年四月才開始辦學，教學團隊由斯維爾德洛夫大學（Sverdlov University）的畢業生組成。斯維德爾洛夫是一所相對較新的共產黨校，於內戰時期成立，那時候學校的課程都是開給革命煽動者的速成課，革命教育實驗性質濃厚。[6]一九二一年春天，民族事務委員會副人民委員格列戈里・布洛伊多（Grigorii Broido）來到斯維爾德洛夫大學，從準畢業生當中招募了三十五名來自蘇聯東部共和國的學生。布洛伊多告訴這些驚訝的年輕人，他們將一起開辦一間新的大學，並由布洛伊多本人擔任校長。[7]

東方大學與斯維爾德洛夫大學的課程應該相似。東方大學的課程最初不是為了外國革命家，而是為亞洲人以及來自蘇聯國內「落後」共和國的外國人和移民所設計的。後來東方大學的外國部門又臨時增設了一個新單位，好讓共產黨安排人事進去。[8]

起初這所大學的外國學生不多，大約八百人的學生中，只有五、六十人是外籍生。但在一九二一到二五年間，外籍生不斷成長，到了一九二四至二五年，蘇維埃學生與外國學生比為一千多比三百。除了中國人，人數最多的團體依序為韓國人、土耳其人、波斯人、蒙古人、阿拉伯人和猶太人。還有少數幾個馬來西亞人，印度人和日本人。[9]

如果東方大學的學生來源組成有任何指標意義的話，建校之初，布爾什維克相信革命可以從蘇聯東南部和西南部，向東延伸進入鄰國，前幾任沙皇也曾想將自己的影響力擴張到這些地方。該校招募了邊陲地區的外國學生來到特維爾卡婭大街上，讓他們接受蘇聯國內「東方」的幹部教育，這點讓布爾什維克政府樂觀了起來，以為這下可以擴張領土邊界，或至少是讓社會主義的影響範圍擴大了。

這些外國學生都由於地緣政治的轉變而來此就讀，未來他們也將在社會主義的世界中佔有一席之地。他們前往莫斯科的原因和中國學生相似。例如，伊朗（波斯）因為英國和俄羅斯的入侵而引發了激進的愛國主義，這種反抗情緒在伊朗人受到《凡爾賽條約》不公平的對待時達到巔峰。

雖然帝俄在該地區一直擁有高度影響力，但布爾什維克政府現在卻宣布放棄之前的不平等條約，並鼓勵組建伊朗共產黨。土耳其和越南的革命運動也與《凡爾賽條約》簽訂後所引發的民怨密切相關。至於朝鮮第一個共產黨成立的原因則是反對日本佔領朝鮮。[10]

制服和角色

一九二一年秋，當中國學生被東方大學錄取時，他們領了新的制服，也取了新的名字，開始學習使用新的語言。

秋去冬來，天氣越來越冷，學生們急需保暖的衣物，因此他們獲得配發解甲歸田的退役紅軍戰士不要的制服，如麻刷大衣和各式各樣的軍帽。中國學生發現俄國革命者的軍靴實在太大，只好在鞋裡填塞東西。雖然褲子可以裁短，大衣可以改小，但靴子則沒辦法改，只能用報紙包裹雙腳，才不會覺得這些靴子太大了。[11]

隨著新制服而來的，是新的名字。對於一些中國學生來說，東方大學註冊辦公室給他們取的新名字並不是他們的第一個外語姓名。來自法國的學生通常已經有了外國名字。有人還記得在法國取名字的過程：

李味農花了好幾天為自己想個名字，但卻沒想著；在研究過《青年報》刊頭上的徽章後，他最後決定幫自己取名為鋤斧，儘管徽章不是鋤頭和斧頭，而是鐮刀和錘子。汪澤楷自稱裸體，他過去經常參與政治運動，被誣告犯下各種罪行，所以他想表明他是無可指責的……張伯簡被稱為紅鴻（紅天鵝），在那些日子裡，名字中有「紅色」很受歡迎……李維漢自稱「羅邁」，據稱這個詞代表「浪漫主義」這個詞的前兩個字。王若飛叫做雷音（雷鳴般的噪音），但我不知道為什麼。[12]

到了莫斯科，有些中國學生會保留他們以前取的法文名字，或使用自己的中文名字，但通常會取新的名字。他們穿上俄羅斯戰士的光榮軍服之際，常常乾脆取個知名革命家的名字。例如，有一群十二個學生，他們所用的名字就是一九〇五年於聖彼得堡被捕的那十二名蘇維埃議會成員的姓名。還有幾個學生分別取名叫「十月先生」、「二月」、「二月先生」、「無產階級」、「戰士」、「防護」、「前鋒」、「炸藥」等。還有人取名為盧那察爾斯基（Lunacharskii）、莫洛托夫（Molotov），甚至還有史達林。任弼時為自己取了個著名文學評論家的名字貝林斯基（Belinskii），但所有人都把這名字的音發錯了，所以即使在共產國際記錄中，任弼時也被誤植為布林斯基。[13]

實際上，發音對中國人來說是個嚴重的問題。一位中國學生曾用生動的比喻形容，要他們學習俄語無異於要求「一個沒牙齒的人咀鋼嚼鐵」。[14]毫無疑問，從語言上來看，中文和俄文之間的差距，比中文與日文或是俄文與德文之間的差距還要更大。

但是，語言之間有沒有藩籬隔閡，也取決於有沒有雙語人士、語言教學教材、字典，以及是否願意溝通。中俄大約在一九二一年展開「縮短兩國差距」的過程，但未來要走的路還很漫長。在同一個時間，俄羅斯也與歐洲以外的國家開始拉近距離。

對於特維斯卡婭的三十位中國學生來說，最大的問題是缺乏好用的字典。跟在北京一樣，學生們只有俄日字典可用。雖有一本哈爾濱出版的俄漢字典，但沒有俄日字典好用。當時最好的俄漢字典是十九世紀末由俄羅斯駐北京的教會團體編輯完成。但即使莫斯科的中國學生手邊有這種字典，對於學習全新的布爾什維克術語幫助也不大。[15]劉少奇回憶：

tovarishch 這個詞該怎麼翻？翻成「計劃中的合作夥伴」可以嗎？還是翻成「伸出援手的人」更好？初到莫斯科時，看到在盧布鈔票上有一句口號：「世界工人大團結」。還有不同語言的翻譯。那一句中文是由中國移民翻譯的，由於「工人階級」沒有適當的中文翻譯，所以他們把這個口號翻譯成「四海之內皆兄弟」……當時的中文並沒有像「同志」、「無產階級」、「資本家」和「帝國主義者」這樣的詞，所以要怎麼翻譯這些詞都尚待考慮。[16]

起初，中國人花了許多時間查俄日字典，搜尋他們生活周遭和新蘇聯相關的字詞，卻徒勞無功，在任何教科書或字典裡都查不到。

即使有一本好字典，學生們仍感到中文和俄文之間在語音和文法上的差距很大。在當時並沒有一套標準的系統，能將中文語音音譯成俄文，也沒有能把俄語語音音譯成中文的系統。後來是瞿秋白率先創建了第一個將中文語音音譯成俄文的標準化系統，接著才有將俄文語音音譯成中文的系統。[17]那時的學生們不得不暫時依靠老師的想像力來幫助他們跨越中俄語音之間的鴻溝，利用中文和俄文發音相似的部份，去學習陌生的俄文。所以就算不懂兩種語言之間文法結構的極大差異也沒關係。中國學生每天早上都餓著肚子，上兩到三個小時成效不彰的俄語課。有次一位老師火大了，直接告訴學生們說他們這輩子別想學好俄語。[18]曹靖華是這群學生中的一位，他後來成為著名的翻譯家和語言教育家。

有心的學生靠著自學、閱讀文法書、記誦新單字、和其他學生練習，慢慢把俄語學好了，透過這些方法持之以恆一年後，或多或少都能跟上俄語的授課內容。但是大部份的學生還是天賦不足，或是意志不堅，終究無法克服語言障礙。[19]他們的命運就是永遠依賴翻譯，中國腔很重，發音又不正確，也不會念自己的俄文名字。

革命教育的困境

國際革命的教育中有些關鍵問題，例如「未來的革命者是否必修俄語」。而這些問題也會在未來七十年內，於蘇聯國際學校內不斷受到討論。

如果革命者有忠誠的信仰，那他要如何替別人灌輸、加強信仰？如果革命者盡忠職守，那他要如何發揚忠誠精神？如果革命者具有高度實踐力、勇氣和技能，那在革命的環境之外，革命者要如何傳授這些技能？如果革命者是一位殺手，那他要如何說服其他年輕的理想主義者奉獻生命？

那，革命可以在學校學嗎？還是只能透過實做來學習？若是，那麼致力於革命教育的學校是否只能教學生歷史、宗教和必要的語言？學校非設在莫斯科不可嗎？莫斯科本身是否就是個學習革命的場合？還是說莫斯科對未來的完美革命是一種侮辱？所以外國學生不應該進入莫斯科，或者至少別讓外國學生知悉莫斯科殘酷的現實？

俄羅斯只是革命中的一個環節嗎？還是全球革命的中心？每一場革命都是獨立的，還是會融入還在進行中的俄國革命？

俄語和革命又有何關聯？如果中國人（以及所有其他人）都得學俄語，那學俄語的目的，是要在新的革命體制中像個公務人員般唯命是從？還是要翻譯過去的革命經驗，然後以史為鑑？抑或是要直接透過俄文研讀神聖的革命文獻？還是說，學俄語只是要表示忠誠，而不是在回國後，教俄語以表達忠誠？還是俄羅斯作為革命歷史的中心只是虛幻的，以致於中國人學俄語只是為了當配角，向俄羅斯人自己表達世界革命？

一如所料，這些問題的答案是：看情形。

譯者

瞿秋白是東方大學為中國學生所雇用的第一位譯者。就如瞿秋白所回憶：「我當時對於共產主義只有同情和相當的了解……可是，在當時的莫斯科，除我以外，一個俄文翻譯都找不到。」[20] 他只好暫時放下自己的寫作，趕快狼吞虎嚥學些馬克思列寧主義，並且準備一下他要替學生翻譯的課程內容。本來瞿秋白是從容不迫地用藝術感、跨文化的筆法，為他在中國的廣大讀者群翻譯關於俄國革命的報導；但突然間他必須與二十幾個人面對面，立刻為這些人口譯，沒有思考的時間。因此，他帶給人們的印象也變得多元起來。

彭述之承認，在他們抵達莫斯科後，他和他的朋友們很喜歡瞿秋白的書面報導，但發現瞿秋白本人似乎不善言辭。彭述之回憶：「我從一開始就對瞿秋白沒什麼好印象。」

> 他幾乎是時時刻刻嘴裡都叼著香煙，即使與人說話也是如此。但最讓我感到厭煩的，是他說話一點都不簡潔，很愛拐彎抹角。他說話很難懂，似乎覺得沒必要把話講清楚，感覺像是若

把話講明白了，就委屈他了。[21]

曹靖華是瞿秋白的朋友，也是昔日同窗，帶著一點同情心回憶道：

秋白，不記得是不是一九二二年了，那時我們在莫斯科，而你的肺結核病況嚴重，醫生說你的肺已經不行了，最多只剩兩三年。但你從未停下腳步，你還是去講課，有時搞得很累，累到你面色蒼白、毫無生氣，很難喘得過氣，但你卻不知疲勞為何物。[22]

不論是因為瞿秋白不懂得放鬆，還是因為他擅於寫作勝於口述，抑或是他單純只是生病了，瞿秋白其實算不上是一位優秀的譯者，但卻又沒人能做得更好。

一九二一年，第一組中國學生抵達莫斯科，而在一九二二年末，這群中國共產黨未來的希望大部份都離開了。在這段期間內，東方大學幾乎沒有為他們授課。課表都沒有規劃，授課也都是以翻譯來進行，導致課程內容含混不清，老師也常因為共產國際的事務而停課。[23]在這些情況下，學生們也變得委靡不振，他們進步的幅度完全取決於自學的能力。一名學生如此回憶：他同時學習俄語和政治，課本是尼可來·布哈林（Nikolai Bukharin）所寫的《共產主義入門》（ABC of Communism），學生們必須大聲朗讀並背誦其內容。[24]

到後來，這個課程還是稍微有點幫助。在東方大學的第二年，留下來的學生們還記得他們學過工人運動史、十月革命史、經濟學以及自然科學（有一位學生表示這門課讓大家都很想「吐」）。有些學生急著想學歷史唯物論，但唯一能教這門課的老師，是一位老態龍鍾的女性。「她把我們看做韃靼學生或蒙古學生一般，只教些極粗淺的常識。」教工人運動史的老師是「有個猶太人叫做什麼斯坦的，教我們國際工人運動史……這個教員有些新的材料和見解……可惜他在『職工國際（Profintern，Red International of Labor Unions）』有職務，常常遲到，而且幾個月之後就不來了。」後來俄語進步最快的幾個學生被校方指派為翻譯；他們的工作就是在上課時站在講台前為其他學生即時口譯，或者是將他們學過、以俄語授課的課程內容，用中文講給其他學生聽。[25]

除了基礎的馬克思主義課程外，校方還打算開設更高級的課程，讓學生學習遠東事務的當前局勢。但開課的問題在於校內並沒有老師能夠授課。學校的明星教師只是斯維爾德洛夫大學早期的畢業生，或是從提比里斯和塔什干來的政治宣傳人員，但他們都不熟悉中國政治。校長布洛伊多是莫斯科公認的突厥斯坦專家，曾於俄國內戰期間在當地居住了三年。第一批學生畢業後，學校就從這批學生當中留下了一些外國畢業生，來補充學校師資。[26]

在共產國際的堅持下，校方加開了「實務課程」，像是建黨工作和地下工作技巧。這門課只開給「友好的東方黨派的合格工人」，而在中國學生當中，僅有彭述之一人為合格學生。[27]學生們注意到，校方對他們應該學習什麼，感到很不確定。某位學生記得，當他於一九二一年首度到達莫斯科時，有一種說法受到熱烈討論（這點與布哈林有關）：在中國並沒有真正的無產階級革命力量，所以東方大學的中國學生應該要修資產階級的課程，以後回國才能偽裝身份。另一方面，據傳列寧認為中國學生應該要接受一些更加專精的專業革命訓練，於是蕭勁光和其他三名學生就被送去了蘇聯紅軍學校學習。

一九二二年陳獨秀來到了莫斯科，發現學生們都在接受軍事訓練。他氣壞了，厲斥這些學生。你們說中國沒有無產階級，這什麼意思？他想知道，學生們來此學習，為的是什麼？回國當軍閥嗎？於是在軍校的學生們又回到了東方大學。但是「學生們應該接受軍事訓練的想法」卻始終存在。[28]

相較於中國擔心這群學生成為雄踞一方的叛徒，蘇聯則擔心他們成了愚蠢的官僚分子或是下流知識分子。到了一九二五年，校方領導層和共產國際官員之間爆發了一場激烈的權力爭奪戰，校方認為自己只聽命於蘇共中央委員會（Central Committee of the Russian Communist Party）；而後者總是要介入校務行政活動。兩造人馬對於革命相關訓練各持已見。就共產國際來看，校方給學生的訓練內容完全與遠東的革命現實脫節，也與共產國際的人員需求脫鉤。對此，布洛伊多如此回應：

（共產國際的）東方分部想的都只是如何快速獲得他們所需要的人力……但我們所培育的是更為精良的人才。（學生）和剛入學時相比，顯然不能同日而語。而要把學生訓練得如此優異，唯有依照蘇共的教育精神循序漸進才能達到。有學生反對使用俄語，但這只是民族主義而已。但如果不會俄語，是不可能學習列寧思想的。這就好比以前俄國的馬克思主義者必須要學德語，才能學習馬克思主義。[29]

說到這裡，布洛伊多被一名共產國際的代表給打斷，他問布洛伊多：「如果我們只給中國人學習一年的時間，那麼在不學俄語的情況下，我們可以做什麼？」對此，布洛伊多回答：

如果只有一年，那蘇共和蘇聯必須是至高無上的，是所有教育的基礎。更別提東方大學學生在每個國家裡受到多麼大的重視。例如說：（共產國際的）東方分部沒有能力推翻遠東的任何中央委員會。但如果把這個任務交給我們，我們就可以讓東方大學的學生去完成它。[30]

長期來看，「理論」與「實務」的衝突、「革命的博雅教育」和「革命的職業訓練」之衝突、「對俄語的忠誠」與「在各國的實用技能」的衝突，乃是一直存在，而且在一九二五年的時候根本無法解決。[31]

課堂之外

如果中國學生在課堂上學得不夠多，那麼或許他們在日常生活中和其他同學互動時，就能夠了解到其他國家的革命情況；或是和一般俄國老百姓交談時。能學到一些俄國革命的知識。但普遍來說，外國學生是孤立的，不只難以接觸到蘇聯本地學生，外國學生之間也互不交談。就算是在自己國家的同學裡，內部也有小圈圈。而且有時不同國家的學生之間還會發生衝突。[32]夏季是外國學生們能真的打成一片的時候，所有的蘇維埃學生在夏天都回到了自己的共和國內，但由於外國學生都不能回國，所以他們都被送至莫斯科市郊的避暑勝地。

一九二二年夏天，大約一百位東方大學的老師和外國學生在莫斯科近郊的村莊內過了一個暑假。他們決定在村內實行共產主義，集結成一個公社，成員們必須分享食物和做社區服務。在校內，學校職員要打掃環境和整理床鋪，而學生們由於不習慣做體力活，很討厭雜務，他們很疑惑蘇維埃的工人每天工作八小時是怎麼過的。有一次有些學生翹班，所以公社的領導就不准所有學生吃早餐。中國學生很生氣，便寫信抗議；搞得莫斯科緊急派人前來夏令營，把中國學生嚴厲斥責了一頓。[33]

學生們與俄羅斯的市井小民互動時，談的也不完全是革命。公社中有一名學生是無政府主義者，他曾嘗試融入蘇聯社會，結識了一位努力推行世界通用語的世界語主義者，又去參訪各小學、訪談勞工。結果這些經驗澆熄了他剛到蘇聯時的熱情。其他的中國學生和平民的互動則是少得可憐。[34]要到很久以後，外國學生才能體會到蘇聯的熱情好客。不過在當時，食物相當缺乏，所以「請外國客人回家吃飯，以此表示歡迎」這件事並不存在。沒人有印象曾去過老師家吃晚餐。

相反地，中國學生都是在非革命、不友好的場合面對一般俄羅斯老百姓：他們把配給到的糖和煙草，拿到市場以高價出售，在當時列寧的寬容市場新經濟政策下，這種情況很常見。大部分學生說他們用這些錢來買書，但那位信奉無政府主義的學生指出，某些中國學生其實都把錢留下來搞俄國妓女。這位無政府主義的學生（他越來越反蘇維埃）還說，一些女學生還和東方大學的老師搞出不名譽事件，為的是求度日。除了商人和妓女之外，學生們在夏天時在村內也會碰到蘇聯平民，有些輕浮的女性會在河邊要求與人發生性關係，而她們後面一群反革命的農夫追著她們跑向森林。[35]

瞿秋白和埃彌的角色

這麼說來，莫斯科的國際革命兄弟情誼，在一九二一年的時候到底有什麼實質內容？其實在革命的早期，國際革命沒有什麼內容可言，而俄國革命也沒有什麼值得學的，此時這兩者能做的，就是在一些革命場合表達未來合作的意向而已。

在這些年間，最重要的大事就是學生們（為了打破單調的校內生活）所參加的國際會議，包含一九二一年的第三次及一九二二年的第四次共產國際會議，還有一九二二年的東方勞動者第二次大會（第一次大會於一九二〇年在巴庫舉辦，是為東方大學創校之始）。其實學生很少有機會奉派參加這些大型會議，能參加的通常都是中國國內的共黨高層人士。學生雖然不能進去開會，但要幫忙準備會議資料、處理物流，有時候甚至要擔任翻譯。[36]

瞿秋白在東方勞動者第二次大會的時候擔任口譯員，是大會中的要角。參加該次會議的中共代表團對於瞿秋白的俄語感到很不滿意，認為他的表達能力相當差，寫出來的中文也很難懂，但也承認，放眼全莫斯科的中國學生以及俄羅斯共產國際的代表，沒有人能做得更好。於是，瞿秋白的語言能力受到了共產國際的注意。就在一九二二年初，於該次會議結束後，瞿秋白在一位兒時玩伴的資助下加入了中國共產黨，那位夥伴當時也參加了會議。[37]

當時共產國際的方針為「統一戰線」，意即外國的共產黨要與溫和的社會主義者和民族解放黨合作。不過每當開會討論聯合戰線的時候，都沒什麼人參加（除了某個中共代表，每天都會「去那兒發表演說，吹噓他們在中國國內所取得的成就」），[38]原因是座談內容只會翻成英文、法文和俄文，來自遠東的代表團都聽不懂，自然覺得無聊，況且演講本身就已經很乏味了。根據一位外國記者所描述的，政治局候任委員尼可來·布哈林站在台上，作了一首打油詩：

各位啊各位！
東方啊東方！

（我聽不清楚）遠東啊遠東！
無論如何，各位啊各位！
我必須向你們道歉，你們今天得忍受二十四篇歡迎詞。
但請記住，世界革命的聖者，要求大家犧牲。
還要記住，你們的艱苦和我們相比，算不了什麼。
我們過去這漫長的五年來，每日手持長劍，
還得讀著革命記者史泰克洛夫在《消息報》上面撰寫的社論。
太陽永遠不會在勞工和農人的國度落下。（所以我們才會爆發飢荒。）
你們抵達赤都之日，下起了一陣雪。
不要理會這一點，這是一個白色的陰謀。[39]

布哈林必須坐在講台上，但各代表團逃到大廳和後台閒聊。雖然大會決議事項後來都有翻成中文，但代表們還是認為自己有看沒有懂。[40]到最後，這場政治大拜拜的會議記錄沒什麼意義，有意義的反而是這些革命者聚在一起開會。

各代表團注意到，自己就像是展覽品，參加代表大會的中共代表回憶：

我們這些代表，就像一批半聾半啞的學生，由那些招待人員帶領到各處去參觀。其實，與其說是我們到各處去參觀，倒不如說是讓各處的俄國人參觀我們。我們似乎已成為最新鮮而富有鼓勵性的活動宣傳模型……共產國際在遠東已展開了實際活動，這無異是一帖興奮劑。尤

共戰後歐洲各國共產運動迭遭挫折，一時不易有所作為……[41]

這位中共代表也記得，當他和其他遠東代表在伊爾庫茨克時，共產國際在週六晚上為他們舉行了派對，希望每個國家的代表團都能演出節目。但中國代表團這個最大也最顯眼的團體「卻是唯一一個連屁都放不出來的團體，我們對跳舞一竅不通，也不懂什麼是合唱。」最後在情急之下，一位中國代表唱了一首他唯一能想到的歌，也是一首通俗、略為低級的歌曲《我的小可愛在玩骨牌》。[42]

對參加會議的中國學生們而言，會議的籌備、中場休息和會後派對才是他們的重點。在東方勞動者大會召開之前，學生們一直猜想與會的中國代表是誰，以及他們可以做些什麼來讓中國代表對社會主義有正確的看法。學生們甚至建議，他們前往各國代表團去宣傳。等到各代表團抵達後，學生們對他們貧乏的革命經驗大感失望，[43]不過學生們在中場休息時間仍有機會和代表們閒談。

例如說，學生們打聽到列寧在東方勞動者大會上不理睬中國代表團的共產黨大佬，反而跑去和真正的勞工交談。而且中國代表團成員間還爆發了階級鬥爭，中共黨員們在火車上譴責一名女性無政府主義者搭乘火車的頭等車廂；而勞工們則告訴蘇維埃人，代表們都是知識份子，沒資格代表群眾發言。各代表團也認為，蘇維埃的宴會辦得差勁透了（雖然從學生的角度來看已經很奢豪了）。蘇維埃方面對這些剛接觸革命的人解釋：蘇聯共產主義看的是未來，不是當下。不過講了也是白講。[44]

✲

學生們在共產國際的大型會議當中雖然不能站上台面，但他們在東方大學校園內則算得上是大明星。就像共產國際的各代表團，他們被帶到莫斯科各地參加所謂的校外觀摩。一九二二年第一屆七百位畢業生的畢業典禮上，重頭戲就是戲劇《歐洲帝國主義與殖民政治》，負責執導的不是別人，就是大名鼎鼎的戲劇導演弗謝沃洛德・梅耶荷德（Vsevolod Meyerhold）。[45]

東方大學也吸引了尼古拉・耶克（Nikolai Ekk）這名蘇維埃未來的電影導演，他帶領這間大學的戲劇合作社，並打算要替該校拍一部紀錄片。他所設想的片段中，將會出現斯特拉斯諾伊修道院（Strastnoy Monastery）、修院的尖塔、手執蠟燭的禮拜者、一位正在讀書的中國學生、世界地圖，以及東方大學正在興建的畫面。[46]

這些都是戲劇和小說的切片，學校本身是個永久的舞台，蘇維埃則是國際革命的片場。

而埃彌則在一九二二年冬天登台。瞿秋白或許是對這從法國初來乍到的小夥子感到好奇，所以他對埃彌特別好，問了埃彌各種關於他的問題。在俄羅斯的中國學生們則叫疲憊不堪的埃彌詳細報告一下法國的狀況，當學生們獲悉留法中國學生的狀況這麼慘，於是說：「快叫他們來共產黨東方大學。」接著又喋喋不休地問埃彌接下來作何打算。

一陣寒暄過後，瞿秋白用自己的飯票帶埃彌去用餐，還替他找了共產國際大樓的地下儲藏室當棲身之處，那裡有多餘的床和床墊，還有電燈，使埃彌在莫斯科的第一個晚上，房間內燈火通明。[47]

第二天早上，埃彌見了陳獨秀，然後參訪莫斯科。陳獨秀建議埃彌在東方大學學習一陣子之後再回中國。當天稍晚，一些學生帶他去了學校，領到了毛靴子以及紅軍的軍用大衣和帽子。按照學校規定，埃彌被分在法語組。[48]

埃彌結識了一位名叫納辛・辛克美（Nazim Hikmet）的土耳其人，這名學生善用學校所提供的重要機會廣結善緣。辛克美是個胸懷大志的詩人，設法認識了俄國革命的著名詩人馬雅可夫斯基（Vladimir Mayakovsky）。馬雅可夫斯基偶爾會來東方大學朗讀他的詩作，據說他也是其中一位會在學校對面的普希金雕像朗讀詩文的莫斯科詩人。[49]

有一次，馬雅可夫斯基帶著辛克美去工藝博物館讀詩（辛克美的詩是土耳其文寫的）。辛克美很緊張，但馬雅可夫斯基向他保證：「別害怕，土耳其人，反正他們聽不懂的。」後來辛克美常在莫斯科市內朗讀他的詩作，還參加了東方大學的戲劇合作社。戲劇合作社的土耳其小組還對莫斯科的工人及附近的農人，用土耳其語演出了二十分鐘的短劇，當然，開演前已經先告訴觀眾劇情概要了。[50]由於埃彌與辛克美之間的交情，讓埃彌能從一個特別的角度，欣賞革命中的莫斯科那具有魅力、富有創造性的一面。

要到幾年後埃彌才開始創作自己的革命詩篇，但他在東方大學的時候主要參與的是國際革命的相關演出。抵達東方大學不久後，他找了幾個學生一起進行一項計畫，將《國際歌》從法文翻譯成中文。埃彌和其他學生也將各種蘇聯歌曲翻譯成中文，埃彌還說中國紅軍部隊相當喜歡其中幾首歌。他記得演出這些歌曲的那些時刻，就是他在莫斯科時光的高潮。[51]

一九二三年初，在莫斯科的中國人演了一齣戲，而埃彌在這場演出中，將自己的創意推到了巔峰。劇情內容講的是中國革命受阻：軍閥吳佩孚（彭述之飾）屠殺了罷工的工人。此劇的歷史背景是中國軍閥割據，而蘇維埃政府老想找個勝者來結盟；當時吳佩孚討好工會，又有蘇維埃的支持，中國共黨則和莫斯科統一陣線，逐漸接近吳佩孚聯盟。就在這時候中國爆發了罷工狂潮，京漢鐵路中斷，激起了熱烈的反應。於是在一九二三年二月間吳佩孚背叛了他的左派盟友，出手鎮壓罷工，展開兇殘的屠殺。[52]

埃彌記得：「大家都將編劇的重責大任交給我。」這場戲的高潮在於，一名演員大喊：「我們可以拋頭顱、灑熱血，但工人階級絕不能被推翻！」埃彌自己在戲中扮演一位年輕的女工，他一身蘇維埃女裝吸引了校長布洛伊多的目光，表演後布洛伊多還半開玩笑地讚賞他在劇中反串成功。該劇大受歡迎，之後還巡迴演出，包含一場專為「老布爾什維克」派別成員的表演。在埃彌的傳記中，作傳者將這一群「老布爾什維克」們描繪成都是留著像卡爾．馬克思一樣的大鬍子。[53]

這場戲描述的不是革命的成功時刻，反而是失敗的一刻（可能是由共產國際的誤解招致的失敗）。但就像關於蘇維埃內戰的經典故事一樣，這部劇把屠殺重新塑造為正義的殉難，讓莫斯科觀眾對於中國革命有了新的觀點，也讓演出的中國人能從新的角度去詮釋事件。這次改編之後，陸續又出現了許多新的戲劇製作，有些是埃彌編寫的，有些是後來抵達莫斯科受教育的中國人編製的。[54]

埃彌以及中國學生於莫斯科經歷的所有重大時刻當中，意義最深遠、最有戲劇性的，大概就是一九二四一月列寧的葬禮了。埃彌在那年冬天病了，被送往莫斯科郊外的一家療養院，那次事件令他印象深刻。療養院壁爐裡的火一整天都燃燒著，食物也相當棒，但最棒的是護理人員，包括一位對埃彌照顧有加的年輕女性，於是埃彌可以藉著探索一個新管道來和她雙修俄語。在這裡，埃彌聽聞了列寧去世的消息，這件事讓所有住院的學生都陷入歇斯底里中。埃彌的護士給了他兩顆鎮靜劑讓他冷靜下來。次日，有個女子從學校來到療養院，傳授住院的學生唱一首歌來哀悼列寧。[55]

埃彌倉促離開了舒適的醫院和女朋友，回到莫斯科。其他學生得排著綿長的隊伍才能瞻仰列寧的遺容，但埃彌和任弼時被選中，可以擔任仗儀成員整整五分鐘——於是兩位年輕的中國革命領航者，向這個象徵俄國革命、但全無生氣的遺體，長長地注視著。[56]

彭述之：整肅的雛形

埃彌似乎很本能地理解到他在蘇維埃系列的國際革命戲劇中扮演了某種角色，而他似乎也樂在其中。在這場戲中他是獨一無二的，和其他中國學生以日常生活為素材所編出的劇截然不同。而有一個人特別想執導這齣戲，他就是彭述之。

彭述之到達東方大學後知道了中國學生間的麵包醜聞，他覺得這種衝突沒意義，他建議大家分成小組，每三週聚會一次，討論嚴肅的政治議題，而學生們也答應了。「好了，別再把時間浪費在爭論錢和吃的上面了。衝突依舊存在，但我們之後把時間花在值得爭辯的議題上。」對彭述之來說，值得爭辯的議題能根除不正確的思想，雖然在當時也沒人知道正確的思想是什麼。[57]

中國學生由於離鄉背井、飢餓受凍，又與周圍的人不相往來，加上革命行動沒有明確的路線，於是開始內鬥。對彭述之來說，後來與同學間的無政府主義者展開了一場鬥爭，這場鬥爭使得學生們成為了真正的馬克思主義者。無政府主義者可能也會說出一樣的話，只不過提到「馬克思主義者」這個詞的時候卻是帶著負面的含義。無政府主義者們認為，那場鬥爭只是一場單純的權力鬥爭，有一組大約六個學生試圖對其他人施加更嚴格的控制。這六人小組開會討論此事，認為委員會的管理才是共產主義的組織原則，反對它意味著反對共產主義。有名學生跑到會場譴責委員會，六人裡便有一人起身說，委員會代表無產階級專政。有人反問他：「在我們這個組織裡，誰是無產階級？誰是資本家？」此時他面紅耳赤，只能大喊著：「無產階級專政，無產階級專政！」[58]

這次會議休會後，這六人小組又採取了一個方針：他們開始告訴俄羅斯人，學生裡有很多無政府主義者。從俄國人那裡聽說這件事的無政府主義者變得害怕起來。這六個人持續舉辦聚會，反對的同學都找藉口缺席。[59]

原來，與彭述之對抗的那個學生是埃彌。埃彌已經在法語組展開學業，但一陣子之後加入了中國同學的課程。埃彌還記得，同學們稱彭述之為「孔子」，因為他會站在學生面前，用濃厚的、幾乎讓人聽不懂的湖南腔朗誦一些毫無意義的詞句，如「人生病了，就要看醫生。社會生病了，就需要革命」。這也只有湖南同鄉埃彌能聽懂。埃彌對莫斯科小組工作的唯一記載是他提到了彭述之的教學風格和口音，但另一位從法國轉學過來的學生還記得，埃彌由於公開反對中國共黨莫斯科分支的獨裁方式，而遭到了嚴厲批判。[60]

埃彌和彭述之的衝突是怎麼發生的，以及兩人為何會衝突起來，原因仍待釐清，但每個人都確實記得自己在莫斯科的行為，彷彿他們在戲劇中扮演某個角色一樣。而每個人所設想的劇情也完全不同。埃彌所演的，是一場口譯和表演的戲，在這齣戲中，同志情誼暫時化解了衝突的文化或政治差異。而彭述之的戲碼，是意識形態相同的同志們，為了追求文本真理和道德美德，為了打擊思想中、政治上的混亂和矛盾，於是展開了一場頑強的、不顧文化的鬥爭。他們兩人各自代表了中蘇關係的兩種觀點，兩種共產主義之道，與兩種生活方式。

中國的角色：明日之星

其實，埃彌和彭述之兩人只是先為一場更精彩的大戲做全裝預演。在未來這場「以莫斯科為基地的國際革命」當中，中國正以明日之星之姿登台亮相。

中國共產黨在莫斯科的外國政黨中佔有獨特的地位。共產國際的規則禁止一個國家的共黨成員在另一個國家建立獨立的組織。亦即在法國的德國共產主義者必須加入法國共產黨，不能組成德國共產主義分部。但在一九二〇年代初，莫斯科卻有一個中國共產黨分部。

在第一批中國學生離開上海前往莫斯科幾個月後，中國共產黨第一次代表大會於一九二一年七月在上海舉行。那時，中國共黨並不像列寧政黨那樣是由強大的中央來領導，而是在世界各大城市都有激進的小組織，除了北京、武漢、廣東、長沙和濟南之外，東京、巴黎和莫斯科也都有。他們透過個人通信和官方管道相互聯繫。巴黎的中共黨員寫給莫斯科同志的信件，乃是兩個中國革命同志之間的聯繫信函，信件中描述的是每個從巴黎去莫斯科的學生各有哪些強項弱項。信件內容很少談到較大層面的政黨組織議題，更不用說談及共產國際了。

早期中共黨員對加入共產國際感到很猶豫。歐洲的中國人很少加入東道國的政黨，只有少數的莫斯科中國人加入了俄羅斯的共黨。按照中國人的說法，他們是基於實際需求，才在莫斯科開設分部：莫斯科瞬間湧入太多中國人，沒人會講俄語，但又需要管理。共產國際過去都在處理國際革命的技術問題，直到一九二五年，因為擔心自己會被消失，才開始強調自己是個有效的組織。61

事實上，中共和俄共之間存在著組織上和文化上的不和，這一點只要是與中共密切往來的人都知之甚詳。共產國際想要建立一種仿列寧式的政黨，以現行的俄國共產黨為模範，每個分部則是莫斯科中心下轄的國際革命組織——亦即中央集權領導模式。可是中共是一個鬆散的人脈網，內部充滿衝突，缺乏穩定的聯繫，也沒有明確的階級制度。當彭述之、埃彌和瞿秋白在莫斯科時，中國共黨支部的運作比較像是個獨立的有機體，在極其本土化的條件下，專注於自身的內部發展。

然而，在莫斯科當地的條件下，中共黨員正在蓬勃發展。到了一九二五年，中國學生的數量超過了其他外國群體，佔蘇聯國際教育最大部分。在中蘇分裂之前，中國人在蘇聯的人口數可說是居高不下。[62]

儘管有些一九二二年回國的中國學生竭盡全力想要打破同胞們對蘇聯不實際的幻想，但中國人對俄國的渴慕卻是與日俱增。中共領導人陳獨秀、俄羅斯研究會積極分子毛澤東、社會主義青年團歐洲分部和共產國際都忙著為東方大學招募學生，幾乎每當有一個東方大學的學生離開，就會補進三個新的學生。「親愛的布洛伊多同志，」陳獨秀和毛澤東透過一位俄語翻譯寫道，

> 張國燾剛從俄羅斯回來，據他所言，中國共產黨可以派學生到東方大學。但在派出學生之前，我們要釐清下列問題：1.學生的名額？2.學費由哪一方支付？3.每個學生整趟行程的花費？[63]

東方大學樂見、也預期會有越來越多的中國學生前來就讀，直到一九二五年，俄國為中國人專門成立了一所學校為止。[64]

換裝

一九二四年，中國代表團參加第五次共產國際大會，並命令埃彌和彭述之在夏天返回中國。顯然他們已經完成學業。埃彌的回程沒什麼記錄可查，彭述之則回憶，回國時一路平順，不像當時去俄羅斯有那麼多波折。但當他接近中國邊境時，彭述之發現了一個問題：他的衣服。為了安全通過滿洲里，他得穿上過去三年沒穿的衣服，穿回中國人的樣子。他在莫斯科的生活已經落幕了，是時候換裝了。65

第五章

上海大學與共產國際課程

時值一九二四年秋末，冷到讓瞿秋白走在上海公共租界時都要披件大衣，才能前往年輕激進分子就讀的新學校演講。他走進演講廳，早就有一大群學生聚在那兒，等著聽大師開示。瞿秋白手中拿著帽子，走到台前，朝著聽眾微笑，打開行李箱取出筆記後，便開始演講。[1]

三年前初赴莫斯科時，瞿秋白還是個蒼白削瘦、剛過青春期的知識分子。現在他已蛻變成為大人，建立了一股出眾的個人魅力。他的肺結核病情暫時緩和了；整潔、高級的西裝和大衣修飾了他瘦弱的身軀；他的心思滿是文學、政治和女人；他有時候展現出極其充沛的活力，恰好與他糟糕的健康狀況和挑剔的性格

瞿秋白。俄羅斯國家社會政治史檔案館，f. 495, op. 225, d. 1014, l. 19.

顯得很不相稱。[2]

最明顯的改變在於他的臉龐。瞿秋白經常帶著一副黑色的圓框眼鏡，而如果他透過那副眼鏡可以看清外界，那麼外界也同樣透過那副眼鏡注意到他這個人。向來平坦的面貌突然變得立體許多：眼睛充滿著靈魂，眉毛在鏡框的修飾下顯出弧度，隆起的鼻子撐起眼鏡，加上一張看似堅定的嘴巴，而不像以前那樣緊緊抿著。[3]

上海大學的瞿秋白

瞿秋白在一九二三年一月從莫斯科回到中國，申請了北京大學的教職，但這座菁英學府卻拒絕了他。[4]瞿秋白想想，既然北大不要他，那就自己來辦一間北大吧。

瞿秋白所宣傳的上海大學，是一所以北大為模板，未來要成為南方新文化中心的學校。他的願景是，上大要成為一所中西合璧的學校，而在他的莫斯科遊記中，也處處洋溢著這種中西合璧的想法。該校有三個系：社會科學系、文學系和藝術系。社會科學系肩負的責任，是按照馬克思列寧主義的範疇重新建構中國社會。在文學方面，瞿秋白突破古代中國與現代西方學術界之間的障礙，要求中國文學系的學生也學習西方文化史；而外語系的學生也要繼續深造中文能力。學生在全球化的背景下學習中國文化，外語則是一種追求智慧的方法，不是一種就業的能力。[5]

瞿秋白剛在莫斯科的東方大學教書、翻譯了一年半，但他規劃中的大學與東方大學不同。表面上看來，兩所學校還是有相似之處：東方大學和上海大學一樣都著重社會科學和外語，但東方大學沒有開設博雅教育課程，反而偏重列寧主義課程、基礎俄語，以及共產主義組織者和教師的政治素養。

不過，瞿秋白心目中的上大和實際上終究是兩回事。上大位在一個破舊的工業區，沒有固定的校園。上海大學的班底原是一所師範學校，被激進的學生接管了之後，找來一位國民黨高層人士重組學校，由國民黨政治家于右任出任校長。由於上海大學的運作面臨著極大的財務壓力，只好開設會計、商用外語等課程。上海大學的學術聲譽也時好時壞，想要作為南方的北大，距離還很遠。[6]

瞿秋白的授課內容一部份源自於他在莫斯科的學習筆記，他讓來自各省有心向學的學生們學到了簡化版的馬列主義——抄襲自瞿秋白當年在東方大學的課本，布哈林的《歷史唯物論》。然後瞿秋白再穿插中國典籍和西方文學的故事與插圖，使得內容更加生動。後來他將他的演講筆記集結成書出版，該書相當熱門，一直發行到了第十一版。瞿秋白離世之前自承，自己「從來沒有讀過《資本論》」。「一點馬克思主義理論的常識，差不多都是從報章雜誌上的零星論文和列寧幾本小冊子上得來的。」[7]

在瞿秋白原先的計畫中，上海大學將擁有一個全方位外國語學程，最有規模的是俄語系，因為按照瞿秋白的說法，中國國內的俄語教學算是所有語種當中最落後的。北京的俄文專修館旨在培養學生能閱讀正式的官方文件；北大俄語系發展還不成熟；中國其他的俄語教學都是哈爾濱式的洋涇浜俄語，內容以貿易為主。而由共產國際資助的上海外國語學社，在建校後不到一年就倒了。瞿秋白認為，在全中國，大概只有四、五個學生有資格能上大學等級的俄語課程。[8]

瞿秋白提出的解決之道，是在上海大學辦一個實驗性質的俄語系，採取「貝立茲」式的全浸式學習風格，每週上課十八小時，讓學生能快速習得俄語口說技巧。這和東方大學的教學方式類似，迥異於中國那種只教俄語閱讀的方式。瞿秋白認為，俄文文法應該由深諳俄語的中國老師來教；所以上海大學俄語系的文法課就由兩位畢業自東方大學的學生來擔任教師。[9]

上海大學的教學特色在於融合理論和實務。學校許多教職人員都是共產黨員或左傾的國民黨，所以很快就成為了一所激進的大學，也是學習馬克思主義理論的好地方。學生可以在早上學習社會運動的歷程，晚上在工人學校開班授課，而且投入許多時間煽動人，進行宣傳，直到一九二五年五月卅日的反列強勞工示威遊行爆發。[10]

五月卅日的示威活動後，警方突襲搜索上海大學，發現學生們的宿舍牆上都貼著俄羅斯革命者的照片。[11]到頭來，上海大學在精神上比瞿秋白所想的還要貼近共產黨東方大學，而且以莫斯科為中心的角

一九二〇年代中期的瞿秋白。

度來看，上海大學或許是一種特殊的媒介，將蘇聯的革命教育理念，轉移到中國國內。

政治人物瞿秋白

除了在上海大學教書，瞿秋白也更加投入中國共產黨的事務當中（他留俄時加入了中共），並利用俄語技能，加上共產國際派駐在中國的代表的支持，來推動他的政治生涯。

一九二一年七月二十三日，中國共產黨第一次全國代表大會在上海舉行。有十三名中國人出席本次大會，分別代表中國六個城市及日本的共黨小組。與會者之間幾乎沒有達成任何共識，唯一的共識可能是：大家都討厭與會的共產國際代表。[12]

化名為馬林（Maring）的亨克．斯內夫利特（Henk Sneevliet），是被莫斯科派駐到中國從事黨務工作的共產黨員中最有經驗的。四十歲的馬林是荷蘭人，因為參與東印度群島的工人運動而被驅逐出該地。一九二〇年五月，他代表印度尼西亞共產黨出席了莫斯科第二次共產國際大會。在印尼時，列寧建議他前往中國任職，[13]於是馬林在中共第一次全國代表大會前的幾個星期抵達上海。

大會第一天，馬林進行了首次發言和報告；第二天他談到了自己在爪哇的經歷以及與國民黨合作的重要性，之後就離開了。第三天，大會當中出現了激烈的辯論，而爭論的內容，從布爾什維克的角度看來，答案都是顯而易見的，比如中共是否應該非法煽動工人，還是只要對知識份子工作即可；黨是否應該中央集權；以及黨員是否應該在目前的中國政府任職——其實根本不必討論是否應該與國民黨結盟並加入共產國際，因為馬林毫無疑問地認為他們應該這樣做。第一屆大會的記錄很草率，但與會者一致投票反對與中國國民黨結盟。[14]

國民黨由孫中山先生於一九一二年所創，他的支持者在一九一一年的辛亥革命中發揮了重要作用。當馬林於一九二一年到達中國時，國民黨已控制了廣東，宣布成立軍政府，並推舉孫中山為中華民國政府非常大總統。但他差得遠了：北洋政府不理他，廣東的軍閥也不支持他，而且不久後廣東的軍閥就將他趕下台。國民黨人對俄羅斯的示好立刻欣喜接受。孫中山早就想建立一支優秀的軍隊，只要能幫他的人他都樂意聆聽。而馬林要找人結盟的話，與其一個一個去找心向共產主義的年輕學生，不如找孫中山和他的黨人。15

在參加共產黨第一次全國代表大會後，馬林於一九二二年去了一趟國民黨在中國南方的據點，此時恰好發生了香港海員罷工，是為中國歷史上規模最大的工人罷工。在中國全民政治發展的早期，國民黨似乎比較成功，因為它至少還有一些政黨基礎。馬林的南方之行加強了他先前的觀念，而他的這種想法很符合共產國際的政策。

自一八六四年以來，共產國際一直試圖在整個歐洲推動馬克思主義革命。一九一七年之後，布爾什維克真心相信他們的革命會蔓延到德國。即使在德國的起義慘敗後，以托洛斯基為首的共產國際極左派依然相信著一件不可能發生的事，那就是全球（應說歐洲）即將採行共產主義。而列寧面對著全球都沒在革命的這個困境，提出了「統一戰線」政策，呼籲全球的極左派都應該去與那些比較溫和的、社會大眾比較接受的政黨結盟。這項政策遭到全世界極左派的反對，從托洛斯基到印度的羅伊（M. N. Roy）都不樂見其成。而共產國際當中沒人了解中國，也對「統一戰線」一知半解，所以中國成為了實驗「統一戰線」的重要場域。16

許多中共黨員最初對要與國民黨結盟形成「統一戰線」感到很矛盾。畢竟，他們之所以想建立新的政黨，就是因為對政治的現狀感到失望。一位中共黨員曾說過，他們認為國民黨已是「江河日下」，不過是辛亥革命失敗後的餘孽，比與之作戰的軍閥好不到哪兒去。[17]

不過令中國人感到訝異的是，莫斯科竟然認為它可以為了整個國際革命運動的長期利益，而指揮共黨與國民黨聯盟。對於許多年輕中共黨員的來說，革命與個人自由是深深結合的——年輕人先是拒絕了父母的媒妁之言，接著爭取參政與結社的自由。所以任何違反他們的意志、要他們去與另一個團體結盟的決策，都會引起他們的敵意與懷疑。想要說服他們，就需要點技巧。

馬林不適任這份工作，因為他不喜歡中國，而中國人也不喜歡他。馬林在中國的日子並不快樂，雖然他的房子大到可比外國大使館，還把他的烏克蘭情婦接來中國。[18]有一位中國人對馬林可說是討厭到了極點，他回憶，馬林雖然試著對亞洲人表示同情，但感覺卻過矯情又心口不一：

> 譬如他在上海路遇一個外國人欺侮中國苦力，他竟挺身出來與那個外國人大打出手。但他的談吐往往過份形容亞洲人民的落後，也有談到東方社會主義者的幼稚可笑。[19]

馬林似乎與俄羅斯的吳廷康（見第三章）相反——他甚至不會說俄語，這點中國人也注意到了。

瞿秋白與馬林

馬林需要一個中國盟友，他很自然地受到瞿秋白吸引。瞿秋白給馬林的建議——少花點時間在自己的目標上，多花點時間了解他想拉攏的人在想什麼——從政治的角度來看也相當精明。馬林甚至也承認，只要他去實踐這些建議，他的策略就會更加成功。奈何他沒做。另一方面，瞿秋白成功地留給馬林一個好印象；馬林多次寫信向莫斯科方面匯報說，中國的黨員中，瞿秋白前景最為看好。[20]

一九二〇年代的中國，瞿秋白是最擁護列寧主義和統一戰線政策的人。他和其他許多中國人一樣，最初被俄國革命所吸引的原因是，落後的俄國能在歷史發展中後來居上，打破了傳統的東西方二分法，還為世界帶來了革命的重要精神。一九二三年中共第三次全國代表大會就要決定是否採用聯合戰線，此時瞿秋白發表了一篇演講，而馬林記錄了這篇演講的中心思想：「一切都在不斷增長。不要害怕壯大中的資產階級，因為無產階級同時也在成長；畢竟我們不會因為與無產階級分離，就使得他們停止成長。」瞿秋白把「無產階級純粹革命本質中的正統馬克思信仰」和「即使列寧也會感到驕傲的實用主義」結合在一起，並且指出，如果共產黨不與國民黨結盟，則國民黨就會跑去與資產階級和軍國主義者同流合汙。也就是在第三次全國代表大會期間，瞿秋白成為中共中央委員會委員。[21]

至於馬林，他在會議上拿起了共產國際交給他的書面命令，清楚地表示共產黨要加入國民黨形成統一戰線。大會投票表示支持，然而馬林卻被免除了他在中國的工作。

鮑羅廷的魅力

莫斯科接著啟用了米哈伊爾・鮑羅廷（Mikhail Borodin）以及大批軍事顧問來取代馬林，以表明俄國提升了對中國革命的關切。[22]而鮑羅廷的政治關說能力，在國際共產主義世界中是眾所周知的。

鮑羅廷抵達中國時年近四十，他是猶太人，出生在猶太人屯墾區（俄國一個大型貧民窟）的格魯森堡（Grusenberg），那是俄羅斯帝國政府強迫大多數猶太人移居的帝俄西部領土。當他年僅十幾歲時，他就在家鄉拉脫維亞的猶太人社會民主主義黨（Jewish Social Democratic Bund）活躍起來。由於他參與了一九〇五年的革命活動，恐怕被捕，於是他跑到一艘英國輪船上擔任水手逃往美國，定居在芝加哥。表面上看來，他像是個普通的移民：他與一位叫做芬妮的拉脫維亞女孩結婚，並在印第安納州的瓦爾帕萊索大學（Valparaiso University）學習了一段時間，還為移民子女開辦了一所學校。但在芝加哥，鮑羅廷似乎接待或會晤了非常多的高階俄共官員，持續參與激進的政治活動，並仍以這種身份自居。鮑羅廷於一九一八年回到蘇聯，並與列寧過從甚密，而列寧也在往後的幾年中派他執行各種國際任務。例如，鮑羅廷利用了一個失敗的任務，即在一九一九年將珠寶偷運給墨西哥共產黨人那一次，非常成功地創造出一種神秘感。一位迷上他的女士說，他是那種「無論他多麼喜歡一個女人，為了完成事業，他可以毫不猶豫地犧牲那個女人」的人。[23]

鮑羅廷在一九二三年中被徵召到布爾什維克中央委員會，當時他認為他的下一個任務，是為西方或拉丁美洲的共產黨擔任顧問，這也是自從他回到俄羅斯後所習慣的工作。但當他知道自己即將前往中國，擔任孫中山的首席政治顧問時，他感到十分驚訝。他知道這將是畢生最大的使命。[24]

像馬林一樣，鮑羅廷在出發前對中國幾乎一無所知，對中國也沒有任何浪漫的看法。他最出色的傳記作者寫下了許多他雀屏中選的原因，比如他與列寧和俄羅斯駐中國的外交官有著密切的關係，以及長期參與革命服務，但最有趣的原因是他的個性。鮑羅廷散發出革命的魅力，而他在任務當中一直善於運用這種特質來吸引外國革命者。[25]

在中國，鮑羅廷將他的魅力發揮到極致，掌控了中國革命的進展。鮑羅廷和瞿秋白成了盟友，而瞿秋白也運用自身的影響力來支持鮑羅廷。一九二四年一月，瞿秋白到廣東加入了鮑羅廷的工作陣營，不料此舉激怒了一些共產黨員，他們怒斥鮑羅廷「對待我黨的態度就好像我們只是提供口譯員的」。鮑羅廷幫助孫中山改組國民黨，而瞿秋白是中共黨員中，少數能被選入負責改組的中央執行委員會的人，他還幫助鮑羅廷起草新的國民黨宣言。[26]

雖然迫使國民黨和共產黨正式結盟的是馬林，但是真正讓兩黨合作的是鮑羅廷。首先，鮑羅廷說服孫中山允許中共黨員自由組織工人和農民，並讓中共黨員出任國民黨黨內的政治要職。接著他說服中共黨員接受這些職位，好好工作。因此，中共黨員獲得了許多政治經驗，不論是在高層次的現實政治運作，或是街頭運動的實務經驗，均獲益良多。

鮑羅廷所做的一切，都靠著自己具有魅力的勸說，加上克里姆林宮提供給中國革命者的實際援助，才得以完成。

紅色將軍

一九二三年八月，孫中山派遣他信任的助手蔣介石前往莫斯科，進行為期三個月的訪問，並尋求他所急需的軍事援助。蔣介石曾在日本的軍事學校讀書，是國民黨的早期成員之一。[27]蔣介石就像未來的共產主義者一樣，從一九一九年開始閱讀陳獨秀所辦的《新青年》，即使後來《新青年》的編輯是瞿秋白和彭述之，成為為共產黨喉舌的工具，他也還是繼續閱讀這份雜誌。他鑽研關於馬克思主義的著作，在書中他「尚不能十分瞭解，甚嘆馬克斯學說之深奧也……樂而不能懸卷。」蔣介石還閱讀了共產黨宣言、一整套列寧著作的翻譯、《德國社會民主黨史》，以及法國和俄羅斯的革命史。他在一九二三年總結：雖然法、俄兩場革命非常相似，「俄國革命之方法、制度……十有八九，皆取法於法國及改正其經驗也，可寶貴也。」[28]

蔣介石在莫斯科提議，雙方聯合進攻東北軍閥。他大部分時間都在找蘇聯官員開會，但這些官員一心想向他證明，中國的問題應該以政治手段解決，而非軍事。蔣介石恍然大悟，從此相信一黨專政以及對軍人實施政治訓練的重要性。他此行的最高點是他在紅軍四百名軍官面前發表的慷慨激昂的講話。蔣介石一回到中國後，就熱烈鼓吹國民黨與蘇聯結盟，使他獲稱「紅色將軍」。[29]

就像其他來到莫斯科參訪的中國名人一樣，蔣介石也造訪了東方大學。據說蔣介石在聽取唯物辯證的課程時大聲說道：「啊！就算我只是旁聽，我也很樂意上這門課！」有一次，蔣介石邀請彭述之和幾個同學共進晚餐。彭述之記得餐後，當蔣介石向他們告別時，蔣介石喊道：「世界革命萬歲！共產國際萬歲！蘇維埃萬歲！」[30]

即使如此，蘇聯人還是拒絕了蔣介石的聯合攻擊計畫。蘇聯在一九二〇年代初期才剛在遠東地區站穩腳步，所以與其按照蔣介石的建議，讓國民黨的軍隊從南方開來結合蘇軍，一起對戰東北所有的軍閥（首先國民黨這支部隊能不能抵達東北，還是個問題），蘇聯還不如與東北的軍閥聯盟似乎更為明智。但是蘇聯確實承諾提供更多的軍事顧問，因此，當鮑羅廷到達中國時，他還帶來一個在廣東創建軍校的新計畫。黃埔軍校於是成立，由蔣介石出任校長。[31]

一九二四年孫中山逝世後，鮑羅廷似乎已經主宰廣東，俄國的勢力顯而易見，數百名俄國軍事顧問來到了廣東。[32]此時國民黨分裂為左派和右派，而鮑羅廷也時時刻刻都試圖居間調和。同時，瞿秋白馬不停蹄地穿梭在廣東和上海之間——此時上海即將爆發自一九一九年五月四日以來，全中國最大規模的抗議事件。

這場大規模抗議運動稱為「五卅運動」，起因是一家日本工廠的中國罷工者被擋在工廠外面，罷工工人破門而入後，破壞了廠內的機器設備。工廠的日本警衛朝他們開火，射殺了一名工人。隨後就發生更多的罷工和學生示威活動；五月卅日，工人和學生將南京路堵得水洩不通，警方開槍導致十一人死亡。全中國一片嘩然，上海罷工運動迅速蔓延到其他城市。

而鮑羅廷所在的廣東，則有來自黃埔軍校的學生發動支持示威，但警方射殺了五十二名學生、士兵、工人甚至童子軍。香港的罷工則持續了十六個月，同時還大力抵制英貨，這也是中國所經歷過最嚴重的勞工暴亂，是為中國階級意識發展的真正轉折點。[33]在廣東，最容易看出俄羅斯和中國的革命交織在一起，這種特色比在中國其他地方都還要來得鮮明。

不過，年輕的中國女性也正在構思一場非常不同的中蘇事件。這場事件，將與黃埔軍校的大廳，與鮑羅廷所在的、擠滿中國男性的會議室中所舉行的激烈辯論，完完全全不一樣。這將會是一件超越了短暫聯盟的事情。而瞿秋白正在鼓動這群女性。

第六章
戀上蘇俄：瞿秋白的女學生們

拋下未婚夫

在武昌的曇華林，有一幢占地相當廣的房子，門口一名郵差送了一封從漢口寄來的限時信，收信人是陳碧蘭。要是這位郵差稍微看一眼陳碧蘭，映入眼簾的，會是一位頂著齊耳的鮑伯頭、充滿朝氣的妙齡女子。[1]陳碧蘭將信封拆開，看著那封字跡整齊的書信，信中寫道：

我兩家重婚疊戚，世代交情，至我兩人的父親更是極要好的朋友。從前聽說你在女子師範學校讀書，我是很羨慕的；又聽說學問很好，我很慚愧的。但最近聽說你被女子師範開除了學籍。輿論方面給你不好的批評，又聽說你剪了頭髮……我誠懇地希望你將頭髮留起來，因為（子曰）「身體髮膚，受之父母，不敢毀傷，孝之始也。」並希望你到漢口西里達女校來讀書。經濟方面，如有困難，我可以幫助。[2]

碧蘭「冷然失笑」，而她的四名室友也一起讀著這封信。大家一致同意：是時候了。陳碧蘭坐下來寫了整整一晚，將她對未婚夫的藐視、未婚夫資助的「貴族教會學校」，以及把他們兩家綁住的「非人式」婚姻制度的蔑視，全發洩出來。她為自己受到批判而感到驕傲，確定自己前途無量，也決心要打破婚姻的束縛。[3]

次日早上第一件事，她將這封信交給了她的老師，這位老師恰巧是新成立的中國共產黨武漢分部的領導幹部之一。這位老師覺得她的回信內容「甚為得體」，於是陳碧蘭滿意地寄出了這封信。十八個月後，陳碧蘭拋下了她第二個未婚夫，搭上了前往莫斯科的火車。

中國男性的女性主義

五四運動後，年輕人越來越排斥父母安排的媒妁之言。他們利用政治來改變自己的生活，也發揮自由意志來表達他們的立場。與女性相比，男性更能夠拒絕媒妁之言。一九二三年，陳碧蘭起而反抗，而她之所以會找男導師們，那是因為她知道如果她被逐出家門，她將會需要老師的支持。而她也的確獲得男性的支持，因為這些新男性需要新女性。

就像許多革命時刻的男性一樣，「女性問題」也在中國男性心中揮之不去。[4]中國的男人希望能按照自由意志，挑選的心愛女人，並得到太太的關愛。真愛造就的婚姻，其基礎建立在自由戀愛之上，就像有些比較激進的觀念認為，婚姻的基礎應該是共同的政治和哲學信仰。[5]但中國社會要接受這種新的婚姻觀還是相當緩慢，而且困難重重。當時中國流行的一句順口溜是這麼說的：「讀書郎娶了農家女，悲劇連連。」不過倒是沒有關於頂著時尚鮑伯頭的女人嫁給滿口《孝經》的男人會怎麼樣的順口溜。[6]

雖然在理論和實際上，許多中國革命者以嚴肅和高尚的態度，將婚姻代入政治意涵，但因為社會開始關注男女可以選擇的自由婚姻，因此出現了一些輕浮的言情小說與色情刊物。一九二〇年代中期，上海最暢銷的書是孫中山的《三民主義》以及《共產主義入門》，僅次於這兩本書的，是北大哲學系教授所著的《性史》，而作者出書的目的，是希望創造出一個以性愛為基礎的理想國。從一九一〇年代開始，出現了一種風格更加浪漫的小說類型「鴛鴦蝴蝶派」，這種小說側重於當代愛情中的兩難，書中的男主角常常要在傳統和現代女性之間中抉擇。[7]

在一九二〇年代，出現了另一種文類「革命加戀愛」，內容以革命者虛構的愛情生活為主，改變了愛情的意涵。這類作品中，最有名的作者非蔣光慈莫屬。他是一九二一年第一批去蘇聯留學的中國激進分子之一。可惜的是，蔣光慈在書中對於留俄生活卻隻字未提。按照他留俄同學的回憶錄所載，彭述之在東方大學發起的鬥爭當中，主要的打擊目標就是「無政府主義者」蔣光慈，逼得蔣光慈只好離開學校宿舍，到對街已經廢棄的斯特拉斯諾伊修道院和另一位無政府主義者住在一起。他加入了思想前衛的俄羅斯文學團體，朝思暮想著能在文壇出名，還認為自己就是當代中國的普希金。他回到中國之後，成為了一名激進的作家，一方面大聲疾呼中國文學需要「無產階級革命」，而另一方面出版了一本接一本的暢銷書，將愛情與革命兩主題，完全以公式化的方法結合在一起。[8]而蔣光慈也在上大教俄語。

由於沒有蔣光慈的親口描述，我們很難了解在俄羅斯的經歷如何影響他，只知道他最終以華麗的詞藻，寫了一部關於白派的俄羅斯貴族女性在上海變成妓女的小說。蔣光慈的身分相當多重，又是莫斯科旅居者，有時為共黨黨員、留俄學生，又轉身成為老師、羅曼史作者，雖然自傳中沒有他個人的想法，但當中反映了中國氛圍，將俄羅斯、革命和浪漫融合為一，就像一杯發出嘶嘶聲、冒著泡沫的雞尾酒。

其他的共黨黨員常批評他，甚至連好友瞿秋白有次在他離開後也說：「這個人太沒有天才！」

然而瞿秋白和蔣光慈之所以能在文壇上大放異彩，都必須感謝當時瀰漫於整個中國激進政治文化的那股浪漫情懷。就在此時，瞿秋白出版了《赤都心史》，書中收入他寄給《北京晨報》的報導，以及他自己沉澱後的一些想法，還有長篇托爾斯泰故事；他還與蔣光慈合作編寫了俄羅斯文學概要，並出版了他自己的一些詩歌、故事和散文，瞿秋白也將他的文學技巧應用在黨的宣傳上。[9]

俄羅斯文學：更廣大的讀者群

瞿秋白或許自詡是全中國俄文最好的人，但他看不起中國其他的俄羅斯學者就頗有問題，因為其他人閱讀和翻譯的能力已經慢慢超過他了。瞿秋白在莫斯科求學時，他國內的同胞也努力研究十九世紀俄羅斯經典文學。瞿秋白在俄文專修館的同學耿濟之，是不依靠第三語言轉譯、最早將俄羅斯文學直接譯為中文的中國譯者之一。耿濟之的譯者生涯始於一九一九年，當時在雜誌上發表了一系列托爾斯泰的短篇故事；後來他繼續翻譯托爾斯泰的作品，但也開始翻譯果戈里、赫爾岑和契訶夫的作品。一九二二年，他翻譯了屠格涅夫的《父與子》。

耿濟之和其他人所進行的俄中直譯作品，是日漸增加的俄羅斯文學翻譯作品當中的新寵兒。一九〇〇年到一九一六這段期間，平均一年出版不到一部俄羅斯文學，但在一九二〇年到一九二七年之間，平均一年可以出版十部。上海的商務印書館出版了一整套的俄羅斯小說和戲劇，而暢銷雜誌上經常可看到短篇譯作。從商業角度來看，俄羅斯文學可望成為一股趨勢。[10]

在中國，最有名的俄文作家為托爾斯泰、屠格涅夫和其他革命前的現實主義者。一九一七至一九二五年首次出版的俄羅斯文學經典包括屠格涅夫的《前夜》、《父與子》、《木木》、《處女地》，以及他的長篇戲劇《村居一月》；托爾斯泰的《家庭幸福》、《黑暗的勢力》和《教育的果實》；杜斯妥也夫斯基的《卡拉馬助夫兄弟們》和《被侮辱和被損害的人》；以及安德烈耶夫（Leonid Andreyev）的《七個被絞死的人》。較為著名的短篇翻譯包括契訶夫的《海鷗》、《櫻桃園》以及《三姊妹》，以及一些果戈里、普希金和斯特洛夫斯基（Alexander Ostrovsky）的小說和戲劇。[11]

當時文壇缺乏的是俄國當代作品的翻譯。不少愛慕俄國文化的中國人曾在北京與一些蘇聯作家會面或跟著他們學習，所以當代作品翻譯的斷層就很顯眼。例如，阿列克謝·伊凡諾夫（Aleksei Ivanov），又名伊文，是一位親蘇聯流亡者，他曾在巴黎學過中文，並在北京大學教過俄語。他在北大接待過著名記者謝爾蓋·提蒂亞科夫（Sergei Tretiakov），後者在中國待了十八個月，並在《真理報》等重要報紙刊出報導，他也撰寫了著名的劇本《怒吼吧！中國》。世界旅行家和小說家波里斯·皮利尼亞克（Boris Pilniak）在一九二〇年代中期也在他的行程上加入了中國。皮利尼亞克在上海見到了蔣光慈，以及中國電影工作者田漢。田漢說服皮利尼亞克出演一部名為《到民間去》的電影，這部作品的靈感來自於十九世紀俄羅斯民粹主義運動，講的是兩位上海學生和一位女服務員之間的三角戀情。[12]當時是一九二〇年代，年輕的中國電影工作者遇見一位活生生的蘇聯作家，卻讓他演出一部喚起一八六〇年代俄羅斯記憶的電影。

此時中國選擇翻譯的俄羅斯，還不是無產階級革命的俄羅斯，而是年輕貴族和知識分子面臨重大社會變革的俄羅斯，是革命前的俄羅斯。中國人閱讀的十九世紀小說，內容以人的尺度去刻畫歷史，將重大的社會和政治問題融入有魅力的、模糊的人物傳記中。難怪這些小說這麼受讀者歡迎，因為讀者們乃是站在個人的立場，努力適應巨大的社會和政治變革；讀者們不是政黨成員，不是意識形態信徒，甚至還稱不上是現代公民。當然，中國社會的諸多變化中，最煽情的還是愛情觀的轉變。13

春藥普希金

瞿秋白怎麼遇見他的第一任妻子，有兩種說法，都是由他太太最好的朋友說的。其中一個據稱是真的：他太太好友於一九五〇年代所寫的回憶錄。另一個可能是虛構的：這是瞿秋白婚後不久，由丁玲出版的中篇小說《韋護》。韋護是瞿秋白的一個筆名，所以《韋護》的讀者都知道韋護其實就是瞿秋白；幾年後，瞿秋白甚至在寫給作者的信中署名韋護。而作者丁玲，並不特別在意真實與虛構之間的界限。14

現實中，就在瞿秋白從莫斯科歸國後，他的一位朋友帶著他去南京一個破敗的社區中，見丁玲以及丁玲的朋友，丁玲與幾位思想自由的女性一同住在那兒。而在小說中，丁玲的設定是「韋護」不太想前來，因為瞿秋白有過太多女人，從傳統的中國女性到風情萬種的異國女子不一而足，以至於他厭倦了女人，想將自己熱情導向政治。瞿秋白之所以會去，是想給他朋友一點面子，這位朋友天真地想把這些中國「新」女性介紹給飽經世事的韋護。在現實中，丁玲和她的朋友早就習慣了無聊男子的笨拙追求，那些男人還因為她們的不落俗套而被逗得合不攏嘴。對這些女性來說，即使是共產黨員也不新奇，而且她們馬上就看出瞿秋白是共產黨員。15

瞿秋白生動地描述了他在蘇聯的經驗，讓她們聽得相當入神。在丁玲的記憶中，瞿秋白提到了普希金、托爾斯泰和高爾基，而在瞿秋白發現這些女性其實也讀過一些俄羅斯文學時，他的話匣子又一發不可收拾。16

當談話轉向戀愛時，丁玲筆下的韋護發現女孩們對俄羅斯女人很仰慕，她們認為這些俄羅斯女人和中國女人非常不同。而韋護也毫無保留地逢迎他的聽眾們。他說：「俄國的婦女也有她們的缺點，她們都有健康的身體，和長談的精神，她們不管一切，門也不敲便到你房裡來了，將胖大的大腿塞進軟椅去，抽起煙來。她們自己以為可以發笑的話又特別多，不管你聽不聽，總是大聲說下去。」[17]

當瞿秋白遇見這些女性時，他正在籌備上海大學開辦的計畫，他用他的三寸不爛之舌說服她們就讀上大。這些女生入學之後，瞿秋白也成了一位最熱心的老師。瞿秋白「幾乎每天下課後都來我們這裡……講希臘、羅馬，講文藝復興，也講唐宋元明」，而且談個不停。如果說他對於在上海大學教俄文抱著無所謂的態度，對這些私人課程倒是不遺餘力。[18]

他為了說明我們能很快懂得普希金的語言的美麗，他教我們讀俄文的普希金的詩。他的教法很特別，稍學字母拼音後，就直接讀原文的詩，在詩句中講文法，講變格，講俄文用語的特點，講普希金用詞的美麗。為了讀一首詩，我們得讀二百多個生字，得記熟許多文法。但這二百多個生字、文法，由於詩，就好像完全吃進去了。當我們讀了三、四首詩後，我們自己簡直以為已經掌握俄文了。[19]

不管俄語課上得如何，瞿秋白的心血以另一種方式得到了回報：這些女學生不管是在現實還是小說中都愛上了他。但瞿秋白選的不是丁玲，而是她的朋友。當丁玲懷疑瞿秋白是否戀愛時，她認為瞿秋白的對象一定是個 dewalisa——黨員，還是一位高階的女性共產黨黨員。但當丁玲發現瞿秋白愛的竟然是她的朋友時，她火大了。「我們不學俄文了，你走吧！再也不要來！」她對瞿秋白大吼大叫，當著他的面甩上了門。而她也記得，實際上從此之後她們就沒有再修俄文課了。她說，她的朋友「以後不必再上了」，她自己也沒興趣了。[20]

不過丁玲適應得很快。瞿秋白娶了她朋友之後，丁玲也連同一起搬去住在瞿秋白夫婦的家裡。以學生的標準來說，瞿秋白的公寓算是相當高級的。丁玲印象最深的，是瞿秋白書櫃上那些成堆的書，都是精裝的外文書籍，他的寫字台上擺放著精美的文房四寶；他的床也很大，用的是真正的彈簧床墊，床頭櫃上還有一盞紅色燈罩的燈，使房間呈現出溫柔的微光。瞿秋白在白天要處理黨務和學校行政，一絲不苟的西裝是標準打扮。到了晚上，則是換上他那件老舊卻舒適的黑絲緞長袍。他告訴丁玲，這件長袍是他在清廷任官的爺爺傳給他的。瞿秋白的新太太精通古典詩詞，而他們夫妻倆也會一起寫詩，瞿秋白則把其中幾句刻在小石塊上。他們還會表演中國傳統戲曲。幾個月後他們搬到了另一棟房子，那裡的一樓住著另一位共黨黨員夫婦。[21]

後來，丁玲受不了這種日子而搬出去了。[22]至於她那位充滿無政府主義思想、又能用古典詩歌寫作的好朋友，後來死於結核病，或許是被瞿秋白傳染的。[23]

陳碧蘭拜入瞿秋白門下

鮑羅廷只能統合和指揮中國革命者，卻無法創造他們。從創造革命份子這方面來看，像是瞿秋白這樣的中介者，影響力可說是遠大於鮑羅廷。瞿秋白除了為鮑羅廷翻譯外，也在中國激進分子的圈子裡，將他的跨文化經驗發揮得淋漓盡致，透過寫作、教學和對話來吸引年輕人。[24]看起來他作為年輕女性的導師可說是有相當的天賦。

陳碧蘭就是個典型的例子。有個好友同時認識陳碧蘭和瞿秋白，於是介紹兩人見面。當瞿秋白見到陳碧蘭時，他上下打量了她，之後給她訂下一個新目標：成為第一批前去蘇聯學習的中國女性。陳碧蘭對這個目標抱有極為浪漫的期待，並透過這個目標來想像未來的自己，就好像她已經將俄羅斯視為一個人去愛，而從某種意義上來看，她也真的是這樣做。

陳碧蘭於一九〇二年出生在湖北一個小村莊中的富裕地主家族。雖然她的父親相對來說沒那麼有錢，但在家庭中卻享有很高的地位，因為他曾在日本攻讀物理和化學，思想比較進步。一方面，他在一封從日本寄回的信中表示堅持不讓陳碧蘭纏足；但另一方面，他卻把陳碧蘭許配給他最好的朋友的兒子，是一位來自鄰村，眼光前瞻的中國人。[25]

陳碧蘭在她家族成員支持的幾間學校讀過書，但這些學校水準參差不齊，和埃彌、瞿秋白以及彭述之所就讀的學校很類似。她最終獲得了女子學校的文憑，而她父親也認為她已經學成，可是她堅持參加湖北省女子師範學院的入學考試，該校免學費，但畢業後必須去教書。陳碧蘭的想法是畢業、結婚，然後當老師。[26]

陳碧蘭就讀的學校原先並沒有濃厚的政治氛圍，但一九二一年間，中共元老之一的李漢俊拜訪該校，大談「女性議題」。同時間學校進用了一位傑出的共黨黨員來擔任英文老師，還聘了一位激進的中文老師。這兩位老師開始傳播「新思想」，並將學生們分成小組。可以想見，學生組織很快就與校方人員發生激烈衝突。陳碧蘭和幾位煽動的同學遭到退學；於是他們動員起來趕走了校方人員。參與這次事件的共黨黨員邀請陳碧蘭以及四位同志加入社會主義青年軍，接著入黨。此時陳碧蘭也挺身反抗父母為她安排的婚姻，還寫了一篇文章給當地的新聞社，抨擊現行的婚姻傳統，同等於是挑戰她的父親和未婚夫。[27]

但陳碧蘭的父親和未婚夫卻沒有因為這篇文章而退卻。她的未婚夫只是去信懇求她不要剪頭髮和轉學，她慈愛的父親也溫柔提醒她，她已經一年半沒回家了。當她出發回家時，她的同志們都為她的安全擔憂，因為像陳碧蘭這種思想偏激的兒女，在假期期間回家後被家人拘禁的案例相當普遍。但陳碧蘭對自己的家人有信心，相信他們不會這麼做。當她回到家時，她的母親語重心長地告訴她，全家人都因著她個人的不孝行徑，而承受公眾責難的壓力。[28]

她父親的反應倒是有些不同，當陳碧蘭拿出了她未婚夫寫給她的信，說她落髮不孝時，她的父親反而護著陳碧蘭，因為他認為他自己的「去辮子」是個重大的解放。他甚至還讀了陳碧蘭帶回來的書籍：馬克思、列寧、羅莎．盧森堡（Rosa Luxembourg）以及卡爾．李卜克內希（Karl Liebknecht）的書。他告訴陳碧蘭：「你相信的共產主義是好的。」某天晚上，他在鮮紅色的紙上寫了一副對聯，並將它貼在門上。這副對聯寫著「天希望人生而平等，我希望人生為工農。」[29]

之後，陳碧蘭前往北京參加國立女子高等師範學院的入學考試。落榜後，共產黨建議她和她的朋友們搬到上海並就讀上大。到了上海，當地的共黨黨員就帶著她去見瞿秋白。幾年後，陳碧蘭回憶起瞿秋白對她的評價：「她的確是一個不可多得的女同志，我想還是讓她在上海大學讀書；另一方學習俄文，將來再送她到蘇聯去學習一個時期，那麼，將來的作用還會更大些。」對此，陳碧蘭感到異常興奮，興奮到當晚睡覺都難以闔眼。[30]

但陳碧蘭還必須要擺脫一個人，才能實現這個夢想。

陳碧蘭在北京時，也與那裡的社會主義青年團的書記黃日葵談得來，黃日葵是個「活潑瀟灑」的知識分子，他對陳碧蘭的感情也越發明顯。陳碧蘭雖然也深受黃日葵吸引，但她告訴自己「自覺地控制自己的情感而不致為感情所蒙蔽」。她仔細觀察黃日葵的一言一行，發現了他的某些錯

瞿秋白和楊之華。俄羅斯國家社會政治史檔案館，f. 495, op. 225, d. 1014, l. 15.

楊之華、瞿獨伊和瞿秋白。

誤，同時也是他的缺點：「不沉著、愛虛榮和喜與女性交遊等等。」而且，雖然其他同志覺得他倆交往不錯，但她的導師瞿秋白明確表示他不贊成這段關係。當陳碧蘭和黃日葵之間的關係快要超過界線時，陳碧蘭毅然喊停。[31]其實事情到這裡本來也就結束了，不料在準備前往蘇聯的過程中，陳碧蘭又碰到了狀況。

為了籌集陳碧蘭去蘇聯所需的盤纏，瞿秋白和其他資深黨員變賣了自己的一些藏品，很快就籌到了陳碧蘭所需要的兩百元旅費，也包含了毛澤東提供的二十元。同時，瞿秋白也感覺到陳碧蘭在精神上有些低落，所以他建議陳碧蘭搬到他家和他住，在他家的話，他可以對陳碧蘭發揮最大的影響力，自己家裡也可以再多收藏一個仰慕他的女性。

對陳碧蘭而言，住在瞿秋白家可說是相當舒適，卻也令她感到錯亂。瞿秋白讓陳碧蘭生活舒適，有朋友往來，精神層面也很豐富。但她卻也感到擔心，因為瞿秋白似乎深陷感情風暴。瞿秋白和兩位在政治上不太可靠的女性有點關係，按照陳碧蘭的說法，這兩個女的是「形影不離的變態同性戀愛者」，而且兩個人都「一同狂熱地戀愛著瞿秋白」。

……作為一個共產黨的領袖之一的瞿秋白，他不但沒有糾正他的妻子和丁冰之的無政府主義的思想和行為，而且自己也和她們打成一片，跟隨著她們的那種極端的自己主義和及時行樂的頹廢墮落的傾向走。他們當時也不追求上進，終日以看戲、飲酒、談愛為消遣。有時一起抱頭大哭，情感極不正常。雖然瞿的弟弟熱烈地追求丁冰之，而且已經同居，但丁卻公開的說並不愛他，不過在寂寞無聊中一種消遣而已，她實際上是戀愛著瞿秋白。總之他們的生活完全陷於頹廢、浪漫、三角戀愛和變態戀愛的狀態之中。[32]

陳碧蘭將瞿秋白頹廢的生活與他倡導的統一戰線聯想在一起：在她心中，意識形態和私生活是一體的。[33]

回想起來，陳碧蘭雖然說得語帶批判，但她也承認，當時她也對瞿秋白很有感情。就像在他圈子裡其的他年輕女性一樣，陳碧蘭覺得自己是被瞿秋白挑選出來的，也相當羨慕他的才智；但也覺得，若發現他不完美，會令她惴惴不安。至於瞿秋白，他不斷督促陳碧蘭學習，甚至在廣東忙著和國民黨進行聯合戰線工作時也寫信給她，鼓勵她專心學習俄語。一九二四年春天，共產黨創始人李大釗等人正準備出席莫斯科共產國際第五次代表大會，而陳碧蘭也獲准同行。出發前夕，瞿秋白與陳碧蘭進行了一次懇談，表面上是要提醒她注意安全，但其實在懇談的過程中，瞿秋白要陳碧蘭再度確認對此行的投入。[34]

瞿秋白的安娜．卡列尼娜

在陳碧蘭搬出瞿秋白的家並準備出發前往莫斯科後，瞿秋白再婚了，而且還以驚人的速度從喪妻之痛當中恢復過來，那可是他愛得深刻的妻子啊。陳碧蘭還記得，她離開前一天，浙江省議會前議長（瞿秋白生於浙江）來拜訪瞿秋白。[35]這人是個大地主，在五四運動中相當活躍，之前還去過蘇聯。他帶著他的媳婦楊之華一同到訪。幾個月後，楊之華與丈夫離婚，並嫁給了瞿秋白。

楊之華第一次見到瞿秋白，是她在上大讀書參加瞿秋白的演講時，她也積極投入女性政治。有天她奉派去向鮑羅廷報告上海地區共產黨的婦女工作情況。楊之華非常緊張。前去報告時，不料竟然看見瞿秋白也在，而且瞿秋白還幫她翻譯。楊之華回憶：「一見到他，我覺得有了依靠，心情就平靜下來了。秋白用俄語同鮑羅廷夫婦交談著，把他們提出的問題翻譯給我聽，並且指點我說：『你先把這些問題記下來，想一想再慢慢說。』」楊之華注意到，儘管瞿秋白說翻譯是「小事」，但他卻「每次都是很認真」。這個在課堂上令人生畏的老師忽然間顯得很「謙虛」而且「溫暖」。[36]

楊之華是所有女性同志中最美麗的人之一，這是因為她「漂亮，溫柔，心軟，聰明，能幹」。由於她改革派父親的安排，楊之華陷入了一段不幸的婚姻，嫁給了一位公開愛著韓國女人的男子。無論如何，楊之華為丈夫產下一女，取名叫做獨伊，意為孤寂。楊之華急著想要離婚，不過即使對於楊之華這種激進的女性來說，離婚也是個污點，況且她丈夫還急著想擺脫她。楊之華那改革派的父親，在上海的一家報紙上發表了兩份公告，向大眾公開他女兒的婚姻狀況。一份公告了楊之華和瞿秋白結為連理，另一份是瞿秋白和楊之華的前夫成了朋友。[37]

他們婚後，楊之華發現瞿秋白對於他們倆的關係充滿想像。楊之華的公婆不允許她帶她女兒前來上海。有一次，楊之華偷偷跑去公婆家，發現她的女兒以為她已經死了。楊之華回家後，瞿秋白安慰她，告訴她安娜・卡列尼娜的故事，並向她保證，雖然安娜的情況很糟糕，但楊之華會笑到最後的，因為中國將會爆發一場革命。瞿秋白不是說說而已，他開始與楊之華計畫要把她的女兒帶回來。儘管計畫失敗，但楊之華的公婆終於讓步，讓獨伊搬到上海與瞿秋白和楊之華同住。[38]瞿秋白收養了獨伊，而在獨伊心中，瞿秋白也是個溫暖的父親。

楊之華和瞿秋白結婚後不久，就爆發了五卅運動。瞿秋白一直在家為新成立的報刊《熱血日報》寫宣傳文章，這份報刊相當短命，但很受歡迎，熱門到印刷機的產出無法滿足讀者需求。相較之下，楊之華則是走上街頭，擔任李立三等主要共產主義勞工組織者和女性工人之間的聯絡人。她每天都會穿上工人的粗布袍，她記得這是瞿秋白最喜歡的東西。每天晚上，瞿秋白都在等楊之華回家，聽楊之華講她與無產階級人士接觸的故事。[39]

俄羅斯愛好者

陳碧蘭前往北京，與一群要去莫斯科念書的學生集合，這時發生了災難。她的男友黃日葵為她舉辦了盛大的餞行，席間黃和他的朋友們強留陳碧蘭待到凌晨時分，而其他準備出發的人都回家了。當晚，警方逮捕了那些即將出國念書的學生，並扣押了陳碧蘭的行李，包括她的錢和旅行證件。儘管她逃過了逮捕，卻得面對比坐牢更痛苦的事：她的蘇聯大計完全被挫敗，陳碧蘭只得留在北京，最後屈服於黃日葵的魅力。[40]

接下來幾個月裡，陳碧蘭經歷了激烈的情緒起伏。陳碧蘭對蘇聯的浪漫渴望，是一般男人不可能滿足的。

我總覺得這幾個月是多餘的，戀愛也是多餘而偶然，但由於過去的一段友誼關係又不完全偶然，是在一種極度複雜的生命狀態之下產生的結果。雖然我還是第一次戀愛，但我並沒有感覺得青春之戀的狂喜與幸福，還遠不及在初步認識和通信期間的那種天真而理想的戀情；雖然他是一個體格標準，風度瀟灑而文雅活潑的知識青年，但因我那時太需要學習，太熱中于去蘇聯的緣故，我對它看得不大重要，因而沒有興致去享受它的幸福和溫暖……但同時想到

> 他對我在極端痛苦、遭逢有生以來從未受的打擊當兒，他如此的安慰我、體貼我，而不自私地準備幫助我去蘇聯，卻又使我異常之感動。[41]

警方沒收了陳碧蘭的物品之後，黃日葵從家人和朋友那裡籌了三百元，以便她能夠出行，並開始規劃一場訂婚派對，他希望陳碧蘭能邀請她的家人一同出席。

陳碧蘭很高興地接受了那三百元，但婉拒了訂婚派對。之後，陳碧蘭搬去和黃日葵同住，兩人說好，只有在她去蘇聯留學三年後，他們才能過「正常的私生活」。這種委曲求全，令陳碧蘭感到極為矛盾，於是她全心投入學習俄語。起初，蘇聯大使館的一名俄羅斯人每天到她家來家教；之後，就由剛剛從蘇聯回來的中共同志接手。「這樣，才把我從矛盾的精神狀態中解脫了出來。」[42]

最後，陳碧蘭再次獲得了去俄羅斯的機會。一九二四年秋季，有一大群學生準備去莫斯科和德國留學，其中幾位是黃日葵的朋友。黃日葵辦了一場愉快的派對，風光地為她餞行；當她準備上火車的時候，大家都為了好玩而和她一起上車，並在火車開始前進的時候才跳下來。但是黃日葵並沒有和其他人一起下車；他坐在陳碧蘭身旁，將這離別的時刻一直延續到北京郊外的第一個車站，那時他才捨得與陳碧蘭道別。他走了很長一段路後才找到人力車載他回家。[43]

第七章

蔣經國紅境一遊

中國的第一批共產主義留學生，包含瞿秋白、埃彌和其他學生，在俄國經歷了成長之旅，學成歸國。此時，第二批年輕學生才帶著對革命的渴望，踏上自己的路，出發前往俄羅斯。這批學生不只包含了第一批前去莫斯科留學的女性，還有一群更年輕的學生，他們首次參與政治活動是在一九二五年間，而非一九一九年。

雖然較老的一批學生之所以這麼激進，是因為他們身處在意識形態模糊的菁英時代，但年輕學生變得激進的原因，是因為他們成長於亂世之中。由於鮑羅廷、瞿秋白以及其他人的努力，群眾抗爭活動刺激了激進的知識分子，帶給他們階級鬥爭的新希望，也讓他們在歷史上的可能性越來越明確。瞿秋白或許以為自己的俄羅斯之旅是中國古代偉大的《西遊記》的延續，但在實際上他將自己的旅程塑造成一部現代版的「餓鄉之旅」，好讓他的讀者更了解他的故事。不過，年輕的人們則堅信，自己的俄羅斯之旅就是全新故事的前奏，故事通篇必須由不同的語彙撰寫，也有新的主角。

想去俄羅斯的學生大多來自城市裡的中學校和師範學校，但有一位男學生的俄羅斯之行卻是漫長如穿越歷史、地理之旅，整個過程就是一部中蘇關係的重要事件史。他的人生成了中蘇戀情的獨家寫照，而他反覆地雕琢這趟旅程的故事。

這名男孩就是蔣經國，是蔣介石十五歲大的兒子。蔣經國後來成為了「科里亞」（Kolia），和他熟識的俄國農民叫他「中國科里亞」（Kolia-kitaets）。從「蔣經國」變成「科里亞」的過程相當戲劇性，正如他在俄國那十二年的人生經歷一樣戲劇性，而且他最終變回「蔣經國」，成為了台灣的總統。1

蔣介石之子

一九二五年，蔣經國還是個上海的國中生。當時蔣介石還是相當支持國民黨的聯俄容共政策。蔣經國年僅十五歲就去了莫斯科，是大學內最年紀小的學生。年紀這麼小，當時的他應該沒什麼機會為自己做決定。2

在莫斯科的蔣經國。國民黨中央黨部文化傳播委員會黨史館提供。

蔣經國於一九一〇年生於江蘇省，由蔣介石和第一任妻子所生。她是典型的農村女孩，也是最不受革命分子喜愛的類型。一九二二年，蔣經國在上海遇見了只比他大五歲的繼母陳潔如，她日後回憶起對蔣經國的第一印象是：「年紀輕輕，卻頂著一頭乾淨俐落的頭髮，有著像他（農家）母親一樣的大方臉，額頭很高，大大的嘴巴，齙牙相當明顯。感覺上是個舉止得宜、安靜乖順的孩子，但卻顯得過於緊張也很不自在。」她還說當蔣介石離開房間後，蔣經國感到輕鬆不少。[3]

蔣介石沒有和蔣經國住在一起。蔣經國在中學時，於反帝國主義和反軍閥勢力情緒高漲之際投入了五卅運動，後來因此遭到退學。接著他離開上海前去北京，在那裡就讀一間專為國民黨員子女開辦的外語學校。他持續參與反政府抗爭，也因此被校方禁足兩週。禁足取消後，他立刻南下廣州去找他父親。[4]幾個月後，蔣經國便搭上了一艘前往海參崴的船。

蔣經國之所以去蘇聯，和他的環境以及家庭有很大的關係；也因為蔣經國的成長顯然是從莫斯科開始的，因此他的同學和他初遇時的描述，或許是最可靠的。一九二五年某天晚上，學校開學後不久，同學們之間還不太熟，有天晚上同學們準備就寢時，中國國民黨代表邵力子來到宿舍房間，向同學們自我介紹。邵力子即將成為榮譽學生，之後也想將他的兒子送來這裡就讀，所以他先跑來宿舍看看環境，同時順便引薦一位學生給大家。邵力子先和寢室內的學生們一一握手，

邵力子背後站著一名學生，年方十五、六歲，穿著一件皮夾克，戴著一頂鴨舌帽。他不高，大概五呎左右，但身體相當堅挺，帶著鮮活之氣從街上進來。徐君虎想問，這小鬼到底是誰？那位小孩走到徐君虎跟前，舉止合宜，伸出手，以一口寧波腔說道：「我叫蔣經國，之後就是同學了！」[5]

蔣經國顯然急著刻意隱藏自己的身份，以便善用「別人不知道他身份」的這個優勢。他能輕

鬆和一群年紀較大的學生互動，又表現出他的堅毅與活力，並在簡單地介紹自己（我是蔣經國）之後立刻融入大家（之後就是同學了），以上這些都是他經常展現出的特質。在蘇聯，直接、活力與平等都代表良好的品格。

中山大學

蔣經國就讀的是一所全新的學校，和埃彌、彭述之、瞿秋白念的學校大不相同。從老東方大學走路到新中山大學（莫斯科中山大學）不用一小時：從東方大學所在的史特斯特奈亞廣場出發，走特維爾卡婭大街朝著克里姆林宮前進，再沿著馬涅茲（Manezh），走向基督救世主主教座堂，就能抵達中山大學。但若想知道兩所學校的真正距離，就必須站在俄羅斯國際革命的歷史和意識型態角度來看。

卡爾．拉狄克（Karl Radek）是中山大學的校長。猶太裔的拉狄克出生於現今的烏克蘭，他參與了一九〇五年在華沙的革命，之後搬到德國加入社會民主黨。一九一七年時，他和列寧一起回到俄羅斯。到了一九一八年，他又回到德國，帶著能屈能伸、幽默詼諧和玩世不恭的態度從事德國革命，這場革命也是蘇維埃革命者在一九一七年之後，心中的希望與夢想之所繫。拉狄克是聯合戰線的早期擁護者，並且一直把中國和俄羅斯這兩個難處理的盟友連結在一起。[6]

後來，德國革命的失敗也有一部份怪罪到拉狄克頭上，也使得他之後必須繃緊神經以免完全斷送了政治生涯。他被任命為中山大學校長也代表著他地位的轉變：貶謫，但尚有希望。這完全合理，因為一九二五年後，中國就是新的德國，或者說是守舊的蘇聯國際主義者試圖這樣說服自己。

蘇維埃對中國革命的情況相當樂觀，這點也讓中山大學的學生們獲益。和俄國其他學校不同，這所大學當初並非在教育部的規劃下所組建，也不是像東方大學一樣由民族部所創，而是由俄國共產黨中央執行委員會以及中國國民黨共同管理。[7]當時共產國際完全處於「布爾什維克化」模式之下，積極想要轄管外國的共產黨，因此讓國民黨享有這種控制權相當不尋常。而相比之下，其他發生革命的國家在莫斯科並沒有自己的高等教育機構。

還有一個組織，名叫中山大學協進會，其委員會的主席為阿道夫・阿布拉莫維奇・越飛（A. Joffe），他是蘇維埃的高階外交官，曾參與過布列斯特—立陶夫斯克條約（Brest-Litovsk，俄國退出一戰的條約，對德國、奧匈帝國等國簽署），而蘇俄與孫中山之間的原始合作協議，也是他簽的。委員會的其他成員還有布哈林、列寧的遺孀克魯普斯卡婭、拉狄克，以及東方大學校長布洛伊多。和東方大學一樣，中山大學建校於沙皇時代所遺留下來的一棟美麗建築內，但所獲得的資金特別多。[8]

起初，中山大學的學生一天吃五餐，但他們吃得太撐了，於是希望取消下午茶和宵夜。光早餐就有蛋、麵包和奶油、香腸、牛奶和紅茶，有時候甚至還有魚子醬。學生們常能吃到雞、鴨、魚和肉類，而且當他們吃膩了俄式料理時，校方還為他們雇了一名中國廚師，所以他們除了俄國菜，還多了中國菜可以選。學生們過了好一段時間才知道自己的生活條件其實遠勝過一般的蘇聯人民。他們經常被批評為身在福中不知福，而且晚上宿舍都不關燈，在餐廳吃剩的麵包又亂丟，這些事情都使得學生與校方職員間的關係相當緊繃。[9]

中國學生在報到時，會領到「一套西裝、一件大衣、一雙鞋、浴巾、洗臉毛巾、手帕、襯衫、梳子、鞋油、肥皂、牙刷、牙膏和其他日常生活用品。」中山大學的學生其實還可以穿得更流行、更具有俄國風格，他們很喜歡「高釦子的列寧式立領外套，或是相當流行的、釦子釦在左側的烏克蘭式紫羅蘭色襯衫。」[10]

中山大學學生吃得好，穿得好，其言行舉止也受到俄國國內上至菁英階層下至販夫走卒的關注。托洛斯基出席開學典禮時宣布：「從現在起，任何俄羅斯人，不論他是黨內同志還是公民，若是輕視中國學生，就不配當我們的黨員，不配當我們的國民。」雖然中國人有時在街上依舊遭受陌生人的嘲弄，但也漸漸感受到人民的善意，因為俄國社會大眾越來越關心中國南方的革命情況。對於校內數百名男學生來說，這種善意就等於來自俄羅斯女孩的大量關注。對於俄羅斯女性，以往東方大學的中國男生只能猜測和偷偷探索，但現在中山大學的學生只因為身為中國人，就特別受到關愛。[11]

如果說年輕的中國學生是莫斯科新經濟政策時代下最大的受益者，那部份原因或許是在一九二五年間，中國革命已經吸引了蘇聯最高領導層級的目光。同年三月，俄共政治局建立了「中國委員會」，來掌控對國民黨的軍事援助，委員會主席由高調的伏龍芝將軍（Mikhail Frunze）、伏羅希洛夫將軍（Kliment Voroshilov），以及秘密警察副主席溫什利希特（Unshlikht）來擔任。[12]

史達林、托洛斯基和其他人早已啟動了艱苦的程序，要將他們的革命理論、夢想和計畫推行到中國。史達林構思出一套「中國計畫」，讓共黨黨員滲透國民黨去把國民黨轉型成為真正的革命政黨，這套計劃不但要用在中國國內，也要用在中山大學。另一方面，托洛斯基藉由預言無產階級革命即將發生，以及貶低國族主義的重要性，而成為了中共核心的最愛。令學生高興的是，史達林和托洛斯基和其他的高級名流一樣，也都來到中山大學演講。[13]

蔣經國的赤色首都童話故事

按照蔣經國自己的說法，他在莫斯科早期時，對於社會主義的莫斯科充滿了好奇和疑問，城裡彷彿只有勞工和軍人，且他們都對中國革命懷有希望。蔣經國對於西伯利亞如此貧困也感到驚訝不已，也對於蘇聯人民對中國革命那種一時間的熱衷，抱持懷疑的態度。

蔣經國為他在俄羅斯十二年的生活寫下了兩本回憶錄。其中一部以英文出版，書名叫做《我在蘇聯的日子》（My Days in Soviet Russia），算得上是一部極佳的反共宣傳。另一部以中文出版，書名叫做《我在蘇聯的生活》（My Life in Soviet Russia），有可能是蔣經國先以俄文寫成，後來才譯成中文的。[14]《我在蘇聯的生活》不像瞿秋白的《赤都心史》那樣風格鮮明、志向遠大以及親近可人，但依然是一份研究中蘇關係的珍寶。跟瞿秋白的《赤都心史》一樣，《我在蘇聯的生活》也是日記摘錄體，中間穿插著許多不同的文體，像是一些文章，或是他在上課時所作的筆記。《我在蘇聯的生活》以十三篇日記為主，一年一篇，始於一九二五年，終於一九三七年。表面上看來，每一篇日記描述的是一天的生活，但事實上，說的卻是隨著時間過去他內心的體會與轉變。

最令人驚訝的是，蔣經國在這兩部回憶錄中所講述的「蘇聯經驗」，是截然不同的。其中一部回憶錄當中，蔣經國說他是被同儕壓力所影響才去蘇聯，在那兒並不得意，滿腦子都是家鄉和家人，但為了活下去，他隱藏了真實的情感。但在另一部回憶錄當中，蔣經國對於共產主義卻相當熱衷，用心了解並融入蘇聯社會，學習共產主義術語，用共產主義觀點檢視自己，並在自己更了解共產主義時，將自己融入共產主義。

因此，這一個中國人，而且是蔣中正的兒子，完全表現出蘇聯自傳作家常見的矛盾：蘇聯自傳作家會依照情境、必要性、偏好，直觀地掌握住自己生命故事中相互矛盾之處，但又不確定要選用故事的哪個版本，去刻畫他們身在蘇聯的超現實心理。但蔣經國和他們又有一個明顯的不同：至少「離開蘇俄」對蔣經國來說是個選項。如果一般的蘇聯自傳作家無法遠離蘇聯，或沒有意識到他們其實可以離開，那我們又能確知自己對他們的評斷是對的呢？換個說法，如果這些自傳作家不能離開這個社會，那麼他們描繪這個社會裡的自己的時候，又有多少說服力？[15]作為一位蘇聯自傳作家，蔣經國厲害之處在於，他是在離開蘇聯之後才寫了兩種版本的傳記，因此在「關於共產主義的壓迫與信仰之關係」的問題上，又增添了另一層次的複雜性。

在蔣經國反共版本的自傳裡，並沒有提到他對莫斯科和中山大學的第一印象，但在一九二五年十二月三日那天，支持共產的蔣經國起得很早，和其他熱衷共產主義的中國學生們一起去基督救世主主教座堂的庭院做早操，這是中山大學學生們典型的一天之始。室外氣溫零下三十九度，還積了超過九十公分的雪，但在他於莫斯科的短暫時光中，蔣經國覺得，若沒有確實做早操，他就「精神沒辦法集中」。[16]

沿著沃爾康加街（Volkhonka）走回校園，蔣經國經歷了困窘的一刻。時間是早上八點，

學校前面街上的行人，漸漸多起來了。一群一群的工人很快的往莫斯科河對岸的糖果工廠跑，挾著皮包的大學生，向莫斯科大學方面快走。路上根本看不見一個無事的人。這時候的街道，好像是一條急流的大河。後方走來了一大隊紅軍，唱著莊嚴的軍歌，走過學校門口。這是我第一次親眼看到紅軍，他們的精神非常雄壯。當時沒有知識的我，就很奇怪的問俄國朋友：「為

什麼紅軍所穿的衣服與戴的帽子，並不是紅的？」我的朋友告訴我：「我們蘇聯稱自己的軍隊為紅軍，是在主義方面講的，共產主義的旗幟是赤色的，我國軍隊為共產主義而奮鬥的，所以稱為紅軍。」我聽了朋友解釋之後，覺得對蘇聯認識的幼稚，非常自愧。[17]

蔣經國或許誇大了自己的無知，也或許沒有。旅客往往心裡帶著一種想像前往異地，而許多人也經歷過蔣經國所描述的迷向。之所以會有如此感受，是因為他們了解到心中的「想像」和他們所面臨的「現實」是不同的。

蔣經國回到宿舍，他的職責之一是確認他那十一位室友們都有將被子摺好。他在水槽用水龍頭裡的冷水洗臉，而不是用臉盆，這是日常生活中的一個小小差別，蔣經國說「有許多學生洗不慣」。[18]他在餐廳用早餐時，發現「飯菜並無優劣之別，完全一律」，他也欣賞著餐廳的裝飾，有美麗的鮮花，以及列寧和孫中山的肖像。然後他和許多人展開第一次的對話，這些人都是蔣經國一開始認為「無知識的苦工」，後來才知道他們來自蘇維埃最光榮的階層：工人階層。

其他學生利用早餐後的自由時間讀書，而此時蔣經國結識了負責給教室火爐添柴的男孩伊凡諾夫。伊凡諾夫曾是金屬工人，一個月收入為六十五盧布。現在他是莫斯科國立大學的學生，每月雖然只享二十盧布的津貼，但學費全免。當蔣經國知道這位同學只有黑麵包和馬鈴薯當早餐，心中感到一陣愧疚。不過伊凡諾夫告訴蔣經國，請不要愧疚：「你們是中國的革命青年，我們對你們的唯一希望，是能夠很快的把中國民族解放。」蔣經國於是和伊凡諾夫成為了好朋友，並和他練習俄文。[19]

一九二五年十二月三日，蔣經國上了三堂課：社會科學、經濟學和俄文。他在社會科學課上做了口頭報告，還很盡責地寫了快兩頁關於史前時代勞工專業化過程的粗淺感想。

下課後，蔣經國和他朋友們去逛街。一看到國營店家和私人貿易商的差別，他就問了一位俄羅斯朋友，為什麼支持無產階級的蘇聯會允許貿易商存在？這位朋友給了蔣經國一個標準答案，說這是因為列寧推動了開放的新經濟政策。蔣經國和他朋友們在國營商店裡買了一些東西，然後對於店家結帳的速度感到相當不耐，抱怨要是在中國，帳很快就結完了。

結果店員也是一位工人，而且竟然還是個鐵匠，是工廠內的共黨分支派他過來學習的。「我今天算得雖慢，明天就會快起來；今天國家雖弱，明天就會強起來的……但是你們應當知道，我們共產黨員都是完全受黨指派的，絕不可以個人利益為前提。」

下午，學校為學生們安排參觀俄羅斯革命博物館。中國學生上車時，一名工人讓座給蔣經國，並說：「你們是客人，我們是主人。」透過陪同翻譯，蔣經國答道：「謝謝，我們都是平等的，請你不要客氣。」同時，有名水兵也正讓座給一位年長女性，並協助她買車票。蔣經國回到學校後，他參加了小組討論，主題是「中國的革命與我們的任務」。

晚餐後，蔣經國去參加了中山大學和莫斯科國立大學的聯誼，現場有許多官方人士致詞，以及一場持續到深夜的舞會。儘管他是校內最小的學生，還是出任校刊編輯。睡前蔣經國用中文寫了一篇文章，題為〈革命需先革心〉，寫完後便就寢了。[20]對蔣經國來說，這是在中山大學完美的一天，而且是他在蘇聯所撰寫的文字當中，關於中山大學唯一的記載。

蔣經國的第一任女友

蔣經國對於中山大學生活中隻字未提的，是一件最轟動的事，就是十五歲的蔣經國有一段政治不正確的戀愛關係，對象是「基督將軍」馮玉祥的女兒馮弗能。這場戀愛並不是中山大學校史上以及中蘇關係史中的一個趣味小故事，反而是在中山大學校園生活中，具有歷史性的意義。

中山大學校長拉狄克在職時，正處於他一生中最浪漫的一段戀情中，而校園風氣也受了他的影響。拉狄克是有婦之夫，但他戀情不斷，此時深愛著拉里莎・芮斯娜（Larissa Reisner）。據稱芮斯娜是一位迷人的革命者，她的美貌能使托洛斯基和列寧等人予以盛讚，也引來史達林的惡語嘲諷。拉狄克為芮斯娜拉里莎在校內安排了一份教職，教授俄語和俄國文化。其實校內許多俄羅斯老師都是頗為年輕的女性，她們的「態度和教學方法既溫暖又積極」，就如一名學生所回憶的，這代表「俄語能夠進步很快」。[21]

這些日子對拉狄克來說或許是一段甜美的插曲，主題就是中國革命和芮斯娜。拉狄克全心投入中山大學的校務，大量學習和中國相關的事情，學生們都對他廣博的學識和即興演說的技巧印象深刻。有了拉狄克，學生們彷彿自己就像有了專業革命家的領導，覺得這位老師是真的關心中國和中國革命。[22]

在政治上，拉狄克與托洛斯基走得非常近，這件事對中山大學的學生影響甚鉅，導致其中有些人成為了忠實的托派分子。拉狄克還鼓勵學生在個人生活中效法他的身教。起初校內沒有男女混住的宿舍，所以拉狄克指定了一個特別的房間，據稱是為了給校內的夫妻檔學生使用。但很明顯任何情侶都可以進去談情說愛。後來有一位反對「特別閨房」的學生抱怨說，中山大學的學生變得「有傷風化」。[23]

即使回到中國之後，這些革命者也將愛情與革命混為一談，探索新的男女關係，同時也實驗新型態的政治。在中國學生出國前，就已經把革命典範俄羅斯高度浪漫化。一到俄國，他們發現人們爭論著在共產主義下愛與性的適當定位，這個問題在共青團會議和蘇聯媒體上都被頻繁討論，話題從獨身主義到自由戀愛不一而足。[24]中國學生在莫斯科所發生的愛情故事很快就傳回了中國，讓還在家鄉的年輕革命者可以用具體的文字，把「莫斯科」與「刺激的戀情激動人心的浪漫故事或隨便的性關係」聯繫起來。[25]

中山大學就是中蘇戀情最鮮明的原始起點。儘管中國男性和俄羅斯女性之間有發生戀情，但許多時候中國學生也彼此墜入愛河，或者隨性發展一段情。而蔣經國與馮弗能就是一個典型的例子，兩人看似是在共產國際戰略會議當中被撮合起來的，因為當時正全力拉攏馮玉祥加入國民黨陣營。一九二五年間，馮玉祥花了好幾個月在莫斯科和共產國際打交道，他帶著女兒馮弗能同行，然後把女兒留在當地就讀中山大學。

馮弗能在莫斯科念書時年僅十四歲。她既貌美又很會調情，當蔣經國不在她身邊的時候，她寫信給蔣經國，在信中嘲笑蔣經國「失戀」，又提到許多男生對她有意思，和她「鬼混」，並建議蔣經國學一下她的朋友，交個外國女朋友。比起政治，馮弗能對於與蔣經國的戀情更感興趣；比起政治或學校的功課，她對於和蔣經國出去吃飯，或聽他介紹他看過的電影，總是感到更加興奮。[26]

然而在中山大學，這段關係卻難以維持。就如馮弗能所回憶的：

入學之初，不管我父親送我來此所為何故，我的重點不在學習政治，而是達到我自己設定的目標（學習俄語和其他事物），但是學校生活都方方面面都與政治脫不了關係，不管你多想擺脫政治，你連睡覺的時候都會夢到它。27

馮弗能在中山大學的經驗以及她與蔣經國的關係，突顯了蘇聯關於中國統一戰線的概念，在先天上就是很緊張的。儘管馮弗能和其他的年輕女性都不是政治人物，但她們出現在中山大學裡，代表蘇聯為了務實，只能接受一些禁忌。同時這些女性也感受極大的壓力，必須屈從於政治。有位年輕女性記得，她隨父親初抵莫斯科時，留著長髮及腰的辮子。開始上學之後，其他頂著共產主義式鮑伯頭的短髮女性常對她竊笑，而她也忽然覺得，要整理那麼長的頭髮相當麻煩。於是在獲得父親同意後，她將辮子給剪了。28

但女性在那裡只是陪襯罷了，校內的男性才是蘇聯真正的目標。雖然共產國際並不一定想要讓她們改信共產主義，不過校內的氣氛卻讓她們感到喘不過氣來。連她們在個人事務上都能體會到統一戰線的模糊標準：可以閱讀小說嗎？可以留長髮嗎？可以讓男生追嗎？還是該剪頭髮並閱讀《真理報》？當蘇聯承認中國革命必須以中國的國族優先之時，蘇聯是認真的嗎？抑或這只是一種話術，想要掩飾明顯的國際共產主義進程？如果後世的歷史學家在閱讀了大量晦澀難懂的文獻和意識形態鮮明的廢話之後，仍然無法判斷蘇聯是否是認真的，那麼在一九二六年時，天真爛漫的馮弗能才十五歲，真誠老實的蔣經國才十六歲，他們怎麼可能會了解？

在這種氛圍下，連長髮都能變成煩心事。也就是在這種氛圍下，馮弗能喜歡上了蔣經國。對馮弗能而言，蔣經國不僅是一個像她父親一樣傑出和重要人物的兒子，而且正如蔣經國「一九二五年十二月三日」那篇日記所暗示的，他本身也是一位具有政治和社會活力的年輕人。依據各方記載，蔣經國努力讀書，也是位認真的政治家。他在一九二五年十二月加入了共青團，當時對他的評估資料顯示，他為報社工作，也是共青團的宣傳秘書，還是共青團黨內小組的成員。他也積極參加非政治性的課外活動，擔任學校社團的委員會幹部，負責社團內的維護工作。有趣的是，其他學生指出，當時俄羅斯認為鄧小平才是優秀的政治工作者，他的領導比起蔣經國可是高人一等。[29]

蔣經國在反共版本的回憶錄中，為他的政治熱情自辯：

在中山大學，有部分國民黨黨員學生，因為行為不端，頗惹人反感。一般人有時覺得共產黨員行為比較檢點，作為也較有出息。中國共產黨在莫斯科有個支部，其組織和訓練方法都相當健全有序。它的黨員組織嚴密，並受到嚴格監督，而且永遠遵照中央集權領導的指示行事。他們生活簡樸，紀律嚴明。因此，我有一陣子對他們的活動產生了興趣，而且在一九二五年十二月，也就是我們抵達蘇聯之後幾個星期，我加入了所謂共產主義青年團。[30]

在對蔣經國的政治評價中，他被評為「政治立場堅定」、「有紀律」、有著「良好的理論基礎」，但略有反叛傾向，而且對自己的觀點有些堅持和固執。[31]蔣經國有可能只是暫時受共產政治吸引，被他們所影響。但也有可能蔣經國根本就是共青團內前途光明的人。

不過在馮弗能眼中，蔣經國已經融入了這個新的、高度政治的環境裡。而她卻沒有。

經國同志！為什麼和你見面對我有如此大的影響？如你這樣一個用功的人，合（按，馮弗能信內的錯字）這好玩的在一塊真是不行。是吧？經國同志，每次收到你的來信，我都很喜歡，你知道為什麼嗎？你每次信上都勸我用功。如果將來我仍然是一無是處，我真的沒有資格成為你的朋友和同志。32

事實上，蔣經國後來屈服於共青團朋友的壓力，斷絕與馮弗能的關係，但馮弗能顯然已經對「結合」這個詞認真起來，意思是團結，也可能是結婚。馮弗能發現了她的處境糟糕，於是想加入共青團，但為時已晚。蔣經國的一位朋友建議他：

和馮結合無條件是錯誤的。希望她有一天會變成共產主義者、有一天你會再度得到從前的快樂，都是不可能的。世界上好女孩那麼多，你何必心裡老是掛著那個女人？你說此後要少談話、多讀書。我以為固然也是一個消悶的方法，然而如果性的要求急，我以為你也不妨另找她人，來幫你完全忘記那個女人。33

馮弗能自己於是失戀了。「有些夜晚，我常夢見你和我，以及李大釗、趙世炎、瞿秋白、吳玉章以及一大群人一起出去吃喝玩樂，但一覺醒來發現一切都只是一場空。」馮弗能後來非常憂鬱：

我的住是無聊的，我一天睡的覺是多的……一點希望都沒有，像個行屍走肉般……我很抱歉害這麼多人批評你，說你既然是共青團成員，就不應該和我交往。這點我明白。34

之後馮弗能慘遭學校開除，蔣經國採用了非常布爾什維克的說法，解釋自己對她的疏遠：「她父親給她一個任務，要她在政治上改造我，我也想在政治上改造她。當然沒有任何結果。」然而，這種政治改造想必也是有點吸引力，儘管蔣經國已經公開離棄了她，但他倆的關係繼續持續了兩年。[35]

拉斐洛夫主義

對於一些激進的中國共產主義學生來說，中山大學內的政治不貞及個人濫交已經太超過了，於是他們展開了一場清教徒式的運動，抗議中蘇戀情的根基。俄羅斯當局後來「破獲」了這場抗議，還給它取了個有點怪、又有點不祥的名字：拉斐洛夫主義。[36]

拉斐洛夫主義源於中國共產黨莫斯科支部的活動和思想。該支部是彭述之在東方大學創立的，到了一九二五年仍相當活躍。莫斯科支部在彭述之離開後，經歷過相當多的轉變，但基本的運作方式仍維持不變。「拉斐爾」（Rafail）是任卓宣的俄文筆名，他是來自法國的中國學生，於一九二五年抵達莫斯科東方大學學習，在中國共黨支部嶄露頭角，之後轉到中山大學就讀。在那裡，他繼續主持黨務，並頻繁舉行學生小組會議，鼓勵大家討論自己的缺點和政治進展。實際上，在一九二五年中山大學開辦後，莫斯科的中國學生分成兩批，有些留在東方大學，大部分去了中山大學。雖然他們仍經常互相拜訪、分享新聞，而且整體來看這群中國學生還是經常爭論。[37]

拉斐爾（他沒有工人背景，這點與一九二〇年代的莫斯科學生很不相同）調查了中山大學的狀況，發現這間學校的課程都是以翻譯的方式進行，而修業年限為兩年。然後他也問了一個不證自明的問題：為何學生要花這麼多時間學習俄語？最重要的事情，難道不是學到基礎的革命理論，然後盡快學成歸國去參加中國革命嗎？而且為什麼學生要依照政黨而分開？中共學生花這麼多時間拉攏國民黨學生，但是雙方應該聯合起來，統一進行中國革命運動，不是嗎？拉斐爾決定不再繼續學習俄語，也沒有參加各式各樣的文化活動，這些活動的目的是要年輕的中國學生了解俄國。拉斐爾回憶：「那是列寧的墓塚，我才不去。」[38]

拉斐爾和中共莫斯科支部裡面一些想法相近的黨員們開始煽動學生，甚至還製作了很長一段標語，內容是說：

將思想與學習系統化——因為要反對浪漫主義。浪漫主義是破壞組織的其中一個條件……我們應該摧毀家庭、地區和國家的觀念，因為無產階級是不受家庭、地區和國家限制的。破壞以情感而形成的聯盟，因為情感聯盟就是卑鄙的資產階級聯盟。我們必須投注對愛情和文學相同的興趣在為黨的工作中，因為愛情與文學是浪漫主義的基礎。我們一定要努力避免學院式的學習，因為學院式的學習不贊同理論是由實務而生。我們一定要隨時做好準備，回到祖國從事真正的革命工作。我們心中絕對不能有錯誤的想法，先學習俄語而後學習意識形態就是錯誤的想法。我們必須隨時隨地糾正他人在思想上和行為上的錯誤。我們必須要完全信任組織……個人生活和個人意志這些東西是不存在的。[39]

多年以後，當拉斐爾跑到國民黨陣營之後，他談起這段壓制他人的運動時承認：在莫斯科時他自己陷入熱戀，藉此淡化了自己對俄語的反感。但其他學生記得他們經歷了一場可怕的鬥爭，逼得他們不僅要隱藏對愛情和文學的熱情，而且還不能讓鎮壓運動狂熱分子知道自己在學習俄語。在拉斐爾運動的高峰時期，學生常因閱讀一本書、與俄羅斯人交友，或因為與女學生聊天而受到攻擊。[40]

大多數學生不太確定該如何看待有關中俄革命關係的各種相衝突的理論。馬克思列寧主義是一種普遍適用的科學理論嗎？如果歷史條件對了，它是一套可以用任何語言學習、應用於各種文化的公式嗎？若是，為何不透過翻譯盡快學好，衣錦還鄉，做一番事業呢？難道有些關於革命的事情，非俄羅斯不可？還是說，關於俄羅斯、它的語言、它的人民，有哪些革命性的要素嗎？若有，那麼最具有革命性的事，豈不是盡全力學俄語，然後找那位無產階級食堂女侍調情，不是嗎？[41]學生們之間對於自身該有哪些行為規範，尚且無法達成一致，而且每個人又被自身各種不同的事務困擾著。例如說，蔣經國很欣賞中國共黨莫斯科支部的紀律，但他自己仍然愛著馮弗能。

另一個相反的例子則是陳碧蘭。表面上看來，她一定會遵守中共莫斯科支部的規定。她與馮弗能完全不同，她是個真正的激進分子，早在中國之時就剪去了頭髮，加入了共黨。她誓言守護自己的貞潔，為了去蘇聯學習而拋下了一個無可挑剔的追求者。陳碧蘭盡力遵守莫斯科的男導師的要求，而她的導師讀了她與黃日葵的通信之後，不斷對她說教。於是她寫信給黃日葵，批評他有資產階級傾向，而黃日葵也很有風度地回信表示很讚賞她的建議。但是，如陳碧蘭所回憶的，

> 之後他寫給我的每一封信……內容還是充滿著對我的愛慕；也因為如此，他受到了莫斯科中共支部同志們的嚴厲批評……他們說這人就是典型的資產階級，是一個「愛情至上」的追求者，而不是認真的革命者。在濃厚的學術氛圍所帶來的壓力下，全體黨員對他的批判對我來說，

就好像是我的道德標準被狠狠地揍了一拳，抹殺了我對他將近一半的感覺。之後，我心中產生了情感與理智之間的衝突。每當他的信寄到時，黨對他的批判就越發嚴厲。某次信中所附上的那條刺繡精美的手帕，更是讓他飽受嚴厲抨擊。我請他不要浪費那麼多時間寫信給我，特別是不要再寄手帕，因為我用不著。[42]

但中國共產黨莫斯科支部持續以黃日葵為理由，大力批判陳碧蘭，讓陳碧蘭在壓力下幾乎崩潰。

在莫斯科支部，那些以共產主義道德之名來威脅陳碧蘭的人當中，至少有一個同志別有居心，他瘋狂地追求陳碧蘭，卻未果。但陳碧蘭在她自己的書寫中並未提到這個人。一年後陳碧蘭離開了莫斯科，回到中國，遇到了彭述之並嫁給了他，而彭述之才剛擺脫與向警予和她丈夫之間的三角戀情。彭述之和向警予的丈夫蔡和森之間的敵對意識越發激烈，激烈到黨的領導者們，包含瞿秋白和風流的陳獨秀都被捲入。彭述之和向警予兩人的戀情結束後，讓彭述之極度心碎，據傳他過得失魂落魄，隨身帶瓶酒以借酒澆愁，直到遇見陳碧蘭。黨後來也將向警予和蔡和森送至莫斯科，而向警予在那裡和一位蒙古學生過從甚密，丈夫蔡和森也另外開始了一段戀情。[43]

儘管許多在莫斯科的年輕中國女性內心確實非常堅強，能獨立思考，做出人生抉擇和政治決定，但其他女性則相對較為軟弱。「當時的莫斯科是一個『換旗』的地方，我的意思是說，在國內有對象的女子為了莫斯科的男人而放棄了國內的對象，」一名學生回憶道。「這些男人的戀人去了莫斯科……他們認為自己的感情受到威脅。因為在莫斯科參加會議後返國的同志們常常講述關於莫斯科的愛情故事。」有些莫斯科的中國女學生「換旗」，可能是因為周圍男性帶來了太大的追求壓力，而且男性人數遠超過女性，為了爭女友而激烈烈鬥爭。[44]

以馮弗能來說，即使大家都知道她的男朋友是蔣經國，她還是承受許多男同學的壓力。她對那些想與她「廝混」的年輕男子感到非常憤怒，寫了抱怨信向蔣經國吐苦水。無論她和蔣經國多麼親密，她對同學們厚顏無恥的濫交感到不安。「大家都出雙入對，真的很煩人。他們同居的話，就一定會生孩子，現在已經有十二個人生小孩了，不過還有很多人沒這麼做。女同志們來這裡才不是要讀書，只是來生小孩的。」[45]

中國學生的紛雜愛情，不管怎麼看都只是反映出蘇聯大環境的相似現象，也是受到蘇聯大環境的影響。但中國學生的愛情仍然引起了俄羅斯上級關注，覺得有必要加以干預。基本上俄羅斯人反對所謂的拉斐洛夫主義，不僅是因為它代表了一種另類的、反對學習俄文的、源自中國人之間的權威結構，也因為那些管理中國學生的老布爾什維克黨人覺得，拉斐洛夫主義太過「清教徒」了。拉狄克第一次獲悉拉斐洛夫主義的消息時，便把任卓宣叫到辦公室，要跟他把話講清楚。任卓宣在他的回憶錄中寫道：

> 後來，校長拉狄克發現了這件事，就要我和其他幾個人去找他。他強調學習俄語、讀俄文書以及學習理論相當重要，他這麼強調時，是那麼地機智，極具風采……但他說話的方式卻很庸俗，讓坐在那兒的女幹部們不停地笑。[46]

事實上，拉斐爾對拉狄克有著深刻的印象，甚至將拉狄克的一些中國革命的講座翻譯成中文，並在中國發表。但是拉斐洛夫主義的思想已經廣泛流傳，光靠著拉狄克一番輕率、不正經的訓話無法阻止。於是在一九二五至一九二六年學年結束時，拉狄克召開了為期四天的中山大學學生會議，四天會議的結論是：譴責拉斐洛夫主義，解散中國共產黨莫斯科支部，拉斐爾本人和拉斐爾主義的領導學生統統被送回中國。不過拉斐爾主義所提出的問題，依舊引發許多爭議，而且有增無減。一九二六年夏天的四日會議，目的就是要「終結拉斐洛夫主義」，後來該會議成了年度例會，會期時而長達十天之久。[47]

一九二七年初，列寧的遺孀克魯普斯卡婭（Krupskaia）到校與中國學生討論這個話題。據報導，她解釋說，共產主義者不一定要是清教徒，但也應避免輕浮地玩弄愛情。她還在兩小時的演講中提倡俄羅斯文學和家庭兩種觀念，隨後也與女學生們進行一次小型非正式對談。她說，中國女學生別再墮胎了，應該將孩子生下來，留在俄羅斯的兒童之家。蔣經國的女朋友馮弗能詼諧地下了個結語：生小孩「就是在製造小革命者。」[48]

就算是列寧遺孀克魯普斯卡婭，也無法結束關於愛情、語言和文學的爭議。有數千頁的文件記載著莫斯科中國學生社群持續不斷的動亂，其中最激情的是一篇匿名文章，用中文手寫而成，於一九二八年五月張貼在東方大學的牆上。至此，中國學生社群被捲入肅殺氣氛凝重的政治鬥爭，關於愛情和文學等「瑣碎」的問題引發的衝突不僅沒有消失，反而加劇了。俄羅斯領導團隊認為，中國人似乎「對於爭執、對於性的興趣越來越濃厚」，又受戀愛問題折磨。也有些中國人抱怨他們的同學們對男女問題太過關注。[49]

但那篇匿名文章的作者提出相反意見。他的文章，旨在回應另一篇題為〈少年維特可以休矣〉的文章，該文引用了當時中國學生愛讀的歌德小說，來攻擊學生的浪漫主義。匿名作者則為自己的反駁下了個標題：《學習、革命、文學和愛情——〈少年維特可以休矣〉讀後感》。文章開頭指出，按照克魯普斯卡婭的說法，閱讀俄羅斯小說並不一定對革命不利，特別是如果閱讀的是高爾基的小說。但當他開始對愛情、性和革命加以積極的解說時，他的思維和政治立場就表露無遺：

最後是關於「少年維特式」的「內省焦慮」愛情的問題。同志們，除非人們不再有性器官，否則所有人都有性慾、性興奮以及痛苦的希望和愛慾。因此，愛情是人們生活中無法控制的元素。至於性慾的不滿足，雖然我們可以用各種方法來減輕它，但最終都是徒勞……很不幸，一般人的愛情方式和過程還沒有徹底的加以革命……維特的「焦慮」就是封建制度的遺毒！如果（男女主角）綠蒂和維特沒有懷著一夫一妻制的幻想，並且她的丈夫沒有一點嫉妒的感覺，那為什麼維特會自殺！如果人們的愛——尤其是共產黨人的愛——可以赤裸裸地、毫無虛偽地，在兩人政治立場相同的基礎上，實現兩人美好的夢想，這樣何「焦慮」之有？「焦慮」怎會妨礙我們學習？[50]

顯然，這些文章非常流行，以致於學生刊物的編輯沈澤民（俄文名字為古德科夫 Gudkov）收到指示，不准再發表這些文章。起初他並未遵照指示，但後來卻因為聽從指示而受到批評。在一次一九二八年的冗長會議上，一名學生笑沈澤民：「關於愛情，古德科夫可能完全反對愛情，但現在他有了妻子，我們可沒有。古德科夫說，我們不應該談論愛情——說得像是愛情在這裡一點都不重要（指拉斐爾的小組）。如果是這樣的話，那麼我們的俄羅斯同志就是錯的了。」古德科夫在各界的抨擊下崩潰了，只好承認自己路線錯誤，包括「違反主席團關於不繼續討論愛情的決定。」[51]

指出古德科夫立場虛偽的學生有一個觀點。高位階的中國男性經常可以帶著妻子或女朋友出國留學，要不然就是像蔣經國一樣有家世背景，很容易在莫斯科找到漂亮的新女友。奇怪的是，女孩們的丈夫和父親（無論是近在身邊還是遠在中國），都沒有阻止這些女性與他人發生戀愛關係。即使是朱德（後來成為中國紅軍的高階將領）的妻子，在莫斯科也有一段戀情，朱德當時都不知道。一些男學生學了俄語後，交了俄羅斯女朋友；一些中國男人則認為俄羅斯女性優於中國女性。52

但普通的中國學生，特別是那些出身工人階級的人（中山大學喜歡招收工人階級背景的學生，勝於知識分子），就不一定交得到女朋友。對於中國革命者來說，莫斯科應該是一生一次的機會，不管是政治或愛情都如此，但他們卻孤寂而茫然。

大多數學生在莫斯科都可能經歷過迷失和思鄉，並對自己提出了和拉斐爾同樣的問題：中國人該為哪一場革命效忠？向哪個黨效忠？日常生活中如何展現忠誠？該說哪種語言？什麼時候說？說多少？該讀什麼書？什麼時候讀？讀多少？該愛誰？怎麼愛？愛多少？

這些問題從未消失，總是混雜在一起，甚至影響了莫斯科，乃至於全俄羅斯，接下來的政治鬥爭。

第八章

心碎：瞿秋白之死

國際革命的捷報

中山大學才剛建校一年半，就發生了一件讓莫斯科大眾極為震驚的事，此事粉碎了統一戰線的意識形態根基，也粉碎了中蘇兩國戀情的本質。這股衝擊不只終結了中山大學這間實驗性質的教育機構，最終也破壞了自一九二〇年早期展開的中蘇革命這條緊密連結。

一九二六年七月一號，蔣介石帶領國民黨軍隊發動北伐，從廣東向北一路收復被軍閥控制的領土，一統中國。北伐軍的主幹來自蘇聯支持的黃埔軍校畢業生，而戰功彪炳的紅軍將領加倫（Vasilii Blukher）則擔任蔣介石的主要軍事顧問。鮑羅廷對於北伐較不熱衷，儘管他與蔣介石鬧翻了，依舊盡力向蔣介石提供建言。一九二六年，蔣介石的軍隊迅速收復了武漢、杭州和南京等大城。同時中共也大力煽動罷工，農民也反抗地主，使蔣介石被迫處理剛收復地區的動亂。

從莫斯科的角度來看，這應該算是成功的：國共聯合起來統一中國，發動革命。就在莫斯科方面屢獲蔣介石大捷的消息時，中山大學學生的地位也日漸高漲。

一九二七年三月二十七號，蔣介石的軍隊攻下了上海，工人和共產黨人發動了罷工和叛亂，以支持國民黨軍。一名學生回憶，收復上海使他在莫斯科的情緒達到高峰：

在狂熱慶祝的情緒之中，我們湧進大禮堂舉行了一個慶祝會……我的一個同學跳上講壇，尖聲喊了一句「同志們」，毫不誇張地說，他由於無比激動而無法講下去。他呆呆地站在那兒，由於狂喜笑得連話都說不出來了……散會以後，我們衝出校門，迅速整好隊伍舉行遊行，後來有成千上萬的莫斯科居民參加到我們的行列中來……在回去的路上，我們不斷被人群攔住。他們向我們歡呼，有些人甚至把我們的幾個同學扔上天空，落下來再接住。許多俄國姑娘天真地向我們飛吻，嬌媚地向我們調情。在這個難忘的日子之後，我們的地位迅速提高了。我們去進劇院時，俄國姑娘們成群地圍著我們，她們好像知道這些未來的革命人物一定會很快回到中國去擔任要職。她們還常常來中山大學看望我們，某些最勇敢的姑娘直截了當地提出願意做中國學生的愛妻，並要求帶她們去中國。[1]

僅僅五年前，東方大學的中國學生演練了蘇聯想像中的東方國際革命。現在，中山大學的學生成為了俄羅斯國際革命的明星。

國際革命最吸引人的原因之一，是發生在遠方的事件可以用集體的、跨國的方式來體驗。距離會阻礙旅行和通訊，但革命縮短了距離，並催生了新型的「多元文化」社群。中山大學及其學生就是活生生的證明，他們代表著一種充滿活力的新理念：中國革命可以、而且應該反映給全球，讓全球體驗到，尤其是在莫斯科這個對所有革命事件迴響特別大的地方。大家感受到一股伸手可及的、親密的、可以切身感受到的連結，把原來那個陌生的、遙遠的、高度重要的事件與自己連結在一起。這股興奮之情，促使俄羅斯女孩們在戲院把中國男孩團團圍住；這股興奮，其實就是構成俄羅斯國際革命的情感元素。

詩人馬雅可夫斯基（按，參見第四章）抓住了這種氛圍，寫下幾首有關中國的詩，使這股氣氛永垂不朽。一九二七年三月，在雅羅斯拉夫爾（Yaroslavl）市的一間公寓裡有人要他朗誦他的得意作品，他說這一首是根據他個人的文化經驗寫成：「放聲大喊吧／放棄我歌謠般的口氣／大聲點／要比當年猶太人進攻耶利哥城的號角更響亮／同志們！／工人們／和廣東的部隊／正奪下上海！」在過去，俄羅斯文化精英向來以負面或嘲弄的詞語來描繪中國，而一九二七年可以說是中國革命的激情首次壓過了這種惡意的嘲弄。只不過在一年前，馬雅可夫斯基還寫過一首很不同的詩，用當時俄國人普遍的態度下筆：「為什麼……他們要長途跋涉六千里到這裡？家鄉的土地貧瘠？米飯不夠吃？還是怎樣？」而布爾加科夫（見第三章）也發表了一齣戲《左伊卡的公寓》（Zoika's Apartment），主角是中國洗衣店老闆和中國毒販；《紅罌粟》（Red Poppy）這部芭蕾舞劇則在莫斯科大劇院上演，主角是一名苦力和一名吸食鴉片的女歌手，後者愛上了一名蘇聯上尉。[2]

然而在中國，革命的實際狀況相當不穩定。鮑羅廷長期撮合在一起的國共聯盟從內部開始崩潰。國民黨內部反對社會革命的右翼聲浪越來越大，蔣介石則猶豫不決，到底想當革命者還是未來的國家元首。他在一九二六年八月有一篇日記寫道：「共黨在內作祟，非使本黨分裂與全軍崩潰而不止。遍地荊棘，痛苦萬分。」[3]他覺得痛苦難當，這點不意外，但他對中國戰亂的反應，以及自己內心的衝突，倒是讓人詫異。

一九二七年四月十二日，蔣介石的軍隊攻擊了上海的工會總部，殺害並逮捕了許多工會成員。次日，工人和學生發動示威遊行反對蔣介石的作為，國民黨軍隊用機關槍鎮壓。後續引發一連串親國民黨將領在左派控制區內對左派團體發動攻擊。鮑羅廷垮台了；托洛斯基才是對的；而史達林氣炸了。中國共產黨領導人陳獨秀遭到共產國際解偏，由瞿秋白取而代之。4

蔣介石清黨的舉動當天就傳到了莫斯科。中山大學的學生們又驚又懼，集合在大禮堂，通電蔣介石政府表達憤慨。其中許多人是國民黨的學生，而非共產黨。蔣介石的行動引發了校園內的激烈鬥爭。從此中國學生們在俄羅斯享有的社會認同一落千丈，直到一九五〇年代才恢復。

另一方面，統一戰線的失敗使得激進的中國人普遍對俄羅斯感到幻滅。對於像是埃彌和瞿秋白這些激情的第一代赴蘇聯者來說，這更是一種雙重的個人悲劇：首先，他們的朋友是因為國共合作的名義被殺的，而國共合作是莫斯科的想法，當初他們也覺得合理；第二，他們以為俄羅斯革命可以套用在中國，不料這種想法才剛與現實接觸，就破滅了，顯示這種想法太不成熟、幼稚、太夢幻。一九二七年後，憧憬和嚮往俄羅斯的潮流日漸衰退，中國人對於革命的那種浪漫情懷也隨之削減，愛情與革命的結合也漸漸沒人談了。5

新人新氣象

再回頭來看中國。一九二七年在大眾眼中，共產黨人四散奔逃、孤立無援、士氣低落、聲譽掃地。許多革命者在政治和社會上更加脆弱，抗爭運動分崩離析，參與者在上海等各大城市轉入地下活動，或逃往鄉村。有次進行寫實文學的個人訪談時，蘇聯作家謝爾蓋·特雷蒂亞科夫（Sergei Tretiakov）描述了一位於一九二六年在北京認識的中國學生，該生後來前去莫斯科中山大學念書。他一聽說蔣介石清黨後，立即逃離了莫斯科。共產國際則盡可能把基層的黨員帶到蘇聯藏匿，並接受軍事訓練。6

這些基層黨員還沒抵達莫斯科，還在中國的時候，是最喪志的一群人。一位學生記得當時許多革命者的絕望：

> 如今革命不成，勢將……求乞與被殺了。如何處置這革命戰爭潰敗後的大量遊勇散兵，成為當時一個十分嚴重的問題。挑選一部分人去蘇聯學習，即是此一問題的解決辦法之一……幸而被選中的人是興奮的，人人都為那不久就將學會使用武器的前景迷惑。在革命潰敗的悲憤空氣中，有一個感想流傳得最有力，那就是：武器是決定問題的最後力量……在短短不到半年的時期中，我們眼巴巴地望著一個軍人跟著另一個軍人，從「革命」領袖變成革命敵人。他們無恥地、倨傲地、野蠻地而血腥地，先後欺騙了我們、叛變了我們。而我們卻像是被遺棄的癡心的「佳人」，是可憐而無可奈何的「秀才」。[7]

若只為了保命或學習開槍，就必須千里迢迢跑去莫斯科，意味著情況嚴重，不走不行；而這群學生的心態，也和瞿秋白「心史」筆下那些前輩學生的想法大異其趣。

新來的中國學生固然沮喪，更慘的是蘇聯又懷疑他們。一九二七年秋季，蘇聯當局要求進行一次特殊的體檢。一名學生回憶，這是個凶兆：蘇聯秘密警察花了一周的時間，詳細評估校內所有中國學生的體力。「我們是否會因為這個記錄，在餘生中都遭到俄羅斯人追殺……？開個玩笑，現在我們的身心都賣給了俄羅斯人。」一九二七年四月蔣介石佔了上風之後，俄羅斯人對中國人的態度也不再熱烈；一位當年剛到俄羅斯的人記得，有人朝他扔番茄。[8]

俄國人對中國人的懷疑和矛盾，或許只是反映了蘇聯政治和社會的轉變，但在同個時間，中國學生社群內也出現了真實的變化。在莫斯科的這群中國未來革命者象徵著一場前所未有的失控變化。這群人的組成份子複雜，包含了幾位五四運動的老成員，後來轉行當老師和翻譯；一九二〇年代早期至中期從法國來到俄羅斯的知識分子和政黨創始人；追隨五卅愛國運動先進的腳步而抵達的一批學生；大量的國、共兩黨基層黨員（中山大學早年刻意招募基層黨員來就讀）；中國高官的親戚（只是名義上去學習的）；馮玉祥麾下的士兵；特別奉派赴俄接受軍事訓練的普通學生；還有其他根本就代表著失敗的新抵成員。由於當時蘇聯的離境手續效率太差，所以這群人的數目越積越多。[9]

整個一九二七年秋季，一連串共黨革命失敗的消息不斷傳抵在莫斯科的學生那裡，讓他們感到更加幻滅。[10]到了年底，瞿秋白和其他人相信，或許可以利用廣東軍閥派系之間的鬥爭，來發動階段性的城市起義。一九二七年十二月十一日，共產黨軍隊攫取了廣州的郵電站、警察局和軍營，就像布爾什維克於一九一七年在彼得格勒所做的那樣。然而，一九二七年的廣東並非一九一七年的彼得格勒，反共的部隊迅速逆襲，不僅朝著工人和共產黨人開槍，連蘇聯領事館的外交人員也不能倖免於難（蘇聯外交人員允許共黨將領事館作為革命總部）。[11]在蘇維埃革命的紀錄上，紀念著「廣州公社」這種英雄的行為，延續了十九世紀註定失敗的「巴黎公社」。那些獲選前往莫斯科接受軍事教育的學生，受訓後似乎只是投入了一連串毫無意義的革命行動，而不是一場精心策畫、迎來勝利的革命活動。

中國內戰的同時，布爾什維克黨內紛爭也日益升高。正如中國革命達到了國民黨和極端激進分子之間的決戰時刻，蘇聯領導層也因以下幾種衝突而苦惱：「一國社會主義」和「永久革命論」兩派間的鬥爭；「繼續推行新經濟政策」和「加速工業化、加速集體經濟」雙方的不同意見；「史達林派」和「不斷變化的反史達林派」兩造的不同看法。一九二七年四月，史達林算是鬥垮了托洛斯基，但托洛斯基仍然抓著統一戰線的失敗當證據，證明史達林外交政策從根本上就走偏了。在關於蘇維埃革命的公開辯論中，中國的重要性瞬間被提升到前所未有的地位。

托洛斯基與中國人

托洛斯基意識到，革命是可以刻意地複製到另一個地方的。在一九二七年七月，他面對布爾什維克中央委員會對於派系主義的指控，他套用法國大革命的角度回應：

在法國大革命期間，許多人被送上了斷頭台。而我們的行刑隊也處決了很多人。但在法國大革命中有兩個偉大的篇章：一個是這樣（托洛斯基用手朝上指）；另一個是那樣的（他指著下方）……在第一個篇章裡，革命取得進展時，當時的布爾什維克雅各賓派將保皇黨（Royalists）和吉倫特派（Girondists）送上了斷頭台。我們也經歷過類似的偉大篇章，當時我們身為反對派，和你們一起，殺掉了保皇的白衛軍，放逐了我們國內的吉倫特派。但後來法國開啟了另一個篇章……從雅各賓黨右翼崛起的熱月黨人（Thermidoreans）和拿破崙主義者（Bonapartists）開始趕逐、殺害雅各賓派左翼……我希望索爾茲同志把他的法國大革命比喻想徹底，而且自己先回答這個問題：索爾茲準備讓我們在哪一章被槍斃？[12]

托洛斯基花了一些時間，把俄國革命投射到中國革命上——也就是全面批判史達林的中國政策——但早在一九二七年初，蔣介石還沒有改變立場之前，他就已經準備好了說詞：「我們已經將中國共產黨，變為各種（反列寧的）孟什維克主義。」[13]

在他關於法國大革命和中國革命的論戰中，托洛斯基利用其他革命對照蘇聯革命。但差別在於：法國大革命早已結束，各方可以加以批判詮釋。然而，中國和俄羅斯的革命都同時展開，所以若試圖改變對其中一場革命的論述，另一場革命的敘述也就必定會改變。

一九二七年末，中山大學和其他地方的一些學生認為自己也是托派分子。他們將中國共產革命的失敗歸罪於史達林，於是開始閱讀托派文學，並接觸蘇聯反對派。包括蔣經國在內的許多學生都與托派分子走得很近，但這些學生內部似乎有一個核心，負責組織大部分的活動。其中最引人注目的事件發生在一九二七年十一月，當時有一名中國托派學生，在俄國革命十週年紀念遊行隊伍行經紅場時，忽然從人群中跳出，拉開一幅橫幅，上面有親托洛斯基的標語。在場至少有兩名美國記者記下了這個事件。[14]

當時沒有人被捕，但有些人被驅離，後來被捕或遭殺害。反對中國托派的運動在蘇聯斷斷續續了許多年。但中國共產黨對托派分子採取寬容的態度，允許他們形成一個小小的運動。彭述之和陳碧蘭這對夫妻也加入了托派，創黨元老陳獨秀也同情托派。然而，這個托派小組欠缺足夠的組織凝聚力，無法抵擋蔣介石的鎮壓，彭述之等人最後被關進了牢裡。[15]

瞿秋白會晤史達林

中國共產黨和共產國際於蔣介石開始翻臉剿共之後，就盡可能把基層黨員送至蘇聯學習；同時間，也有很多共黨高層在中國躲了好幾個月後，跑到莫斯科尋求庇護。高層和基層一樣，心中都五味雜陳，並認為他們的俄國之旅乃是要遠離危險，而不是前往革命聖地朝聖。[16] 一九二八年的夏天到來，中國共產黨計畫於莫斯科召開第六次代表大會，因為在中國沒有一個安全的地方能舉行這樣的一次會議，所以更多的共黨領導階層來到了莫斯科。

瞿秋白於一九二七年末偷偷越過邊境；他的妻子楊之華也於一九二八年五月搭火車，靠著自己的力量抵達蘇聯。楊之華是第一次訪俄，她從上海假扮成農婦出發，穿著一件粗糙的中式外衣，頭髮盤成一個包包頭。她假裝成不同男性旅伴的妻子，並指示女兒稱呼他們「爸爸」。她還把一些旅費縫到女兒的一條褲子裡，但後來卻找不到了，所以他們到俄羅斯的時候早已餓壞了。抵達莫斯科後，她們在魯克斯酒店和瞿秋白團聚，共產國際的工作人員也待在那兒。[17]

瞿秋白成為了中共總書記，他的政治影響力也在實質上達到了頂峰。他也是在中俄雙方出現真正的政治危機時，能以中文和俄語進行有效溝通的最高級別黨員。此時中俄雙方意見分歧，相互指控，沒有一方有辦法提出雙邊都採信的統一戰線。雙方對互相談判和閱讀對方文件的需求日益迫切，也給各級譯員帶來了巨大的壓力。翻譯人員中，尤其是瞿秋白，往往在談話中存有利害關係，並在中蘇對峙激烈的情況下，對翻譯的實際過程和要求幾乎沒有任何妥協的空間。[18]

一九二八年夏天，一系列討論中國共產革命前途的會議，引起了蘇聯和國際共產黨最高層官員的關注，而瞿秋白毫無疑問扮演了重要角色。中國共產黨第六次代表大會於六月中到七月中，在莫斯科郊外的茲韋尼哥羅德（Zvenigorod）登場——這些黨代表一直到一九四五年才改選。第六屆代表大會裡，少有對未來的展望和過去的反思，較多的是現場的、高層次的互動。幾乎所有應邀的中共高階領導人都出席了會議（毛澤東和朱德缺席），有表決權的正式代表為八十四人，沒有表決權的有三十四人。[19]蘇聯方面的大會代表為布哈林，當時他被視為史達林的得力助手。出席大會的中國人知道，因為他們人在莫斯科，他們得通過共產國際批准的一些決議。然而，他們對一九二七年為何會發生國民黨的「清黨」，以及未來該怎麼辦，則是全無共識。[20]

瞿秋白雖然是黨的總書記，但有些代表的地位更高，權力更大。過去一年黨在瞿秋白的領導下，發生了許多悲劇：一連串的共黨起義失敗、慘遭鎮壓、黨員人數驟降。就如同中山大學一位同學所言：

> 瞿秋白的政策就像賭輸了的瘋子做孤注一擲，可還是失敗了。毫無疑問，為了保存殘餘力量和維繫士氣，要求實行有組織、有紀律的和耐心的撤退。但這位晚輩的學者他全靠讀書與寫作得到名氣，卻通過他的領導加速和加深了中共的危機。[21]

有一些歷史學家認為，在當時要為中國共產黨制定一個「良好」的進程相當困難。[22]但是在莫斯科參加六大的中國人並沒有這麼消極：一九二七年的革命失敗，他們就是當事人，此事對他們的影響太大了。而總是與蘇聯過從甚密的瞿秋白，就是最好的代罪羔羊。

張國燾這位手握大權的中國代表就對瞿秋白抱持懷疑。身為共產黨創始黨員，張國燾政治權力可能高過瞿秋白。張國燾記載，大會開幕時瞿秋白提出了委員會主席的初步名單，但遭到大會拒絕。瞿秋白認為這是針對他的不信任投票，於是當場走人。後來是共產國際官員前來協調，名單才略經修正後獲得大會通過。[23]

據說，會中布哈林發表了一場長達九個小時的演講。一位中國代表記得布哈林常拿著一把獵槍，肩膀上蹲著一隻獵鷹，常在大會途中離席外出打獵。對中國人來說，布哈林的魅力強大，足以媲美（現在名譽掃地的）拉狄克和鮑羅廷。此外，他們還認為布哈林的權威等同史達林，所以代表們最後放下成見，通過了一系列決議。[24]

大會結束後，瞿秋白失去了總書記職位，但仍是政治局成員，也是中國常駐共產國際的兩位代表之一。接手總書記這份榮銜的，是來自湖北的一位工人，每個人都相信他們可以控制這位新的總書記。而另一位駐共產國際代表是張國燾，但他根本不懂俄語，所以瞿秋白仍然穩居中、俄兩個革命之間的正中心焦點。中國共產黨第六次全國代表大會結束後，同年夏天在莫斯科又舉行了第六次共產國際大會，瞿秋白在大會上擔任中國代表，試圖重拾聲望。當史達林和布哈林之間的不和浮出檯面，他很快就表態反對布哈林，並藉此質疑中國共產黨代表大會的結果。[25]

一九二八年底，關於中國的爭論越演越烈，史達林決定親自插手此事。政治上來看，瞿秋白是被降職了，但中共高層唯有他通曉俄語，所以史達林邀他和張國燾一起前來聊聊。[26]

一九二一年瞿秋白首次抵達莫斯科時，他迷戀著自己心裡想像的俄羅斯革命，並立志要讓中國菁英分子認識俄羅斯革命。對瞿秋白來說，當時認識了托爾斯泰的孫女，象徵著中俄兩國革命之間終極的人情聯繫。現在，他即將代表中國革命，晉見蘇聯共產黨最高領導人。而當初許多中國的激進菁英分子和蘇聯領導人之所以會知道中國革命，正是因為瞿秋白的努力。

瞿秋白沒有記錄他與史達林的會面，但張國燾卻有：

> 十一月初，中國問題三人委員會成立後約兩個星期，斯大林約我和瞿秋白去會談，這也是我們第一次與斯大林直接商談中國問題。那天晚上九時，在他那間陳設很簡單的辦公室裡，斯

大林坐在大辦公桌的後面，我們則與他隔著桌子對坐。他不斷的抽著菸斗。開始時他問了一些有關我們在莫斯科的生活情形，對我們很親切，表現了他那老於世故的態度。[27]

據張國燾所言，史達林提出了兩個非常奇怪的問題：第一，孫中山的遺孀宋慶齡是否會在街上叫警察逮捕中共黨員？第二，被罷免的中共創始人陳獨秀是否可以在中國辦報？而史達林接著開始解說馬列主義理論的重要，瞿秋白則繼續口譯。

但隨後史達林開始講到自己的生活，講述童年和青年時期的故事。就在這時瞿秋白停止了口譯，只是聽著史達林說話，張國燾記得：「瞿秋白在那裡聽得出神，顧不得翻譯給我聽。」[28]後來張國燾才從瞿秋白那兒聽到了史達林故事的一些片段。在這一段突如其來的史達林說故事時間，瞿秋白以非常個人的方式，消弭了俄羅斯與中國革命之間的鴻溝。但按照張國燾的說法，這並不是真正的對話。

也許另一個更重要的事情是，瞿秋白不能再以孤高的姿態，於中俄革命之間周旋了。因為有越來越多的中國人能直接接觸蘇聯政治，越來越多競爭對手出現，要挑戰他的解釋權威。

二十八個半布爾什維克與蘇維埃大清洗

一九二五年，東方大學的校長向共產國際吹噓，只要靠著東方大學的畢業生，他可以換掉遠東地區任何共產黨的領導班子。在中國共產黨第六次代表大會期間，有位在旁觀摩的年輕人即將要挑戰這位校長的話是否屬實。這位學生來自中山大學，名叫陳紹禹，是個「面容可親、聰明的年輕人，俄語能力優異，對列寧和史達林教義的理解，令人印象深刻」。[29]他又叫王明，俄語極為流利，很快就掌握了蘇維埃政治的精髓。

雖然許多中山大學的學生傾向托派主義，但王明做了正確的選擇，站在贏家那一邊：不受歡迎的史達林主義者、新校長巴威爾・米夫（Pavel Mif）已經取代了托派主義者拉狄克，並決心成為新的史達林「中國代言人」。就像瞿秋白過去曾為鮑羅廷（現在聲望江河日下）翻譯一樣，王明依樣畫葫蘆學著瞿秋白，與米夫結成聯盟。王明和其他幾名學生（包括瞿秋白的弟弟）以翻譯和觀察員的身份出席了共產國際第六次代表大會。對於那些偉大的中國共產黨員來說，米夫是個性急易怒的人，而王明則是個年輕又禮貌的行政推動者。[30]但王明和米夫一起試圖重新定義中蘇關係。

他們從莫斯科的中國學生社群開始下手，首先煽動學生，教他們如何用符合當前蘇聯風向的政治術語來表達不滿。當然，他們堅決反對被他們視為托派份子及「拉斐洛夫主義餘孽」，而且當史達林與布哈林的衝突浮上檯面，他們就連右派分子也不會放過。[31]

但他們真正的巧妙之舉是散播了一個假消息，內容是中國反對派成立了一個反革命的秘密組織，叫做「江浙同鄉會」，因為大部份成員來自這兩地。浙江和江蘇是中國最富裕的兩個省份。俄文裡的同鄉會（Zemliachestvo）源自革命之前的時代，當時來自鄉村的大批農民湧入城市，到工廠工作。中國各地也有同鄉會，但常被視為障礙，對城市裡的勞動組織不利。提出了「江浙同鄉會」的假訊息，王明和米夫兩人等於操弄著俄國人對於中國秘密結社的恐懼，也操弄了在莫斯科的中國留學生之間的省籍情結。[32]

據說這些富有的中國革命者（包括來自江蘇的蔣經國）會帶著同鄉去莫斯科某條小巷裡的中餐館吃飯，酒足飯飽之際就向他們灌輸不正確的思想。事實上，蔣經國等人確實偶爾會用他們從家裡收到的錢，請同學們吃中國菜，而確實也有些在莫斯科的中國人不喜歡他們每日所見的俄國革命。但是，「江浙同鄉會」完全是虛構的，目的是要用它來誇大日常生活中的跨文化衝突，再把這種衝突與更大的政治議題聯繫起來。[33]這種行為，是中蘇結盟關係中相當有創意、卻也很邪惡的動作。

果然，中山大學的學生之間不久就吵了起來。領頭的是一小群高度政治性、會說俄文的人，後來被稱為「二十八個半布爾什維克」，雖然當時沒有人給他們任何特別的稱呼。「二十八個半布爾什維克」透過米夫，與蘇聯的意見風向緊密結合，因此不像其他學生一樣會遭受來自俄方的敵意和不諒解。他們成功地迫使幾個學生遭到開除，流放至西伯利亞。這在中國學生團體中是前所未有的，立刻帶來了真切的恐懼。[34]

有些學生想要繞過米夫，直接向莫斯科的中國共產國際代表團以及布爾什維克黨訴求（布爾什維克黨已經針對此事成立調查小組）。瞿秋白身為中國共產國際代表團中位階最高的成員，卻力求置身事外。但是學生們想辦法吸引了其他代表團成員一起反對米夫。不過這樣只是火上加油，讓米夫這個相對來說是小角色的人，有理由出來指控在莫斯科的中國領導人對蘇聯不忠。[35]

一九二八到一九二九學年結束時，中山大學安排了一場盛大的年終學生會議，並邀請瞿秋白發言。雖然他是史達林派的，也充分了解自己捲進去的話沒好處，但根據張國燾的說法，瞿秋白受到現場學生的騷動情緒影響，於是起身為他們說話，並呼籲代表團的其他成員也為學生說話。會議持續進行，幾百個中國學生就這樣在莫斯科郊區與一名蘇聯校長鬥爭了好幾天。而共產國際拒絕介入，瞿秋白與米夫兩人關係陷入僵局。[36]

此時，米夫邀請莫斯科市委下的一位區委書記（中山大學其實屬於莫斯科黨委會）參加會議，此舉基本上將蘇聯政治直接帶入了中蘇關係的迴旋空間中。張國燾形容這位蘇共官員是「一個土包子幹部，不懂外國共黨情況。從他的發言中，也表現出一種俄共的自大作風和權力觀念」。這名官員起身，怒氣沖沖地譴責整個中國駐共產國際代表團，此時一些學生「衝上去想把他拖下台」。張國燾趕緊上前將學生哄下台。[37]

這件事使瞿秋白完全崩潰，瞿秋白「看到事態演變至此，變得倉皇失措」，單獨跑去安撫該官員，勸服他發表一篇聯合聲明，主要內容為「因語言不通，引起了一些誤會；其實彼此都關心中大的正常發展，並無任何衝突云云」。這次談話暫時恢復了兩場革命之間的對話空間。[38]瞿秋白對這次特殊學生會議的處理手腕可能還算高明，但他無力阻止莫斯科的中國學生越來越受蘇維埃政治影響，這將他們的分歧提升到更高的政治層次。

一九二九年，布爾什維克黨發起了整肅，最終開除了百分之十的黨員，並在包括中山大學在內的眾多組織中，都建立整肅委員會。二十八個半布爾什維克在蘇聯秘密警察的指導下，不僅挑出了可能的清洗對象，還參與了審訊。

受審和審問的學生都留下了關於大整肅的回憶錄。「我們自動地，」一名在秘密警察的盧比安卡總部（Lubianka headquarters）負責審訊的學生，在一個房間裡與同學互動時寫道：「伸出雙臂握手。但我們握手時，一隻強而有力的手突然強行拉開我的手，還有一隻手狠狠地打在囚犯的手腕上。」[39]被審訊（然後被監禁）的學生回憶起他剛開始受審時：「一個中國人進來了。我看到是王人達，我聽說他過去是蘇聯政府的特務……俄羅斯人說，如果我的俄語講不好，他可以請王人達翻譯。我說隨便吧，現在我們不需要他幫忙。晚上他請王人達幫我們三個人送飯，於是我們便一起和王人達吃飯。」[40]這些小故事描繪了中國學生自發的團結，但卻被俄羅斯殘忍地摧毀。第一個在大整肅中喪生的中國學生實際上是一名托派主義者，他承受米夫派系的壓力，將這件事告知他的朋友後，就自殺了。[41]

在莫斯科的所有中國學生現在都就讀中山大學。學生們早已身陷爭執中，連他們決定誰該被整肅的過程，都讓整間學校受到上級質疑，導致中山大學被關閉。學生們各自面對不同的命運：莫斯科或省級城市的監獄、勞改營或服勞役。有二十多位學生被送到莫斯科列寧學校，該學校於一九二八年在老布爾什維克派人士柯拉芙迪亞·伊凡諾芙娜·柯薩諾娃（Klavdia Ivanovna Kirsanova）的領導下，開設了一個中文學程。這間列寧學校雖然有一個小規模的中國小組，但說穿了其實就是一個為張國燾和蔣經國等高階學生所設計的臨時收容所。有記錄顯示，在一九二九年大整肅中被判死刑的中國人，似乎不是學生。[42]

二十八個半布爾什維克也已開始全力批判瞿秋白。對此，他弟弟繳回了黨證作為回應，然後就失蹤了。大家認為他要不是被捕，就是自殺了。被送到莫斯科工廠服勞役的中國人當中，包含瞿秋白的妻子楊之華。[43]只不過短短幾年前，瞿秋白還很高興看到楊之華裝扮成女工，煽動女性紡織工人，但現在看來卻像是懲罰般地重擊了自己。一九三〇年，瞿秋白和楊之華申請返國，他的「赤都心史」終於劃下了句點。

中國的二十八個半布爾什維克

瞿秋白返國後，政治權力大大地降低。中共領導班子受到高度質疑，而共產國際希望繼續控制中共。有一段時間，該黨由著名的勞工煽動者李立三領導，他不顧一切繼續推動武裝叛亂。由於城市變得更危險，共產黨人便逃往鄉村，試圖尋求當地居民支持和庇護。最著名的是成立於一九三一年的江西蘇維埃（中華蘇維埃共和國），定都江西瑞金，並以毛澤東為首，領土也不斷擴大，最終人口達三百萬。[44]

正如中國共產黨在一九二七年之後不得不轉入地下，蘇聯對中國革命的介入也變得低調和隱密。一九二八至一九三三年間，共產國際遠東局的外國總部在上海成立，其特務之一是理查·佐爾格（Richard Sorge），他有時被認為是史上最偉大的間諜。佐爾格在上海指揮著中國、日本、福爾摩沙，印度支那、菲律賓和馬來西亞的情報體系。[45]雖然佐爾格的活動使得共產國際能繼續支持共產黨人，但他沒有公開領導或組織任何事情。他和其他間諜也沒有為共產黨人做下流的工作——此時的中共正在發展第一支內部的警察部隊，並首度在黨內清除了可疑的國民黨特工，還不惜培育、招募黑道份子入黨，以求保護其他忠誠的黨員免受牢獄或血光之災。[46]

在這段隱匿和混亂的時期，共產國際卻高調地出面主導中國共產黨務。一九三〇年，巴威爾·米夫前往中國，希望能透過他門下受過莫斯科教育的學生，控制中國共產黨。有一段時間，米夫的支持者成功了：王明成為共產黨總書記，江西蘇維埃實質上也由從俄羅斯學成歸國的學生把持。但江西蘇維埃所面臨的危險越來越大，隨時可能遭國民黨襲擊。整體局勢即將朝著另一個方向發展：「純」中國的革命主角即將登場掌控大局，此人將要終止俄式的中國革命，把中國革命回歸給中國。

然而對於當時的中國革命者來說，「國際」和「國家」革命之間並沒有截然的區分。若能控制一個區域並在其內煽動革命，那當然好；若不得不放棄該區域，那就轉往他處吧。如果共產國際願意提供資源和培訓，他們就全盤都收；當通信和補給路線被阻斷時，他們也能獨立生存，並期待未來蘇聯的援助。留俄歸國的學生和共產國際顧問，並未放棄「在中國發動俄羅斯式革命」的念頭。他們只是想保留實力，靜待時機加以利用。他們規劃了從江西蘇維埃突圍，這就是著名的二萬五千里長征。在長征中，他們並沒有奇蹟似地突然被毛澤東說服或被毛哄騙、強迫。相反地，不管有沒有毛澤東，他們一直想要主導中國的共產革命，直到最後。而毛澤東本人則和一些留俄歸國的學生結盟，對抗其他留俄學生，也一直期盼莫斯科的支持和援助。

許多留俄學生，還有二十八個半布爾什維克，都走完了長征——儘管挨了不少批評，抨擊他們在長征之前的領導作為。有些人與毛澤東相處愉快，與毛家軍在延安安頓下來，於一九四五年毛澤東的中央委員會擔任要職，之後還在新中國當上高官。[47]「留俄」不但不是中共黨內失敗的外國政變，反而成了第一代中共精英的共同背景。

長征也改變了中共對自身發展的論述：這完全是中國的「奧德賽」，這趟冒險之旅讓蘇聯的奧德賽相形失色。長征為中蘇戀情畫下句點，而瞿秋白這位中蘇浪漫的創始者也逐漸淡出。

瞿秋白之死

瞿秋白於一九三〇年回國後，就沉浸在左翼文學運動中。他離開俄羅斯之際就開始探討中文字如何拉丁化，還自創了一份字母表，回國後持續推動這件事，常在開會時也會在筆記本上潦草地寫著以外文字母拚出的中文單詞。他獲任命為江西蘇維埃教育委員會政委，但人一直留在上海。瞿秋白迅速成為左翼作家聯盟的關鍵人物，這個聯盟的成員主要是一群玩票心態的共產作家，他們大約在瞿秋白回國前六個月就開始聚會了。聯盟還對左翼文學在一九二七年之後該採取什麼立場進行了討論。瞿秋白一面翻譯普希金的敘事詩〈吉普賽人〉，一面發表了充斥著專業術語的文章，解釋他主張的「無產階級化」。[48]

雖然瞿秋白是共產高階人士，在上海卻是個通緝犯，只好一直搬家。他在魯迅家長期待過幾回，並與魯迅談論哲學問題，內容主要是關於早期的中文翻譯以及先前激勵他們的白話文運動。[49]一九三三年十二月，瞿秋白收到一封電報，囑他前往江西瑞金的共產主義總部。他於次年初抵達瑞金時，並沒有像上海那樣，被通曉多國語言的知識精英所簇擁，而是被文盲群眾包圍——這些文盲就是像瞿秋白這樣的城市知識分子一直在討論的對象。瞿秋白幾乎不太從事文學創作了；後來他寫道，他曾兩度嘗試在江西進行農民考察，但「調查結果很少。我和農民之間沒有共同語言。」[50]

一九三四年初長征即將展開，此時瞿秋白才剛抵達江西。這時，黨內的最高決策者是周恩來（以及博古和張聞天這兩位二十八個半布爾什維克份子），忙著重建黨的組織，執行黨的紀律。[51]而毛澤東在一九三〇年代初期一度失勢，能否參與長征都是個問題。一九三四年，張聞天取代毛澤東成為江西蘇維埃的主席，據說博古用加里寧這位蘇聯傀儡總統做為比喻，笑稱「老毛現在只是個加里寧罷了」。

誰可以參加長征的決策過程，可說是既政治又務實。有些人被留下來協調中國東南部的地下活動，大多數生病或年邁的同志也被排除在外。[52]瞿秋白既在政治上失勢，又為結核病惡化所苦。想當初正是他以浪漫手法所寫成的《餓鄉之旅》和《赤都心史》，激發了後來中國年輕激進分子前往莫斯科的浪潮，而沒有人比瞿秋白更能代表激進的中國親俄人士。可是，共產黨正準備把中國的革命推向中國的核心地帶，這趟旅程太艱難，對喜歡安逸的瞿秋白來說並不適合。

於是瞿秋白被拋了下來，且遭到國民黨逮捕。一位記者於一九三五年六月訪問過瞿秋白，描述了瞿秋白在牢房裡神采奕奕，態度優閒自若。他有時寫詩詞雜感，有時刻石頭圖章，就與他第一任妻子一起做的一樣。他全心投入撰寫最後一份自傳式聲明《多餘的話》，這是他自《赤都心史》以來的第一篇內省寫作。他在《多餘的話》總結：「一個平心甚至無聊的『文人』，卻要他擔負幾年的『政治領袖』的職務。這雖然可笑，卻是事實。」然而：「如果要同我談起一切種種政治問題，我除開根據我那一知半解的馬克思主義的方法來推論以外，卻又沒有什麼別的方法。」[53]

瞿秋白列出了他懷念的人事物，為《多餘的話》作結，從他的妻子（他覺得對妻子有所虧欠）和他的養女（此時在俄羅斯）開始，以及若有時間可以再讀一讀的書籍：高爾基的《克里摩．薩摩京的生活》、屠格涅夫的《羅亭》、托爾斯泰的《安娜．卡列尼娜》、魯迅的《阿Q正傳》、茅盾的《動搖》，以及曹雪芹的《紅樓夢》。《多餘的話》最後一句為：「中國的豆腐也是很好吃的東西，世界第一。永別了！」[54]

不管是瞿秋白還是紀錄他的人都無法止筆於此。據報導，瞿秋白被處決的那天早晨，他創作了一首形式極為傳統的中文詩，詩詞內容取自三位不同的詩人。

夕陽明滅亂山中，落葉寒泉聽不窮；
已忍伶俜十年事，心持半偈萬緣空。

目擊記者報導，瞿秋白在做詩時一直喝酒。臨刑前，他走路的方式竟然迥異於一般的死囚：他用俄文唱著《國際歌》，坦然面對行刑隊。[55]這個故事不斷流傳，也符合瞿秋白自己向來想要表現出的公眾形象，並且完美地象徵了中國共產主義的歷史。[56]

瞿秋白死前的記者採訪，報紙上關於他被槍斃的報導以及《多餘的話》，這些後來都被質疑造假。對於相信瞿秋白是共黨真英雄的中共黨員來說，《多餘的話》一定是國民黨宣傳者杜撰的；另個惡意的說法則是瞿秋白寫這篇文章以求獲釋。或許，正如一位中國移民歷史學家所論證的那樣，儘管在《多餘的話》中誠摯討論李立三錯誤路線的那一段有點太突兀，但《多餘的話》真正拋下了政治，回歸那種剛開始激發他左派主義的情感主義。[57]瞿秋白的妻子楊之華則從未發表關於瞿秋白遺言的看法。

瞿秋白最後的言行紀錄到底是真是假，其實無關這份記錄的歷史意義。這個故事透露了一個歷史情節，而瞿秋白，或某些國民黨宣傳者，或某些記者，或甚至歷史學家，或以上四者，這些人都推定這個情節存在：中國共產革命展開長征，拋下瞿秋白獨自受死；中國的俄式革命是一大錯誤或誤解；感傷的親俄分子只能繼續待在牢裡，與中國的政治現實隔離；國際主義是為了疾病纏身、註定毀滅的酒鬼而存在；即便是最國際化的中國人，也喜歡豆腐並創作古典詩歌。

不管是哪種情節，瞿秋白死於一九三五，未能參加長征。

第三篇

愛情故事，一九三〇年代到一九四〇年代

第九章
中國科里亞

蔣介石於一九二七年四月發起清黨，最感驚訝的莫過於蔣經國了。

自從蔣經國離開中國去了蘇聯，他和父親還是會經常保持聯繫。他在去莫斯科途中給父親寄了一封信，而他父親也立刻回了，督促蔣經國「既到俄國應專心學習俄語，多與俄人交接談話，少與本國人談中國話」。[1]蔣介石沒有收到回信時，他就再寫了一封信給蔣經國，問了他許多在俄羅斯生活的問題，建議他多用閱讀「短篇報紙與小說」的方式來加強俄文，並告誡他要「天天留心關於經濟政治學與世界革命的政治消息」。蔣經國抵達俄羅斯時，立刻寫了一封信給父親，說他想加入共青團，而蔣介石也回信說，只要蔣經國不忘自己革命家的身份，「你入何黨，隨你所願，余不限制。」[2]

蔣經國和他父親很可能知道，他們的信件都被俄國的送信者仔細看過了，但就算知道了，這是否影響他們通信的內容，則無從得知。蔣經國赴俄之前，他們父子關係其實沒有那麼緊密，但蔣介石似乎很愛給兒子學習上的建議，雖然有時候老蔣也會因為小蔣所問的問題而不悅。有一次，蔣經國就問他父親，對於中國革命中的老百姓所扮演的角色，以及對中國革命與世界革命之間的關係有什麼看法。蔣介石回應：「我不知道這是你為了自己的研究而問的，還是其他黨員為了他們的研究而問的？你得先告訴我才行。」但整體來說蔣介石顯然以這個兒子為傲，蔣介石寫道：「我自認我一生的事業是在革命。所以我們父子兩人是立在革命戰線奮鬥的。」[3]這或許只是演給俄國人看的，但這些信件是他們父子倆唯一的溝通管道，亦是建立起父子感情的主要部分。

由俄羅斯來扮演溝通父子情誼的橋樑，這倒是前所未聞，因為以前俄羅斯只會造成保守派父親及改革派的兒子之間父子失和。從妨礙父子溝通，到促進親子關係，這個改變是由遠在廣東的鮑羅廷一手促成，方法則是挑選國民黨高官的孩子前往俄羅斯讀書。[4]

但最著名的中國革命家家庭風波，展開的方式卻與莫斯科所預期的不同。

一九二七年四月十二號，蔣介石清黨的消息當天就傳到了莫斯科。中山大學的學生，包含蔣經國在內，聚集到大禮堂，又驚又懼。他們起草了一份憤怒的電報，發給蔣介石政府。學生們一個接一個站起來譴責蔣介石剿共的舉動，包含許多國民黨官員的孩子，不過他們其中有些人覺得自己是被迫表達憤怒。但蔣經國帶著威嚴走上講台，演講時充滿感情，表現相當出眾。「我在這裡不是作為蔣介石兒子，而是作為中國共產主義青年團的兒子來講話的。」蔣經國說完後，全場歡聲雷動。[5]

隨後，蔣經國發表了一份正式聲明，透過蘇聯官方塔斯通訊社向外發布。「蔣介石曾經是我的父親和革命的朋友，他已經走向反革命陣營，現在他是我的敵人了。」歷史學家懷疑蔣經國這份陳述的真偽，他真的寫過這份聲明嗎？還是被逼的？一位俄羅斯軍事歷史學家於二〇〇四年整理出版俄羅斯檔案館裡的蔣經國史料，他認為這份聲明是假的。但有位台灣歷史學家在莫斯科耙梳史料，並仔細分析了蔣經國的許多信件，包括他與他父親之間的通信，他認為無論蔣經國是否親自撰寫了那份塔斯社聲明，內容都實實在在地反映了當時蔣經國的情緒狀態。台灣歷史學家堅信，蔣經國覺得父親背叛了自己。[6]

另一方面，蔣經國言行的歷史意義，在於這些言行所表達的概念。蔣經國如此生動地上演國際社會主義家庭劇，這齣戲碼可能有，也可能沒有，反映出他對父親的「真實」感受，但是他在這齣戲中的行為顯示這是一股潮流。四月清黨之後，還有其他學生連同蔣經國一起，譴責他們那些國民黨籍的父親。同年六月，蔣經國女友馮弗能的哥哥也在《真理報》上發表文章，譴責他的軍閥父親馮玉祥，因為馮玉祥也背棄了他昔日的共產盟友。[7]

從某個角度來看，這似乎是個典型的想法：革命所創造出的國際「家庭」，其力量超越了國家、種族和血緣。但從另個角度來看，蔣經國的困境顯示，某個原本純粹是「想像」的東西，竟可以成為個人行為的決定因素。蔣經國隨眾而起的這種象徵行為，在俄羅斯或蘇聯的思想文化裡並不是什麼新鮮事，中國文化自古至今也有這種事。但是，國際社會主義的家庭戲碼可就新穎了：它原本是激進政治裡的跨國想像，卻可以由一個具體的人，以非常具體的方式表現出來，從而定義了一個原本難以想像的國際社會。

不過，用人來指涉想像的比喻，這樣會有個問題：人會變，人不喜歡扮演同樣的角色。蔣經國就是個很好的例子，他變來變去，既不是蔣介石忠心的兒子，也不是共產國際的魁儡；他並沒有全心奉獻給馮弗能，也不是專一的共青團成員。

但決定蔣經國命運的蘇聯當局，則相當一致：為了實際需要，他們似乎打算讓蔣經國成為新蘇聯人，以證明革命可以超越國家和家庭。不管是意外或刻意安排，蔣經國從一九二七年起展開了長達十年的「蘇維埃經驗」。

蔣經國成為中國科里亞

一九二八年史達林展開第一個五年計劃，讓蘇聯起了徹底的改變。蔣經國決定全身投入，做了一件後來中共熱烈讚揚的事：他走入群眾，與他們融為一體，過程漫長而複雜，也讓他最終與白俄羅斯女工結婚。

第一個五年計劃剛展開時，蔣經國和許多中共黨員一樣，很長一段時間不知下一步在哪裡。離開中山大學後，他和一些中國學生一起進入了托馬契夫軍校（Tolmachev Military School）就讀。從蔣經國所說的話來看，在托馬契夫念書比在中山大學學到的東西更多。於是他將十月三日在托馬契夫的那天選為他在一九二八年的代表日。蔣經國將幾頁他在托馬契夫所作的筆記謄進他的日記中，當作他在那裡大量學習的證據。與此同時，他記錄了一位帶有爭議的俄羅斯人物。

這個（不知名的）人是他的戰場戰術老師，他是一名沙皇貴族的兒子，從軍校畢業，並在第一次世界大戰期間擔任第八軍的軍官。革命後他與白軍並肩作戰，但在一九一九年被紅軍俘虜，於是轉任紅軍教官。但他看見紅軍裡的奇怪現象：「沒有受過軍事訓練的人可以當軍官，沒有戰鬥經驗的人可以發動戰爭。」最終他成為紅軍一個師的指揮官。直到有一天，他知道他的部隊要攻擊一個白軍師團，而他的親弟弟就在那個白軍師團中服役。因此他敵前脫逃，但仍遭到紅軍抓到，連同弟弟的部隊一起被關起來。獲釋後成為了一名老師。蔣經國問他現在是否信奉共產主義，這位老師答道：「這個問題很難答覆的，但是我相信誰要想推翻蘇維埃政權完全是夢想。」[8]

然後在托馬契夫，蔣經國認識了一位他很同情的俄羅斯人，他的家庭因內戰而破碎，他自己的政治立場搖擺不定，含糊不清。他是被迫加入革命的。蔣經國講述了那位老師的看法：關於蘇維埃政權，有些事是無奈的。但蔣經國沒有寫下自己對此事的評論。

自托馬契夫畢業後，蘇聯不允許蔣經國加入紅軍，也不准他返國。相反地，他和其他高階的中國人一樣，到處參觀訪問，去了黑海地區的度假勝地，還住了一段時間醫院（他有段時間真的是生病了），又在莫斯科列寧學校待了一陣子。後來，在他反共那個版本的回憶錄中，蔣經國表示他非常想回國。有些歷史學家認為，是史達林親自決定讓蔣經國留在蘇聯的，因為史達林認為在未來的關鍵時刻，可以好好利用蔣介石與蔣經國的父子關係。[9]此時蔣經國可說是形同人質，但他的行為卻沒有表現出被動、無聊，或等著獲釋。相反地，他保持忙碌，並更加融入蘇聯的生活。

蔣經國在他的回憶錄中描述了融入蘇聯的生活過程。一九三一年，他在莫斯科的狄那莫（Dinamo）工廠工作，住在莫斯科列寧學校附近的宿舍裡。他每天都搭乘電車去上班，他還記載了一段莫斯科生活的實景，這段記載，與他在一九二五年童話般記載的莫斯科公車之旅，完全不同：

每天上工是乘電車去的。我在電車站等到十五分鐘，才來了一輛電牢，可是車已經坐滿，再亦擠不上去。天氣非常寒冷，手足差不多凍到不能動了。過了五分鐘，又來了一輛十六路電車，倘使再不上去，就不得按時到工廠了。這輛電車亦已客滿，出入二門都已立滿，當我要上去的時候，開車的人對我說：「電車不是橡皮做的呀！」但是我還是拼命的擠，結果擠上去了。在車中擠得動都不能動。

在他這天的日記中，蔣經國寫到他排隊買麵包，並在工廠會議中討論了第一個五年計劃和社會主義，還獲得了一張讓他可以買鞋的折價券，但他卻因為沒錢買鞋，不得不將憑證讓出。[10]

一九三二年，蔣經國離開了莫斯科列寧學校宿舍，全面擁抱蘇聯群眾。他從充滿地緣政治辯論和高層中國政黨政治的國際環境，前往另一個蘇聯空間；在那裡，政治與地緣政治有著完全不同的意思，而且都是以一般俄羅斯老百姓所用的俄語來表達。先前那個特別的、專為中國人搭造的「蘇維埃」臨時舞台，現在已經一去不返；而「在蘇聯的中國人是為了接受培訓，準備回國發動特別的中國革命」這種想法也連帶消失了。特殊的空間、特殊的食物以及翻譯也不再有了。

雖然在莫斯科還有一個中共代表團，中國人可以寫信給代表團訴苦，但實際上代表團人數極少，而且他們也卡在「蘇聯經歷」以及「中國革命」當中。此外，從歷史的角度來看，有時「請願的人」比「受理的人」還要重要。[11]而且當時駐在莫斯科、由蘇聯支持的中共領導人王明，倒是很希望看到蔣經國被關起來。[12]

但這沒有發生。倒是在俄羅斯和中國革命之間發生了一件歷史上非常奇特的人際關係事件：蔣經國被派去莫斯科省柯洛溫斯基區（Korovinskii）的朱可瓦村（Zhokovo）集體農場。在蔣經國以中文寫成的回憶錄中，整理了關於他一九三二年的事。他寫道，他在十月二十日那天離開了那個村莊。村民們舉行了告別歡送，讓蔣經國大受感動，因為他剛抵達該村時，面臨了懷疑：

> 我初到的時候，因為我是外國人，沒有一家肯借床鋪給我睡。第一夜我就睡在一個教堂的車房裡……第二天，一早起就到農場去。農民講許多話來譏笑我。可是我還是很客氣地對他們說：「早安！」後來有個老農民對我說：「你應該與我們共同耕田！」我說：「好！」他們就給了我一隻馬及其他的農具。我就和他們共同耕田（冬耕）。開始我以為耕田是一件很困難的事，

可是後來感覺到並不十分困難，惟須多用體力罷了。最不容易的是轉彎，開始沒有習慣，常常在轉彎處留下一塊小空田。農民發現之後，叫我非重耕一次不可。這天亦沒有回到飯店去吃中飯，一直耕到晚上，身體感覺到疲倦極了。回到教堂車房中，差不多渾身疼痛，稍微吃了一點東西，就倒頭睡著。睡到半夜，有一個人來叫醒我：「朋友！這不是睡覺的地方！到我的草屋裡去睡罷！」伊是一位慈愛的老農婦，名叫沙弗牙，年已六十八歲了。當時我非常感謝，可是又有一些怕……我想到自己身上所有的東西，不過三十盧布，兩身襯衣褲，幾本書籍，別無長物，所以我就答應與她同行……睡了不到四點鐘，天已發亮，我就起床到農場去。「好早呀！耕田要比吃麵包難罷？」農民都這樣的問我。第三天我又耕了一天田。耕了五天田，我的行動，引起農民的同情。第六天，他們請我去參加他們的會議……在這個農村中，在那個時候，是沒有集體農莊的組織……我為達到目的起見，盡力作宣傳與組織的工作。13

相當意外地，雖然很多事情在親共和反共版的回憶錄中不太一樣，這個故事的敘述倒是一致的。此外，蘇聯地區黨委書記於一九三一年十一月所撰寫的蔣經國報告，稱蔣經國的表現「足堪表率」。他「一手創造了黨的領導」，在他的領導下，該地區的四個集體農場「基本上可以合併」。14

那些被蔣經國組織起來的村民，是否有感受到黨的善意（正如他們在惜別會上向蔣經國展現出來的善意），這點沒人敢說。但如果他們感受到了，這可能與蔣經國有關：蔣經國曾說，他利用他在莫斯科的關係，在信貸和採購方面給予農民優惠待遇。

地區黨委書記撰寫關於蔣經國的報告時，他用的是蔣經國的俄文化名伊利札洛夫

(Elizarov)——蔣經國在柯洛溫斯基的那幾個月，只用這個名字。蔣經國所說的這段故事，不僅是蘇聯社會共產化的故事，也是他自己俄羅斯化的故事。此時的蔣經國與中國朋友完全隔絕，只有偶爾會與莫斯科當局的上級接觸，周圍只有俄語，以及帶著敵意的農民。蔣經國提到了一種最深入的蘇聯經驗：透過集體化來達到個人和社會的融合，這是一個非常艱辛的過程，必須要把日常的人際互動和生活徹底改變。對蔣經國來說，這些改變也包括身體上的變化：他學會了耕作。最終也包含了文化上的轉型：從中國國家領導人之子，變為俄羅斯農民老奶奶的孫子。

蔣經國講述自己故事的時候，即使是在反共版本的回憶錄中，也絕對看不到「蔣經國沒有成為新蘇聯人」的這個說法。歷史學家都知道，所謂的「蘇聯經驗」有一個重要成分，就是將自我與共產社會融為一體的自傳式敘事。[15]不管這個故事的可信度如何，它出現在蔣經國兩個版本的回憶錄中，就代表蔣經國不但相信他在俄羅斯農村的經歷已經改變了他，還學會了如何使用共產蘇聯的語言來詮釋這段經歷。但是，如果蔣介石的兒子真能成「新蘇聯人」，那這究竟是什麼意思呢？

科里亞與芬娜

直到蔣經國於一九三七年離開蘇聯為止，他都是以科里亞．伊利札洛夫（Kolia Elizarov）這個身份，在蘇聯工業園區烏拉馬許（Uralmash）工作。他在接下來四年的日記裡，描述了尼古拉．伊利札洛夫（Nikolai Elizarov）設法成為「中國科里亞」的過程。他成為了蘇聯一家大工廠的成員，製造莫斯科地鐵的預鑄工事。日記裡寫到，他擔心廠裡備料不足，看到機器運轉所要用的油竟然結冰了，以及在工廠俱樂部看到烏克蘭舞蹈團演出。日記還記載廠裡有個工人因為謊報出身而被開除黨籍：他聲稱自己是孤兒，結果他的父親是前白軍成員，且曾遭逮捕。在這裡蔣經國只是講述另一個在革命中家庭破裂的故事——與他自己的故事極為相似。但他自己再度沒有評論。[16]

到了一九三五年，他已充分融入蘇聯社會，還能為他的蘇聯好友舉辦一個小型跨年派對。次年，他在工廠的報紙部工作，據他記載，他撰寫的報導越來越難通過上面的審查。雖然在他兩個版本的回憶錄中，關於農村的那一段內容是一致的，可是關於他在烏拉馬許工業區的記載就不同了，而且兩個版本各自採用了哪些資料，也使得情況更加複雜。在他反共版的回憶錄中提到，抵達烏拉馬許之前，先在阿爾泰金礦場做了幾個月的苦工——而一位看過蔣經國個人檔案的俄羅斯歷史學家認為，這種說法與檔案資料的內容對不起來。可是蔣經國卻說得斬釘截鐵。[17]

反共版裡也記載了他與中共莫斯科支部的

在雅爾達的蔣方良，攝於一九三三年。中國國民黨中央黨部文化傳播委員會檔史館提供。

蔣經國、蔣方良和兩位年輕的兒子攝於台北。國民黨中央黨部文化傳播委員會檔史館提供。

關係很糟，因為莫斯科支部在一九三七年認定他是托派分子，打算對他不利。蔣經國曾多次造訪莫斯科，嘗試通過各種管道寫信給家人，並被迫在偽造給他父母的信件上簽名，以消除他在獄中的謠言。檔案記錄顯示，他在撰寫提交給共黨內部的自傳上，必須譴責他的父親以及自己的身世，例如他為申請加入蘇聯共產黨而寫的自傳（他於一九三六年十二月七日獲准加入蘇共）。[18]他聲稱自己在一九三四年有好幾個月都活在秘密警察的陰影之下，而確實，他也失去了烏拉馬許的報社工作，並在離開報社前夕被開除黨籍。而在一九三七年的史達林大整肅期間，科里亞的日子肯定很難過，因為當時許多外國共產黨人都成了清洗對象。然而，也因為他是蔣經國，當共產黨員和國民黨員在一九三七年重新組成統一戰線對抗日本時，他才能夠在那個時間點離開蘇聯。如果他不是蔣介石的兒子，恐怕早已被史達

蔣經國和蔣方良參加方良的三十五歲生日宴會，攝於一九五〇年。國民黨中央黨部文化傳播委員會檔史館提供。

林給清洗了。

但蔣經國的親蘇版回憶錄裡，並不是只略過「政治壓迫」不提而已，另外沒提到的還有他在一九二〇年代的性關係，以及一九三〇年代的愛情故事。矛盾的是，反共版的回憶錄卻對他與白俄羅斯女性芬娜．瓦赫列娃（Faina Vakhreva）的婚姻輕描淡寫，意味著他與俄羅斯社會逐漸疏離。「我在烏拉重型機械廠那幾年裡面，芬娜是我唯一的朋友。她是個孤女。一九三三年我認識她時……她最了解我的處境，我每逢遇到困難，她總會表示同情並加以援手。」[19]芬娜良是兩名工人的養女，十五歲時和父母一起去同一家工廠工作，並在二十歲時加入了共產黨。對於蔣經國而言，身處在這個工人階級就是一切的蘇維埃社會，他算是「高攀」了。

蔣經國在他的反共版回憶錄中講述了他留俄時期的艱苦，但卻省略了一九三四年的黑海蜜月。照片中可見笑意盈盈的蔣方良身穿深色和白色的泳衣，在淺灘上側坐著，伸展著她勻稱的腿，她的右臂撐著身體，展現出的腰部曲線。[20]

一九三七年三月二十五日，蔣經國、蔣方良連同兩個孩子，回到了他口中的「新莫斯科」。他只用了一頁匆匆描述莫斯科的外在變化，以及他離去的情形。他拿到了護照，買了火車票，帶著新組成的中蘇家庭離開了莫斯科。「再見了，蘇聯。」[21]十二年份，共計十二篇中文日記，在此劃下句點。

但蔣經國的英文敘述則有所不同：

一九三七年三月二十五日，我攜眷離開了莫斯科，也終於結束了我十二年的惡噩夢。在這十二年中間，我本人淪為作為人質，而中蘇共在操縱中國事務方面，則互易其賓主之勢。我在這段歲月中，雖然身心均深受創傷，但亦看清楚了共產國際的真正本質和蘇共及中共的本來面目，這十二年給我的教訓深烙我心，永遠都不會淡忘。22

然而蔣經國的蘇維埃經驗也永遠改變了他的私生活，這是他盡力避免強調的事實。蔣方良成為了台灣的第一夫人，終身謹言慎行，從不公開講述她的故事。她也會給她在蘇聯的家人寫些日常生活的信件，想當然爾這些信也都被蘇聯當局閱讀過，並保留在蘇聯檔案中。多年來，她和蔣經國拍攝了一系列具有高度演出性質的照片，今日已成為公共財，例如他們在海邊度蜜月的照片。但蔣方良從未接受過正式採訪，也沒有留下任何公開的回憶錄。

第十章
李莎與李立三：煽動者與貴族

李莎登場

一九三一年，伯力，一個週末早晨。少女莉莎．基什金娜（Liza Kishkina 中文名李莎）已醒了，準備從被窩裡爬起來去打網球。這或是許因為她總是活力滿滿，但也可能是因為她暗戀會打網球的上司。他很優雅，舉手投足間散發出幾近貴族般的氣息，很好說話，剛好是中國人。[1]

李莎寫給在莫斯科母親的信裡說：「阿姨說，中國人很討厭（就是沙文主義），但實際上根本不是這樣。中國人很善良的！當然我不是說街上那些攤販，我指的是中國文學部的編輯同事。他們溫文儒雅，都是大學畢業，有的甚至讀過研究所……和他們相處真的很愉快。他們常來找我們一起游泳、打排球，也教我們打網球。網球真的很有趣呢！」[2]

一九一四年，距離伏爾加河不遠的薩拉托夫（Saratov）省，一名地主和他第二任妻子生下了李莎。基什金是一個龐大的貴族家族，早在彼得大帝之前，他們家就已在俄國皇室內世代為官。根據家族流傳的說法，有幾房的孩子擁有著黑皮膚和捲髮，是因為基什金家族有個祖先在凱瑟琳大帝發動俄土戰爭時，抓了一個土耳其女奴為妾。李莎的堂哥叫尼古拉．米海洛夫維奇．基什金（Nikolai Mikhailovich Kishkin），一九一七年間在臨時政府任職，位居要津，權力大到連布爾什維克黨都推出了「打倒基什金資本主義」的口號。李莎的父親畢業於法學院，在坦波夫、薩拉托夫兩個省份擁有兩千八百英畝的土地。[3]

李莎的母親在她表哥的第一任太太過世後，就去照顧她表哥。在基什金家裡，她的表哥（大她三十歲）經常讓她未婚懷孕。墮了幾次胎，又將幾個孩子送給貴族孤兒之家後，她偷偷地把一個兒子送到附近的村莊扶養。她三十七歲那年發現自己再度懷孕，於是向她表哥下了最後通牒：如果不娶她，她就離開（其實她沒地方可去）。她表哥娶了她，李莎這個孩子也堂堂正正地誕生了，而表哥也非常愛這個孩子。[4]

源自書中的印象

六歲之前李莎都住在大宅邸裡，她記得常去的地方：廣袤的花園、能俯瞰花園的陽台、面對陽台的寬敞大廳，以及靠近大廳的臥室，那是李莎和父母一起睡覺的地方。這座花園占地三十英畝，種有滿滿的蘋果樹、梨樹、櫻花樹和李樹，還有許多醋栗叢、覆盆子叢和黑醋栗叢，花園裡還有一間溫室，裡面有杏樹和桃樹。到了夏天，李莎會在花園裡跑來跑去。陽台環繞著整棟屋子，靠近陽台的地方有條陰暗的小路，兩側都是紫丁香灌木叢。李莎在她的回憶錄中寫道：「當我讀到俄羅斯經典中描述貴族莊園時，不管是屠格涅夫還是布寧（Ivan Bunin），童年的景象就立刻出現在我的腦海中。」家中所有的女性常聚在一起，用花園裡的水果製作果醬和糖果。她還寫道：「在普希金的《葉甫蓋尼．奧涅金》當中，也有這種神聖的夏日儀式。這不是巧合。」李莎對她的父親沒什麼印象，她靠著從母親那裡聽來的點點滴滴，加上文學故事，來重建父親的形象。「我想我父親應該是像托爾斯泰筆下的列文（Levin）那樣的地主吧。」[5]

這位中蘇戀情的女主角將她自己對家的印象建立在十九世紀俄國文學上，或許也並非巧合。李莎成年後，許多與她相處過的中共黨員，都是透過托爾斯泰和屠格涅夫的作品內容，建立了他們對俄羅斯的印象。靠著毫不做作的優雅姿態、家庭血統和流利的法語，不難看出為什麼中國人會誤以為托爾斯泰化身為李莎，也不難理解為何她用普希金書中的場景描述她的童年。但她如何將布寧筆下的花園套用在北京呢？

一九一八年，布爾什維克黨人要來抓李莎的父親，於是他服毒自盡。李莎所住的村莊被燒毀後，有些村民住進了基什金家的房子裡。李莎和母親還獲准保有寢室和幾英畝的土地，後來母親也將這些地租出去了。母親還去當縫紉工、養蜂製作蜂蜜。母親是一位工作勤奮、敬天畏神又態度務實的女性，盡量對村民客氣，而村民們也以雞蛋和牛奶來當作謝禮。但到了一九二〇年，她母親還是決定離開，搬到莫斯科去。到了莫斯科，她和女兒搬進了一棟集體公寓，裡面住著許多家道中落的貴族或商人家庭。她在一家紡織工廠找了份工作，而李莎則去上蘇維埃學校。[6]

李莎是一個活潑、善於交際，好奇心強的女孩，小時候的她並未將損失和變故視為悲劇。她對父親的了解不多，只知道他已經過世了。當村民住進她家時，她也很高興有了玩伴；在新搬入的社區公寓中，她也結交了各式各樣的朋友。[7]

李莎喜愛參與並投入各種有趣的事物，包含家庭、節慶和活動。讀小學時，她就熱情投入「疊人塔」的表演，她也記得當時她在學生當中可是個風雲人物，參與了《悲慘世界》的校內演出，飾演加夫洛許（Gavroche）這個激進的男孩。她以驕傲的聲調唱著《國際歌》，讓她得到了紅領巾；但她也愛裝飾復活節彩蛋，並和母親一起上教堂。[8]

一九二八年李莎中學畢業後，決心要找一份支薪的工作，因為她母親在縫紉廠的工作沒了，改當清潔婦。一位鄰居向李莎推薦了一間由國家出版社所創辦的全新學校，這間學校專門培訓校對人員。李莎感到相當高興，因為她不但可以繼續學習，同時還能貼補家用。此外，她有一群好友，她們常在週末跳探戈，夏天時一起去列寧格勒，冬天時還會在莫斯科郊區滑雪。讓她感到遺憾的是，由於她父親是個貴族，她無法加入共青團。「在我靈魂深處，我總深受『出身低賤』之苦，而我也總是想與時俱進，成為少年先鋒隊的一員。」[9]

遠東大冒險

在新的蘇維埃體系中，李莎巧妙地將她「對冒險的熱情」與「堅定追求提升社會地位的願望」結合起來。一九三一年李莎從編輯技術學校畢業，共青團發起了一項大活動，要招募受過教育的人去蘇維埃邊疆工作，所以李莎和她的知己卡拉娃也申請奔赴遠東。他們很快就搭上了前往伯力的列車。伯力這座城市能支付高薪，共青團也對她敞開大門。[10]

十七歲的李莎到了伯力後，任職於蘇維埃遠東出版社，她在這裡遇到了會打網球的中國編輯。但這位編輯已經三十歲了，他出差回來的時候，會買洋娃娃送給李莎。很顯然，他對李莎的好是如父愛般的，並不浪漫，這點讓李莎感到很洩氣。但不久後這位編輯就離開了伯力，再也沒有回來。而李莎也很快就忘了他，自己沉浸在蘇維埃遠東的新生活中，還有長時間的工作與日漸擴大的中蘇朋友社交圈裡。[11]然而回想起來，李莎的中國暗戀對象似乎將她送上了一條不同的路。

在她的自述中，她篩選過了早年的經歷，細心挑選了與中國人相關的事，即使只是一點小事也好。她還記得她小時候讀過的安徒生童話〈夜鶯〉，這篇故事的開頭就寫道「在中國，皇帝是中國人，而皇帝周圍的人也都是中國人」。她記得第一次看到的中國人，都是莫斯科街上那些商人和洗衣工。她也記得在一九二〇年代，新聞報導中國軍閥之間那永無止境的鬥爭，她引用了詩人馬雅可夫斯基的文字，來表達她記不清這些中文名字的情形：「張作霖和吳佩孚，然後是隋，還有一個福……」另一方面，學校不斷提到國際革命鬥爭的情形，她也記得她在校時會特別用心閱讀關於中國工人罷工的報導。其實當時她的生活和其他莫斯科年輕人差不多——但是她自己是這麼回憶的：「即使在當時，已有一個神秘的東西悄然出現，讓我超越日常生活的疆界，召喚著某個浪漫的未知：中國。」[12]

在伯力待了一年後，她偕同卡拉娃前往海參崴。在那裡，李莎的社交生活有更多中國人和中國文化。她與卡拉娃還去海參崴裡面聲名狼籍的中國區探險，裡面有賭場、毒梟巢穴及妓院。她也認識了兩位娶了俄國女

李莎。李英男（Inna Li）提供。

性的中國人：一位是海參崴列寧學校的教授，另一位是主任張錫儔，他太太是著名漢學家狄米奇・帕茲德涅夫（見第二章）的女兒，而帕茲德涅夫本身是北京俄文專修館的創辦人。[13]

神秘的追求者

一九三三年，李莎回到莫斯科，於一家大型科學出版社擔任技術編輯，同時也到夜校進修。她和卡拉娃都與遠東地區的朋友保持聯繫，也因為這樣，她們常能遇到有趣的中國人。某天晚上，一對中俄聯姻的夫婦邀請李莎和卡拉娃到他們家拜訪，這對夫妻打算將他們的朋友李明介紹給卡拉娃。據李莎所言，卡拉娃是「真正的俄羅斯美女，男人都會拜倒在她石榴裙下。在卡拉娃身旁，讓我顯得黯然失色。」[14]

或許李莎覺得自己一點都不起眼，但實際上他繼承了母親那雙具穿透力、清澈的藍眼睛，眉毛與眼睛也非常相稱。她遺傳了父親波浪狀的長捲髮，這讓她在學校得到了「普希金」這個外號，她挺立的鼻子也是來自於父親。李莎並不算瘦，骨架也不算細，也沒有曲線可言，但她擁有貴族般的高貴儀態。她參加馬術課程，週末並自願到莫斯科地鐵工地工作。她善於應對，不矯揉造作，有能力讓處在同一個空間裡的人都融洽地相處。卡拉娃或許非常漂亮，但李莎才是出眾。[15]

派對結束後，李明告訴這對夫妻她比較喜歡李莎，但李莎對他卻沒有什麼印象。李明雖然相貌出眾，卻幾乎不發一語，其實是因為他不太會說俄語，而李莎認為他是一個沉默寡言的人，所以並沒有理睬他。李明後來常參加李莎朋友的聚會，話還是很少。如果當時李明在追李莎，那李明的手法也未免太不明顯了。然而有一次，當他們去庫斯基諾（Kuskino）的謝列梅捷沃莊園，發

李立三和李莎，攝於一九四〇年。李英男提供。

現排隊等著划船的人實在太多了，這時李明走到前面，向工作人員出示一個紅色的東西，表明他的身份。他們立刻就取得了一艘船。李莎回憶：「我不知道那是什麼，但我印象很深。」[16]然而也就在那段時間，李明停止參加李莎友人的聚會了。李莎好奇起來，於是帶著卡拉娃去找李明。兩人到達李明住處時，發現他房裡東西散了一地，還有幾個打開的行李箱。李明說，他要去克里米亞。雖然地上確實有一雙雪靴等待打包，兩位女孩卻覺得他是要回中國。

李明神祕消失後，李莎才發現李明的真實身分。一位朋友提到了「李立三」這個名聲不佳的中國勞工煽動者，把李立三講得大家都認識一樣。「如果大家都認識李立三，」李莎記得當時她問道：「那為什麼我都沒見過他？」「妳說沒見到是什麼意思？妳不是認識李明嗎？」「我當然認識啊。」「他就是是李立三啊。」[17]

李莎第一次看到李立三的照片，是在一本叫《燃火》（Ogonek）的雜誌上，那是一本他哥哥訂閱的週刊，於一九二五年發行。[18]這張照片廣為流傳，當中可以看到李立三相當年輕，穿著簡樸的工人裝，臉曬得黝黑，髮型也相當狂野，頭髮都豎了起來，彷彿被電到，非常搶眼，背景則是模糊的示威遊行隊伍。他身體前傾朝著群眾，雙手甩開，掌心向外，熱情地叫喊著。這也是中國革命中最有故事性的照片之一。

若照片中這個人的舉止，和李莎認識的他完全不同，那麼「李立三」這麼名字給李莎的印象，也和李莎認識的他完全不同。在伯力的時候，李莎剛好讀到一本叫做《反對立三主義》的小冊子，內容講的是李立三要為一九二七年的失敗負責。從這本小冊子中，李莎覺得他應該是位白髮蒼蒼的老人。但是在李莎看來，李明最多二十五歲。所以當李莎將那張瘋狂的照片、措辭尖銳的小冊子和彬彬有禮、不告而別的人連結起來時，她「打從心裡感到驚訝」。[19]

約一年後，李莎社區公寓大廳內的電話響起，打來的是李立三。他回來了，開始認真追求她──送她香水、巧克力和劇院門票等等。有一次，他們去了莫斯科藝術劇院看契訶夫的《櫻桃園》，李莎很驚訝李立三竟然能專注地看到最後。他解釋說，這齣戲描寫了貴族莊園制度的崩潰，這在中國也發生過。[20]事實上，就像瞿秋白和許多其他早期中國革命家一樣，李立三來自家道中落的士紳家庭，但他當時沒有提到這一點，而李莎也沒有告訴他有關她父親的事。因為按照蘇聯的標準，貴族身世背景對談戀愛不利。

真正擄獲李莎芳心的時刻，是在一九三五年十一月的某個夜晚，當晚李莎看到李立三和幾名中國朋友一起。即使她聽不懂李立三說的任何一句話，她卻終於懂了他是誰。「他坐在一張大桌子的主位，向大家敬酒，每個人也都回禮……大家圍成一桌，喧鬧又有趣。而令我驚訝的是，這群人的領袖竟然是李明。在他自己的圈子裡，他並沒有很拘謹，不會格格不入──這裡沒有語言障礙。」李立三微笑的時候，原本嚴肅的表情被一副齙牙笑容取代。對於喜歡熱鬧的李莎而言，她看到的李立三是坐在主位，於是一切都變了。[21]

她記得：「我對他越來越有興趣了，他彷彿來自於另一個世界，充滿了革命的浪漫，和我那些單調的日子相比，有趣多了。」李立三告訴李莎他在法國學習的故事、他在一九二一年在安源煤礦發動的罷工，以及在一九二五年五卅運動後，差點被警察逮住，後來從屋頂逃跑的故事。「對我來說，這簡直是一場高難度的冒險，就像電影……這些故事在李明身邊散發著浪漫的光環，我更加尊重他，同情他。這個人散發出一股氣質，包圍著我，環抱著我。一種特殊的感覺悄悄產生了，這大概是人們所說的愛情吧。」[22]

中俄婚姻

李立三希望能娶李莎為妻，但李莎仍有疑慮，原因並非李立三比她大十五歲，亦非李立三是中國人，而是她這時知道，李立三的羅曼史就和他的政治史一樣多彩。他拋下了媒妁之言的妻子與一個兒子，跑去從軍；後來他為了一個女人傾倒，而這女人剛好與毛澤東的妹夫結了婚，她為了李立三與丈夫離婚，後來又拋下了李立三。她妹妹來安慰李立三，於是他倆結婚了，但李立三又在一九三〇年時拋下她去了俄羅斯。在俄羅斯他又再次結婚，娶了一位已育有一子的女人，但這段婚姻相當短暫，這女人回到中國後就失蹤了。在俄羅斯的時候，李立三將那個女人留在當地的兒子視如己出。[23]

雖然李莎李立三有四位前妻，這點嚇不倒她，但李立三的愛情名聲倒是令人堪憂：他這麼熱情，說愛就愛說走就走，毫不猶豫以革命之名將女人甩開。李莎在海參崴認識的一位女性朋友，丈夫就不告而別跑回了中國。[24]

李莎可能有所不知，她若和李立三發展關係，在政治上來說將冒極大的風險。李立三於一八九九年生於湖南，在長沙求學，在那裡認識了毛澤東，然後透過打工留學去了法國，並從一位法國共產主義者身上學習到共產主義，那位法國人在勒克佐（Le Creusot）的礦業城鎮中一家煉鋼廠裡，和李立三一起工作。一九二一年，法國當局將李立三遣送回中國。回國後他去了安源，與剛剛從蘇聯歸來的劉少奇一起發動了一次礦工罷工。李立三還領導了在上海的五卅運動，然後前往武漢，並在那裡的統一戰線中表現活躍。但是，當蔣介石翻臉剿共時，李立三已升任共黨高級領導人，力求反擊。他力主在各大城市持續暴動——這個動作可說是既不遵守、也是遵守共產國際的指示，因為一九二七年之後共產國際發布了一大堆相互矛盾的政策指導。最後，由於他的起義都失敗了，共產國際於是認定他「未遵守指令」，甚至把整個敗局以他的名字命名。因此，李莎才會讀到《反對立三主義》這本小冊子。

於是李立三去了莫斯科，名義上是就讀於莫斯科列寧學校，其實他大部份時間都得在其他學生面前自我批判。然而，就算是在自我批判，他也能散發出一種吸引大家的魔力，就連共產國際都覺得他很有用。先前提到他的「克里米亞」之旅，據稱是去了哈薩克與中國邊境的紅軍基地，蘇維埃人想在那裡建立無線電通信站，聯繫正在長征的中共黨人。他們需要一個中共認識的聲音，來與中國人通話，而李立三就是不二人選。雖然地點偏遠，但至少不必做那些沒用的自我批判了，也有機會發揮長才。等他回到莫斯科時，他得到了一份新工作，擔任共產國際工人出版社的中文部主任。

隨著李莎對李立三的感情日漸增加，她漸漸覺得自己「像是頭下腳上栽入池中。但我知道李明活得辛苦，而且他在俄羅斯很孤單，我不想再打擊他了。而且我也不怕別人閒話說我『跟一位機會主義者結合』」。於是李沙答應嫁給李立三。婚禮於一九三六年二月在共產國際的魯克斯酒店舉行，場面並不鋪張，來賓包含瞿秋白的太太和女兒。之後，每當李莎被問到自己是李立三第幾個老婆時，她總是說：「第五任，也是最後一任。」[25]

典禮結束後，也該將李立三介紹給女方家人了。當李莎的親人到達新人家裡時，李立三正在廚房裡炒小黃瓜和番茄，把李莎的母親嚇壞了（俄國人通常生吃小黃瓜和番茄）。但李立三以尊重和關懷，贏得了岳母的心。「這種對老人家的尊重讓我感到很訝異，我還是不了解中國習俗中的這個部分，但這真的很棒。李明陪著我母親，悉心照料。這並非要討好我，因為直到我母親過世前，他都一直這麼做。」當李明告訴李莎媽媽他為何想娶李莎為妻時，她緊緊抱著李明說：「你知道我女兒什麼都沒有嗎？她連嫁妝都沒有！」[26]

李莎也邀請了另外一位中國人帶著俄羅斯太太一起到新人家。受邀的這個男人身材矮小，長相也不出眾，年紀雖然不大，臉上卻已有些皺紋。李莎有位親戚誤以為這位獲邀的就是李立三，於是有點訝異地看著李莎，彷彿在問：妳真的是嫁給這個其貌不揚的男人嗎？就在這時，李立三從廚房中走了出來。李莎回憶：「我反問我親戚，『那他的話呢？』親戚點點頭，像是回答我的問題，表示『那結果就不一樣了』。」李莎還解釋，我們基什金家族的人之前都嫁給了波蘭人、奧地利人和法國人，嫁給中國人又有什麼差別嗎？李莎的姐姐下了個結論：「我活到現在看過不少人，但李莎我可以告訴妳，李明很不一樣，他是個大人物。」[27]

兩人去索契度過蜜月後，便在魯克斯酒店的一間單人房中住了下來，招待所內的咖啡廳讓他們有地方可以吃飯，也省得讓李莎做飯。李立三鼓勵李莎回學校念書，所以李莎考慮要去遠東學院學中文，但她發現只有共黨黨員或共青團團員才能就讀。所以李莎改為申請外國語學院，想去學英文，畢竟英文在中國也很有用。但她再次鎩羽而歸：只有受過完整中學教育者才能學習英文；像她這樣只有工廠學校學歷者，只能讀法語部。所以就算這位貴族之女早就在沙皇舊治下研習過法語，在新政權的規定下，她還是去了法語部。

兩人的婚姻相當和諧，除了偶爾李立三忌妒心強，以及李莎成天擔心李立三會被遣送回國。結果李立三不但沒有被遣返，還得到一份新工作，負責編輯一份叫做《救國時報》的出版品。編撰部門在莫斯科，發行於巴黎，然後寄回中國，也會在歐美流通販售。[28]李立三的助手是一個叫做張報的人，他則是娶了一位名叫娜狄婭的俄羅斯女性。李莎和娜狄婭成了好朋友，兩對夫妻在夏天時都租了別墅，彼此住得很近。在一九三六年內有那麼一小段時光，李莎和李立三的中蘇浪漫史非常和諧。

近年來，他們的夫妻關係啟發了幾個虛虛實實的故事，故事都以這段短暫的甜美時光當亮點。中國青年出版社於一九九六年出版了《跨國之戀：兩名中國男人與兩名蘇維埃女人》。對於《跨國之戀》一書的作者來說，這些中國和俄國主角們之間的婚姻帶有極大的鼓勵成分。[29]該書還有一個很有意思的橋段：中俄美三角戀。張報來到俄羅斯之前，在美國求學，參與過美國共產黨的活動，領導美共的中國部門。[30]他在美國遇見了一位名叫莫莉的女性，並娶了她。張報差點被逮捕，之後前往莫斯科就讀列寧學校，在該校他遇見了李立三。張報的美國太太最後也到了莫斯科，還懷了張報的孩子。然而，她對生活條件不滿，並且害怕在那裡生孩子。所以張報的太太回到了美國，而即使已經產下了張報的孩子，她還是展開了下一段新戀情。失戀的張報在俄羅斯，由於過度心碎，跌入了俄羅斯女性娜狄婭的溫柔鄉。《跨國之戀》顯然是個象徵性的故事，也是地緣政治的縮影：一個永遠忠誠的中國人，遭到一個挑剔的資產階級美國人背叛，轉而向溫暖和包容的俄羅斯人尋求慰藉。[31]

中國官方允許出版李立三和李莎的浪漫故事，說明了兩人的故事魅力無窮。但還不止於此。一九九〇年代，一位名叫派崔克．萊斯科（Patrick Lescot）的法國記者決定以長期採訪李莎的內容為主，出版一本書。該書靈感或許是來自一段由法語搭建的姻緣：在勒克佐工作的中國男子與幾乎同時在伏爾加河莊園學到第一句法語的俄羅斯少女。在李立三第一次見到李莎的那天晚上，萊斯科想像：「一個令人陶醉的年輕女子，快樂、純真、敏銳。李立三被她的眼睛所吸引，用托爾斯泰的語言咒罵自己如此膽小。」而對李莎則是：「一九三六年六月，李莎躺在草地上伸展雙臂，嘴裡叼著一小株蒔蘿，她一邊笑著，一邊看著她的丈夫離開她的視線……即使已經嫁給他五個月了，她仍然因自己的大膽而驚訝。」萊斯科繼續說：「娜狄婭和張報，李莎和李立三，這四人比每日早晚搭乘電車通勤的那些俄羅斯人，還要悅目。在高爾基街上，兩位中國男人摟著兩名漂亮的俄羅斯女性的這個畫面，吸引了眾多行人的目光。」李莎記得自己當時沒有躺在草地上，因為那個夏天蚊子很多：而中蘇聯姻夫婦如果在電車上與普通人對到眼，恐怕會有麻煩。[32]

公事包失蹤記

一九三七年夏天晚上，李立三從出版社下班後去了莫斯科郊區的科西諾村，那也是他的別墅的所在地，他把一些待辦公事用公事包裝著帶回家做。火車上擠滿了人，他不知怎的弄丟了公事包。[33]公事包被兩個每天搭車的莫斯科市民撿到，他們在科西諾村也有一間別墅。李莎則記得公事包是被偷

李莎、李立三以及女兒李英男。攝於一九四六年李立三返回中國前夕。李英男提供。

了；按照小偷的供詞，他們「撿到」公事包時，不敢告訴警察，於是就把公事包帶回家。

小偷們打開公事包時，裡面的東西嚇著了他們：幾封寄往法國的信件、幾份中文報紙，還有一封以俄文寫成的私人信件，寄件者是李明，內容講的是打網球。他們還找到了李明工作的外國語出版社的地址，以及他的身分證。他們想將那個公事包送到那家出版社，但不知為何卻沒這麼做。小偷討論著是否要將這個公事包交給保安警察還是秘密警察，但最後決定將它交給火車站的失物招領處。[34]

大約一週之後，這兩名莫斯科人又搭著火車前往他們的別墅，而在火車上他們忽然看到一位拿著網球拍的中國人。那人不是李立三，而是張報。他們仔細觀察張報，而張報也感覺到他們正在看他。於是他們坐到張報身旁，開始問他問題：他是不是在外國語出版社上班？他的姓名是什麼？[35]

張報不知這兩人居心，於是不理會他們。最後這兩個人問他：「你是不是有一個皮製的公事包？」這時，張報才和氣地回答說，那個包是李明的。但是這兩個人卻拿出了李立三放在公事包中的身分證，並指了指上面的照片，又指了指張報，說他就是身分證上這個人。張報和李立三看起來其實一點都不像，但或許是因為這兩個人只見過張報這名中國人，所以對他們來說都長得很像吧。不管怎樣，大家的話匣子都開了，於是張報跟著這兩位莫斯科人來到了他們位在科西諾村的別墅，談這個公事包的事情，一直談到了晚上十一點。第二天早晨張報要去別墅打網球的路上打了通電話給李立三，但沒有打通。直到李立三當晚抵達別墅後，張報才有機會告訴他關於公事包的下落。[36]

幾個月後，張報於二月二十六日寫下一封疲憊的信（應該是李立三被捕後三天寫的），說明在這幾個月裡發生的所有變化，包含公事包遺失事件。張報的信是寫給駐共產國際的中國代表團，此舉顯然是為了避免自己被捕。「到現在，」他寫道，「出版社中文部的大多數人都被抓了。」他接著解釋，在工作過程中，他與被捕的這些人都有互動，這意味著他也遭到了懷疑。此外，「在這個充滿壓力的時期，不可能叫中文部的同仁們不去找點樂子紓壓。」[37]

李莎回憶道，「弄丟公事包對李明來說真的相當要命。」康生和王明利用李立三弄丟公事包這件事，作為新一輪指控的藉口。李立三的案件在一九三八年初移交給共產國際審理，此時李莎和李立三在魯克斯酒店的鄰居陸續被捕失蹤。當年二月二十三日，內務人民委員部（The People's Commissariat for Internal Affairs，NKVD）來找李立三。並命令李莎立刻打包，搬到魯克斯酒店庭院中的小屋內。她在那裡與兩名德國女性住在一起，她們的丈夫也都被逮捕了。

李莎見過新室友後，立刻就回到那間老舊的社區公寓裡看望她母親。

> 我跪在地上，像個孩子一樣將頭埋進母親的腿上，放聲大哭，眼淚如水庫洩洪般湧出。我哭了很長一段時間，母親也耐心地在我身旁守候。稍微平靜下來後，我告訴母親我接下來要到各處的監獄去找李立三，我不會放棄他。母親支持我說：「當然，當然，妳得去找他。怎麼可以在他有難的時候拋下他！」母親這番話對我來說，是非常大的鼓勵！在我眼裡，我的母親一直都是一個誠實、公正的人，現在我更是深信不疑。畢竟，很多朋友，甚至親戚都建議我拋棄這位外國籍的丈夫！「不管怎樣，他都和國外有聯繫，問題可能出在那裡吧。」他們還建議我「妳為什麼要毀了自己？妳還年輕，找一個好的俄羅斯男人，過好自己的生活吧。」[38]

但李莎聽了她的母親話，苦苦尋找幾個月，終於在塔崗卡（Taganka）監獄裡找到李立三，於是她每個月拿五十盧布給他。後來，李立三告訴她，當他第一次收到五十盧布時，他潸然淚下。他的獄友們都感到很震驚：這麼多當地人都被他們的家人給遺忘了，但這個外國人卻能從他的俄國妻子那裡拿到錢，這怎麼可能？於是他用這些錢買了肥皂、香菸、洋蔥和紅蘿蔔。「但幸福的感覺並非源自於香菸和營養品，而是他了解自己並不孤單也並未被拋棄，而且他也知道，雖然遠離祖國，也有人惦記著他，並愛著他。」[39]

獲釋

有一天，當她去探監時，獄卒叫李莎為李立三帶些保暖衣物——這段話的涵義對李莎而言相當明顯，代表李立三即將被送到西伯利亞。在李立三的衣物中，她發現了一件從中國帶來的精美羊毛襯衫，但已破了好幾個洞。她趕緊漏夜補好破洞，並在指定的日期連同其他東西一起帶到監獄。李立三告訴她，當他看到那件羊毛衫時，他又哭了。然而李立三並未被送至西伯利亞。一九三九年十一月四日，坐了二十個月的苦牢之後，他獲釋了。他和李莎以及她的母親一起住在那間社區公寓裡，並於一九四〇年回到出版社復職。[40]

一九四一年，德國入侵蘇聯，李立三在李莎撤離莫斯科後還待了一段時間，但最終他還是和其他人一起避難去了。次年六月，他被召回莫斯科，之後很快就把李莎帶回來，並替她在出版社的法語部謀得了一份工作。那年冬天，李莎昏倒了，經診斷後發現她已懷有身孕。不久後他們的女兒李英男出生，而蘇聯在西線逐漸奪回上風。對李莎而言，戰爭已經結束。[41]

不過李立三直到蘇聯首度傳回在中國東北戰勝日本的消息時才感到高興，而且中國作家郭沫若突然來到了莫斯科。雖然中共開除了李立三的黨籍，但郭沫若並不是共產黨員，所以兩人能夠會面。一九四五年十二月三十一日，蘇共中央委員會要李立三前去，李立三直到午夜才回家，帶回來一個大消息：他在黨內的地位恢復了，即將進入中共中央委員會，並獲准回國。這簡直是不可思議的事。李莎雖然高興了一下，但又知道，她以往的憂慮可能會成真：李立三即將拋下她回國。兩週後，她到車站為李立三送行。42

第十一章

埃彌與葉華：中蘇愛情的浪漫詩篇

土耳其詩人納辛．辛克美在一九二八年寫了〈蒙娜麗莎的中國情人（The Giaconda and Si Ia-u）〉這首詩，主角是他東方大學的老同學埃彌（蕭三）。[1]在一九二七年蔣介石開始清除共產黨人之後，辛克美擔心埃彌也會受到池魚之殃。因此，他用這首詩紀念他的朋友和中國革命。

這首詩的第二部分是「詩人現身」，講述詩人前往羅浮宮，帶著從畫裡破框而出的蒙娜麗莎，飛越半個地球抵達上海，因為蒙娜麗莎正在瘋狂找尋埃彌。辛克美的詩篇，其歷史背景錯綜複雜，但若以個人角度來說，含義相當清楚。寫詩的當下，正值蔣介石一九二七年的清黨，國際上左翼一致譴責蔣介石。辛克美構想了一部關於中國共產革命失敗的政治詩，並以受到革命的刺激又失戀的蒙娜麗莎為主角，不僅說明了歐洲將中國革命浪漫化，還談到埃彌這個人。

如果中國的革命家當中，有誰能夠吸引歐洲最美麗的女人，那一定是埃彌。

埃彌與瓦莎

辛克美和埃彌是東方大學的好友。正如辛克美的詩中所想像的那樣，埃彌在愛情和革命中越發活躍。埃彌自東方大學畢業後，於一九二四年離開蘇聯，回到湖南老家領導共青團湖南支部。此時他幼年的好友毛澤東因為在上海政治圈中的地位不穩，也回到了湖南老家。他們兩人截然不同：埃彌極具魅力，能操三種語言，是個國際革命的專家，從莫斯科學成歸來；而毛澤東則是被逐出中共中央委員會，在黨內也沒有任何正式職位。一九二六年夏天，在北京和張家口短暫停留後，埃彌和老朋友任弼時一起去了上海，在上海他成為上海市共青團的領導人，還加入了黨的上海罷工八人委員會，其中成員也包括他的導師瞿秋白。在這八個人中，只有周恩來和陳獨秀是留俄歸國的學生。他們一起煽動了一連串武裝叛亂，是為一九二七年中國共產革命的核心。[2]

一九二五到一九二六年間，埃彌經常因任務而往返北京。但他還是有時間與一位北京的俄羅斯女性墜入愛河。為埃彌作傳的中國作者表示，瓦莎·斯塔羅杜波娃（Vassa Starodubova）是「一位美麗的俄羅斯姑娘」，有著「一雙明亮的大眼睛」。從一張後來拍攝的照片中可以看出來，瓦莎有一排濃密的深色長瀏海，修飾了她的瓜子臉；眉毛勻稱，使得她大而明亮的雙眼引人注目，眼神也傳達了一種大無畏的決心。埃彌則和許多年紀相仿的男人一樣，奉父母之命已經結過一次婚，但妻子在他去法國之前就去世了，[3]所以埃彌遇到瓦莎時，並沒有任何牽掛。

關於瓦莎的描述，最為生動的記載來自埃彌的第三任妻子伊娃·桑德堡（Eva Sandberg，葉華）。葉華比瓦莎小八歲，根據葉華所言，瓦莎是個相當厲害的人。瓦莎於一九〇二出生於海參崴的一個「都會小資產階級家庭」，家人的關係很緊密。一九一七年，瓦莎十五歲，在蘇聯學校接受了中學教育。據葉華描述，瓦莎是「新蘇維埃知識分子」的產物，不但博學多聞，還有著令人敬畏的文化閱歷。一九二〇年代，她出發前往北京擔任俄語教師——是蘇聯新女性的典範。當埃彌因公搬到上海，瓦莎也到那裡尋找新的教職，顯然她很迷戀埃彌。許多見過埃彌的俄羅斯女性（例如李立三的太太李莎）都記得，埃彌相當有女人緣。葉華說，埃彌和瓦莎確實相戀（但真實情況很難說）。可以確定的是，在中國共產革命最激烈時，瓦莎懷孕了。[4]

一九二七年四月下旬，中共領導班子在武漢召開第五次全國代表大會，當時武漢仍由國民黨左派所把持。會中討論了上海罷工委員會的行動和共黨領導團隊的更替。會議結束後，中共派埃彌帶著裝滿大會文件的公事包回到上海。在埃彌第一部由黨所保存的自傳中，他於一九三〇年一月十日的紀錄裡說：

> 抵達上海後，旋即遭到逮捕，我手中的很多文件都遺失了。此後我精神衰弱，而共青團中央委員會也將我從領導團隊中剔除，讓我去海參崴休息並接受治療。[5]

埃彌並沒有在這份傳記上簽名，他的簽名是用打字出現在這本自傳的結尾，這與他在共產國際的個人檔案中的大多數傳記不同。後來埃彌的自傳集並未收入這一份，因為不確定它的真實性。這份一九三〇年的自傳，可說是他在嘗試描述自己，內容也意味著一九二七年所發生的一切，對他革命者的身份產生了深遠的影響。在海參崴休息了一個月之後，埃彌前去當地的共產國際總部，想找個方法回中國，但共產國際告訴他，他即將在海參崴的遠東大學（Far Eastern University）擔任中國學生的老師，而瓦莎則獲得了俄語教師的工作。他們於十二月二十四日正式結婚，並生了一個兒子，取名艾倫。[6]

無論新家庭的天倫之樂有多麼的美好，埃彌於一九二八年二月在結冰的街道跌了一跤，將一切摔得粉碎。他昏迷住院，一週後才甦醒，意識逐漸恢復，也慢慢能說話和行動了。兩個月後醫生允許他出院，但告訴他未來在行動上會有很多不便。雖然埃彌想要重返工作崗位，卻心有餘而力不足，而瓦莎則是努力照顧埃彌和艾倫。由於他缺席了一九二八年夏天在莫斯科郊外舉行的中共第六次全國代表大會，因此，埃彌的朋友們都以為他已經去世了，還為他舉行了追悼會。[7]

埃彌還活著的消息才剛傳出，駐共產國際的中國代表團——包括他的老前輩瞿秋白——就召他去莫斯科。一九二八年十二月，埃彌第二次前往莫斯科，但這次帶著俄國太太瓦莎和孩子。埃彌知道自己該去哪裡：市中心的中山大學。他成為該校的研究生，還取回了他於一九二二至二四年在東方大學就讀時所持有的布爾什維克黨黨證。[8]

然而，慢性頭痛使得他根本不能唸書，他只好再次住院，此時駐共產國際的中國代表團「將我交給了革命援助組織（MOPR）」。[9]該組織的宗旨是要幫助那些在政治活動中受傷的外國革命者，領導人包含老布爾什維克人士和革命者列寧．葉蓮娜．史塔索娃（Lenin Elena Stasova）等，它在世界各地設有分支機構，包括中國在內。

史塔索娃首先安排埃彌進入療養院休息，以及一份輕鬆的工作（回答查詢，出席典禮），並享有津貼及住宿。埃彌的身心健康慢慢恢復，於是他開始詢問身邊的中國朋友，想找一份真正的工作。終於在一九三〇年秋天，他在納里莫諾夫遠東研究所（Narimonov Institute for the Study of the Far East）找到了中文老師的工作。[10]

詩人埃彌

此時，埃彌和瓦莎的生活條件越來越好，而且埃彌的健康狀況也有所改善。埃彌每天花好幾個小時教中文和文學，又獲得了正式教授的地位，以及教授職所享的各種好處。能做這份工作尤為幸運，不僅僅是經濟上所帶來的幫助，也讓埃彌擺脫低潮，得以探索莫斯科蓬勃發展的國際語言和文學圈。

有一天，埃彌造訪了《世界革命文學》這本新雜誌的辦公室。編輯團隊正在策劃一個國際革命作家大會，並希望埃彌聯繫中國的作者們，讓他們參加。於是埃彌立刻寫信給在上海的左翼作家聯盟的魯迅，但對方卻回信說沒有人可以出席，希望埃彌代為參加。所以儘管埃彌本人不是作家，他還是在一九三〇年秋天，以中國左翼文學的代表之身分，前往哈爾科夫（Kharkov）參加大會。他還發表一篇演講，內容是關於左翼文學聯盟及其在國民黨治下的中國所面臨的挑戰。會議結束後，《世界革命文學》的編輯團隊再次請他寫信到中國，希望徵稿翻譯文學作品發表在期刊上。於是埃彌再次寫信，但這次連回信都沒有，埃彌只好自己寫了首詩。[11]

為了翻譯埃彌的第一首詩，該雜誌的編輯團隊請來詩人兼著名翻譯家亞歷山大・羅姆（Alexander Romm），他可說是推動埃彌文學生涯的重要功臣。羅姆於一八九八年出生於聖彼得堡，曾就讀莫斯科國立大學歷史與語言學系。一九一九年，他加入了「莫斯科語言學研究小組」，這是由莫斯科國立大學語言學系的學生所發起的團體，後來擴大茁壯，一些主要的文壇及科學界人物，包括馬雅可夫斯基、巴斯特納克（Boris Pasternak）、巴赫金（Mikhail Bakhtin）和什克洛夫斯基（Iosif Shklovskii）等都是其成員，而圈子的研究興趣則從詩歌語言到民俗和方言等不一而足。羅姆也為該圈做出了貢獻：他將斐迪南・德・索緒爾（Ferdinand de Saussure）的作品從法語翻譯成俄語，而索緒爾這位大人物有時被認為是二十世紀語言學之父。他接著將俄國小說譯成好幾種歐洲語言，外國小說譯入俄文，也將蘇聯各共和國的各種語言作品譯成俄文。其實羅姆不一定懂他要翻譯的所有語言，有時他會運用其他人所提供的法語、英語或德語翻譯來輔助他的譯事工作。[12]但羅姆的翻譯品質相當好。

一九三一年初，《世界革命文學》刊登了埃彌的第一首詩，由羅姆翻譯成俄文。這首題為〈這就是生命〉的詩內容平鋪直述：一名小男孩在一位暴虐的地主所統治下的村莊長大，但無論發生什麼事情，父親總是告訴小男孩「這就是生活」。直到有一天，小男孩認為生活不應該是這樣，於是他加入了紅軍。從埃彌對翻譯過程的描述來看，該詩的主題及適切的翻譯技巧，都是翻譯成功的原因。一開始，埃彌借用一首傳統中國民謠的格式，套用在自己的詩上，將它翻成俄文，然後把成果交給羅姆。這時羅姆請他用中文大聲朗讀，並問了很多關於中國詩詞的問題，還請他背誦了一些著名的優美唐詩。當羅姆掌握了埃彌詩詞和吟誦中的所有要領和感覺，再將詩與俄羅斯民歌結合，最後，俄文版〈這就是生命〉就完成了。一位著名的文學評論家給了這首詩正面評價，埃彌受此激勵，於是繼續做詩，並與羅姆書信往返，連他去遠東參加中文拉丁化的會議時，信件都不間斷。[13]

除了負責翻譯，羅姆還將他的譯作提供給主流出版物，如《共青團真理報》和《青年衛士》。一九三一年九月，羅姆因為快速來到的成功而欣喜，於是寫信給埃彌：

你知道，起初他們（《青年衛士》）想用一些政治議題的文章來當作創刊號的內容，但後來他們改變了主意，用了你的詩。看看我們是怎麼脫穎而出的！有你的詩〈棉花〉的那一期已經發行……雖然《青年衛士》已經刊過了，但《革命世界的文學》還是向我要你的詩稿。總之我們太成功了。我在莫斯科等你，你盡快來，我們一起出一本書吧。但讀了你的文章，我能了解你在遠東地區的工作量相當大，我想你大概沒辦法如我所願，這麼早回來吧。如果是這樣的話，你也別急，你就從伯力把你作品按照字面的意思翻譯一下寄給我吧。[14]

在一九三一年的最後幾個月和一九三二年年初，埃彌繼續將他的詩句寄給羅姆，最後在一九三二年出版了一冊小詩集。埃彌回憶：「因此我後來被稱為『詩人』。」[15]

埃彌早期大部份的詩歌，內容都在煽動蘇聯讀者對中國革命的同情，表達中國人對國際革命和蘇聯文化的熱情。〈南京路上〉是埃彌早期有名的一首詩，講的是中國人在上海外國租界起義：

南京路上冷清清／霧裡街燈半暗明／細雨
霏霏北風緊／冷透車夫骨和膚／四面濕牆
只發亮／大太老爺好夢長／牆兒入夢／影

一九三四年時，埃彌．蕭的作家聯盟證。
RGASPI, f. 495, op. 225, d. 96, l. 97.

兒憧憧／一個一溜往前走／二人緊緊步後塵／目光銳如箭／步履不聞聲……阿張成功了／阿李成功了／阿王成功了……[16]

其他首詩的標題包括〈血緣的信〉、〈紀念廣東公社〉、〈蘇維埃中國〉、〈紅場〉、〈列寧〉和〈致西班牙共和國戰士〉。葉華回憶起一九三〇年代中期：「無論他寫什麼，出版社都發表了。」[17]這些詩主要都是由羅姆翻譯的。根據記載，翻譯時主要是埃彌朗讀中文原詩，並概略口頭翻成俄文。當然，從埃彌與羅姆的通信中可見，是埃彌先把詩寫好並寄給羅姆的。埃彌晚年有個重要的中國出版社要出版埃彌的作品集，卻找不到一九三〇年代在俄羅斯期刊上發表的二十多首詩的中文原著。埃彌的雙語秘書後來指出，有人請埃彌提供〈這就是生命〉等詩的中文原文時，埃彌指示她乾脆就將這些詩從俄語譯回中文。[18]這位秘書遵命照辦，但只有少數幾篇收錄在作品集中。

埃彌詩歌的出處，固然是一段有趣的故事，但更有趣的是，這個叫做「埃彌．蕭」的人物出現了，他的名字成為中蘇革命的浪漫代名詞。一九二八年，一位中共黨員回到了莫斯科。他出生之時，名叫蕭子暲，他出生的村莊離毛澤東的家鄉不遠，長大後在二十世紀中國最絢麗多變的國際舞台上，度過了繽紛的人生。或許是政治因素，或許是健康的關係，他無緣進入中共最高領導層，因此他為了尋找一種重塑自我的方法，發現到莫斯科有一個空缺，或者更確切地說，莫斯科當時缺乏一副人格面貌。無論當時中國左翼文學運動的實際地位如何，《世界革命文學》需要一位中國作家，或是一位詩人，為蘇聯讀者提供關於中國革命及其重要角色的第一手資料。在史達林統治下的國際主義文化環境裡，雖找不到既有的中國作家來提供這些資料，但對這些資料的需求依舊強烈。在這個時間點上，「埃彌．蕭」不但是一個人的名字，也代表了一個概念。不過埃彌也是個人，無論他再怎麼有創意地去解釋中俄之間的文化、政治差異，無論他扮演中間人這個角色讓他獲益或受損，他還是得努力調和這些差異。

埃彌一旦被定位是中國革命詩人和代言者之後，各種會議與參訪的邀請就不斷飛來。早在一九三一年，他就獲邀參加關於遠東地區中文「拉丁化」的會議。因為蘇聯的民族誌學者和語言學家想讓蘇聯的每個共和國都擁有自己的民族特色，同時創造一種至少在理論上能全球通用的語言，所以他們正在致力於讓蘇聯境內所有的非俄羅斯人，包含蘇聯遠東地區的華人，都能將自己的文字拉丁化。[19]

埃彌的導師瞿秋白還沒離開蘇聯之前，也開始為中文拉丁化貢獻心力，返國後仍繼續這項事業。瞿秋白編纂的拉丁字母表以及一本相關的小冊子，成為中蘇兩國的基礎文獻。他還推動了中國當時的標準化運動，這個運動日後演化成現今中國所用的拼音系統。埃彌和其他參與中華人民共和國語言改革的人，後來繼承了瞿秋白的角色和他在蘇聯運動中的地位，提出「中文的聲調無用論」，但未獲採納。[20]一九三三年，紅色教授學院聘請埃彌至該校的文學系教書，鞏固了他作為文學學者的地位。[21]

就在此時，埃彌人在蘇聯，又有革命資歷，又是詩人，因此獲邀代表中國參加一九三四年八月的蘇聯作家第一次代表大會。埃彌寫信邀請中國的左翼作家，但他們認為旅途艱險，婉拒參加。[22]埃彌出席此次大會，不僅成就了他在蘇聯的事業，對後來在中國的發展也有所助益。

在大會上，埃彌以蘇聯遠東代表的身分自我介紹，使自己穩居蘇聯作家之林。他也介紹了中國左翼作家聯盟，並強調魯迅、茅盾等關鍵人物。他感嘆與會者對中國文學和文化所知甚少——並非所有中國男人都留辮子，也不是所有中國女性都纏足。他建議舉辦一場中國文化之夜，幫助大家了解中國生活和文學。23這是他以前在法國馬賽留學時就使用過的策略，藉著派對就能推廣中國當代文化。

一九二〇年代瞿秋白藉由參加國際大會，而在莫斯科的國際革命舞台上嶄露頭角，現在埃彌的情況也同樣如此。在會議上，他遇到了著名的蘇聯和外國作家，並與一些人，特別是與伊薩克・巴貝爾（Isaac Babel）變得非常友好。他還受邀至高爾基家與其他作家共進晚餐，賓客當中也有謝爾蓋・提蒂亞科夫（《怒吼吧！中國》的作者）和女詩人胡蘭畦。因為胡蘭畦不諳俄語，所以就由埃彌替他口譯。受到高爾基邀請，對埃彌來說是莫大的鼓舞，埃彌想邀高爾基在中國文化之夜上扮演東道主，但高爾基無法出席，於是由安德烈・馬爾羅（André Malraux）代理。馬爾羅於一九三三年以《人的價值》（La condition humaine，另譯：人類境況）贏得了著名

葉華（伊娃・桑德堡）RGASPI, f. 495, op. 205, d. 749, l.21.

的龔固爾文學獎，主題就是一九二七年上海起義（埃彌有參與那次事件）。埃彌的派對由馬爾羅做主題演講，參加這場盛會的還有法捷耶夫（Aleksandr A. Fadeev）、斯特洛夫斯基（Nikolai Ostrovsky）以及眾多其他蘇聯文壇名人參演。一位蘇聯演員讀了魯迅著名的《阿Q正傳》的譯本；埃彌也朗誦了幾首自己的詩；而胡蘭畦則用中文演唱。[24]

埃彌曾多次擔任胡蘭畦訪俄期間的翻譯。胡蘭畦是一位激進的年輕女性，曾於一九二〇年代前往德國，加入中國共產黨的德國分支，並在那裡被監禁了幾個月。她為法國的《世界報》（Le Monde）撰寫了關於她在獄中的系列報導，她高度的奉獻精神贏得了國際激進分子的讚賞。有一天，埃彌陪同胡蘭畦訪問了一家叫做「GPZ 一號廠」的工廠，並在那裡開會討論由著名的德國左翼記者埃貢·埃爾文·基希（Egon Erwin Kisch）所撰寫關於中國的新書。[25]工廠的黨代表說，與會者已經讀過了基希的書，對工人們來說，既然有一位真的會講俄語的中國人在場，他們反而希望有機會能直接提出有關中國、中國革命和中國革命文化的問題。這點讓埃彌有點吃驚。

埃彌也來者不拒，不僅盡可能回答有關中國文學的問題，還帶出一些中國革命的故事來取悅聽眾。

> 一九三〇年，中國共產游擊戰士不識字，有次從敵人手中奪到了無線電，但不知道那是什麼，於是看了一下就丟掉了。他們認為，如果是大砲才值得帶走。然後有個讀過書的指揮官走過來說：這個要帶走。不過他也不懂無線電。好在他們在城裡抓了一名無線電專家，這個專家曾在白軍服役，他自己倒是沒有沒麼立場。他們問這位專家：你願意和我們並肩作戰嗎？他說沒辦法。於是他們就問：為何不？他說我怕啊。你怕什麼？沒什麼好怕的啊，我們會付你一個

月一百盧布，這在中國可是一大筆錢啊。這位專家同意了。後來在國民黨第三次圍剿中共期間，他透過無線電截到了各種秘密證據……不知何故，我們還繳獲了一些白軍物資，包含許多罐頭。游擊隊一開始不知道罐頭是什麼，以為是炸彈，想扔了。但有位勇敢的戰士試了一下，也沒有爆炸啊，然後他們就不再害怕罐頭了。[26]

此時聽眾裡傳出了笑聲。儘管埃彌對工人們不了解他的詩歌而感到失望，但他仍然代表中國革命，分享了他的革命親身經歷。那天晚上他講了這個故事，完成了他代表中國革命的任務，也讓聽眾相當滿意。

埃彌與葉華的「世紀之戀」

會議結束後，埃彌在黑海的蘇聯作家聯盟渡假村休息了兩個禮拜，在那裡遇到了那個決定與他共度一生的女人。事實證明，他與瓦莎的婚姻，只不過是為一段更長遠的關係鋪路。伊娃·桑德堡（以下稱葉華）是一位年輕的德裔猶太婦女，她剛從慕尼黑攝影學校畢業。她的哥哥是斯德哥爾摩瑞典皇家管弦樂團的指揮，他安排葉華與一位和伊薩克·巴貝爾相熟的翻譯一起造訪蘇聯。巴貝爾便安排了他自己的秘書與葉華等人前去黑海，並在那兒遇見了埃彌。

許多年後，葉華用德語撰寫回憶錄，題為《中國：我的愛，我的創傷》。但中文翻譯的標題卻截然不同：《世紀之戀：我與蕭三》。

清新的空氣和溫暖的陽光，處處紅旗飛揚。在度假村，午餐已經在桌子上，面朝大海。她（巴貝爾的秘書）帶我去了一張四人桌。那兒已經坐著一位看起來年輕、可愛的中國人，原來是中國作家蕭三。我們四目相對，一時感到忘我，我想這將是伴我一生的愛吧。我二十三歲，而他已經三十八歲，但他看起來卻只有二十五歲。那天是我的生日，桌上已經放了一朵紅玫瑰，他是在向我示愛，這朵玫瑰也決定了我的一生。27

埃彌會一點德語，而葉華不會說俄語，但對話用的語言顯然不是重點。

作家的度假村就在海邊，所以我們每天都在做日光浴、游泳。附近有一個集體農場，他們每天都會送新鮮食物給我們……到處都是鮮花，孩子們蹦蹦跳跳著，跳舞、唱歌。就在那一年，蘇聯開始引入西方舞蹈。蕭三很快就掌握了舞步，跳得非常好。有一首歌叫做中國進行曲，根本沒有一點中國味兒，不適合用來跳舞，但它卻成了蕭三和我的專屬舞曲。後來我們一輩子只要聽到那首歌，就深情款款彼此相視，迷失在記憶中。28

巴貝爾的秘書聽聞過埃彌的事，便告訴葉華說埃彌已經結婚了，還有一個七歲的兒子，但是埃彌向葉華保證他會和瓦莎離婚。

按照葉華的說法，埃彌的中俄戀情當中只有一個問題，就是瓦莎。事實證明，蘇聯的新女性脾氣太差（至少後來的人是這樣描述瓦莎的）。葉華不吝稱讚瓦莎的優點：聰明伶俐、心地善良、慷慨助人、童叟無欺、心直口快。但葉華也用放大鏡來檢視瓦莎的缺點。「她的性格沒那麼好，這點相當可惜，她認為該做的事情都只有她能完成；只要事情一有不對，她就開始喋喋不休的批評，還會說出傷及他人的話語。」在葉華眼中，霸道的瓦莎不停地騷擾溫柔的埃彌；讓埃彌窮於應付，因此，即使他們彼此相愛，卻根本無法生活在一起，所以最終分手了。葉華也說，不久之後瓦莎就遇到了一位聰明、嘴甜、更年輕的俄裔猶太籍漢學家，他「解決了她性格上的問題」，並過著幸福的生活。[29]

葉華和埃彌展開了旋風式的莫斯科熱戀：葉華前去探望埃彌卻遲到，讓埃彌擔憂不已……在那決定性的夜晚，葉華把心一橫，在埃彌的宿舍過夜……巴貝爾晚間來訪，與二人暢談……一九三五年的跨年夜，兩人在埃彌的俄羅斯朋友尼古拉．維特拉（Nikolai Virta）的鄉間別墅共度：

> 森林裡下著雪，林中的俄羅斯小木屋，壁爐裡燒著柴火，感覺就像格林童話裡的糖果屋。房裡溫暖舒適，根據村莊的習俗，桌上早已放滿各式各樣的開胃菜……多到桌子都快壓垮了。我記得好清楚……到了午夜，他們把燈光調暗了……這也是蕭三第一次體驗俄羅斯新年派對。[30]

但兩人的熱戀遭遇阻撓：葉華的簽證延長沒有通過（葉華和埃彌不同，她並非政治移民）。許多文壇名人出面協助奔走，卻都無效。葉華只好在一九三五年二月離開蘇聯。

根據葉華的說法，失去了葉華後，埃彌不知所措，不停寫信給她，甚至打長途電話給她，想要說服她放棄德國公民的身份並入籍蘇聯，這樣她就可以回到莫斯科和他在一起了，但這對葉華來說可是個重大決定。根據她所引用的埃彌的信件，她堅持了一段時間，讓埃彌感到很苦惱。埃彌在信中寫道：

> 昨晚我們通了電話之後，我好難過，徹夜難眠。顯然妳還沒有下定決心要入籍蘇聯，或許妳沒有妳想的那麼愛我，也沒有妳在信中寫的那般愛我。我絕對不會強迫妳，也不會要求或說服妳成為蘇聯公民。我只想要妳解釋，為何我不認同妳的態度。作為同志，我就只向妳解釋以下幾點：1成為蘇聯公民後，妳不會有損失。我知道有很多外國人夢想成為蘇聯公民；而成為蘇聯公民是一件很快樂、很榮耀的事……2成為蘇聯公民後，妳真的以為妳永遠無法離開蘇聯嗎？若是如此，妳的想法就錯了，這是因為妳不了解國際情勢和革命的歷史。這些問題很難以三言兩語解釋清楚，但我可以很明確地告訴妳，雖然說很難告訴妳確切的時間，因為沒有確定的時程，但很快地，世界革命就會降臨。至少在某些國家，工人階級終將獲勝。這不只是樂觀而已，是千真萬確的事實。誰知道誰會被送出國工作呢？但只有妳可以決定是否要加入蘇聯；這與我們之間的愛無關。[31]

在這部份，現實和小說矛盾地交會：埃彌寫了一首名為〈我是蘇聯公民〉的詩，狂熱地宣稱自己在精神上是蘇聯公民：「我抬頭／挺胸／自由呼吸／我自豪地凝視……我正攀登烏拉山／一隻腳留在亞洲／另一隻踏上歐洲。聯盟就在那裡！它有邊際嗎？」即使在這首標題明確的詩中，埃彌依舊清楚表明他的目的地仍是中國：在詩的最後一節，作者將登頂崑崙山巔，俯瞰這個國家，用他的詩歌來開導人們。對於不用為自己的公民身份做任何決定的埃彌，蘇聯的公民身份似乎只是一種象徵。[32]

埃彌以強烈的語氣對葉華說教，同一時間也向他最大的支持者羅姆傳達了不同的訊息：他寄給羅姆一系列讓羅姆讀了感到作嘔的愛情詩，正如埃彌的政治論述讓葉華感到不快一樣。從羅姆親筆寫給埃彌的一封信中可知，埃彌可說是自取其辱：

> 這封信的內容相信你看了會很不愉快，對我來說也難以啟齒，但是我必須告訴你。你或許覺得我不想和你合作了，但事實並非如此。我其實很想和你合作，未來也是如此，如果你也願意的話。但有件事情我真的做不到，未來也沒辦法這麼做，至少接下來幾個月會是如此：我不想再翻譯你的詩作了。老實說我已經盡力了，但我要嘛翻不出來，要嘛翻得糟透了（特別是〈鴕鳥〉和〈黑海〉這兩首詩）。別忘了，你寄給我的每一首政治詩我都翻了，而我也覺得翻得相當棒，往後我也會繼續。至於愛情詩，我只有翻〈黑海之浪〉這一首。〈鴕鳥〉的主旨我覺得不好：你想把你愛的人，與任何人或物比較，這都可以，但你說其他所有人都是鵝，我覺得這不是社會主義詩文該有的意象。即使在〈黑海〉這首詩中，也有某種頌揚和神化意味，這不該存在於我們與女性的關係中。另外，〈等你電話〉這篇不但滑稽，還令人精神崩潰……我的結論是：你的詩不值得我勉強自己去翻，而你也不必勉強，你可以找另一位譯者來翻譯你的愛情詩……斯韋特洛夫（Mikhail Svetlov）或許會同意吧，他的風格既抒情又柔和，你的詩很適合讓他來翻。無論如何，我是翻不下去了。[33]

雖然羅姆不肯翻譯埃彌的愛情詩，兩人卻也沒有中斷合作關係，依舊持續合作將作品發表於出版物上。

合作歸合作，羅姆認為埃彌的愛情詩不符合社會主義背景，這點埃彌無法認同。一九三六年二月，埃彌受邀於明斯克舉行的蘇聯作家聯盟會議上講演。在演講中他融合了「他向葉華傳遞的國際主義政治主題」與「他反駁羅姆指他的抒情詩如此令人反感」這兩大主題。

當一個情人想要向所愛的人的表示忠誠時，他們會說：我的一切都屬於你。所以我也想說，我的一切都屬於蘇維埃。為什麼呢？因為我既是蘇聯公民，但也是中國蘇維埃公民。34

埃彌講到此時，整個會場歡聲雷動。埃彌繼續強調蘇聯文學在中國有多麼重要，也說明蘇聯需要中國文學。他還提到了歌曲和作曲家的重要性，並以羅姆推薦的「既抒情又柔和」的斯韋特洛夫為例。埃彌繼續說

葉華與埃彌。蕭家提供。

道：我還想談談抒情詩。我的同志和我都質疑所謂的純抒情詩，但不久前我去了一個莫斯科的集體農場，當時我正閱讀很多詩歌，突然一個年輕人站起來說：「讀一些抒情的東西吧。」我告訴他，我非常質疑抒情詩，因為個人生活與社會生活是緊緊結合在一起的……然後我仔細想了一下，沒錯啊，我們總是在談論革命、共產國際、社會主義、紅軍，我們總是需要這些歌曲，但總有些時候，人們心中想的並非共產國際，並非社會主義，而是在想別的。但也就是「在想別的」，所以我們才會寫歌。《真理報》上有篇楚科夫斯基（Chukovskii）寫的文章，講的是女學生收集寫得很差的詩。到處都有人唱著「我和我的瑪莎在莎慕瓦」。我認為我們必須創造一種真正的蘇維埃抒情，一種真正的蘇聯浪漫。[35]

這段話沒有受到雷鳴般的掌聲，僅僅是演講廳的某個人，孤獨地應了聲：「對。」然而埃彌的演講時機正好，當時蘇聯才剛剛批判完前衛主義者如劇作家梅耶荷德及音樂家蕭斯塔科維契，而對於「文學中的形式主義」的攻擊還沒發生。[36]

埃彌描述自己是蘇聯的「情人」，並主張「蘇聯浪漫」時，這種論調其實相當符合一九三〇年代後期蘇聯高級文化對於熱情的強調。那時西班牙內戰激烈進行，激起了全體蘇聯人民的強烈情感；那時也是史達林大整肅的年代。蘇聯知識分子正在忙著閱讀《少年維特的煩惱》，並前往觀賞《安娜．卡列尼娜》的新戲劇作品，這些故事十年前已經吸引了年輕中國人，現在又吸引了曾被某位文學歷史家稱為「致命的狂熱」的蘇聯文化。[37]讓埃彌符合當時潮流的原因，不僅僅是他的演講而已；他的傳記也功不可沒。他經歷過狂熱的革命重大時刻——一九二七年的上海，也藉著書寫這段革命而成為詩人。而他也接受了當代蘇聯對西班牙內戰的熱情。他與兩名外國女性離婚又再婚，使他成為一種革命者兼情人的縮影：他的情感跨越了民族和種族的界限。

幸福的家庭

一九三五年八月，離開俄國六個月之後，葉華以旅遊雜誌攝影師的身份回到了莫斯科，搬進埃彌的政治移民住宿舍。她日後回想起這段莫斯科的國際革命生活，印象是不好的：匈牙利人和中國鄰居吵死了，蘇聯的貧困太可怕了。而她身為外國人，在外國人專賣商店購物，感到愧疚不已。[38]

埃彌的俄羅斯朋友們對葉華反應不一，反之亦然。葉華和埃彌與作家尼古拉·維特拉保持友好關係，他以葉華和埃彌的戀情為靈感寫了一篇未發表的故事，名為〈來自挪威的女孩〉。在故事中，埃彌來自非洲，葉華則來自挪威。葉華很高興被虛構為故事人物，並為這本書的封面畫了張草稿。在封面左上方以少女體俄文花體字書名；封面中間是錘子和鐮刀的蘇聯地圖；底部則有她和埃彌的去背照片，她笑得像個尷尬但快樂的新婚婦女，而埃彌躲在她肩膀後面偷看，看起來無所不知。[39]

另一方面，有些人似乎有點兒尖酸刻薄。埃彌在認識葉華之前，已經先認識伊薩克·巴貝爾了，而且因為巴貝爾住在埃彌宿舍附近，常有機會接待政治移民，所以埃彌成為了巴貝爾的常客。巴貝爾的妻子記得埃彌「矮小、苗條、好看」，他還用中文將他的詩讀給巴貝爾聽，因為巴貝爾喜歡這些詩的中文語調。

有天晚餐，巴貝爾問埃彌：「蕭三你告訴我吧，中國男人心目中的理想女人是什麼樣的？」

埃彌回答：「她非常優雅又纖弱，弱不禁風那種樣子。」對此我記得非常清楚。一九三七年夏天埃彌去黑海度假。秋天回來後，他帶著一位身材凹凸有致的女孩前來拜訪，她名叫伊娃（葉華），而埃彌說這是他的妻子。她有一張可愛的臉，深藍色的眼睛和一頭男孩子氣的短髮，體型有點寬。當他們離開時，巴貝爾說：「理想是一回事，現實是另一回事。」[40]

葉華也有尖酸刻薄的一面。她認為尼古拉．維特拉品味很糟，並說他利用他的暢銷小說《獨自》（Alone）所賺的錢，買了一套裝修昂貴的公寓，但這套公寓卻有點「俗氣」。[41]諷刺的是，葉華和埃彌最親密的俄羅斯朋友，竟然是埃彌的前妻瓦莎和她的丈夫。葉華抵達後，瓦莎很快來到莫斯科，並與他們待在一起。埃彌和所有的鄰居都有心理準備，葉華和瓦莎遲早會互罵，但葉華說這件事從來沒發生。葉華聲稱她對瓦莎極有耐心，瓦莎生病時她也悉心照料，完全不計較瓦莎可怕的脾氣。但葉華話語也展現出瓦莎的另一面：瓦莎教葉華說俄語；瓦莎還向葉華展示要如何做飯才能讓埃彌滿意；瓦莎在葉華與埃彌成婚的那天，趕緊去買了食物，為他倆安排一場臨時婚禮。[42]

十一月埃彌去了伯力一趟，參加中國語言改革特別委員會。瓦莎和她的新丈夫與艾倫住在伯力，他們邀請葉華和埃彌一起住在他們三房一廳的公寓裡。瓦莎的丈夫是漢學家，也是語言改革計劃的一員，而瓦莎則在一家孤兒院照顧中國兒童。他們雇了一位女傭來打掃和洗衣服，但下廚則由瓦莎負責。瓦莎的丈夫替葉華找了一些自由攝影的工作，還為她設置了一間臨時暗房。葉華回憶：「我們一家五口相處得很和諧。」埃彌的秘書兼翻譯推測，埃彌當年寫的兩首情詩實際上是受到瓦莎的啟發，他其實對瓦莎仍有感情。[43]

四月，葉華生了一個兒子，並於五月帶著兒子回到了莫斯科，埃彌在莫斯科蘇聯作家聯盟大樓的十樓分配到了一間全新的三房一廳公寓。回想起來，那是個短暫的平靜時刻，社會國際主義對於家庭的衝擊還沒來到。那年夏天，他們的兒子因為罹患痢疾而過世，盧溝橋事變也引爆了中國對日本的八年抗戰，史達林的大整肅進一步擴大為全國性的鎮壓。葉華再次懷孕，產下一位名叫萊昂的健康男孩，此時針對家庭的政治壓力越來越明顯。像許多其他人一樣，埃彌起初認為被整肅的人都是社會主義的叛徒，直到瓦莎的丈夫被捕，他才開始懷疑這種想法。[44]

埃彌已經受到來自王明和康生的壓力，他們是莫斯科華人內部負責執行大整肅的首腦人物。他們希望埃彌給魯迅寫一封信，要求他關閉左翼作家聯盟。埃彌先前花了相當大的心力，好不容易在蘇聯建立起魯迅等作家的文學名譽，所以埃彌一開始並沒有照辦。但在莫斯科的中共支部內，王明和康生可說是大權在握，他們能決定誰返回中國，誰被留下來，誰可能被送到蘇聯勞改營，或有更糟的安排。迫於壓力，埃彌還是依照指示寫了信。[45]

不久，埃彌發現自己的處境更加艱困。一九三七年六月間——此時蘇聯菁英因為恐懼和猜忌的緣故，可說已經沒有道德了——埃彌寫了一篇長篇文章，批判曾在遠東與他一起工作的眾多中國人。[46]然而，無論埃彌寫這封信時心中是怎麼想的，他的立場是每況愈下。在動亂中，有一個遭控的中國人因為俄語不好，於是要求瓦莎的丈夫幫他寫一封辯白的信，而瓦莎的丈夫也在自己被捕之前，幫助了這名被告。當埃彌從瓦莎那裡得知這件事時，他又寫了一封信，批判那位要求幫助的中國人。他在信中既沒有替瓦莎的丈夫辯護，也沒有直接譴責他，只是平鋪直敘說明他們之間的關係：「柳賓（瓦莎丈夫的中文名字）的妻子是我的前妻。」埃彌謹慎的措辭，將瓦莎的丈夫包裝成一位單純的譯者，即使是在政治上最精明的共產黨人（如埃彌自己），也不會知道柳賓是個叛徒。[47]這封信表明了埃彌擔心自己會因瓦莎丈夫的關係而被牽連，但他也沒有譴責瓦莎的丈夫。

在這種情況下，任何人都會急於離開蘇聯。

脫逃

一九三八年春，任弼時直接從延安前往莫斯科。他是毛澤東的親密盟友，被派往莫斯科，以確保毛澤東作為中國共產黨領導人的地位是無可撼動的。[48]自埃彌青年時代起，任弼時就是他在湖南的好朋友，一九二〇年代莫斯科東方大學時也是如此。埃彌終等到了一個機會，可以利用他在蘇聯的地位，重獲他在中國革命中的一席之地，同時逃離這個越來越可怕的蘇聯大整肅。埃彌一直在撰寫毛澤東早期的傳記，他把內容拿給任弼時看，同時表達了想回中國的意願。他同時開始盡可能地多出版作品，為自己謀求出路。

埃彌準備了一本新的長篇自傳，意在表現出他在蘇聯的日子裡，已經大大提升了他的革命資歷。一九三〇年那份自傳裡的猶豫語調已經完全消失，取而代之的，是他作為一名中蘇革命作家所展現出的自信，能以獨到的見解為中國革命作出貢獻。

> 長久以來，我和許多同志一樣，都受到了儒家思想的誤導，將文學和藝術視為小事和無價值的職業。我沒有想過要成為一名職業作家。但參加蘇聯的文學生活，讓我看到了蘇聯文學的發展，認真關注列寧和史達林派如何看待文學，於是我重新展開了我的文學工作。[49]

同樣地，他在致駐共產國際的中共代表團的一封信中解釋說，

> 我理解「文學事務是無產階級事務的一部分」（列寧），並承認「作者是人類靈魂的工程師」（史達林）的重大責任。我在蘇聯生活了十一年，看到兩個史達林主義五年計劃的完成，重建社會主義。我已經認識了各種最優秀的蘇聯人民，並且看到了蘇維埃民族的幸福生活。我知道，這一切都歸功於正確的領導，偉大的史達林。[50]

此時，埃彌已出版了兩卷自己的詩集，一本在基輔出版的中國文學翻譯編輯，以及朱德和毛澤東的傳記。雖然他後來的著作中，不太強調他早期與毛澤東的關係，但此時他在蘇聯內部的官方私人通信說明了他與毛澤東在孩提時代的關係。任弼時讀了埃彌寫的毛澤東傳記，覺得它很有用；後來在中華人民共和國被批准翻譯成外語。接著，共產國際官員內部之間聯繫了一陣子，終於在一九三九年一月二日，共產國際主席迪米特洛夫寫信給秘密警察總長貝利亞，要求允許埃彌和其他兩名中國人前往中國。[51]

一九三八年十二月間，埃彌曾去黑海的新羅西斯克（Novorossiysk）拜訪艾倫和瓦莎（瓦莎在丈夫被捕後，就去那裡與她的妹妹同住），之後埃彌趕回去和葉華一起過新年。他們獲得了埃彌返回中國的官方許可後，葉華才得以與萊昂一起前往斯德哥爾摩，在那裡與她的哥哥住在一起。[52]

由於葉華已經安全抵達瑞典，在同年四月，埃彌聯繫了有影響力的朋友，共同要求釋放瓦莎的丈夫。他還將他在蘇聯進行文學活動所得的收益用來幫助瓦莎，駐共產國際的中國代表團也請

求革命援助組織幫助瓦莎和艾倫。直到離開蘇聯的前夕，埃彌還在寫詩，還在與羅姆通信討論新詩集《湖南之笛》的出版事宜。他匆匆為該書寫了一段前言，感謝羅姆的翻譯工作。「我們在文字上常有許多美好的共同創作，我在此表示由衷感謝。」但他也寫下結論：「雖有人認為這是羅姆，不，其實這是蕭三。」53

一九三九年三月五日，埃彌最後一次造訪了莫斯科的共產國際總部，交還了他的布爾什維克黨證和作家聯盟會員卡；之後回到了他的公寓，並打電給人在斯德哥爾摩的葉華。第二天早上，他就登上了前往哈薩克的火車。抵達新疆和蘇維埃吉爾吉斯邊境後，他坐車穿越崎嶇不平的道路，前往巍峨的天山山腳下的一個小城鎮。在那裡，埃彌遇到了由四十輛車所組成的車隊，他們要將蘇聯提供的武器，送交給延安的共產黨員，於是他就搭了便車前往延安，不久後就能與他童年時期的好朋友毛澤東重新聚首。54

第十二章

毛澤東之妻賀子珍的莫斯科傳奇故事

雖然毛澤東本人在一九四九年之前都沒有去過俄羅斯，他的家人在中蘇關係上倒是佔有一席之地。毛澤東的弟弟、第三任妻子、兩個兒子和女兒皆在蘇聯待過很長一段時間。總的來說，他們的俄羅斯經驗也代表了中蘇關係的另一種意義。

其實，毛家出了一位在中蘇關係中扮演著反派角色的人物，她叫賀子珍（亦叫賀自珍）。[1]一九二七年，賀子珍年方十八，她在湖南省會長沙東部的山內（也就是她的家鄉），遇見了湖南同鄉毛澤東。毛澤東長征時她伴著他，毛澤東有六個孩子是她生的。一九三八年，他離開了毛澤東，離開了延安及中國革命，前去莫斯科學習。

就像過去幾年的中國革命家一樣，她發現蘇聯有專為她這種人創辦的新學校。中國共產黨雖然據說已斷絕了與莫斯科的聯繫，其實一直在莫斯科活動（此外在中國東北、新疆、西伯利亞，法國及其他許多地方都有其蹤影）。毛澤東的弟弟（毛澤民）在莫斯科和新疆之間來回奔走，努力打通從延安到蘇聯的通路，他希望能通過這條走廊，讓無線電通訊、人員、飛機、金錢、武器得以流動。毛澤東的兩個兒子以及第二任妻子楊開慧早已在莫斯科，而賀子珍與她和毛澤東所生的女兒未來將在莫斯科待上十年。

賀子珍在俄羅斯所使用的假名已經不可考，她不能，或者不願去學俄語。沒有人知道她是否有朋友，更不用說戀人。在毛澤東的俄羅斯這個可怕的國度裡，賀子珍失去了她孩子的扶養權，還被診斷為精神病患者。

雙槍女俠

毛澤東的第一場婚姻是家裡的媒妁之言，而他也像其他男黨員一樣，最後離了婚。他於一九二〇年再婚，這段婚姻維持了十年，也反映了一段早年的革命時光：楊開慧是湖南第一師範最受學生歡迎的老師的女兒。楊開慧為毛澤東為產下了兩子；而毛澤東拋掉楊開慧之後，她也遭到國民黨逮捕殺害。據說她在臨刑前，寫了一連串的信給毛澤東（其中一些於一九八四年出版，其他的則於後續曝光），這些信也讓大眾或多或少認識了楊開慧。[2]

另一方面，賀子珍並未留下任何足以讓世人了解她的信件或演講；就算她的女兒（仍在世）以及孫女（曾在美國受教育）知道她有留下手跡，她們也無權使用。因此，與賀子珍相關的寫作，必須視為傳說或傳奇故事。雖然如此，賀子珍的傳奇故事也成為了中蘇兩國戀情的一部份。

賀子珍約於一九〇九年出生於井岡山腳下的一個小村莊，小時候名叫桂圓，在學校她改名為自珍（自我珍惜之意）。她出生於經營茶行的舉人世家，在五個孩子當中排行老二。她向她哥哥的家庭教師學習讀書寫字，她父母也讓她上家裡附近一家由芬蘭女性所經營的女子教會學校，但賀子珍很不喜歡那家學校的教育方法。[3]

她和兩位妹妹由於身材瘦高，有人將她們三姊妹譽為「永新三枝花」。從照片能看出，賀子珍有著細長濃密的眉毛，大大的眼睛閃耀著光芒，嘴唇圓潤，鼻翼也相當寬闊。後來，在共產黨員中，大家認為她相當有吸引力，是少數美麗的女黨員——儘管女黨員們的打扮相當中性。[4]

伴隨著美貌的，是她叛逆的性格，以及對政治那股異乎尋常的興趣。一九二六年，蔣介石的部隊經過湖南，引發了賀子珍對政治的興趣，據說她也是湖南省共產黨最早也最年輕的黨員之一。她發表了幾篇具煽動性的演講，還與她哥哥一起參與了起義，但她最出名的還是她的射擊能力。據傳曾有人開玩笑地問她，她是不是前一天用槍殺了兩個官員，她回說是啊，殺了兩位官員，用的還不是同一把槍。也因為這條故事，她獲得了「雙槍女俠」的稱號。[5]

賀子珍的故事，就是共黨控制區裡一位高挑、美麗又叛逆的年輕女孩，由於太過聰明，家中的學習無法滿足她；也因為坐不住，無法靜下來念書；熱衷於參與政治行動；又是訓練有素的射手。若考量到周遭環境對她以及中國革命的影響，以上種種都是再自然不過的事情。若把她的形象描述為像是那些大她十幾歲、激進、讀過點書又羅曼蒂克的女孩（就像毛澤東的第一任妻子），就顯得很詭異了。

賀子珍的哥哥和家鄉的土匪頭子過從甚密，而這個土匪頭也是毛澤東和他那些不成軍的革命同袍，抵達賀子珍家鄉時打算爭取加盟的對象。按照地方文史工作者的說法，這位頭頭的妾很嫉妒賀子珍，因為賀子珍熱情又年輕，對革命又很投入，這些特質都讓她自然而然成為四周男人追求的對象。於是他讓毛澤東和賀子珍互相認識，來解決自己的麻煩。[6]總之兩人相遇了，當毛澤東在一年後離開賀子珍的家鄉時，賀子珍也與他一道離開，前往之後成為「蘇區」的江西瑞金。不過另一個傳說是，賀子珍其實從未愛過毛澤東，她要的只是毛澤東的保護而已。認識毛澤東越多，賀子珍越是想要離開他，但毛澤東不允許。

無論喜怒哀樂，賀子珍和毛澤東直到長征開始前都一起住在瑞金。毛澤東那時算不上是中共的領導人，他的地位起起伏伏，很多時間都待在家裡。長征開始前，據說賀子珍曾三度懷孕，但毛澤東的革命流產，而賀子珍的孩子都沒有存活。7

征途上的賀子珍

因此，年輕而大腹便便的賀子珍，就以毛澤東之妻的身份踏上了征途，她是八萬名男性中大約三十五名女性中的一員，參與了二十世紀中共最深刻的一場歷程。

從地圖上來看，長征開始先向西前進，接著往北，中途有許多怪異的繞道，和中共黨員搭火車和船去莫斯科的直線或弧線路徑相比，長征的路線顯得很沒道理。早期前去莫斯科的人，取道秘密又危險的路徑離開中國，再搭乘長途又不舒服的火車前往莫斯科，不過他們一路上不會有敵人的砲火威脅，也沒有直接的軍事目標。許多參與長征的人半途而廢，或者不幸因為疲憊、飢餓、受寒、疾病而死。據傳說，這批中國人就這樣一路走到了烏托邦。

征途中的女性則以中國的方式，改變了愛情與革命之間的關係。對參加長征的男人而言，有女人伴隨意味著無上的特權，而女人的地位也緊緊繫於男人的地位高低。可是在莫斯科，按照中共流傳的故事，中國男學生多，女學生少，使得女學生享有極大的權力，也導致了狂野的濫交；而參與長征的女性也極為稀少，這讓她們對貞操有了新的想法：參與長征的女性事後所說的故事中，往往透露出「懷孕即災難」這個道理，因為對女性而言，在長征中分娩或是墮胎都難以使身體復原，而悲慘的故事也多到不可勝數，畢竟，產下嬰兒後，誰來照顧？8

長征後沒多久，賀子珍就於一九三五年二月產下一女。在將女兒交給農民收養前，賀子珍並不想為女兒取名；據說在她臨終前，她出乎意料地問了一名來訪的當年長征夥伴：「我到底是在哪兒生下我女兒的，你們記得嗎？」她大有理由忘記，因為分娩後兩個月她被炮彈擊中，頭部和背部都有砲彈破片。有個傳說是，如果你用手去摸她的背部，就可以摸到體內的破片。在征途上，她大部分的時候都以馬代步，當她身體狀況非常糟糕的時候，她就像毛澤東一樣搭轎子。人們也說，她痛苦到只求一死了結一切。[9]

在賀子珍為毛澤東生下的六個孩子當中（三名生於長征前，兩名於長征途中，一名於長征後），能存活下來，並為官方所記載的僅有一位。這位女孩名叫李敏，小名嬌嬌。

在孩提時代的朋友們鼓勵下，李敏後來將她自己出生的故事拼湊起來，寫入她的著作《我的父親毛澤東》當中。她寫道：

> 我是一九三七年，在陝北保安縣出生的。關於我的生日，又有許多種說法。有人說我是一九三六年八月出生，有人說我是一九三六年冬季出生，我爸爸說我是一九三七年初出生的。媽媽也這樣說。其實，生日對我這個普通百姓來講，也不是什麼特別重要的日子。清楚與不清楚，也無關大局……更何況，我和黃土高原上所有的孩子一樣，出生了，不過是一個小生命，生日並不重要，對於毛澤東的女兒來說，更不重要。因為，對於爸爸來說，他期待的是一個民族新生的日子。[10]

李敏找到了她出生時的產婆，是另一名黨員的妻子。產婆回憶說：「老遠，我就聽見賀子珍在院外的崗樓裡喊叫……我走進崗樓，見賀子珍面色蠟黃，消瘦的身子躺在地鋪上，冷得直打哆嗦。崗樓的牆是石頭累疊起來的，頂子是用高粱稈子抹著泥巴搭起來的，崗樓裡四面透風。」李敏何其有幸，出生在長征結束時。像其他孩子一樣，她被送交給當地人負責看護，而且在延安幾乎沒見過她的父母，但她活了下來。[11]

莫斯科與延安的連結

長征原本應該讓中國共產黨的目光轉向國內，滿足中國農民的需要。然而，他們現在可以自由建立自己的革命小國家了，不料共產黨人在延安做的第一件事，就是透過記者愛德加・史諾（Edgar Snow）的報導，向全世界發聲。[12]

那幾年間，所有了解蘇聯政治真實面貌的人，都知道蘇共正在自我毀滅，並盡量多拉一些外國共產黨員同歸於盡。當年前往蘇聯的旅人，只向外界報導好事。不過在中國卻出現了一場超級成功的公關消息戰：在異國的新紅色烏托邦中，其領導人住在洞穴裡，而且真的很關心農民。外國人紛紛前來延安訪問，從艾格妮絲・史莫德萊（Agnes Smedley）這位來自美國中西部的女孩，到蘇聯紀錄片製作者羅曼・卡門（Roman Karmen）以及其他許多人前仆後繼。其中艾格妮絲是共產國際派往延安的代表，她先去了莫斯科再轉往延安。[13]

當時的延安不只是中國心臟地區的中共基地而已，還是國際社會主義中心，讓埃彌這樣的人得以茁壯。在延安，埃彌為羅曼・卡門翻譯，與蘇聯文學館通信，與朱德談詩，與周恩來一起回憶巴黎的種種，並拜訪了幾乎所有的黨內菁英。他還重新與毛澤東聯繫上。毛澤東還安排埃彌在康生手下服務，擔任魯迅學院的院長。毛澤東也邀請埃彌於深夜到他的洞穴聊天。[14]

埃彌一面與外國妻子保持聯繫，一面恢復了風流的一面，開始與他妹妹的一個朋友往來。瓦莎擔心埃彌的健康狀況，並寫信給蘇聯作家聯盟主席亞歷山大・法捷耶夫（Alexander Fadeev），告訴他關於埃彌在延安的生活：

> 法捷耶夫同志！
>
> 雖然我們素昧平生，但我有一件很重要的事要請求你。最近我從埃彌那兒收到一封信，從內容我可以看出來，埃彌在那邊相當缺錢。儘管貴為魯迅學院院長，他卻和學生們吃得一樣差（一天兩次吃粥，加上少量的蔬菜）。也沒有錢買菸。我知道埃彌的健康狀況有多差（畢竟我們共同生活了八年），我擔心他再繼續這樣下去，不用一年就會罹患肺結核。他自己從不抱怨，他的信中反而充滿了熱情和活力（再怎麼說，他很不會照顧自己）。當他離開蘇聯時，將所有的著作權和酬金都給了我和我們的兒子。我們不時收到從莫斯科的E・沃夫（E. Wolf）那兒寄來的小額款項。在哥斯里提達特（Goslitizdat），有一本書收錄了埃彌的詩集、散文集以及一些文章，價格大約五千盧布。而我的請求如下：請從哥斯里提達特那邊獲得許可，至少將一筆小錢換成現金……我不希望讓埃彌知道是我匯的款，請把它弄得像是蘇聯作家聯盟寄給他的。
>
> 祝好，
>
> V・斯塔羅杜布[15]

同時，葉華也為了去延安找埃彌而展開行動。隨著希特勒對歐洲的控制越來越嚴密，葉華不

延安時期的賀子珍與毛澤東。李多力提供。

斷從蘇聯的報紙上尋找延安的消息，有次看到羅曼・卡門的一篇文章提到埃彌，她興奮不已。於是葉華寫信給埃彌，埃彌則問了毛澤東是否能帶葉華來延安。

一九四〇年八月，葉華帶著兒子萊昂前往列寧格勒拜訪瓦莎，然後去莫斯科搭火車前往哈薩克。蘇聯已有飛機往返阿拉木圖和蘭州，因此葉華和萊昂不必搭乘長途汽車穿越新疆。兩人被安排搭上了外交班機，下機後一輛蘇聯軍用卡車將他們載至西安，在那兒與埃彌重逢，一起前往延安。[16]

葉華到達延安後，埃彌搬出了共產黨安排給他的洞穴，並用他自己的錢為他們三人買了另一個洞穴。萊昂還記得，所有的大人們都對他很好。「我小時候特別可愛，大人帶我去市場時，小商販都會給我東西吃。我父親很擔心這件事影響革命紀律，因此他非常幽默地在我的背上寫了一個標語『請勿餵食』。」[17]

有一天，葉華和埃彌去見毛澤東。埃彌的傳記裡寫道，毛澤東問他：「所以你現在自己一個人住？」埃彌用一個笑話迴避了他買洞穴這個問題：「不，我結婚了，也有工作了。」毛澤東繼續問他：「什麼工作？」埃彌說：「無家可歸的流浪漢。」毛澤東答道：「沒有工作也是工作。例如，沒有財產的人也屬於一種階級……基本上，你是一個小資產階級。」埃彌則回：「基本上，這種階級並不好。」[18]

在延安，會在孩子背上寫著幽默標語的人不多，能與毛澤東開開階級玩笑的人也不多。但這些故事說明了埃彌在延安的地位還不穩固，而且他與毛澤東的關係一方面保護了他，卻也讓他受到批評：有些人認為埃彌放蕩不羈，對毛澤東造成負面影響。

也有些人不喜歡埃彌獨尊蘇聯文學。魯迅學院和其他的知識分子認為蘇聯文學的美學有缺陷。

毛澤東於一九四二年發表著名的〈在延安文藝座談會上的講話〉之前，他和埃彌花了很久的時間討論文學在蘇聯的作用——包括第一屆蘇聯作家大會，會中導入了社會主義的寫實主義，也論及了藝術應服務於政治。[19]延安文藝座談會的內容，其實是共黨內部整肅的一部分，旨在幫助毛澤東鞏固權力，排擠他那位由蘇聯支持的競爭對手王明。如果埃彌的傳記所言屬實，那麼埃彌就是一個管道，在最關鍵的時機，把史達林如何對付知識分子的方法傳達給了毛澤東。

無論埃彌與毛澤東的友誼本質為何，都不足以安撫葉華。她在延安很不開心，不僅因為她知道了埃彌與一位年輕女子的婚外情，也因為她不能在延安拍照。而她又不會說中文，因此在埃彌投入黨和文化的工作時，葉華是孤立的。於是她回到蘇聯，在哈薩克的奇姆肯特（Shymkent）捱過了艱難的二戰歲月，設法讓自己和兩個兒子溫飽。[20]

葉華離開延安後，埃彌與他妹妹的朋友恢復了曖昧關係，並和她生下了兩個兒子。[21]

賀子珍前往莫斯科

來到延安不只是外國人而已。年輕的中國激進分子也慕名前來，好奇於這個共產新天堂。他們是共產黨的新血，成長於日本的欺壓或國民黨的統治之下。在這些激進分子中也有女性的蹤影——沒有受到長征摧殘的年輕女性。

毛澤東掌權時的濫交，這點眾所周知。但據說敢站起來反抗他的人，只有賀子珍這位曾把他推上政治巔峰，從不退卻的女人。毛澤東和賀子珍之間究竟發生了什麼事，已經不可考，但流傳最廣的故事源自艾格妮絲．史莫德萊。她說某天晚上，賀子珍去找毛澤東，發現他和一個女孩在一起。

據說賀子珍瘋狂罵道：「混帳烏龜王八蛋，姦淫的垃圾！你竟敢偷跑來這裡和資產階級的小婊子睡覺！」艾格妮絲到了現場後發現賀子珍正用手電筒痛打毛澤東。毛沒有還手，只要她要冷靜，不過卻讓情況變得更糟。賀子珍抓傷了毛的女朋友，還打了艾格妮絲，艾格妮絲也還手了。你是什麼樣的丈夫啊，賀子珍質問，准許一個外國女人打你太太？守衛們上前將賀子珍拉開。無論如何，醜聞是傳開了，而艾格妮絲則被趕出了延安。[22]半年後，賀子珍於一九三七年的夏末再次懷孕。

不管是毛澤東為了一位上海女演員而要賀子珍離開，還是賀子珍自己要走，反正她和幾個失了勢的共黨領導人一起離開了延安，前往莫斯科。未來還有許多共黨高層會從延安去莫斯科。可以確定的是，一九三八年一月，賀子珍已在克里姆林宮的一家高級醫院接受了彈片創傷的治療。[23]

毛澤東的兒子，在莫斯科出生

一九三八年四月六，賀子珍生下了她與毛澤東的最後一個孩子。她在莫斯科一個產婦之家得到了適當的照顧，這是許多蘇聯婦女生孩子的地方。[24]這個健康的小男孩叫做列夫（是托爾斯泰的名字）。賀子珍在醫療中心待了六天。毛澤東的男性繼承人就這麼登場了，而且還是在俄羅斯出生的。

毛澤東年紀較大的兩個兒子，毛岸英和毛岸青，不久前也來到了莫斯科，於是上演了一場奇妙的團圓。他們記得第一次見到賀子珍時：

她又高又瘦，水汪汪的大眼睛，笑得很尷尬，就好像是想說什麼卻欲言又止的感覺。她看起來又累又難過，要怎麼樣打破這尷尬的沉默啊？最後她問道：是岸英和岸青嗎？她說我們的父親很想念我們……（賀子珍）看到我們房間這麼髒亂，就開始打掃，然後把水果和碗盤放在桌上。接著她看到我們的髒衣服，就拿到河邊去洗，再拿回來晾乾。她這樣忙進忙出的，我們都很不好意思，我們也想幫她忙……她週末都會來看我們，還帶了禮物。她把她每個月領到的七十盧布都給我們當成零用錢，對我們來說，她漸漸成為了無可取代的人。她要是沒來，我們會很想她。

按照毛氏兄弟所言，列夫出生後，賀子珍的悲傷就漸漸消退了。

我們去賀子珍家，見到了列夫。她笑得又柔又甜，之前我們好像沒見過她笑得這麼燦爛。這個小房間也成了我們的家，我們在家裡聽長征的故事，教她俄文，她也告訴我們父親的事、她自己的事，以及她的傷勢。她以清朗的聲音唱民謠給我們聽，讓我們想起了家。這個家充滿了幸福、歡笑和歌聲。[25]

但列夫卻因肺炎而夭折，賀子珍的精神也和列夫一起消失，至少毛岸英是這麼說的。她「完全變了個人」。

兒子死後，賀子珍被送去讀書——這是處理在莫斯科的高層黨員的既定辦法。

地下學校

賀子珍就讀的學校，在她抵達前已經有了幾年的歷史，是蘇聯國際教育史上最特殊的學校。她的學校與一九二〇年代的學校相去甚遠，也反映了中蘇革命關係中一種新的、難堪的絕望。

一九三三年的時候，由於日本入侵滿洲，共產國際內部也出現了一些聲音：應該將滿洲一些年輕的共產黨人（或至少是抗日人士）帶到莫斯科接受高等教育。[26]在共產國際與中共長征失去聯繫之後，中國駐莫斯科代表團長王明便專心深耕滿洲。當地激進分子和反日游擊隊的人數不斷增加，一個獨立於長征之外的滿洲共產黨正日益茁壯，於是王明開始將滿洲共產黨黨員送至莫斯科。由於中山大學已經關閉，而莫斯科列寧學校容量有限，所以東方大學——自瞿秋白和埃彌就讀以來，它一直以國際革命學校的角色而存在——就被賦予一個新任務，設計一套新的中文課程。

一九三三到三四學年，東方大學的新中文部門有二十位學生；到了一九三五年底，增加為七十位，而且還計劃將人數擴大一倍，學生大多是來自滿洲的游擊隊員，少數則為來自蘇聯遠東的中國人，以及一個「特殊的短期六人小組」。這三種學生被區隔在三個不同的地方上課，這種現象反映了一九三〇年代蘇聯疑神疑鬼的氣氛。學校有六位以中文授課的老師，包含中文拉丁化運動領導人吳玉章，後來擔任中華人民共和國第一個語言改革委員會負責人。也有一些以中國為主題的課程，授課老師為當時駐莫斯科共產國際的中國代表團成員。[27]在一九三四年至一九三九年之間，中國代表團不僅包括所謂的二十八個半布爾什維克的領導人、中國共產黨前總書記王明，還有康生——他對許多中共黨員的晚年生活影響甚鉅。

康生是二十世紀中國歷史上最令人厭惡的人之一，他總是處心積慮，摧殘他人身心。他的英語傳記作者指出，他在莫斯科年間「修完了政治教育，鑽研恐怖政治，獲得碩士學位」。這個描述，在其他中國留俄學生的身上也可看見：或許他們在蘇聯學到最重要的東西，就是政治壓迫的藝術。莫斯科的中國學生自己經歷了恐怖政治，參與了恐怖政治，然後將恐怖政治輸入中國。這意味著中國人還不夠了解酷刑或操弄政治的手段，也意味著法國大革命還沒說清楚的事：若將恐怖政治推展到極致，會導致人民以暴力推翻現有秩序，並強制建立一個新的秩序。[28]

無論中國人在蘇聯經歷的政治有多恐怖，他們的活動還是相當多樣化的，即使是在大整肅的高峰期。以康生來說，王明帶他到莫斯科後，他住在魯克斯酒店，又去共產國際發表演講支持王明所領導的中共。他還協助在外蒙古組織騎兵部隊，支持中共，以備不時之需，而且他似乎花了相當多的時間在所謂的革命教育上，積極參與東方大學中文部的活動，並在那裡發表演講。[29]

這所地下學校的學生們生活也很多樣，不只研讀史達林的演講而已。他們還去了孤兒院、機場和工廠，地鐵站甚至是氣象站；去動物園、天文館和紅軍博物館；看電影（《愛與嫉妒》、《在巴黎的屋頂花園下》、《恰巴耶夫》）和戲劇（《干預》、《母親》）。奇怪的是，沒有證據顯示他們參加過一九三五年中國戲曲明星梅蘭芳在莫斯科的演出，這可能是他們最看得懂的一場表演。不過在中俄組成政治聯盟對抗日本人之前，梅蘭芳到俄羅斯的演出代表著國民黨黨員和蘇聯政府之間的文化外交，因此，一大群中國共產黨學生出席欣賞表演可能就不太合適。[30]

從一九三四年八月開始，老布爾什維克波里斯．伊茲萊洛維奇．克瑞弗斯基（Boris Izrailovich Kraevskii）蒞校開辦了一系列地下工作方法論的講座。內容是如何躲避追捕、被捕後或遭受酷刑時該怎麼做。假如是關於「如何追捕、如何施刑」的講座，恐怕內容就不會被記錄下來了。克瑞弗斯基在課間說明了：一，晚上剛睡著時，他如何強迫自己醒來，同時完全無誤地回想出他的假護照上每一筆資料；二，他有次服刑兩年期滿，接受偵訊時，如何能說出和當初審訊開始時完全一樣的供詞，讓警察大感驚訝，因為他完全記牢了自己的說詞；三，如果叫一般人閉眼記住一個房間的所有細節，他們連房間有幾扇窗戶都記不得，但亞洲人確實有更強的記憶力——他還引用了吉卜林（Joseph Rudyard Kipling）的小說《基姆》來證明亞洲人的記憶力；四，黨員們就算對孩童也要提高警覺，因為警方會利用兒童追蹤嫌犯；五，警察如何色誘不滿足的婦女，讓她們背叛她們不愛的丈夫；六，如果文盲的同志被迫在文件上按指紋，他應該稍微扭動手指，這樣日後在法庭上就可以清楚證明他是被迫畫押的。

有一次，克瑞弗斯基還向學生們介紹，如果他們被逮捕並受到刑求時該怎麼辦：

> 首先，絕不要低估這些警察。民警有時候確實比較沒有經驗，但你必須假設他們有能力。不要以為他們審問你的時候，你能騙過他們，警察也越來越國際化，常與其他國家的警察互通訊息與經驗……你要記住，如果他們逮捕你，你就只能靠自己了，他們卻有整個國家機器在背後……但你也不要膽怯，因為他們不是萬能的。記住這些資產階級的弱點。我們的階級更優越，我們一定會勝利，而且就在不久的將來……我們的優勢在於，無論他們如何掙扎，死亡對他們來說就近在咫尺……他們的弱點在於，歷史上來看他們實在太弱了，雖然在某個特定時刻他們非常強大，但從歷史上看，他就屬於無能為力的政治階層。他無論怎麼做都無法撼動我們，他註定必敗。[31]

後來，蘇聯革命教師不再要求中國學生死板地閱讀列寧著作，而開始以深入淺出的方式談論實際和有意義的事情，學生們也提出了各式各樣的問題。

東方大學的學生聽了克瑞弗斯基的地下工作講座之後，學生們前去莫斯科一個名為「勞苦與流放」的特殊博物館實地考察，其中包括牢房的模型，以及俄國革命之前，布爾什維克黨人地下運作的遺物。校長指出，學生都很喜歡，他們對共產黨人在監獄裡靠著敲擊聲相互聯絡的方法特別有興趣。他們很想了解布爾什維克黨的組成，以及蘇聯大整肅的機制。另外，學生對西班牙內戰也非常熱衷，熱衷到校方必須要求學生不要把自己每月的津貼都捐光了。[32]

不久後，東方大學進入了下一個階段的中國學生教育。康生親自主持學校教師和共產國際代表的教學會議，討論如何改善滿洲共產黨人的教育。他們擔心沒有足夠的專家來講授滿洲地理和軍事教育，而康生則堅持課程的主要目的在於告訴學生「他們在滿洲里的任務」。例如，學生們應該學習軍事地理，不是自然地理，這樣學生才能理解滿洲在抗日戰爭中的戰略地位。沒有必要花太多時間談論歷史，因為中國的變化太快了。[33]

一九三六年初，共產國際想要招募更多中國學生前來就讀。到了四月，一名探子前往滿洲尋找新的學生來源。[34]雖然此時蘇聯正在大整肅，但共產國際不斷將外國激進分子帶到莫斯科學習，證明共產國際對於煽動海外革命依然興趣不減。不過此時蘇聯強調保密，因此「在東方大學這個象徵著國際主義、可以讓各地革命人士建立橫向聯繫的大型開放式機構中，把外國和國內東方人聚在一起接受教育」的想法，只好打個折扣。為了讓外國學生與本國學生隔離，東方大學的學生分成了兩部份。從五月開始，外國學生將在一個名為「國家和殖民地問題科學研究所」，或簡稱為「殖民研究所」的地方念書，這間機構由巴威爾．米夫管理。接著，該機構把各國學生分發到莫斯科中區和郊外的不同地點上課，學生們彼此都不知道其他人被派到哪裡。開設給滿洲特工所讀的學校，照理來說應該是完全保密的。事實上，從蘇聯的角度來看，官員稱呼這間學校是「非法」的，也意味著它在蘇聯官方眼中並不存在。

我們的軍事部門出了點問題……它的存在根本就不合法。因此我們無法取得所需的教材以及老師，所以問題來了：我們有軍事部門，卻無法獲得軍事裝備。我們必須決定，要不要讓這個軍事部門合法。該向誰申請？去哪申請？[35]

滿州學校只有小口徑手槍，是學生們自己設法買的。他們會跑到鄉間進行軍事訓練，而有時會被農民撞見，引起不少猜疑。但他們也不知道，官方是否會准許他們前去比較隱蔽的地點進行訓練。從這些討論可以得知，一九三八年以後，殖民研究所中文部的地位相當不穩定，因為缺乏有力人士可以提供必要的物資。校方急著把不同國家的學生加以隔離，原因或許是這是一家「非法」學校（校內都是來自日本佔領區的滿州人，而在當年的蘇聯，傾向把這群人視為間諜）。另外，當校方發現無法徹底隔離學生的時候，那份焦慮可想而知。

身不由己的親密關係

當局越是想孤立中國學生，年輕學生與一般俄羅斯人的接觸似乎越親近，無論這些中國學生被發配到哪裡。研究生曾經一度留在原來的東方大學，這所學校自一九二一年創校以來，學生和周圍的居民早已習慣互動了。後來在一九三六年夏天，有些中國和韓國學生參加了一個短期的暑期課程，上課地點位於莫斯科郊區烏德爾尼亞（Udel'naia）車站附近的別墅附近，而周邊總會有一些來度假的蘇聯人，製造噪音和打斷課程。

打從一開始，在夏季與蘇聯居民密切接觸，就是中國人在莫斯科受教育時的正常事件。但不尋常的是，一九三〇年代中期，那些在學期當中本來應該被完全隔絕於蘇聯生活之外的中國人，竟能一直和蘇聯人往來。一九三六年秋天，大約有十五名中國學生隸屬於「第十一部門」，他們的生活和教育都是在一棟建築物的兩個房間內進行的。東方大學的員工住在涅格林卡街（Neglinka），這條街從莫斯科市中心的莫斯科大劇院後方開始，一直延伸向七彩林蔭路（Tsvetnoi Boulevard）。[36]

其中一個房間既是餐廳也是教室。這個房間只有一個缺點：所有東方大學的員工，若要前往自己的生活區及廚房和洗手間，都得經過這個房間。因此從早到晚都有人不斷穿越。員工們消遣學生們是「外來者」、「非我族類」。還有，房間的正下方是餐廳，在凌晨時分非常嘈雜。[37]

這些中國學生的第二個房間，實際上是學校員工的工作室，中間由一塊膠合板隔開。在工作室裡，收音機全天播放，人們也大聲說話；這個房間還有一扇玻璃門，門後通向員工生活區，所以俄國人經常開門關門，或是透過玻璃門看過來。儘管校方一直想為中國學生找個新地點上課，但到了一九三八年初，學生還是在這裡。且此時至少已有一名俄羅斯姑娘懷了滿洲游擊隊員的骨肉。[38]

第十一部門負責人在他的報告中寫道，在這些條件下，討論保密是毫無意義的：

這棟大樓的人員和東方大學的工作人員不用對任何學生負責，所以學生們很自由，工作人員之間也常談論這些學生。我也不知該找誰負責，但這樣讓學生不斷和女性有曖昧關係，損害了學生紀律。例如，一九三六年九月三十日晚上，兩個學生在未經任何許可的情況下前往烏德爾尼亞車站，與妮尤拉（東方大學員工）和塔希雅（公立農場的工人）見面。這一切都是由東方大學（此地是一個會面和傳遞信件的地方）以及東方大學的員工所造成的。也就是說，東方大學員工扮演了媒介……甚至告訴學生其他部門的位置。39

學校官員也很沮喪，因為學生們對員工太粗魯，又自傲於自己先前接受過的粗淺教育，要不然就是學習太被動。只有少數學生的表現令人滿意。最大的問題人物是一個曾在滿洲里擔任游擊隊長的人，他帶著父母、妻子、孩子和一群忠於他的保鏢一起到莫斯科，因此要教導他幾乎是不可能的。有次他打太太，於是康生對此大作文章，這也激怒了那位學生的保鏢，搞得天下大亂。40

這些滿洲的游擊隊員在校內胡作非為，又與一般的莫斯科老百姓稱兄道弟。同時，隸屬第七部門的研究生也有自己的問題。這些學生讀的書比較多，在滿州共產黨內也更有經驗，但這批相對菁英的學生很快就倆倆出雙入對，還生下了孩子。

這種不尋常的教育情況終於引起了高層注意。一九三八年二月，研究生部門負責人針對該部門的問題進行了報告，然後一個名叫柯特尼科夫（Kotel'nikov）的人發問。柯特尼科夫的第一個問題，就是學生的情緒狀態和彼此之間的關係。部門負責人花了許多時間解釋學生的戀情及帶來的問題，然後保證沒有發生任何不良情事。其實，至少還是有一對情侶獲准結婚。41

事實上，研究生和中國籍教學人員中有不少夫妻檔。一九三八年後，學生之間的婚姻已經見怪不怪了。官方有時認可這些婚姻，有時則否。校方也特別關注學生的私生活和交友關係，會鼓勵一些人在一起，也會拆散一些鴛鴦。[42]

遭背叛的中國女性

在蘇聯大整肅的恐怖期間，莫斯科華人的性事問題不但沒有停止，還越來越複雜。[43]在學生當中如此，在莫斯科的中共領導階層，從王明開始也是如此。因此，被中共領導人拋棄的賀子珍抵達莫斯科時，她將會遇見與她有著相同遭遇的女性。

其中一個悲慘的案例是一位前去莫斯科陪伴丈夫的女性。男方名叫張浩，曾是中共駐共產國際代表團成員之一，女方是蘇可勤，也是張浩的第二任妻子。根據她的說法，在漫長而艱難的歲月裡，她一直堅定支持著張浩，而張浩堅持要她來莫斯科。她才剛到，就發現丈夫和一位德國女人公然相戀。這件事非常丟臉，於是中國代表團的其他成員立刻介入，要求張浩立即終止他與德國女性的關係，但他卻不聽從。和張浩育有一女的蘇可勤實在是受夠了，她決定以丈夫的別名向代表團寫了一封公開信，要求代表團介入她的私生活：

致代表團的各位成員，

我與福生同志的問題並不是個人問題、自由戀愛或離婚問題，至少我認為不是。這是本黨同志之間的誠信問題，某位同志因為愛情的誘惑，而使另一位同志難堪的問題。這個問題在於，某位同志為了愛情，而以政治作為藉口，來攻擊另一名同志……黨員應謹言慎行，因為放眼全世界，也只有本黨不會壓迫女性，男人若有錢有勢，有了三妻四妾就會欺負正宮，隨時都可能拋棄元配。（福生）以王明和羅雪兩位同志為例，斬釘截鐵地告訴我「擁妾有其必要，在這裡，社交很重要，如果羅雪不讓王明包妻養妾，他們的關係就會不穩定」。福生真的不想拋下我，只想讓我留在家裡照顧他，讓他和德國女人一起出去，有時我甚至可以跟在他們後面。我也想要和丈夫做愛，我願意排在這德國女人之後，也只有這樣我才能成為一個好妻子。但可惜，福生忘記了我是一名黨員，忘了我是一個會反抗的黨員。[44]

蘇可勤對張浩的控訴似乎相當有力，而且她可能快要獲勝了。但她犯了一個糟糕的失誤：她提到羅雪接受了丈夫王明的婚外情。因此，蘇可勤因她對男女關係所表現出的「封建」心態而受到批判，於一九三七年被送到莫斯科的工廠工作，然後送到勞改營。[45]蘇聯的大整肅此時達到高峰，而在莫斯科的小小華人圈子裡，性和政治糾纏在一起，一如往常，且毫無希望。

比賀子珍稍晚一點來到莫斯科的林彪，徹底迷戀著上海電影女演員孫維世。孫維世在莫斯科戲劇學校學習，也是周恩來和妻子鄧穎超的養女。據說林彪在莫斯科的全期都沒有成功追到孫維世，[46]於是林彪把妻子拋在莫斯科，自己回到中國。他太太則在俄羅斯一個小地方度過了多年，就像蘇可勤和賀子珍一樣。

其他的中國人就沒這麼幸運了。目前還沒有紀錄能顯示有多少中國人在勞改營被判處死刑，或在勞改營服苦役的年數。但檔案文件表明，一九三九年間，蘇聯官方承認勞改營中至少有一千七百名中國公民（不包括華裔的蘇聯公民）。據信有些中國人遭判處死刑，於莫斯科郊外的布托沃（Butovo）刑場的資料顯示，在槍決的兩萬人中，包括了數十名中國人，有一些是洗衣店或工廠工人、有幾位是知識分子，而莫斯科的薩哈羅夫中心（Sakharov Center）的資料庫中也有類似證據。[47]

賀子珍與中蘇浪漫關係的最低點

賀子珍究竟是在何時進入殖民研究所就讀，目前並不清楚，但就在她兒子列夫去世幾個月後，她的俄文化名文倫（Ven Iun）出現在一九三八年十二月的入學名單上。[48]

不久之後，殖民研究所就正式關閉了。儘管如此，還是有一小批黨員，包含賀子珍在內，在莫斯科偏遠郊區一個叫做庫琴諾（Kuchino）的地方繼續接受教育，那兒有幾棟與世隔絕的別墅。當時從莫斯科搭電車到庫琴諾，得花上兩小時半。這所學校於一九三八年秋季在革命援助組織的支持下開辦——這個組織，曾在一九三〇年代早期幫助過埃彌。[49]

或許是因為它太偏遠了，這所學校無論在就讀的中國學生還是蘇聯當局眼中，存在著不少問題。唯一詳細探討這所學校情況的中文紀錄顯示，它缺乏資源。一九四〇年一月，周恩來訪問蘇聯時，直接寫信給共產國際主席喬治奇・迪米特洛夫（Georgii Dimitrov），指出該校及學生的狀況，說學生大多數是熬過長征的「生病同志」，亟需醫療看護。同年夏天，該校俄籍主任寫了一份報告指出，他們需要的東西都沒有：冬天時室內溫度已降至零度以下，但有些同志既沒有靴子，也沒有大衣；學生們也沒有得到所需的醫療服務。[50]這裡的情況就是，中國革命將其淘汰的人員送到莫斯科，而莫斯科將他們藏在偏遠、寒冷的別墅中，幾乎全無所需的物質或精神上的慰藉。

一九四〇年夏天，賀子珍與其他幾十名中國同志一起被送往特別療養院休息，但那裡很難讓人的健康獲得實質改善。隨後，革命援助組織解散了「學校」，學生被送至其他地方。正如過去許多中國學生一樣，為他們設計的教育實驗以失敗告終。[51]同樣劃下句點的，是蘇聯在二次大戰前後八年間，對於中共黨員的教育。要等到一九四八年，蘇聯才再次向外國共產主義者敞開大門，其中最重要的對象是中國人。至此，蘇聯對國際社會主義教育的想法已完全轉變。

中蘇兩國的戀情，始於一位神經質的作家前往莫斯科，想像自己愛上了托爾斯泰的孫女，寫下了《赤都心史》。而隨著被毛澤東拋棄、踐踏的賀子珍來到俄羅斯，這段中蘇兩國戀情已經結束了。她哀悼著誕生在俄羅斯的毛澤東骨肉，自己卻無法，或不願，用任何語言傳講她心中的故事。這一點，也反映出中蘇關係未來的黯淡前景。

第十三章

中蘇愛情結晶

一九三二年，在莫斯科南方七十五公里外的小村莊有一間兒童之家，一位老木匠劈開木桶，將木板做成雪橇，給一個叫做尤拉（按，中文名字是黃健）、活潑好動的五歲小男孩。尤拉每天不玩到精疲力盡，絕不罷休，不然他就會對其他孩子惡作劇。每到睡覺時間，如果尤拉肚子還餓著，值夜班的老奶奶會將睡不著覺的孩子們集合起來，說故事給他們聽。尤拉還記得老奶奶的聲音，背誦著普希金金魚寓言故事的開場台詞：「從前有個老人，和太太一起，住在湛藍的深海邊……」[1]

這個景象在一九三〇年很常見，那時候許多蘇聯家庭都收容了因為第一個五年計劃帶來的災禍，而無家可歸的孩子。[2]比較奇怪的，則是那群孩子本身——他們不是蘇聯的孩子，而是外國孩子。尤拉是個中國男孩。這些孩子的家長尚在人世。尤拉的父親和埃彌同期，於一九二三年就讀東方大學，五年後又帶著妻子和襁褓中的嬰兒回到了莫斯科，同行的還有瞿秋白以及其他高階黨員。他將尤拉留在一個叫做瓦斯基諾（Vaskino）的偏遠小村莊中，埃彌的兒子、瞿秋白的女兒，以及其他中蘇夫妻的孩子們也一同在那裡。他們都是中蘇兩國戀情史的孩子。

瞿秋白的女兒名叫 Tuya，在俄文中這個字意為「東亞柏樹」，這個名字並不常見，但發音倒是與她的中文名字「獨伊」很像，孤獨的意思。尤拉當時年紀太小，不記得父母或是他來到莫斯科的事，不過一九二八年的瞿獨伊六歲，跟著母親楊之華到了莫斯科，她對這件事倒是記得很清楚。在從上海到大連的船上，楊之華假扮成農婦以躲避安檢，她帶著一頂梳有包頭的假髮，掩飾她的短髮鮑伯頭。她還將一些美金縫入瞿獨伊的褲腳，但這條褲子卻弄丟了，所以她們在前往俄羅斯的火車上就沒錢吃東西，挨餓的狀況比七年前瞿秋白獨自前往「餓鄉」還要嚴重。抵達莫斯科之後，瞿獨伊和瞿秋白以及楊之華一起待在魯克斯酒店的十二號房中。她記得，當年七月在莫斯科舉行的中共第六次全國代表大會上，「大會期間我都待在那兒，為什麼？因為沒有地方讓我待著……會議中間的休息時間，我就為與會者又唱又跳……和我年紀相若的孩子們開我玩笑：『嘿，妳才是我們的代表。』」[3]

大會結束後，瞿秋白和楊之華拿到了去克里米亞渡假的票，瞿獨伊卻不能跟著去，於是夫妻倆便將瞿獨伊送進一家普通的俄羅斯孤兒院。「這些孩子都是街上撿來的，都是小流氓、混混、不學好的小男孩。爸媽送我來這兒的時候，我根本不知道該怎麼辦，我年紀小，比其他人都小……院長是一個老布爾什維克，她真心同情中國人，所以她也說：『好吧，這小女孩我就收下了。』而我就睡在她房間裡。」但這並非長久之計，瞿秋白和楊之華從克里米亞回來後，瞿獨伊便與母親住在東方大學宿舍。直到一九三〇年她父母返回中國，將她一個人留在瓦斯基諾一家新的、特別的兒童之家。這間兒童之家收養外國革命者的子女，之前也是東方大學的夏季小屋。[4]瞿獨伊對這裡有著美好的回憶，或許是因為這裡比她之前待過的孤兒院還要好吧。

那時她已八歲，只比艾倫大幾歲而已。艾倫是埃彌和他第一任俄羅斯妻子瓦莎所生的兒子（埃彌也在一九三二年回到國內）。埃彌寫過一篇叫〈瓦斯基諾〉的詩，內容是他將艾倫送至孤兒院的情形。

我的兒子小阿郎
我今天送你到瓦西慶樂來
我心裡高興得非常
我心裡無限地悲哀
記得一九二三年
「東大學」的學生在這裡歇伏
王、羅、二陳和世炎（按：王一知、羅亦農、陳延年、陳喬年和趙世炎）
於今一個也沒留住！
瓦西慶樂！
你成了歷史的地方
你可說是我的第二個故鄉！
想多少親愛的兄弟們
為蘇維埃政權而犧牲、而喪亡
當年在你這裡合唱革命歌曲時
一個個多麼慷慨而激昂……[5]

其實艾倫在此只待了幾個月而已，不像尤拉和其他中國孩童，童年完全待在專收國際革命者子女的俄羅斯孤兒院裡。有些孩子和他們的父母一起到了莫斯科，另一些則是和父母其中一人去莫斯科，因為另一人為革命而死了，就如埃彌詩中提及的那位已經殞落的黨員（趙）「世炎」一樣，他的兩個兒子就是跟隨著母親一起去了莫斯科。[6]

還有些是在蘇聯出生的，因為當時他們的父母正於激情的一九二〇年代在蘇聯求學。尤拉童年時期最親近的中國朋友叫做窩瓦，是位溫柔又安靜的男孩，誕生於一場短暫的戀情下。窩瓦的父母離異後，他的母親開始與李立三談戀愛。即使在李立三娶了李莎後，他依然將窩瓦視如己出，使得窩瓦有一段時間認為他其實是李立三所生。[7]而在窩瓦明白真相後，他也沒有被拋棄，只是他的父母真的太忙，所以他們家一開始的時候感覺並不像個家。

（父母）之所以離異，不是因為他們的關係出了問題，而是因為他們大學畢業的時間不一樣，導致他們沒時間照顧兒子，所以他們只好把我送到學校的托兒所。當時那邊的學生都很年輕，大概都是二十三、二十四到二十五歲左右。許多學生在在俄國相遇又結婚，當然也就有了孩子。[8]

窩瓦的母親於一九二九年畢業後，便被派至伯力工作。李莎在那兒見過她，也知道她是李立三這位大人物的太太。窩瓦的父親是瞿秋白推薦給中國共產黨的，並在莫斯科使用鮑羅廷這個假名，直到一九三〇年都一直留在大學翻譯。[9]回中國之前，他將窩瓦送至瓦斯基諾，那裡有許多其他中國兒童，包含一些像他一樣在莫斯科出生的。所以，卡爾・拉狄克的玩笑成真了：中山大學學生所生的孩子，可以在照顧嬰兒革命者的托兒所長大。

太陽下的家

一九三三年，瞿獨伊、尤拉、窩瓦和其他中國兒童從瓦斯基諾被帶至莫斯科東北方二百五十公里的紡織城市伊萬諾沃（Ivanovo）。在那裡，革命援助組織新建了一個孤兒院，正式名稱叫「國際兒童之家」，不過今日後人還是叫它國際兒童院（Interdom）。在一九三〇年代，有二十位以上的中國兒童來到了國際兒童院。他們的居住條件很好，展現了蘇聯對於照顧國際革命者家庭的承諾。[10]

在第二次世界大戰之前，國際兒童院的學生包含以下名人的子女：拉科西・馬加什（Matyas Rakosi，匈牙利共黨總書記）、約瑟普・布羅茲・

一九三四年某一本共產國際雜誌的封面，主角為來自國際兒童院的兒童，而瞿秋白的女兒瞿獨伊則在照片右方。《國際燈塔》

狄托（Josip Broz Tito，前南斯拉夫總統）、博萊斯瓦夫·貝魯特（Boleslaw Bierut，波蘭總統）、多洛雷斯·伊巴露麗（Dolores Ibarruri，西班牙共產黨領袖）、尤金·丹尼斯（Eugene Dennis，美國共產黨領袖）、片山潛（Sen Katayama，日本馬克思主義者）、朴憲永（Pak Hon-yong，朝鮮共產主義者）、費南多·拉塞達（Fernando de Lacerda），以及喬治奇·迪米特洛夫（Georgii Dimitrov，保加利亞共黨總書記）。並非所有國際兒童院的學生都有顯赫的背景，許多學生的家長只是普通的黨員。但是在超級菁英和普通人之間，有很多像尤拉這樣的孩子，他們的父母在國際上並不知名，不過卻在共產國際或母國的黨派中擔任要角。[11]根據學校的記錄，一九三三至一九五〇年間，共有七百六十三名學生就讀該校，分別來自四十個國家。中國學生是最大的單一群體，佔總數的百分之十五，德國學生則佔了百分之十二。保加利亞人、波蘭人、西班牙人、拉脫維亞人、猶太人和義大利人各佔學生人數的百分之四至六。其他國家的少數學生，如巴西，韓國，美國或日本，對學校文化和國際主義機構的聲譽也很重要。[12]

埃彌在關於瓦斯基諾的這首詩中，將一九三〇年代的國際兒童院，類比為一九二〇年代的東方大學，兩者都是「外國人加上充滿啟發的空間」的組合。院內的孩子有很多照片，透過國際主義的出版品或明信片廣泛傳開來。[13]中國孩子人數之眾，使得幾乎所有的照片中都能看到他們的面孔。

二戰爆發前幾年，國際兒童院的生活對孩子來說都很有趣。雖然有些人與父母分離時經歷了傷痛，但也有許多人從未真正認識過他們的父母，還有很多孩子曾經跟著身為革命者的父母度過艱難的生活。所以到了國際兒童院，生活作息如家庭般規律，同學們喧鬧著在一起，接受嚴謹的教育和一系列豐富的課外活動，此地就成為他們曾經擁有過最美滿的家，有時甚至是唯一的家。

而國際兒童院的建築是由莫斯科的未來主義建築師所設計的，座落於風景秀麗的地方，此地在革命前由一位富商擁有。[14]

國際兒童院初期有許多罕見的玩具。一位從瓦斯基諾轉來的中國小孩記得，有人送給孩子們兩隻活生生的小熊，讓孩子們和小熊玩。孩子們也和這兩隻小熊玩得很開心，直到小熊長大了，變得有點危險，才被殺掉做成標本，放在國際兒童院的門口。這兩隻俄羅斯熊用後腿站著，歡迎孩子們的到來，也讓訪客們大吃一驚，還讓流傳到後世的國際兒童院照片更有趣。還有一段時間，孩子們不但有大到可以鑽進去的大玩具車在戶外玩，還有室內的小玩具車，以及許多遊戲和玩具。[15]

比玩具更重要的是課外活動，與負責帶活動、有愛心的人。國際兒童院擁有一個設備齊全的健身房、田徑場、攝影機、一間應有盡有的暗房、電影院、游泳池，以及一間藏書豐富的圖書館，由一位善良的圖書館員和管理。許多學生記得這位圖書館員就像母親一樣親切，而校內的女醫生也同樣受學生歡迎。孩子們還去了當地的一所學校，學校裡的同學對他們相當友善，恭敬地和孩子們保持一定的距離。學校也有溫習課業的時間，由老師監督，鼓勵他們追求學業。

這一群出身各國的外國孩子也學了烏克蘭民俗舞蹈、演唱各種歌曲、演奏各種樂器，並在校內和校外舉辦了多場活動。冬天他們就去滑雪和滑冰；夏天就參加營隊或在學校旁的森林露營，漫步在森林裡，去河邊游泳。包括瞿獨伊在內的一群女孩組成了樂隊，並在河邊散步時收集鮮花，製作成花圈綁在頭髮上；還有一群學生常在森林裡搗亂。[16]

在瓦斯基諾得到人生第一組滑雪板的中國小男孩尤拉，也是個調皮的男生。尤拉記得：「我應該是國際兒童院裡面『最難搞的小鬼們之一』，天天都因為調皮打架、不守規矩和招搖撞騙而被處罰，照顧我的人都沒耐性了。他們常因為我調皮，不准我看電影或去欣賞馬戲團。」[17]不單如此，尤拉還帶領一群男生，和另一群學生對打，那群學生的領袖則是校內唯一的古巴學生。

然而，尤拉和國際兒童院的許多孩子一樣，後來被一位課外活動的熱心老師給「拯救」了：

> 布拉金同志是我們的體育老師，他有高度的熱情。他真的很喜歡孩子，即使他不是精神科醫師，也比其他老師更了解小男生的內心。再怎麼調皮的孩子，他都能夠管理，找出孩子內心的癥結，並巧妙地利用，將孩子塑造成真正有用的人。重要的是，他把一群小混混的老大調教成了熱心的體育課助理。對我來說，不讓我踢足球、做體操，或是在冬天去滑雪或滑冰是最嚴厲的懲罰了。[18]

尤拉的體育老師也勸服他戒菸，又教他運動家精神的真諦。只要他被抓到又在調皮搗蛋，另一位國際兒童院的老師就會叫他去念書。[19]尤拉本來有許多缺

國際兒童院的中文老師。感謝這位老師的兒子韓默寧（音譯，俄文名為蒙尼亞·奇巴西克 Monia Kibalchik）提供照片。

點，在院內老師和活動的幫助下，逐漸轉變成為他的優勢。這樣的故事也是許多孩子的經歷，這種教育方式所帶來的效果，有時是一輩子的。

在國際兒童院中，有些孩子，例如尤拉，從來沒有真正學會他們的「母語」。而其他還記得母語的孩子，也很快就學會了俄語，逐漸淡忘母語。瞿秋白的女兒瞿獨伊曾描述這個過程：「我們彼此之間都講俄語，所以學得也快……很快就忘了中文。一年之內，我們已經完全用俄語交談。說到中文，我只記得他們在中共第六次全國代表大會上教我的兒歌。」其實，甚至是與父親交流時，瞿獨伊都使用俄語。她的父母離開蘇聯後，她母親透過米哈伊爾・鮑羅廷（Mikhail Borodin）轉交給她的信件和明信片，都是父親用俄文所寫的。後來等到她母親在瞿秋白去世後於一九三五年重回莫斯科，而她也離開國際兒童院與母親一起生活，她才再次開始講中文。[20]

國際兒童院聘請了「外語」教師，教導人數較多的德國、保加利亞和中國孩子學習母語。然而，除了年齡稍大的兒童（他們來到國際兒童院之前已經接受過一些學校教育），否則「雙語」（俄語／母語）教學基本上是沒有用的，這也讓偶爾從莫斯科來國際兒童院視察的官員們感到相當苦惱。[21]

不過，中國孩子並沒有長期留在國際兒童院這個好的環境裡。早在大整肅和二戰等兩大劇變之前的一九三〇年代中期，共產國際和中共就已經心裡另有想法，開始為他們規劃另一個教育環境了。

不得見光的學校

一九三六年十一月十九日，王明向駐共產國際的俄羅斯共產黨官方代表狄米奇・馬努爾斯基提出了一項建議：東方大學目前已有極機密的、為滿洲和中國各地區的成年革命者開設的課程；但王明打算開設另一個特別分部，專收十到十七歲的中國兒童。他解釋，這樣可以讓孩子們好好學習中文，接受紮實的革命教育。王明還列出了他的學生名單，其中大多數是著名革命者的孩子，要不然就是像瞿獨伊一樣，父母其中一人已經在莫斯科的兒童。名單上還包括毛澤東的兩個兒子，他們正跟著王明的副手康生，在前來莫斯科的途中。[22]

學生名單當中有毛氏兄弟，意味著王明想設立兒童分部，背後有複雜的動機。文獻顯示，史達林本人參與了這份名單的製定，意圖將毛澤東的兩個兒子帶到莫斯科，作為控制毛澤東的棋子。如果史達林這樣想，那他就高估了毛澤東對孩子們的情感：早在一九三〇年國民黨殺了他們的母親楊開慧之後，這兩個男孩就被拋棄在上海了，毛澤東從來沒有用心找尋他們，反而是他弟弟毛澤民好不容易於一九三六年把他們找回來。兩人的中文名字是毛岸英和毛岸青，但在俄羅斯分別化名為謝爾蓋・永福（Serezha Iun-Fu）和果利・永壽（Nikolai Iun-Shu）。就像先前蔣介石的兒子一樣，他們日後留在蘇聯多年。後來，毛岸青用俄語寫自傳，是這樣描述早年生活的：

> 我毛岸青，俄文名果利・永壽，於一九二五年生於長沙附近。因為父親毛澤東忙於革命事業，於是他在我五、六歲那年將我遺棄。母親楊開慧是一位老師的女兒，在長沙遭到國民黨殺害……母親死後，外祖母將我和哥哥帶到了共產黨開設的兒童機構。國民黨後來又抄了這家兒童機構，我和哥哥毛岸英就被一個「共產黨員」（後來發現是國民黨特務）收養（小弟毛岸龍死在醫院）。一九三六年夏天，共產黨趁著收養我們的人不在，與他的大老婆（她一直

認為我們是米蟲）說好，把我們送到蘇聯。這個大老婆並不知道共產黨給了她丈夫一筆養育我們的錢。[23]

毛岸青這份自傳現存俄羅斯檔案中，顯然是為了俄羅斯當局而寫。這份自傳與其他關於毛家的故事一樣，既是傳說也有真實，既代表「別人告訴他的身世」，也代表「他自己記憶中的身世」。其他文獻指出，毛家兄弟在上海時是沒人接濟他們的。[24]

唯一可確定的是，毛家兄弟在抵達莫斯科之前，沒有受過任何正規教育，也與父親沒有任何聯繫。無論是從心智上還是學識上，他們是棄兒、流浪兒。瞿獨伊第一次住在俄羅斯一家普通的孤兒院時，遇到的就是這種孩子。而王明想把他們變成年輕的共

瞿獨伊，俄文名叫 Tuya，在二〇〇四年攝於家中。在她身後的是她父母楊之華和瞿秋白的紀念品和照片。照片來源為本書作者個人收藏。

產國際人員。理論上，「著名革命者的孩子」——特別是孤兒或棄兒——似乎很適合訓練成為黨的地下特工，因為他們死忠於革命，家世背景也有助於未來職涯發展。不過學校記錄證明：沒那麼簡單。

一九三七年一月，東方大學的員工抵達楊之華家中，帶走了十五歲的瞿獨伊，送進新的機密分校。同學還有已經殉難的香港勞工組織人物蘇兆徵的兒子和女兒（不過後來他的遺孀來到了莫斯科，把她的孩子們接回去）。三月，來自國際兒童院的兩名中國女孩也抵達機密分校，分別是蔡和森及向警予的十三歲女兒蔡妮，與一位名叫菲菲（音譯）的女孩（她是一位俄羅斯婦女和父不詳的中國人所生）。另外還有一位來自國際兒童院的義浦（音譯），他是高度機密的「共產國際國際聯絡部（OMS）」內一位姓名不詳的特工的兒子。就這樣，出身不同、語言能力不同的中國孩子漸漸被集中在同一個班上，成為一個機密學校，想把他們培養成幹練的未來革命者——後果卻是災難性的。

此時，東方大學的這個全新中文分校是完全保密的，學生不能與先前國際兒童院的同學或莫斯科的家人保持聯繫。每當該校主管開會討論校內事務時，最優先的事項永遠是學生與外界的聯繫。一方面，這些年輕青少年學生努力遵循規矩，低調隱蔽；例如，孩子們會互相提醒坐車外出時要拉下汽車的窗簾，不要看窗外，也不要討論自己入學之前的生活。事實上，老師們指出，瞿獨伊甚至表示自己不要回去看媽媽，這樣比較好，因為她習慣了回答媽媽的問題。可是在另一方面，青少年們回家時，又會聽到許多學校不希望他們聽到的事情，例如很多人都已經被抓了。[25]

另一件更困擾校方主管及老師的，就是該校的教育目標模糊不清，又脫離現實。雖然有些年輕人（如瞿獨伊、義浦與毛岸英）被校方評定為具有政治工作的潛能，但更多人被評定為「幼稚」，天生就不是搞革命的料。

> 最不正常的地方在於，有七個學生因為年紀太小，只能當成預備成員，未來才能使用。換句話說，我們等於要負責扶養這些人長大，幾年後再讓他們加入革命。如果不這樣做，就等於毀了他們。蔡妮和菲菲就屬於這類。她們與中國沒有任何關連，她們是孤兒院來的，只是爸媽剛好是中國人而已。而我們卻期待她們來就讀這個中國政治學校。26

事實上，有些女孩被稱為「娼妓」，其中一人還在一九三八年生了個孩子。雖然義浦（那位共產國際國際聯絡部特工的兒子）是個優秀的學生，但他很不尊重女生。

學校老師一再質疑該校的教育目標：

於毛澤東肖像下攝影的中國學生。Roza Yubin提供照片。

「這些孩子在這裡和成年人同住，適當嗎？難道他們不該學習這個年齡的孩子會學習的東西嗎？這群孩子的未來是個問題呀！我們想要怎麼塑造他們？他們最後會變成什麼？」[27]多年後，瞿獨伊回答了這些問題：「在我看來這是個錯誤……其他已成年的學生都有實際的革命經驗，去東方大學增加自己的理論知識。但我們沒有革命經驗……年紀都還小。」瞿獨伊在東方大學懷孕，於一九三九年生下了一個孩子（取名卡爾）。一九四四年，瞿獨伊將卡爾送到了國際兒童院，由它扶養卡爾長大。[28]

中國孩子集中管理

一九三八年十二月三十一日，高層終於決定要怎麼處理這些中國孩子：他們將被送往另一個成立較早、專為國際革命者子女開設的兒童之家，地點位在莫斯科以東三十公里的莫尼諾（Monino）。但不到一年，莫尼諾的這所學校就因管理不善而關閉，[29]改建為中共黨員及其子女專屬的渡假村。[30]

中國共產黨和共產國際始終沒有放棄「專為中國革命者的孩子開辦特殊學校」這個想法。畢竟，西班牙內戰打得正熱，蘇聯為數以百計西班牙兒童開設的兒童之家網絡正在形成；而中日戰爭也打得正熱，應可比照辦理。[31]而到此時為止，莫斯科大多數的中國孩子都是生在蘇聯，或被父母一起帶過來的，不過毛家兄弟的到來象徵著新的現象：孩子們很快就會從中國各地的村莊中被挑選出來，先帶到延安，再送到莫斯科，然後送到莫斯科郊區或各省學習。有些孩子的父母是莫斯科認得的、有頭有臉的最高領導人，有些孩子則是孤兒。

整理一下這些送到俄羅斯讀書的中國孩子名單，不難看出，幾乎所有人的父母或父母之一都曾在莫斯科學習。無論是刻意安排還是巧合，藉由將這些孩子送至蘇聯讀書，共黨把某些家庭刻上了中蘇橋樑的標記，確保第二代能夠繼承上一代父母的願景。此外，這些父母在過去中國對俄國革命產生濃厚興趣的時代懷了這些孩子，這些孩子也代表了黨的未來潛力。

師哲（日後將擔任毛澤東的翻譯）奉派到莫尼諾為中國孩子開辦一所新學校。師哲是在一九二〇年代被國民黨派往蘇聯學習軍事；一九二九年，蘇聯秘密警察差遣他赴蘇聯遠東地區工作。他於一九三八年回到莫斯科，負責經營莫尼諾的兒童學校。據稱他非常喜歡

周恩來和太太鄧穎超拜訪國際兒童院的學生。Roza Yubin 提供照片。

這所學校，學生都是中國兒童，包含先前在東方大學的中國兒童。[32]而國際兒童院的所有中國孩子也被帶到莫尼諾，這也解決了國際兒童院沒有為他們提供中文教師的問題。

原來，一九三七年間國際兒童院的中文老師李章福因為幫助一位校內學生寄信給父親（學生的父親被打成托派份子，慘遭流放西伯利亞），而遭到逮捕。這件事嚇壞了該校，而且當時整個蘇聯瀰漫著一股「外國間諜出沒」的恐怖氣氛，行政人員趕緊寫信給艾琳娜·德米特里耶夫娜·史塔索娃求助。史塔索娃明確回覆：「孩子們不能為父母的行為負責，尤其是，這些孩子已經很久沒和父母住在一起了。」同時，她也表明學生必須要學習母語。[33]。既然現在國際兒童院已經沒有中文教師了，那就剛好趁這個機會，把這一大批中國學生送到專為中國孩子開辦的學校，解決了國際兒童村的問題。

初來乍到者與赫赫有名的訪客

場景回到延安，中國共黨正在尋找高層領導人失聯的子女，將他們帶到延安，然後再送到蘇聯專給中國兒童就讀的新學校。第一組學生從延安途經新疆，同行的有共黨高層女性領導蔡暢，以及她哥哥蔡和森被殺之後遺留下來的孩子。第二組學生的行程非常豪華：他們與周恩來本人搭機從延安直飛莫斯科。此時乃是第二次國共合作早期，蔣介石派了他的私人專機到延安，搭載周恩來前往莫斯科進行談判，同行的還有劉少奇和高崗等人的孩子。[34]

劉少奇的女兒叫劉愛琴，她記得自己出發得很倉促，難以置信。劉愛琴的母親遭國民黨殺害之後，她由一個共產黨支持的家庭照顧，不料這個家庭卻在愛琴八歲時把她賣給另一家當兒童新娘。新家的母親常痛打她、虐待她。長征結束後，中共找回劉愛琴，把她帶到延安，在那裡她第一次見到了她的父親。「叫爸爸！」大人在她耳邊低語。她跑向前，卻不發一語。到了一九三九年有一天，劉少奇問她和她的兄弟，知不知道北邊的鄰國叫什麼名字。「你們明天就要去那裡了，」他說：「快點準備好吧。」[35]

在延安，沒人知道蔣介石的飛機有多大，有多少人可以上去。飛機降落時，大家都驚訝地發現它有二十五個座位，而且人還沒坐滿。周恩來和妻子鄧穎超自己沒有孩子，但已經收養了年輕漂亮的上海女演員孫維世，既然還有空位，他們決定帶孫維世一起同行，但得先獲得毛澤東同意。於是孫維世跳上一匹馬，疾馳而去尋找毛澤東，獲准後迅速趕回，搭上飛機。當飛機準備起飛時，有些人登機與那些要出發的人道別，其中包括一位四歲孩子及他的父母。這個孩子在飛機上玩得很開心，要下飛機的時候發脾氣不肯走（另一種傳說是，他父母先下飛機了，沒注意到他還在飛機上，等到發現時已經太遲）。據說周恩來只是聳了聳肩，說：「好吧，我看他是想一起走。」他不僅一起去了，而且還在蘇聯待到一九五一年。[36]

到達莫斯科之後，周恩來和鄧穎超先去檢視了莫尼諾學校的狀況，並與孩子們交談。當時每一位中國孩子都知道周恩來的大名，正如運動員尤拉所說的：「家鄉這個詞對我來說，就是『毛澤東、周恩來、劉少奇、八路軍、長征、井岡山！』等名字。」許多孩子在晚年回憶起當年周恩來造訪時，為他們帶來了父母的第一手消息。但也許受周恩來訪問影響最大的人，就是說俄語的尤拉。他在回憶錄中寫道：

周恩來熱烈的向我們中國學生致意，主動關心我們的生活和課業，並對蘇聯人民為我們創造如此優秀的學習條件感到非常滿意。然後周叔叔與我們進行熱烈的、自發的對話，問我們以後想要成為什麼樣的人。有人回答醫生、飛行員、工程師等。終於輪到我了，但我只是站著不知道該說什麼。大家開始鼓譟：「尤拉喜歡運動！他喜歡運動！」我羞愧地臉紅了，因為我覺得運動不是一件正經的事。但周叔叔讚許我：「哦！那很棒啊。祖國需要強大而健康的革命家。我告訴你一個很有趣的故事：當年我從事地下工作的時候，有次被敵人跟蹤了，我只好拚了命一直跑，跑了不知多久，敵人終於放棄了。那我是怎麼獲勝的？因為我總是鍛鍊身體，耐力更強，跑得比他們更快。」然後周叔叔舉起雙手笑著說：「你不但要好好讀書，還要鍛鍊身體，這樣我們的胳膊和雙腿才會像鋼一樣強壯……」那天晚上我久久無法入眠。這是我第一次明白運動不僅是好玩，而是對我的人民來說，是件重要的事。這就是我毫不猶豫報考伊萬諾沃體育學院的原因。[37]

一個遠道而來的英雄突然出現，只說了幾句神奇的話，就將一個令人尷尬的嗜好變成英勇的志業。任何有這種經歷的十三歲男孩，都會感到自己的改變。然而，周恩來特別將尤拉挑出來讚美，並告訴尤拉他自己的故事，某程度上應該和尤拉的父親黃平有關——黃平曾親自救了周恩來一命。

回到國際兒童院

一九四〇年秋天，「專為中國孩子建立的學校」這個短期的實驗結束了，所有孩子又被送回國際兒童院。對於那些在國際兒童院成長的孩子來說，是一種解脫。但對其他人來說，可是一個挑戰。據說劉少奇的兒子劉允斌俄語一直學不好，所以他每天清晨五點起床，到外面和朋友一起練習俄語，記字母，然後記單字、片語，又在校園裡背誦短詩。一年過後，劉允斌已能將他最喜歡的普希金的詩〈紀念碑〉倒背如流。隔年夏天，他參加營隊時背誦了這首詩，想要讓俄羅斯女孩喜歡他。[38]許多來自延安的孩子們在抵達國際兒童院之前，從沒受過有系統的正規教育，因此像劉允斌這樣有學術天賦的孩子就得以茁壯成長。

他的妹妹劉愛琴在俄羅斯也有美好的回憶：「我學會了滑冰，不怕滑倒，很快就精通了。我還跟男孩們打雪仗，從不閃躲。男孩們玩彈弓的時候，我要他們替我做一個，男孩嘲笑我說女孩玩什麼彈弓，免談。但我自己做了一個，有次就用它來打了一個欺負女生的大個頭男生。」[39]與她以前的兒童新娘生命相比，這無疑是個大進步。

這時候，學校裡也有些中國媽媽，表面上看起來是要照顧孩子，其實孩子根本不理睬她們。最明顯的就是賀子珍，她後來在國際兒童院擔任保姆。被林彪拋棄的妻子張梅也是如此。賀子珍在整個長征期間一直和毛澤東在一起，如果有人有資格向學校裡的中國學生講述中國和中國革命的事蹟，那就是她。但當時在學校念書的學生，記得她的沒有幾個。

有些學生記得，賀子珍因為她在伊萬諾沃市的國際兒童院感到孤立和沮喪，便把她的挫敗發洩在（毛澤東的女兒）嬌嬌（李敏）身上。嬌嬌在國際兒童院上學，與賀子珍同住，有些孩子經過賀子珍的公寓時，常聽到她痛打嬌嬌。終於有一天，孩子們強迫嬌嬌到校長那裡，讓她告訴校長自己的遭遇。校長於是以虐童這個理由，把賀子珍送進了精神病院。但關於賀子珍在伊萬諾沃市的情況，嬌嬌有她自己的說法。在她所寫關於父親的回憶錄中，嬌嬌說她生病了，而她母親想把她帶回自己公寓照顧她，可是校長不肯，於是賀子珍就大發雷霆。校長便利用這件事作藉口，將她關進伊萬諾沃的瘋人院，一直關到二戰結束。[40]

不管實情如何，這都是一種詭譎的中蘇交往篇章：他是一個蘇俄的小角色校長，可悲地成了史達林的替身，擔任俄國父親的角色；她是被毛澤東拋棄的妻子，受到指責而不能為自己發聲，會虐待別人但自己卻軟弱無力，擔任母親的角色。那個腐敗、專橫的俄國男人，認為那個壞脾氣、遭遺棄的中國女人是個瘋子。

國際社會主義中的迷途羔羊

一九四一年初，中國兒童持續從中國前往位於伊萬諾沃市的國際兒童院。三月下旬，正是納粹德國入侵蘇聯前夕，最後一批幼兒抵達國際兒童院。這批幼兒本來是東方大學的學生們所生，他們的父母早已回到中國，或已被關進古拉格。

六月，國際兒童院正如往常一樣在為夏天做準備，將青少年送到各種營區和療養院，並準備接受新生。有一批學生前往阿爾泰克（Artek），這裡是著名的、專為外國人開設的營區。另一批人數較少的學生，包括需要特殊醫療照顧的兒童，則送往白俄羅斯的一間休養所。命運就是這麼詭異，這批學生包含中國紅軍總司令朱德的女兒朱敏，她的命運後來還在一九九五年被拍成中國賣座電影。[41]朱敏患有哮喘，是德國入侵前最後來到蘇聯的中國孩子之一。當德軍進攻蘇聯時，她和幾十名孩子剛抵達白俄羅斯的休養所。這批孩子全部失蹤，有些在二戰後被找回，有些永遠下落不明。

當納粹入侵的消息傳到白俄羅斯的中國兒童那裡，幾個孩子（包括一位中俄混血的男孩）立即脫隊，向東逃至明斯克，從此再也沒人見過他們。有些受傷的蘇聯紅軍士兵帶著另外三個孩子，也往明斯克去了。當納粹軍隊抵達白俄羅斯的休養所時，除了那些已經逃走的孩子外，其他的都還在。德軍發現其中兩個孩子是猶太人，便殺了他們。然後德軍又帶走了兩名德國男孩，送去為德軍擔任俄文翻譯。到了一九四三年，三位年紀較大的女孩，包括朱敏，被送到柯尼斯堡（現今的加里寧格勒Kaliningrad）的德國工廠工作。[42]

一九四四年，戰爭即將結束，在白俄羅斯那些國際兒童院的孩子們仍然活著。但是在七月八日，也就是蘇聯紅軍抵達的前一天，德軍帶著孩子們西進，從此再也沒有消息。其中一位孩子的母親絕望地親自出馬去找她的孩子，而蘇聯的秘密警察也展開了大規模的尋找，奈何依舊徒勞無功。但朱敏活了下來，並於一九四五年與紅軍一起返回莫斯科。[43]中國紅軍總司令朱德本想將女兒送到蘇聯接受保護，卻

毛岸英的戎裝照，他在蘇聯化名為謝爾蓋・永福（Serezha Iun-Fu）李多力提供。

使她落入納粹手中，說來諷刺，卻也是偶然。

至於原先就留在國際兒童院的孩子們，命運比較好，雖然也飽受戰爭摧殘。在一九四一年秋天，共產國際打算將國際兒童院的孩子們撤離到中亞，但這個計劃在最後一刻取消。同時，學校用來照顧孩子的設備和用品都被搬空，加上當地官員挪用了國際兒童院的資金，使孩子們因飢寒交迫而病倒。後來換了個新校長，而孩子們原本的校舍被改建為醫院，所以他們被迫走好幾公里去另一個校舍上課，他們的正規教育進度也大幅減緩。有些中國幼兒才剛抵國際兒童院幾個月，每當夜間空襲，他們就擔心受怕。[44]

愛國者毛岸英

中國人講述他們的戰時經驗很引人入勝，但毛澤東長子毛岸英（他在國際兒童院的時候叫做謝爾蓋）的故事或許是流傳最廣的。謝爾蓋於一九四〇年九月抵校，很快就和德國男孩弗里茨成了朋友。弗里茨於一九二四年出生在萊比錫，父母是活躍的反納粹工人階級。弗里茨的父親去捷克斯洛伐克擔任共黨地下工作人員的時候，母親被德國的蓋世太保抓走，他就偷渡前往捷克去找他父親。後來一位德國共產黨員要去莫斯科，就給了他一個假名，帶他一起過去。抵達莫斯科後，他住在一間專門收容德國政治移民（成年人）的房子裡，有好幾個月的時間他被送往各地的集體農場和工廠，向工人講述他的故事。他還記得當他最後抵達國際兒童院時，他鬆了一口氣，總算可以與自己年齡相同的孩子待在一起，不必每天都要講述自己在德國躲避納粹的故事了。[45]就像謝爾蓋一樣，弗里茨象徵著一種東西，這種東西對他身旁的大人很重要，而他也明白這一點。

謝爾蓋和弗里茨之間的互動和大多數男孩差不多：謝爾蓋教弗里茨中文髒話，謝爾蓋還會模仿老人腔講髒話，維妙維肖。兩個人也常下棋。弗里茨後來透露了一個秘密：謝爾蓋暗戀巴西共產黨人費南多．拉塞達的女兒費南妲（費南妲整個童年都在國際兒童院度過）。有一天，兩個男孩聊天正起勁，費南達忽然走過來，一會兒又走了。她離開後，弗里茨注意到謝爾蓋整個人心神不寧。「你愛上了她喔？」弗里茨問道。謝爾蓋點了點頭。費南妲晚年的時候解釋說，當時她已心有所屬，所以不喜歡謝爾蓋。46

謝爾蓋也對中國境內的戰局發展極有興趣，並像許多國際兒童院的男生一樣，想要加入蘇聯軍隊。謝爾蓋來到國際兒童院時已經十八歲了，不僅在王明的地下學校受過一些軍事訓練，而且他小時候還在上海街頭靠自己生活了好幾年。謝爾蓋非常想要參戰，他的同學記得他曾直接上書史達林，懇求准他參軍，但未獲允許。弗里茨也記得，謝爾蓋有次站在一幅中國地圖旁，用大頭針標示日本、中共和國民黨佔領的區域。

謝爾蓋急著參軍，於是先擔任國際兒童院裡的共青團秘書，經常發表演講，提振蘇維埃老百姓的士氣。有次他和弗里茨以及一個名叫佩特拉（Petra）的保加利亞女孩一起前往一家紡織廠，向女工演講，沒想到這些女工竟然告訴他們，「希特勒爸爸」會好好照顧他們的。三人返校後立刻被叫去參加秘密會議，命令他們不可洩漏今天在工廠的事。謝爾蓋也積極涉入學校的小小政治圈。有次有位頗受學生歡迎的老師被解僱，謝爾蓋就直接對上級表達他的不滿，然後又暗中召開共青團會議來討論此事。沒想到這個「密謀」會議被上級查獲，謝爾蓋這一批人只好被迫低頭認錯。47

謝爾蓋也曾受到他的名人父親的責備——其實他從五歲起就沒見過父親了。有次謝爾蓋寫信給父親毛澤東，但他沒受過什麼教育，所以中文很糟（他和弟弟的俄語倒是進步神速，他弟弟甚至厲害到贏得當地的寫作比賽，得獎作品還由電台朗讀播）。毛澤東在回信裡痛斥兒子的中文差勁，然後寄了一些中文書給國際兒童院。國際兒童院後來恢復了中文教育，找了一對中國共產國際工人夫婦來校任教，他們的兒子蒙尼亞（中文名字是韓默寧）也一同前來。當時國際兒童院中也有幾位中國女性擔任保姆，但孩子們根本不理她們。韓默寧則記得，他很少見到他的父母，幾乎沒有機會說中文。[48]

大家都知道同儕團體的影響力，會超越父母的權威和關懷。而這種現象在國際兒童院更顯著。校內沒有說中文的氣氛，是因為許多中國孩子生在蘇聯，俄語就是母語；稍晚才抵達的孩子又被分入小團體內，因此沒有說中文的動機。連從莫斯科派來的上級督導都注意到校內孩子不講中文。此外，如果想要和弗里茨或費南妲這種孩子交朋友，就得說俄語才行。不過後來毛岸英努力學中文，毛澤東在後來的信件中表示兒子的中文大有起色：「我很高興你持續進步，寫作很不錯，有努力學習。」[49]

謝爾蓋後來找到了一個比較近的父親角色人物：校長提莫菲．馬卡羅夫（Timofei Makarov），這可在他離開國際兒童院，前往軍事學院之後所寫的信件中窺知一二。他在軍校的表現顯然不佳——因為女色而惹上麻煩。在他給馬卡羅夫的信中，謝爾蓋時而自誇時而痛悔，訴說著他的成就和失敗，彷彿是向父親說話一般。他甚至還向馬卡羅夫索取金錢、衣物和學校用品。要是馬卡羅夫沒有回信，謝爾蓋就會表達不耐與不悅，特別是如果他認為馬卡羅夫的沉默意味著譴責的時候：「你身為教學者、導師、我出身的國際兒童院的校長，當你發現你過去管教的學生成了麻煩人物，你應該徹底而真心的指責我，點出我的錯誤才對，但你一句話也沒說，連我的信都不回。難道我真的這麼糟，甚至不值得你浪費時間嗎？」[50]弗里茨則記得這個階段的謝爾蓋內心充滿了矛盾，不斷深切自省，尋找能使他真正成為共產主義者的能力。但他的尋求，卻沒有結果。他甚至懇求弗里茨幫他評價性格，好讓他比較「國際兒童院的謝爾蓋，及今日的謝爾蓋」。[51]

謝爾蓋／毛岸英的故事之所以吸引人，是他非常熱切地、有意要融入蘇聯生活。在他的故事中，有著科里亞／蔣經國的影子：謝爾蓋是中國革命家的長子，愛上了一個巴西女孩，擔任共青團領導人煽動同學起來行動，亟欲參軍對抗納粹。對於他，以及其他中國學生而言，戰爭創造了多重的身份認同：他們覺得自己既是蘇聯人也是中國人，因為在戰爭期間兩個民族都是為了反法西斯而戰，無論對手是德國人還是日本人都一樣。雖然中國人無法在蘇聯從軍，但許多人講述了他們在蘇聯醫院工作的經歷、參加遊行、投入伊萬諾沃的戰時建設等故事。正如他們所說，在戰爭之前他們是外國兒童，雖然有點特權，卻也是孤立的。但這場戰爭無論多麼艱難，都打破了他們與蘇聯老百姓之間的隔閡。

俄裔中國人

在中國孩子當中，謝爾蓋的經歷比較特別。比較典型的經歷則是尤拉這位表現普通的運動員，他和其他同齡的男孩子在戰爭期間被馬卡羅夫踢出了國際兒童院，只好靠自己在蘇聯社會中生存。戰爭爆發時，大批兒童（包含俄國兒童）送到國際兒童院，很快就容納不下了。馬卡羅夫是這個小小的國際社會主義家庭的族長，在校內面對著一群成長於一九三〇年代、不太聽話的孩子。埃彌的詩中提到的趙世炎，他的兒子後來到了晚年還是對馬卡羅夫很不滿，因為馬卡羅夫強迫一些年齡較大的孩子離開國際兒童院。「有些孩子因為所謂的行為不檢或成績不佳，被迫離開國際兒童院，我們認為這是錯誤的。國際兒童院不是學校，它是一個大家庭，孩子不應該離開家庭。每當有孩子被趕走時，我們其他人都很害怕。」[52]

尤拉是國際兒童院主要的害群之馬，在一九四一年讀完七年級後立刻被迫離校。之後他就讀伊萬諾沃體育學院，完成學業後在附近的農業研究所找到了一份教練的工作，就住在農業研究所的學生宿舍中。為了增加食物來源，他和居民一起下田耕作，而且「我捐血捐了三年半，每個月都捐，每個月四百三十……他們會付點錢給我，但更重要的是他們會給我一個馬鈴薯，還有一張配給卡，可以買肉和奶油，維持血液充足。」當你必須透過捐血，才能成為國家的一份子時，那又能怎麼辦呢？

不過在實際上，尤拉找到了方法。「俄羅斯人從來沒有把我當成外國人，」他說。「他們接受我，他們知道我是中國人。很好，但我也是蘇聯人。我和其他學生一起出去玩，大家都很開心。有一、兩個女孩愛上了我，一個人幫我寫作業……另一個在我生病住院就來看我，還給我帶了點心。」[53]後來尤拉愛上了一位名叫塔瑪拉的俄羅斯女孩。有他找不到掃帚，所以去敲隔壁的門。

> 終於，一個女生在門後喊著：「請進！」我打開那扇門，有個女孩坐在那裡，我完全記得……太陽就在她身後照耀，看不清楚她的臉，但看得出她頭髮是金色的，像太陽放射出烈焰那樣閃耀著。我心動了！我像個白痴一樣站在那裡，一句話都說不出來，也忘了自己所為何來。那天我根本沒借到掃帚。[54]

塔瑪拉和尤拉經常去跳舞。「我們很純潔，」他回憶：「年紀太小，沒有做什麼見不得人的事。」後來他透過國際兒童院的介紹，於一九四七年進入了頂尖的莫斯科體育學院。塔瑪拉則在西伯利亞找到了一份工作，兩人經常通信。[55]

中國學生在莫斯科，一九四〇年代

在國際兒童院的中國學生當中，尤拉不是唯一進入莫斯科菁英高等教育機構就讀的人。隨著二次大戰結束和入學考試的開辦，許多國際兒童院的中國學生考試分數非常高，獲得了莫斯科能源學院（Moscow Energy）、莫斯科鋼鐵學院（Moscow Steel）、莫斯科國立大學（Moscow State University）和其他頂級工程學院等菁英學校的錄取。在某些方面，他們是普通的蘇聯學生，因為他們都講俄語。而且與小城市伊萬諾沃相比，莫斯科是個大都會，每個人在莫斯科看起來都像是外地人，所以學生們到了莫斯科也不覺得自己是局外人。不過，隨著一九四〇年代的消逝，地緣政治也轉變了，使得中國學生開始面臨新的壓力，無論他們喜不喜歡，他們開始被標示成外國人。

正如趙世炎的兒子所說的，國際兒童院的學生到了十六歲或十八歲時，可選擇領取蘇聯護照（只需兩封贊助信和官方批准就能輕鬆取得）。有了護照，就可以在蘇聯境內自由行動，自由選擇工作地點，但要離開蘇聯，就沒那麼容易。所有國際兒童院的中國學生——即使是那些出生在蘇聯、而且不知道父母是誰的學生，都知道自己的祖國是中國，他們長大總有一天會回到祖國。因為許多人從未去過祖國，他們只能藉著想像，或者閱讀相關書籍來了解祖國。有個小女孩以為中國是一個大家都吃很多水果的地方。而尤拉小時候則說服了一位阿拉伯朋友和他一起去河邊生火煮青蛙腿，因為他聽說中國人會吃青蛙腿。

在二戰期間，他們看到蘇聯人民為了自己的祖國犧牲，所以他們知道這很重要，但蘇聯不准許他們參加這場戰爭，因為他們不是蘇聯這個「祖國」的一部分。他們許多人後來認定俄羅斯是「第二故鄉」，雖然在他們心裡這其實是他們的第一個故鄉。如果他們不領取蘇聯護照，當然可以隨時離開蘇聯，但他們能去的地方也不多，找工作也很難。而且，雖然沒有明講，但學生們都知道：假如中國命令他們回去，那麼蘇聯既不能，也不會保護他們。[56]

時間不斷前進，一九四〇年代越來越多的中國人來到莫斯科。年紀最大的那個孩子出生於一九二一年，進入國際兒童院時已經十二歲了，後來就讀於東方大學的地下學校，然後直接去了電影學校，並在莫斯科渡過了二戰期間。蔡和森的兒子是第一個就讀莫斯科鋼鐵學院的人，於一九四四年錄取，由於表現傑出而獲得了史達林獎，又加入了蘇聯共產黨，還鼓勵其他國際兒童院的中國學生來這裡念書。李富春與蔡暢的女兒（名為羅莎，中文名叫李特特）進入了著名的鮑曼工業學院（Bauman Polytechnical School），這是俄羅斯的第二所大學，在凱薩琳大帝的資助下成立。[57]

劉少奇的兒子和女兒都熱烈擁抱蘇聯生活。劉允斌的俄文名字叫克林姆，先去莫斯科鋼鐵學院讀書，然後轉學到莫斯科國立大學。克林姆陶醉在「為中國開發核武」的想法裡，儘管他無法進入莫斯科國立大學的新核子科學部，但他選擇了類型最接近的科系，也就是化學系。（張太雷的兒子則於一九四七年考入核子工程學系。）他還認識了一位俄羅斯女性，後來結婚。同時間，他的妹妹劉愛琴就讀於一間通訊技術專科學校，在學校裡愛上了一個名叫費南多的西班牙同學（兩人在國際兒童院就認識了），之後嫁給了他，生了孩子。他是西班牙共產領袖多洛雷斯・伊巴露麗的外甥。其他國際兒童院的學生也有交男女朋友，或者結婚的，但劉少奇的孩子們是少數幾個開始組成家庭的人。[58]

一方面，許多中國人完全融入戰後的莫斯科生活。另一方面，他們彼此一直保持聯繫，互相幫助，這都因為他們有共同的國際兒童院背景，且與中國的連結一直沒有斷過。當時蘇聯經濟不好，就算是頂尖大學的津貼也無法滿足生活所需。許多年輕人只好晚上去河邊碼頭卸貨，換得晚餐和一杯伏特加，也有人到建築工地或工廠上夜班。羅莎於一九四七年罹患傷寒，但她出乎意料獲得了鮑羅廷家族的協助，照顧她好幾個月直到她恢復健康。但這終究是特例，大多數中國學生在蘇聯都沒有家庭或支援網絡。學生們只好成立一個非正式的同鄉會（當時莫斯科鼓勵外國學生成立小群體），通常在週日聚集在魯克斯酒店，而毛澤東次子毛岸青也住在這裡。[59]

越來越多中國學生從蘇聯的頂尖學校畢業，學到了珍貴的技能，他們也面臨越來越大的壓力，必須決定自己的未來。雖然瞿獨伊等幾個國際兒童院學生已經在一九四一年與父母一起返回中國，但謝爾蓋／毛岸英卻是二戰後第一個回中國的人（他父親叫他回去）。同一年，那位年紀最大的中國學生也回國了，把自己在莫斯科電影學校的專長，貢獻在拍攝紅軍作戰的畫面。蘇聯也派了幾位學生到滿洲擔任無線電技術人員和廣播人員，協助地下活動。一九四七年，一位從海軍學院畢業的男孩回到中國，應該是去貢獻他的軍事專長。

但普遍來講，一九四〇年代末的大多數中國學生都將留在蘇聯。此時國民黨仍統治著中國，而學生們是共產黨員的孩子，他們當初被派往蘇聯不是為了接受軍事訓練，而是接受社會主義教育，以便在未來於中國境內建立社會主義。但此刻，時機尚未到來。

第四篇

共組家庭，一九五〇年代

第十四章

兄弟，朋友或師生？兩國關係的男性比喻

一九四九年夏，劉少奇人在莫斯科，正在看洋裝。具體來說，是看著他女兒的洋裝。不過他卻直搖頭。[1]

即將接任中華人民共和國副主席的劉少奇，於當年五月密訪莫斯科三個月。他出發前兩天，毛澤東發布了「一邊倒」政策，公開宣布親俄路線國策。在莫斯科，劉少奇和史達林進行了一系列廣泛的會談。史達林為了在國共長年內戰期間未能給予中共更多的援助而致歉，他也敦促中共盡快宣布建政，並說中共將能因此領導東方共產主義。但劉少奇力主蘇聯才是共產世界永遠的盟主，並提出了「立即提供軍事援助」的具體要求。[2]

幾十年來，蘇共與中共之間的關係一直都是透過共產國際特務在檯面下運作的。蘇共作為堂堂政府，自然是與執政的國民黨打交道，中共高層則通常和位階比自己低的蘇共互動（其實中共高層在蘇聯最緊密的互動關係，都和女人脫不了干係）。不過現在，像劉少奇這樣的中共高層終於能公開和位階相同的蘇聯男性領導人互動，這些蘇聯高層通常年紀較大，已有幾十年的執政、作戰、社會轉型經驗。個人經驗和權力關係即將改變，形容兩國關係的比喻也會改變。

劉少奇在蘇聯所要討論的中蘇關係，將需要成千上萬的人力建構，更需要數百萬人的支持——

特別是中國人。但兩國政府向外傳遞的訊息必須簡單。至於那些留俄的中共黨員——一開始是他們的情感投入，才使得這場地緣政治的互動成真——他們對俄羅斯的感覺是熱情的、經常變換的、複雜的。至於比喻，則不易察覺，無須正式定義：它隱蔽且含蓄地進行，卻公開而明白地展現，接著又收縮回原本混沌的狀態。

為了掌控兩國民眾對於這種新關係的反應，這兩個政權都想要把這段關係的比喻重新定義。「兄弟之邦」仍是最受歡迎的比喻（雖然比較舊），另外的比喻包含師徒關係、友情等等，而且始終有一股強勁的「戀情」暗流。這兩國關係的一切比喻都有一個共同點：沒有女性的角色。然而，無論這兩國如何努力使用「精神的，而非肉體的比喻」來描述雙邊關係，蘇聯在中國的出現依舊成常被形容成是「戀情」。

不管是社會主義的兄弟之邦，或者雙邊友誼永固，這兩種比喻的說法都無法準確形容許多中共高層的個人經驗。一九四五至一九六九年間的十四位中共中央政治局委員當中，有九人曾在莫斯科學習或工作過，有七人曾在蘇聯有生兒育女或收養孩子；只有兩個和蘇聯沒有半點關係。[3]對於許多與蘇聯有私人關係的中共高層來說，他們公開宣揚的兄弟之邦或友誼永固比喻，依舊不足描述他們自己複雜、時而痛苦的回憶：過去是愛情、肉體關係、孩子，現在是家庭——成家立業或家破人亡，妻離子散或破鏡重圓，團結一致或分崩離析。

劉少奇等中共黨員與自己受過蘇聯教育的子女相處時，不但要面對以前的自己，還要在新的背景下重建中蘇家庭。這些家庭——及隱藏於公眾視野之外的情感——和社會主義兄弟之邦的關係比較起來，應該是更加混亂，也不那麼和諧。

新世界秩序下的劉愛琴

一個每天必須與史達林及其幕僚會面談判新世界秩序規則的人，應該是不會關心他女兒衣著的——除非這個人認為，這些衣服與新世界秩序有關。按照劉少奇的女兒的說法，關係可大了。[4]一九二一年，劉少奇曾是第一批前往蘇聯的學生之一，就讀東方大學。他還讓他與第二任妻子所生的兩個孩子到蘇聯接受教育。因此，蘇聯是劉氏家族不可磨滅的一部分。一九四九年劉少奇抵達莫斯科時，他孩子們的俄語已經說得比中文還要好。[5]

然而，即使他們知道他們的未來在中國，他們還是與同年齡的人在蘇聯展開生活。劉少奇的兩個孩子已經或快要大學畢業結婚了。一九四九年愛琴畢業前夕，寫信給父親說明她的未來規劃，她當時已經懷了西班牙同學的孩子。她回憶說，雖然她一直認為她最終會回到中國，但她不知道中國共產黨還要多久才能統一中國，以為沒這麼快。回想起來，她認為她在俄羅斯結婚的決定有點天真，但當時中國對她而言太遙遠了。她並沒有收到父親的回信，直到他突然出現。[6]

愛琴是一個活生生的、長大成人的華裔蘇聯新住民。她哥哥劉允斌也是，其他幾十個在蘇聯長大的中國革命者的孩子也是。他們由共黨所差派，在安全的環境中接受真正的革命教育，能操一口流利的俄語，努力學習新中國急需的高等技術和專業知識。蘇聯也教導他們，要真心愛中國（雖然這份愛國情操有點抽象），也要尊敬他們的革命家父母。

然而在更進深的層次上——舉止、生活和飲食的習慣、交友、舞會、髮型以及服飾的層次——都是蘇聯風格。這是他們的革命者父母將他們送到蘇聯念書時，可以預期到的。不過，這些父母不知道的是，當他們自己的孩子長大成人，以及他們自己的革命水到渠成時，蘇聯將會改變多少。

白天要和史達林談判，晚上要與已經長大的女兒增進彼此的了解，劉少奇被夾在個人立場與地緣政治之間。當劉愛琴——劉少奇的親生女兒，蘇聯的新住民，嫁給了西班牙人——向父親展示她的衣服時，她秀出的是戰後莫斯科都會的時尚風格，而不是革命時期的北京款式。站在他面前的劉愛琴，是他過去的倒影，但他幾乎不了解她，他能做的，只是看著衣服搖搖頭。

葉華與埃彌再續前緣：埃彌推動中蘇友誼

時值一九四九年六月，葉華偷拍了一張照片。一個穿著皺巴巴襯衫的高大禿頭男子，舒適地坐在椅子上，手肘撐在渡船的窗櫺上。埃彌坐在智利詩人巴勃羅．聶魯達的後面，靠在聶魯達的椅背上，袖子捲到手肘，右臂伸至聶魯達旁邊的空位，深色的椅墊映出白色的香菸。[7]

幾天前在莫斯科，埃彌向一群戰後社會主義國際主義文學界的著名詩人演講，他站在普希金墳前臨時搭建的舞台上，左手放在背後，好像要撐住自己，發表了一篇慶祝詩人一百五十歲誕辰紀念日的演講。他低頭看著他的講稿時，一綹頭髮拂過了他的太陽穴。[8]

很高興能在這裡——埃彌此行代表中國，這個即將成為戰後世界最大、地緣政治上最重要的全新共產主義國家。如果埃彌站在聶魯達身旁感到自在，原因可能是政治，而不是詩文。參加了普希金紀念活動之後，詩人們在蘇聯境內到處參觀，首先是史達林格勒，然後是窩瓦河，接著回到莫斯科慶祝了丹麥共產主義作家馬丁．安德森．尼克索（Martin Anderson Nexo）八十歲生日，舉辦一場盛大派對。派對上，同情共產主義的美國歌手保羅．羅伯森（Paul Robeson）為埃彌獻唱了一首中國歌。[9]埃彌的出現，象徵著國際社會主義文化圈已經接納了中國。

一九四九年之前，國民黨統治的中國和蘇聯之間已有不少跨文化交流，例如一九三〇年代著名的男扮女裝演員梅蘭芳在蘇聯的轟動演出。但對早期的中共黨員來說，「文化」與「政治」必須相提並論。畢竟，曾寫下《赤都心史》的瞿秋白也擔任過一任中國共產黨總書記。而埃彌也在「上海的地下煽動者」、「在莫斯科的詩人」、「情人」等角色之間流暢地變換。

二次大戰後，國際社會主義文化再度復興，而中國也需要融入國際社會主義的潮流裡。這意味著中國必須派員參加國際文化活動，且派出的代表必須知道如何在這些圈子裡與人交際。這項工作對埃彌來說再適合不過了：他不是大詩人也不是大官員，他不是領導者也不是追隨者。他是個「連結者」，能在精英圈裡應付裕如，但並不掌有實權的人。

當埃彌抵達莫斯科參加普希金慶祝活動時，葉華正在他們很久以前住過的莫斯科公寓裡等他，她收到指示，回到那間公寓等他。自從葉華於一九四三年離開延安以來，兩人沒有見過面。二戰時間葉華住在哈薩克；戰後她將兩個兒子安置在國際兒童院，然後到烏克蘭與瓦莎同住，不斷寫信給埃彌說她想回到中國。一九四九年四月，中國當局與她聯繫，告訴她埃彌即將前往莫斯科。兩人重逢時，過去分離的那五年瞬間就煙消雲散，兩人互誓再也不要分開。埃彌請葉華陪他參加紀念普希金的旅行，然後將她和孩子們一起帶回中國。她覺得，這一切真的太超現實了。[10]

在蘇聯旅行後，埃彌、葉華、萊昂和維特亞一起飛往赤塔，並登上了前往中國的列車。埃彌在途中拚命打電話，想安排葉華在北京的落腳之處，但他們抵達北京時，卻沒有人出來迎接他們。最後只有丁玲，那個在一九二〇年代與瞿秋白愛得要死要活的左翼作家，在滂沱大雨中露面。[11]

雖然埃彌努力了半天，卻無法為家人找到一處安歇之所。當然，他們只要搬去和埃彌住在一起就好，不過有個大問題：葉華離開延安後，埃彌又回去和一位中國女子交往，生了兩個兒子，現在住在一起。對此葉華一清二楚，也願意原諒並忘卻這件事，但中國領導階層顯然另有打算。無論如何，葉華和她的孩子們，只好在埃彌與他的中國妻子和孩子們同住的公寓裡，度過了在北京的第一晚。

第二天，周恩來跑來跟埃彌說，他是中國革命者，不可以同時娶德國妻子、生下蘇聯籍的孩子，又擁有一個中國家庭。周恩來宣布，埃彌與葉華兩人暫時分開半年，讓埃彌想清楚到底要選誰當老婆。周恩來還在蘇聯控制的大連為葉華安排了一間漂亮的公寓，地點靠海，所以葉華和她的孩子幾乎每天都去游泳。葉華名義上任職於中蘇友好協會的大連分會，但她大部分時間都在學中文，在海灘邊看海。[12]她和她的孩子們就像一群由德國、猶太、中國、蘇聯組成的難民團似的，被史上最大的風暴沖上岸邊。

在埃彌這邊，他突然發現自己位在「中蘇友好」的宣傳第一線，協助推動即將在北京成立的、新的中蘇友好協會。北京市中心正在建造一座全新的建築，以便在未來能讓國家層級的中蘇友好協會進駐。

該協會的任務相當艱困。儘管後來在一九五〇年出版了許多關於中俄友好史和中俄文化交流的書籍，但當時絕大多數中國人都不了解俄羅斯人和文化。不過中國人民都知道，蘇聯沒有履行承諾把東清鐵路及旅順港交還中國，更不用說要蘇聯歸還於帝俄時期吞併的東北地區，包括貝加爾湖在內。當蘇聯軍隊於一九四五年進入中國東北時，犯下了姦淫擄掠的罪行，還把東北的工業設備都拆除運回蘇聯。中國人民完全不信任蘇聯。[13]

在此背景下，第一個「友好協會」於一九四五年在大連、旅順和哈爾濱成立。但中國的輿論不容易改變，中俄友好協會不斷播放電影，舉辦兒童夏令營，宣傳蘇聯醫生治療中國人的故事，大力推廣俄羅斯大眾文化和蘇聯生活的訊息，企圖扭轉中國人對於蘇聯的看法。但事實上，當地直到一九五〇年代初期，仍不時發生蘇聯人與居民之間的衝突。[14]

埃彌身為中蘇友好協會北京新總部的副秘書長兼聯絡室主任，負責溝通該組織的蘇聯窗口和訪客。雖然他已年屆五十五歲，還是像二十五歲一樣長時間工作，大部分時間都在協會的臨時辦公室工作。到了一九五〇年代之後，中國與他國的「友好關係」成為例行公事，交給其他組織辦理，但在蘇聯正式承認中華人民共和國的頭幾個月，北京的中蘇友好協會所扮演的角色可說是至關重要。[15]

一九四九年夏末和秋初，埃彌正在撰寫無窮無盡的小冊子，如〈偉大的領袖馬克思〉，以及許多關於蘇聯文化和教育的「第一手資料」，用於新的中蘇友好雜誌上。九月中旬，他所撰寫的毛澤東傳記《毛澤東同志的青少年時代》終於在北京出版。埃彌反覆琢磨一封寫給毛澤東的信，但他忙到幾乎沒時間寫東西，更不用說要推廣中蘇友好的雜誌了。八月中，一場大型的蘇聯攝影展在紫禁城旁的中山公園開幕，埃彌在六千名參觀者前發表演講。九月十二日，他發表了一篇重要演講，詳細介紹史達林五年計劃下的文化發展——這是他親眼見證過的歷程，演講全文由《人民日報》轉載。[16]

如果說，在一九三〇年代早期，三十多歲的埃彌曾為葉華寫了大量的情書，內容混合了政治和激情，那麼現在他頻繁撰寫的文宣則表現了他的疲憊，有時甚至是中蘇友誼的單調乏味。派對不再是派對，書籍不再是書籍，音樂不再是音樂，所有東西融合成無止境的工作。埃彌有次在訪問學校時說道：「我很忙……工作太多了……要寫的太多了……一切都得在昨天完成。」他還寫道：「我的身體根本無法承受。」[17]

一九四九年十月一日，在北京天安門城樓上宣布中華人民共和國建政。蘇聯的「文化，藝術和科學」代表團參加了慶祝活動，但代表團當中沒有任何政府官員，因為蘇聯與國民黨政府尚有外交關係。當毛澤東發表聲明時，所有代表團成員，包括亞歷山大・法捷耶夫，亞歷山大・格拉西莫夫（Alexander Gerasimov）和康斯坦丁・西蒙諾夫（Konstantin Simonov）等主要文化界人物，都坐在觀禮台上。[18]

五天後，也就是十月五日，中蘇友好協會正式成立，總部設在北京，主席為劉少奇。在開幕儀式期間，他發表了一篇演講，指出了一九四九年以前的中俄關係是所謂的典範與學習：

> 過去，我們中國人民的革命採取「以俄為師」的方式進行，這就是為什麼我們能夠取得今天的成就。從現在開始，我們要重建我們的國家，我們也必須「以俄為師」，師法蘇聯人民的國家重建經驗。[19]

劉少奇的演講，傳達的訊息很簡單：過去小小的中共經驗，現在要修正、簡化然後大規模複製到整個中華人民共和國身上。

開幕儀式結束後，埃彌偕同蘇聯代表團在中國各地巡迴。三週之內參加了二十九場大型會議，與會的中國人超過五十萬人次，為七萬多人舉辦了五十七次講座，並為近六十萬人提供了音樂和舞蹈表演。[20]十月下旬，代表來團到哈爾濱，葉華也從大連趕來欣賞演出。或許也算是個巧合，周恩來規定的六個月隔離，縮短為三個月就見面；而此刻的氛圍，讓這個跨文化家庭的代表性最為突出。

葉華和埃彌在新的中蘇友好協會總部附近分配到了一套公寓，地點位於北京使館區。區內還有一所蘇聯學校，是埃彌的兩個兒子上學的地方。埃彌繼續擔任中蘇友好協會的職務，該協會已擁有兩百萬會員，迅速成為中國最大的群眾組織。葉華懷上了第三個孩子，塔斯社給了她攝影師的工作，而中華人民共和國的國家通訊社新華社也立刻雇用攝影師葉華。[21]

男人對決男人：毛澤東、史達林和專家

一九四九年十二月，中蘇友好協會為史達林七十大壽舉行了大規模的慶祝活動，時間點就選在毛澤東即將前往莫斯科，進行一生中首度外國之旅時。此行是毛澤東與史達林第一次個人會面，也是二十世紀史上令人迷惑的會談。正如記錄這次訪問的歷史學家所說的，它是一個「兩位共產主義巨人的峰會。兩人對於數億人擁有絕對的控制權，使其歷史地位之大，能力之可怕，可說是前無古人後無來者。」[22]

這場會談的目的相對簡單：毛澤東需要大量的技術和軍事援助，史達林要的是領土和自然資源，而雙方都要對方保證絕不會與敵人為盟。中國不能像南斯拉夫那樣成為背叛共產主義的國家，蘇聯必須與國民黨中止外交關係，而雙方都承諾堅決對抗西方國家。[23]

這些會談沒有隆重的儀式。當該說的都說完了，目標都達成了（至少在會議期間認真討論過了），十二月十六日第一次談話的內容是這樣的：

毛澤東：我們想確認蘇聯對中國的信貸問題，希望草擬一份中蘇政府三億美元的信貸合同。

史達林：這沒問題。如果您現在就想要讓這份協議生效，也可以。[24]

一九五〇年二月十四日，雙邊簽署新的《中蘇友好同盟互助條約》，勾勒出共產集團最重要的聯盟條款。中國將獲得蘇聯的軍事和工業專業技術，但也付出高昂代價：外蒙古保持獨立。蘇聯將放棄中國東清鐵路，並將於一九五五年離開滿洲。這份條約是毛澤東訪問史達林的直接目的。[25]

不過從傳言的角度來看（原本嚴肅的地緣政治史，伴隨著這些流言蜚語而鮮活起來），史達林與毛澤東的會見，還帶著生日派對、感情受傷等成分。從兩人會面的那一刻開始，歷史學者們就一直想要弄清楚「後來毛澤東和史達林之間的關係出了什麼問題？這段關係如何影響整個中蘇關係的發展？」[26]

毛澤東從一九四七年以來就想會見史達林，但是史達林一直拖延。一九四八年，毛澤東發了封電報，說他將在十天內前往莫斯科，但史達林還是回絕了。毛澤東乖乖遵守史達林在一九四九年夏天給劉少奇的建議，於同年十月宣布成立中華人民共和國，但史達林仍未寄出訪問邀請。最後，周恩來告訴蘇聯大使，毛澤東希望獲邀參加十二月二十一日在莫斯科舉行的史達林七十大壽生日慶祝會。[27]

毛澤東於十二月六日搭乘火車前往莫斯科，抵達後立即與史達林會面。但接著他卻被史達林安置在莫斯科郊外的一棟別墅裡，無法參加市中心那些精心策劃的活動，也無法與其他共產黨領導人見面。[28]儘管毛澤東的居住條件要好得多，但他的妻子賀子珍十年前也在莫斯科郊外的別墅中度過了同樣令人感到沮喪的時刻，這實在是有點諷刺。

一邊是共產世紀的生日狂歡派對，另一邊是被軟禁在豪華別墅的毛澤東。毛澤東的隨行者留下許多相當有趣、不知真假的花絮記錄，例如毛澤東不喜歡俄國人煮的魚料理；他要求睡木製的床，枕頭也要用蕎麥填充；他一直抱怨自己便秘了。同時，他自己的五十六歲生日就這樣過了。[29]

等到毛澤東終於獲准參加生日慶典時，他被安排坐在史達林旁邊，接受人群的起立鼓掌，大家一起高呼著兩位領導人的名字。流傳後世的一張著名照片顯示，史達林和毛澤東表情嚴肅，並肩坐著拍手，身後是各國領袖。不過宴會一結束，毛澤東就被帶回別墅。他試圖打電話給史達林，但被告知史達林不在。後來史達林也打了兩次電話給毛澤東，但內容空洞。史達林派莫洛托夫去拜訪毛澤東，順便「看看他是什麼樣的人」，莫洛托夫則回報，毛澤東是個「聰明人、農民領袖，有點像是中國的普加喬夫」。[30]而毛澤東這邊則是不肯接受安排去觀光。

直到英國正式承認北京政府，史達林才同意再次與毛澤東會面，完成談判，這是兩人之間的第二次，也是最後一次面對面的會談。史達林從毛澤東手中取得巨大的讓步，包括蘇聯能繼續留在滿洲並保有影響力，但毛澤東確實也得到了資金和技術支持的承諾——若沒有這些，他就無法經營自己國家的工業和城市。[31]

實在很難想像，毛澤東出任一個巨大的新中國領袖才剛滿兩個月，他就遠離首都整整三個月，待在莫斯科郊區的別墅裡。不管毛澤東在別墅裡多麼沮喪，但他堅持在莫斯科枯等三個月，證明了他認為新中國與莫斯科的關係是多麼重要。

毛澤東出訪莫斯科又會見史達林，使他成為一九五〇年代初期中蘇關係的主要人物。有人說，是毛澤東舉辦了一場派對，邀請史達林參加，後來史達林終於以賓客身份出席，還帶了一瓶酒。然而歷史定論卻是：「在俄國，以及與俄國人互動的經驗，毛澤東並不喜歡。他和史達林從來沒有找到一個起點來建立夥伴關係，也沒有成功建立兩人的非正式連結——沒有這份連結，就不可能建立信任。」[32]

無論有沒有非正式的連結，學者們用「婚姻」來形容毛、史二人談成的聯盟關係，這段婚姻還有個「蜜月期」。[33]無論這兩個人之間的「微妙關係」如何，他們的交流啟動了共產主義史上最大的技術轉移。中蘇友好同盟條約、韓戰、中國後來的第一個五年計劃等事情，使得蘇聯派遣了兩萬多名來自蘇聯及東歐的專家來到中國。中蘇宣傳將這些專家形容是寶貴的贈禮，是一個社會主義國家贈送給另一個社會主義國家的珍貴技術。但實際上，為了這些專家，中國人付出了高額代價。[34]

蘇聯專家幾乎都是男性，和中國的男性專家一起投入工業和國防工作。雖然後來允許他們攜家帶眷，但大多數人都是獨自前往中國。他們對這項中國任務的態度各不相同：有些人認為是冒險，有些人認為可以趁機享受國內禁止的奢侈品，而有些人則認這是個機會，可以參加大規模社會主義建設，其規模可比戰前蘇聯工業化的過程。[35]中國開始實施大規模的教科書翻譯計劃，輸入了蘇聯經驗——包含高科技的重工業，也有低科技的勞改營。[36]儘管歷史學家後來發現中蘇技術轉移有很大的問題，但當時蘇聯男子出現在中國各地的工廠和學校，這才使得雙邊的「兄弟情誼」和「友誼永固」的概念變得很具體（有時候，則是變得很麻煩）。否則這些「兄弟」和「友誼」的概念完全是抽象的。

隨著毛澤東與史達林之間的公開互動，以及兩國男性專家的交流不斷增加，出現了新一波，以男性為主題的中蘇宣傳。在這一波男性比喻的宣傳中，最令人難以置信的或許是一張海報：兩個帥氣的男人，長相幾乎完全相同，即使是膚色也幾乎一樣，只有眼睛輪廓略有不同——兩人互相搭肩，另一隻手放在他們面前兩個小男孩的肩膀上。一個金髮男孩站在中國男人面前；而黑髮孩子站在俄羅斯男人面前。俄羅斯人的上方畫著蘇聯的錘子和鐮刀；中國人上面是中華人民共和國的五星旗。[37]

這張海報完美描繪了一種中蘇「家庭」，看似能夠在沒有女性的情況下繁衍。

第十五章

王蒙、達莎和娜絲特婭：俄式浪漫再現

少年王蒙的綺想

王蒙遇到第一個俄羅斯女人時，年僅十二歲。她的名字叫達莎，在王蒙的心裡，

> 她戴著火紅頭巾的黛莎的形象，健康、茁壯、性感、熱氣騰騰、苦大仇深，無限胸懷……她是我的革命偶像，也無可諱言，她是我閱讀中獲得的、假想的一個性偶像。無論如何，懂也罷不懂也罷，黛莎式的性觀念不是共產主義更不是我國的主流觀念也罷，《士敏土》的閱讀使我模模糊糊地卻也是大大猛猛地燃燒了一回。[1]

王蒙得到了一本蘇聯社會主義現實主義小說《水泥》的中文翻譯，這本書的中文書名為《士敏土》，但這是音譯。該書於一九二五年首次在蘇聯出版，講的是一名紅軍士兵格列布，於一九二〇年代初期返回家鄉，卻發現他的妻子達莎不想再當他的妻子了，而村民們則不知道如何當個共產黨人。村裡蓋了一家水泥工廠，但卻處於閒置狀態。從某方面來看，這部小說描述主角格列布希望讓家鄉的工廠（亦即社會主義）重新復工，因為多年的戰爭和飢荒已使得虛弱、飢餓的村民們無心想像未來，更不用說到工廠工作了。在另一個層面上，格列布必須解開一個情感上的謎題：

他那美麗、充滿愛心的妻子達莎究竟發生了什麼事，讓她變成如王蒙所觀察到的那樣，「苦大仇深。」[2]

一九四六年，王蒙在北京讀著《水泥》並幻想著達莎，這是一種複雜的跨文化行為，卻又是極度個人的、神秘的、罪孽的，但卻吸引他這一代左傾知識分子起而效尤。王蒙生於一九三四年，青年時期都在日本佔領下度過。一九四六年，日軍剛撤離北京，中國內戰方酣，而共產黨正忙於在國民政府統治區域內建立前線組織。儘管中共在延安時首度進行國際宣傳，表現成農村政黨的游擊隊形象，但它的領導人知道，沿海城市和東北的工業中心，才是奪權、執政的關鍵。[3]

捲土重來

一九四〇年代末到一九五〇年代初期的中國，學生仍像工人一樣，是城市共產主義的核心。一九三〇年代初期，國民黨將北京的中共黨員趕盡殺絕，情況之慘，在一九三五年中共全黨只有七個黨員還在北京。但到了一九四八年，整個北京約有三千名共產黨地下黨員，其中百分之四十以上是學生，工人僅占百分之二十五。[4]

回溯來看，共產黨似乎得在城市中「重開機」。一九二〇年代幾場重要的都會罷工，是由現在已經四、五十歲的資深黨人發起的，只不過這些一點也不重要了。一九三〇年以後於城市出生的人，完全不記得這些事，也不知共產主義。因此年紀較大、經驗較豐富的共產主義者只好從頭開始經營年輕族群。

共產黨人心裡明白，像王蒙那樣的年輕人是他們亟欲爭取的對象。他是個好學生，充滿了熱情和理想，渴望能在中國發揮才能，他同時飽覽群書，因為閱讀了許多小說而使他投入政治。一九四五年年八月，日本戰敗投降。之後的幾個月裡，國軍和美軍進入北京，那時王蒙正在閱讀一九二〇、三〇年代的左派文學，如巴金的《滅亡》、曹禺的《日出》、茅盾的《蝕》與《子夜》，以及一九二四年綏摩拉菲支的《鐵流》，這是一本關於俄羅斯內戰的小說。「這些書都告訴我社會已經腐爛，中國已經瀕危，中國需要的是一場大變革、是一場狂風暴雨，是鐵與血的洗禮。」然而，就像許多早熟的年輕讀者一樣，王蒙除了閱讀為成年人所寫的書籍外，也持續閱讀兒童文學。他被歐洲童話故事所吸引，如安徒生的〈賣火柴的小女孩〉和格林童話中的〈灰姑娘〉。這些故事告訴王蒙，世界上有許多「美麗善良誠實而又受苦的人」受到了不公的待遇。[5]

王蒙後來回憶起那段時間，吸引他參加革命的那種清純的邏輯：

> 革命是怎麼來的？革命從補習幾何三角中來。革命從唱歌跳舞而來。革命從一切閱讀，從一切對生活對世界的不滿意，從一切社會矛盾、階級矛盾、家庭矛盾、人際矛盾……從一切對於新生活的幻想當中來。我的父母罵架，我以為只有革命才能解決他們的怨仇。我聽到隔壁鄰居每到夏夜晚上拉胡琴，他拉得又不好，聒噪得人心煩意亂，我想是只有革命才能取消這些窮極無聊的噪音。一本寫得極差，我相信只有革命才能淘汰這些格調低下誤人子弟的狗屁書籍。一本寫得動人，我相信只有革命才能使書裡的人物的眼淚止息，使有情人成為眷屬。[6]

回過頭看，王蒙或許很天真，但對於沒有經歷過激進政治的整整一代人來說，「革命」還有什麼吸引力呢？

國民黨控制北京後，王蒙對國民黨感到失望。他們的宣傳了無新意，沿用一九三〇年代「新生活運動」的主題，當年這場運動要求國人勿以惡小而為之，建立道德感強大的國家，但由於抗戰結束後的混亂，使得這些想法似乎有點過時。[7]在學校裡，王蒙結識了一位受歡迎的壘球員同學，後來發現他是共產黨的地下工作者。他相當照顧王蒙，帶他回家談論政治，並帶他到北新華街的一家書店，這家書店有售從俄文翻譯成中文的激進文學作品。[8]

王蒙開始閱讀蘇聯小說。市面上會有這些小說出現，代表了過去二十年來的內戰與日據期間，俄語翻譯工作都沒有終止。托爾斯泰和屠格涅夫的作品，啟發了中國第一代革命者，而到了一九四〇年代末，譯者們已經將重心移到蘇聯時期的文學作品了。

雖然王蒙青年時期讀過不少蘇聯故事和小說，但他印象最深的是《水泥》這部小說，他對一些當時在中國更有名的蘇聯小說則感到不以為然，例如談論一九二七年內戰的《毀滅》，作者亞歷山大．法捷耶夫曾在俄羅斯內戰中與日軍作戰，且毛澤東的〈在延安文藝座談會上的講話〉也提到這部作品。王蒙覺得這本書令人「讀得頗為喪氣」。不過他喜歡其他一些關於外國占領與游擊戰爭困境的作品，包括瓦倫汀．卡塔耶夫（Valentin Kataev）於一九三七年所寫的《我是勞工之子》，內容是關於一名紅軍退伍士兵的命運，以及汪達．瓦絲蕾芙斯卡婭（Wanda Wasilewska）於一九四四年所寫的《彩虹》，講的是納粹佔領下的烏克蘭村莊生活（該書於同一年拍成一部奇特又有開創性的電影）。《水泥》描述的，是戰鬥勝利後發生的事情。王蒙回憶：「當然，十二歲的我無法真正了解蘇維埃十月革命或新經濟政策。」但他卻深深迷上了這部作品，因為作者筆下人物生動，充滿激情，會發生衝突；這部小說還表達了在飽受戰爭摧殘後應盡快推動經濟政策。《水泥》這部作品在蘇聯被改寫了好幾次，一九四六年的改編版在中國出版時，原文的猥褻語言和有缺陷的人物都被刪除或修改。[9]

然而，所有版本裡都有性感的達莎，她不再扮演妻子和母親這個角色，反而將自己的身體和靈魂獻給了蘇聯。對於一個在日本佔領下成長的男孩來說，達莎這位女主角出現得正是時候。無論王蒙經歷了什麼，達莎的遭遇都比王蒙更加悲慘，但達莎都一一克服了。而這本書也傳達了一個強有力的信息：以全新的方式，重建一個被蹂躪的社會，這是有可能的，也有其必要，未來也會充滿希望。一九四六年，王蒙正閱讀《水泥》時，他回憶起在北京市內看到的「打倒了蘇聯」標語，於是問父親這到底是怎麼回事。他的父親只是回答：「蘇聯是世界上最強大的國家。」王自己幻想著達莎，並繼續與學校內的共產主義人士保持良好關係。[10]

王蒙對他的共產主義信仰以及他和中共地下組織的聯繫感到非常自豪，但他非常守密。他形容自己是個自負的學生，同樣的作業，別人要用五小時寫完，他一小時就完成了。然而，接下來發生的事情出乎他的意料之外：他就讀的高中的共產黨員被捕，他的共產主義聯繫人要求他和一位朋友入黨，以便在學校繼續推動黨的活動。[11]

> 發展我們入黨的提議出乎我們的意料。我本來以為共產黨員是鋼鐵所煉成的（保爾・柯察金式的），是真正的仁人志士，是大無畏的英雄，是身經百戰的鬥士，是人民群眾的帶路人，是火炬的高擎者與人民的旗手。而我深知自己的幼稚與軟弱。我感到了些許的惶惑，乃至失望。如果我都可以成為共產黨員，共產黨員不是太一般了嗎？[12]

王蒙在一九四八年冬天入黨，正式參加校內的共產主義組織工作，他記得那年冬天特別寒冷，也容易餓肚子。他和同志們躲在鍋爐房裡寫宣傳文件；但感覺「更像是兒童的遊戲，而不像是嚴峻的鬥爭。」

不久，他和他的年輕朋友接到了真正的任務：在紅軍抵達北京前發送傳單，並在紅軍即將進入北京時，保護特定街道上的商店和居民，以防騷亂和搶劫。王蒙配有一把左輪手槍，夜班作守衛。白天時，他則參加了學生會議和集會，唱著《國際歌》，並以「布禮」（布爾什維克禮）向他的同學致意，《布禮》後來也成為了王蒙的半自傳體小說的標題。幾十年後，王蒙回想起這件事，他想知道對他個人而言，革命是不是有點太容易了。[13]

在共黨全面獲勝之前，王蒙就這樣捲入了在北京不斷壯大的共黨狂潮，在對的時間站在對的地方，得以享受到不屬於他，不過屬於他這整個世代的勝利果實。中華人民共和國正式成立的早期，王蒙在一間頂尖的共青團學校待了八個月，得到了第一個官職，負責協調北京某個區內所有中學的活動。[14]

不只是這樣，王蒙還遇到了他未來的妻子。正如王蒙和他這一代的其他左傾知識分子所記得的，中共政權的早期是浪漫的黃金時代。

> 那是一個特別無拘無束的年代，許多男女生戀愛，我們只覺得特別美好。從來沒有那些學生不能談戀愛之類的想法。所以，我後來稱這個時期為戀愛的季節。從一九四九到五七年，那時的中國是愛情的自由王國。[15]

對王蒙而言，蘇聯是那個季節的弦外之音和背景音樂。劉少奇談論著關於蘇聯老師們、朋友們和兄弟們的一切，但是王蒙和他的朋友們正忙著做第一代共產黨人於一九二〇年代所做的事情：談戀愛、閱讀蘇聯小說譯本，絕望地將俄羅斯浪漫混淆在一起。

佟妮婭現象

一九五〇年代，俄羅斯文學中譯、廣播電台播放的俄羅斯音樂，以及俄羅斯電影上映數量在中國激增。一九一七年以前的經典作品被重譯並再版，而當代文學的譯本則是大量增加。同時，東歐集團各國的作品也見於中國書市，雖然數量不若俄羅斯作品，包括郭沫若於一九二二年所翻譯的《少年維特的煩惱》重新發行——主角維特的浪漫主義，正是一九二〇年代中國年輕的激進分子熱烈討論的主題。一九四九至五八年間，書市上出現了大約三千五百種俄語文學翻譯，還不包括在雜誌上發表的翻譯。[16]在此期間，中國出售了近八千兩百萬份俄羅斯小說和合輯。

有一本書打敗了其他書，也定義了一九七〇年代的中國文壇想像。這本書就是尼古拉・歐斯特洛夫斯基（Nikolai Ostrovsky）的《鋼鐵是怎樣煉成的》，由人民解放出版社出版，銷售量達一百萬冊。[17]

書中有個小角色，是一位勇敢的中國紅軍士兵，但這不是該書在中國大賣的原因。它稱不上是文學傑作，但它的情節裡有許多社會主義文化最重要的符碼，而且中國讀者似乎能理解這一點。[18]《鋼鐵是怎樣煉成的》故事很精彩，大意是一位貧窮的年輕人保爾愛上了社經地位較高的女孩佟妮婭（Tonya Toumanova）。佟妮婭接受了保爾，但隨後保爾便投身蘇聯革命。佟妮婭堅決反對保爾的新蘇聯價值——對中國人來說，佟妮婭正是那種「愛情至上」的浪漫女子，類似的角色也曾在一九二〇年代被讀者們（包括在莫斯科的中國學生）熱烈討論。在小說中，保爾辭別了佟妮婭，加入了軍隊，和其他政治正確的女人在一起。後來他病倒了，但為了蘇聯價值，他繼續寫自傳教導後人。本書的書名將「煉鋼」這個蘇聯工業的重心，緊密結合到人類感情與抱負的重大轉變。

中華人民共和國教育部規定，這本書從小學到大學皆列為重點讀物，要學生背誦重要的段落，還要集體朗讀。王蒙在《戀愛的季節》中，藉著一位中國文學學者的口寫道：

雖然說是討論，但有討論跟沒討論一樣，連修辭上「擔任魔鬼的辯護者」方法都說不上。諸如「保爾·柯察金為什麼要與佟妮婭分手」這樣的問題，答案在保爾·柯察金的敘述中已經很明顯：因為他決定選擇革命而非愛情……[19]

如果任何人錯誤引用其內容，或反對打破舊秩序，同學們就會逼得他無地自容。

也有讀者為溫柔、嬌弱的佟妮婭擔憂，因為所有的批評都如潮水般襲向了她。這本書表面上是自傳，內容卻是以真實故事為基底，所以讀者們假設佟妮婭是真實存在的。一九五八年，奧斯特洛夫斯基的妻子訪問中國，她曾於一九五二年為該書的中文版撰寫序言。她向聽眾保證，化身為佟妮婭的人還活得很好，並在俄羅斯擔任省級教師。據一位在演講現場的學生說，觀眾「長期以來一直活在這種保證所帶來的狂喜和興奮中」。[20]

一九五〇年代初期，在中國引進的許多蘇聯電影中，俄羅斯女性扮演了非常重要的角色，連中國的文盲或不關心政治的觀眾都能欣賞這一系列女主角，她們誘導觀眾接受社會主義價值觀。到了一九五七年，中國已進口六百六十部蘇聯電影。蘇聯大牌女演員在中國觀眾心中的地位，就和在蘇聯觀眾心中一樣高。其中有些蘇聯女演員還來中國巡演，在數十個城市中向大量影迷發表演講。21

總的來說，這些電影將愛情和革命混合在一起。有些蘇聯電影主打美麗的女主角，她們有著一段無憂無慮的浪漫故事，比如賣座電影《拖拉機手》和《庫班哥薩克》中的瑪麗亞娜．拉寶尼娜（Marina Ladynina）。其他女演員也很漂亮，也都有許多浪漫關係，不過她們的戲份比較嚴肅，例如參加俄羅斯內戰或在二戰當中與德國人作戰。這種主題的電影有時也會有激情戲份，例如《攻克柏林》有個著名場景，當中史達林正在柏林發表一篇演講（此情節非史實），男女主角就在他面前接吻。有位中蘇電影專家指出，一九五〇年代早期的中國電影中沒有接吻的畫面，所以這兩個蘇聯人緊緊擁吻的形象，是中國人民在電影中難得一見的共同體驗。22

這麼多電影，難免會有人懷疑，劇中女主角沒有呈現出女性在社會主義中應有的角色。不過從來沒有人懷疑的是，這些俄羅斯女性真的美若天仙，而且社會主義也真的容許美麗的女星存在。無論中共如何宣傳或解釋這些蘇聯電影，一旦電影開始播放，觀眾就像是親臨蘇聯般，在那裡有著漂亮的女人，公開接吻也是稀鬆平常。在這種背景下，「今日蘇聯，明日我們」的浪漫想像，甚至連原本對政治冷感的觀眾都會被吸引。

中國的現實與俄羅斯的夢幻

王蒙記得他在一九五〇年代初期，把最賣座的一些蘇聯電影看了好幾遍，電影院內的觀眾常會忘情喊叫、鼓掌叫好。但最令他動容的是《攻克柏林》，看了至少七遍。「我堅信，《攻克柏林》

中的女教師、美麗的娜塔莎在花叢中行進的場面，就是我們中國的明天。」[23]

王蒙更從電影中尋找靈感。他記得有部蘇聯電影，讓他對新年的慶祝有了新的想像。在中俄文化中，新年都是件大事。

> 《丹娘》（Zoya）是描寫反抗法西斯的游擊隊員，蘇聯英雄少女卓婭的事蹟的。卓婭的英名不僅在蘇聯，而且在中國也是家喻戶曉。我最喜愛的是卓婭上中學時參加新年聯歡會的場面，我最喜歡的場景是卓婭的高中的新年派對。[24]

一九五一年王蒙十七歲，負責組織學區中的新年聯歡，「我努力讓他們做得最美最好……不是像蘇聯影片那樣倒計時等待一九五二年的鐘聲敲響，而是在『檢查』了幾個中學的新年活動之後，恰恰在午夜前後騎著自行車走在路上，我從十六歲走到了十七歲，從一九五一年走到了一九五二年，我是行進著迎接新的時間新的前景的，我是多麼幸福！」[25]

每當王蒙喪氣的時候，他就轉向俄羅斯文化尋求慰藉。是的，他有黨務要忙。是的，韓戰爆發了。是的，他父母離婚了。是的，他申請工程學院遭拒。但那又如何？他大聲背誦普希金一首詩的中文翻譯，「假如生活欺騙了你，不要悲傷，不要心急！憂鬱的日子裡需要安靜：相信吧，快樂的日子將會來臨！心永遠嚮往着未來；現在卻常是憂鬱。一切都是瞬息，一切都將會過去；而那過去了的，就會成為親切的懷戀。」王蒙的女朋友也和他一樣喜愛俄羅斯文學，於是王蒙給了女友一本翻譯成中文的蘇聯小說《少年日記》，但她後來告訴王蒙，這本書「使她憤怒，她也不想看」，因為她當時已經在看《安娜·卡列尼娜》，而《少年日記》卻「是一本類似兒童文學的書」。[26]

王蒙也讀過《安娜．卡列尼娜》，書中他印象最深的場景是小說開始後不久，兩位年輕的戀人在溜冰場見面的場景。這兩人不是註定不幸的安娜和弗倫斯基，而是幸福的配角，列文和凱蒂。列文是滑冰高手，而年輕的凱蒂在冰上則是跌跌撞撞，但不知何故，控制著兩人之間在冰上互動節奏的卻是凱蒂，失衡的反而是列文，兩人時而交織，時而遠離，同時間列文則時而大膽誇口，時而恐懼不安。[27]

一九五〇年王蒙十六歲，第一次見到了未來的妻子，她小王蒙三歲，還在讀國中。王蒙非常迷戀她，但「她一下對我很好，一下說我不理解她，我們還是別在一起吧。」儘管如此，王蒙還是一直追求她。在一九五二年的冬天，他成了一名狂熱的滑冰愛好者。

> 差不多每個週六晚上去什剎海溜冰場滑冰。那時的冰場其實很簡陋，但是第一，小賣部有冰涼的紅果湯好買。冬天的紅果湯的顏色，那是超人間的奇蹟。第二，服務部免費給顧客磨冰刀，磨刀時四濺的火星也令人神往。第三，最重要的是冰場上的高音喇叭裡大聲播放著蘇聯歌曲，最讓我感動的是庇亞特尼斯基合唱團（Piatnitsky Choir）演唱的《有誰知道他呢》，多聲部的俄羅斯女聲合唱，民歌嗓子，渾厚熾烈，天真嬌美，令人淚下。[28]

〈有誰知道他呢？〉創作於一九三八年，這是一首經典、簡單、調情的歌曲，演唱者是一名女孩，她猜測著一個男人的心意，他可能是女孩的追求者，也可能不是。蘇聯的時代歌曲，讓一個在一九五二年、溜著冰、讀著托爾斯泰的王蒙潸然淚下。

王蒙並不是一九五〇年代唯一會聽蘇聯音樂的中國年輕人；也正是透過音樂，俄羅斯文化才能延伸到中國。早在一九四九年六月，北京廣播電台每晚播放俄羅斯音樂節目，包括唱歌課程。自延安時期以來，中國共產黨一直對開發「新」音樂很感興趣，而在一九四九年後，中共也不遺餘力推廣意識形態正確的歌曲。但大部分的新音樂都不受人民喜愛；所以人們收到最新一期的《歌曲》雜誌時，他們立刻跳過新音樂的那幾頁，翻到中國民謠或外國歌曲那幾頁。[29]

蘇聯音樂具有雙重優勢：政治正確，浪漫無邊。〈喀秋莎〉唱出了一個女孩對從軍男友的思念，王蒙記得，他第一次聽到〈喀秋莎〉這首戰時經典歌曲時，無法理解這首歌有什麼創新之處。答案是，這首歌沒有創新之處。當時有個奇怪的雙重標準：中國創作歌曲必須堅守進行曲風格及思想正確的歌詞，俄羅斯歌曲反而有空間自由發揮。這意味著，中國人聆聽、哼唱蘇聯音樂時，非常重視愛情與美麗這個主題，同樣的情形也出現在文學和電影中。因此，如果一個年輕的共產主義者歌頌愛情，他可能會唱一首從俄文翻譯成中文的歌曲。王蒙問道：「為什麼例如蘇聯小說中極力描寫渲染的人的美感、多情、精神生活的豐富性在我們這裡動輒被說成是『不健康』或『小資產階級』？」[30]無論是否是有心為之，那些步入中年的中共領導層對中國文化進行嚴密控制，但對蘇聯的文化內容就採取寬鬆的立場。這有助於將俄羅斯和浪漫融入第二代中共黨員的想像中，就像當年第一代的人一樣。

王蒙與娜絲特婭

對王蒙來說不幸的是，一九五〇年代北京的年輕共產主義者不是只有新年派對和滑冰而已。

他還必須帶頭反對迷信和宗教，執行繁瑣的後勤和宣傳工作，以傳播、鞏固新政權的青年組織。一九五四年王蒙已決定嘗試寫作，早期的創作中，有一首名為〈史達林將要回歸〉的詩，這是他在史達林去世後寫的，很快就出刊了。除了這首詩之外，早期作品中還有一些短篇小說。接著他開始著手寫他的第一部小說《青春萬歲》，內容是關於一群具有理想主義的年輕人及其浪漫困境的當代故事。[31]

那時，王蒙被選中參加一個潛力作家的特別研討會，他在研討會上聽到像茅盾這樣的作家的講座，對他而言算是開了眼界。就在這時，共青團針對受過教育的年輕幹部，發布了一項指令，要求這批幹部研究一部名為《新人》的蘇聯小說。《新人》寫於一九五四年，講述一位名叫娜絲特婭的年輕女子，來到一個衰敗的集體農場，勇敢面對她那懶惰又腐敗的上司，終於讓拖拉機再次發動起來。[32]中國當局的意思是希望年輕人能把娜絲特婭的勇氣帶到工廠和農場的工作上，但王蒙對這道命令有不同的看法。他決定寫一篇類似的故事，以一個年輕黨員為主角，並將娜絲特婭直接寫入他的書中，而《組織部來了個年輕人》這部半自傳式的小說就是他的成果。

王蒙筆下的主角林震是一名小學教師，他因自己的努力和熱情，晉升到共黨組織部。到職的第一天，口袋裡就放了一本書《新人》。部門裡那個老油條上司便問他：

「怎麼樣，小林，有物件了沒有？」

「沒……」林震的臉刷地紅了。

「大小夥子還紅臉？」劉世吾大笑了，「才二十二歲，不忙。」

他又問：「口袋裡裝著什麼書？」

林震拿出書，說出書名：「《拖拉機站站長與總農藝師》。」

劉世吾拿過書去，從中間打開看了幾行，問：「這是他們團中央推薦給你們青年看的吧？」

林震點頭。

「借我看看。」[33]

在王蒙的故事中，上司劉世吾確實讀了蘇聯小說，但林震發現他被分配去管黨務的工廠裡有了問題，他想提出來，老闆卻要他閉嘴。林震默默地評估他的選擇：「或者是依照娜絲特婭的作法，先杜絕犯罪，也可以聽劉世吾的命令，等到時機成熟後一舉打擊罪惡。」他決定大聲說出自己的看法，卻被老闆厲聲譴責，老闆具體引用了那本蘇聯小說：「年輕人容易把生活理想化，他以為生活應該怎樣，便要求生活怎樣。作一個黨的工作者，要多考慮的卻是客觀現實，是生活可能怎樣。年輕人也容易過高估計自己，抱負甚多，一到新的工作崗位就想對缺點鬥爭一番，充當個娜斯嘉式的英雄。這是一種可貴的、可愛的想法，也是一種虛妄……」[34]

故事說到這裡，王蒙採用了一個浪漫的子情節：他筆下洩氣的主角，在柴可夫斯基的樂聲中，被一個不幸福的已婚同事誘惑。其實王蒙本來寫的很隱晦，但編輯將原本高尚的浪漫，加入了性愛情節。這位同事邀請林震回到她的公寓，她的孩子正在睡覺。當林震在同事的公寓裡，詢問她是否愛他的時候，故事就結束在這裡——她回答得模稜兩可，同時一面看著牆上一幅新畫，畫的是莫斯科，名為〈春〉。[35]

一位研究中國文學的德國學者，細讀了《組織部來了個年輕人》之後，是這樣解析王蒙筆下的蘇聯：

在這個故事中，並非是蘇聯社會主義，增強了主角的魅力；柴可夫斯基在俄國革命之前很久就出現了，屠格涅夫也是如此。作者賈琳娜・尼古拉耶娃筆下人物聆聽柴可夫斯基華爾茲舞曲的時候，覺得自己的生命裡缺乏一種偉大的激情，但又渴望能擁有這份激情。這種感覺，就是中國人閱讀蘇聯作品裡的角色人物時，心裡的感覺。俄羅斯這片土地充滿偉大的感情、崇高的渴望、滿月之下的理想之愛、熱情的生產力、讓你流淚的小說；俄國也有永恆的春天，喜悅的能量萌芽於這塊土地。這是個人們可以好好生活的地方，而不是所有房屋都塗成粉紅色、所有的人際關係都很和諧的烏托邦。這種烏托邦遠在千里之外，我們只通過電影和小說，樂譜和繪畫來了解它；它只存在於藝術作品中，也只有這樣才能欣賞它。[36]

雖然這只是源自一篇具體、細膩的文學分析之內容，卻顯示出，學者在研究一九五〇年代中蘇關係的時候，有時會抱持一種困頓的懷疑態度。

以文學作品的角度來看，王蒙的《組織部來了個年輕人》並不突出，但作為一部跨文化政治作品，它卻相當耀眼。和瞿秋白許多的作品一樣，正是他的訊息非常切合時勢，並利用蘇聯文化資本散播故事，才使得這部作品大受歡迎。此部作品一出，王蒙立刻被批評，幸好有毛澤東親自介入。「王蒙我不認識，也不是我的兒女親家，但是對他的批評我就不服。」毛澤東在中央委員會會議上說：「北京就沒有官僚主義？反官僚主義我就支持。王蒙有文才……」[37]因此王蒙在一夕間成了文學界的大熱門。

然而，他心裡有個願望卻未能達成：去莫斯科。當他開始創作時，他記得自己曾想過：「如果我的小說成功，也許我能夠被選派參加世界青年聯歡節，去一趟蘇聯，這輩子也不算白活。」38

王蒙所虛構的另一個自我可能已經滿足於將蘇聯視為「藝術品」，但在他親身體驗之前，是不會感到滿意的。

第十六章

正宮的後裔：一九五〇年代莫斯科的中國學生

一九五一年五月，新上任的中國駐蘇聯大使張聞天帶著一些官員，去書店買了兩套蘇聯的十年級教科書，回到大使館翻閱這些書。大使自己瀏覽了歷史、地理、邏輯、生物和文學課本。[1]難道張聞天大使沒有更重要的事情要做嗎？顯然他並不這麼認為。

一九五〇年代，張聞天和多位中國高官強力主張派遣大量年輕人到蘇聯大學和研究所學習。張聞天在中國駐莫斯科大使館創立了一個專事教育交流的部門，與一九五〇年成立的三人委員會密切合作，監督海外留學生。這三人的級別都相當高，都曾於一九二〇年代在蘇聯學習，分別是：聶榮臻（人民解放軍總參謀長）、李富春（中央委員會東北人民政府副主席）和陸定一（中央宣傳部部長）。[2]他們直接向周恩來匯報，而劉少奇也與此事關係密切。由於中國經歷了數十年的戰火、建政、投入韓戰等事，一九五〇年代初期的中國正處於重建階段，而這些高階領導人卻負責處理海外學習事務，這點倒是非常值得注意。但隱藏在檯面下的故事卻更為波濤洶湧。

已茁壯成長的第一代浪漫派

張聞天後來成為了外交部副部長，雖然他沒有留下任何回憶錄，但讀他的傳記，可以感受到他的生活充滿了「中蘇戀情」。他於一九二一年首先去了美國，在舊金山為一家中文報紙撰稿，還越過灣區至加州大學柏克萊分校旁聽課程。一九二三年，他回到中國，寫了一篇關於中國留美學生的小說。主角愛上了一位美國女孩，但他最後離開了女孩，投身中國革命。

一九二五年，張聞天加入中國共產黨，並於次年前往莫斯科中山大學學習。他很快就學會了俄語，追求受同學歡迎的女學生陳碧蘭，還加入了所謂的二十八個半布爾什維克。接著，他也參加了紅色教授學院（Institute of Red Professors），在那裡他遇到了一位名叫安娜的俄羅斯女子。一九三一年，張聞天離開安娜返回中國前，安娜已產下一子。[3]在一九五一年被任命為大使之前，張聞天成為中央委員會成員，參與長征，支持毛澤東，與中國女子結婚，並在東北擔任要職。

張聞天於二十年後再次回到莫斯科，輾轉透過各界尋找安娜，只知道納粹德國入侵蘇聯時，他們的兒子在白俄羅斯的國際兒童院裡面，此後便音訊全無。但安娜卻自己花了好幾年的時間尋找他們的兒子。[4]張聞天後來乾脆不管他當年的女友及兒子，轉而把注意力放在莫斯科越來越多的年輕中國學生的生活上。張聞天是第一代留俄學生中的一員，這些第一代人的記憶，建構了第二代留學生的經歷。

在一九五〇到六〇年代，中華人民共和國派出了八千多名學生到蘇聯的大學念書，另有七千五百名學生參加短期培訓。其中包括未來的主席江澤民、總理李鵬以等未來的中國領導人。一九四八到六三年間，近百分之八十的中國留學生去了蘇聯，而到了一九五〇年代末，蘇聯境內的外國學生當中，有一半是來自中國。[5]單從規模來看，一九五〇年代的中蘇教育計畫讓人想起一九二〇年代的情況。

許多父母歷盡千辛萬苦，就是想為孩子創造更平順的未來，負責蘇維埃教育計劃的中國官員也很像這樣。他們投入大量的時間和金錢，為年輕人上大學做準備，確保他們得到更好的照顧，表現得比身為前輩的自己更好。一九五〇年代蘇聯的中國學生是「新中國」最耀眼、數量也最龐大的代表，他們能直接與「蘇維埃社會主義」的人民、習俗和風景互動。他們不僅要學習俄語，還要吸收重建中國經濟所急需的高專業技術，但他們也要每天扮演中蘇「友誼」的橋樑。即使是他們生活裡的瑣碎小事——親吻女孩、考前臨時抱佛腳、到鄉間避暑，也可能在大眾眼中被視為中蘇關係的一部份，不僅可能令他們的父母蒙羞，還會讓國內領導人失望。如果學生的父母就是領導人，那更是顏面盡失。

守護第二代

第一批由三百七十五名中國學生組成的留學團於一九五一年八月抵達莫斯科後，中國大使館和蘇聯教育部的代表幫助了這些學生選擇合適的主修科系。一九二〇年代的學生所去的學校是特殊的、相對孤立的政治學校，但一九五〇年代的學生們則與一般蘇聯學生一起在蘇聯的高等教育機構讀書。大約三分之二的學生學習科學和工程，以實現兩國之間大規模的技術轉讓。[6]但這批學生主要是所謂的革命知識分子，他們來求學之前顯然沒有蘇聯十年級學生該有的知識水準（就是張聞天大使所買的十年級教科書所含的那些知識）。而且，大多數人不會俄語。

到了一九五二年二月，中國教育部正式制定了選拔留學生的標準。學生要通過政治審查、體檢和文化意識的基本測試，然後進入新設立的學校，接受為期四個月的俄語培訓。這所新學校設備很好，開支也受到嚴格的審查。教育部和外交部合作訂定了非常嚴苛的規定，以便挑選學生，並幫助這些菁英為留學做準備。而各級地方政府也成立了官僚委員會，來執行這些規定。[7]

這對於學生要去哪裡留學，其實沒那麼重要，因為嚴密的選拔過程，就代表了這群學生在新中國的地位。中國高層領導人插手這件事，只會讓效果更好。李富春——他女兒在國際兒童院長大，曾在莫斯科農業學院就讀，並與俄羅斯人結婚，然後回到中國——親自列出了要學習的重點項目，包含營養、衛生、教育學、圖書館學等，且禁止學生修習可以在中國學習的科系。劉少奇也直接干預了一些小細節；教育部檔案中的一封手寫信顯示，他詢問李富春兩名中國學生的考試成績是否夠高，夠高的話才能去俄羅斯。[8]

一九五二年，劉少奇在學生們出發前夕抽出時間與一批學生聊天。他告訴他們，他們每人的花費，相當於中國二十五個農村家庭的年收入，並鼓勵他們盡量學習。他也與學生們分享了一些回憶。劉不是一個浪漫的親俄分子：他在蘇聯的時間比張大使少得多，傳聞他曾經有過某位俄羅斯女友，但從未獲得證實。一九四九年，他將已懷孕的女兒從莫斯科帶回中國。然而，他卻讓他的大兒子劉允斌留在俄羅斯陪女朋友。劉允斌在莫斯科國立大學化學系努力學習，誓要為中國的原子彈事業做出貢獻。[9]

劉少奇其實知道，有得就有失：有些留學生或許會有傷風敗俗的行為，但換回來的是中國急需的專業知識。據傳劉少奇告訴年輕學生們，蘇聯仍然存在嚴重的階級差異，並非所有事情都值得學習和研究，他們有「珠光寶氣的女性，戴著寶石戒指……他們其實也有乞丐、小偷和酒鬼」。[10]在中國大力宣傳理想的蘇聯生活形象的時刻，劉少奇同時告訴學生蘇聯的缺點。也許他想讓學生知道，他們即將體驗到的現實，與理想之間存在差距，卻又不破壞他們的期望和對浪漫的想像力。

戀愛免談，交友可以

劉少奇和李富春兩人很像飽受挫折的父親，擔心著孩子（那一大群留學生）。在一九二〇年代，兩人都親眼看到了莫斯科放蕩的一面，而且他們的女兒都在應該讀書的時候愛上了外國人。當劉少奇禁止女兒劉愛琴帶著她的西班牙丈夫回國時，劉愛琴心都碎了；而李富春女兒的俄籍丈夫則是背著她，與一位中俄混血的女子偷情。[11]要避免未來在莫斯科的中國學生發生這種混亂，最簡單的是禁止愛情。這正是高層領導所用的方式。

一九四八年，戰後第一批由二十一名中國學生組成的團隊離開中國東北前往蘇聯時，他們收到的規範相當明確：「畢業之前，不准發生性關係。」規範中國留學生的所有行為準則，都反覆強調這一點：「最好不要戀愛或在學習期間結婚。」這麼寫，還算溫和的。另一條規定是：「為了集中精力完成學業，在愛情這部份，應該克制，正確處理，禁止在念書期間結婚。」[12]不管怎麼寫，所有學生都理解這條規則。大多數的學生都遵守規定，因此就算是中國學生之間的愛情也相對不多見。

諷刺的是，「友誼」恐怕更難達成。原本，中蘇兩國關係應該要用「友誼」來比喻，可是當語言是障礙，文化是障礙，此時「調情」好像比「當朋友」更容易。就算兩國「是朋友」，也都信奉社會主義，事情還是沒那麼單純，因為東方共產集團各國不但文化不同，連社會主義的內容也不盡相同。因此，要那些去蘇聯留學的中國學生和同學「交朋友」，等於是給他們一個困難的任務。

關於這點，劉少奇就從自己的兒子身上學到了教訓。他於一九五四年將另一個兒子劉允若送去莫斯科航空學院學習。劉允若完全在中國成長，而哥哥劉允斌去莫斯科讀書之前已經在國際兒童院待過多年。允若在蘇聯給他的父親和繼母寫了一大堆信，從食物到其他事物都不斷抱怨。而劉少奇則回應：

你現在是在一個新的環境中生活和學習，你應想辦法去適應新環境……蘇聯的飲食是很好的，它的營養價值比中國的飲食要高得多，大多數到蘇聯去過的同志，回來時都增加了體重，我最近兩次去蘇聯體重都增加了幾公斤。但，在開始時對奶品及生魚等我吃不慣，過一個時期吃慣了，覺得它們的味道很好。不要對蘇聯的飲食存成見，應習慣去吃蘇聯的有高度營養價值的飲食。過去我們曾寄了一些中國食品給你，是因為你剛到莫斯科，怕你吃不慣，但從現在起我們不再寄給你了，免得你一直沒有適應蘇聯生活。你要知道，現在的生活不錯了。一九二一年我在蘇聯學習，那時的生活條件是很困難的，更沒有什麼人寄東西給我們，而我們都沒有怨言，都是愉快地學習和生活著。13

劉少奇說的沒錯，不過關於他那一代人「沒有抱怨」等語並非事實（參見第四章）。他那一代的人，有人抱怨，也有人從學校偷食物。劉少奇雖然在信中說他當年「愉快地繼續學習」，但他在那種生活條件下，連一年都撐不過就回國了。

況且，劉允若面對的社交情勢，在悠久的中蘇教育史上算是首例：他和蘇聯室友一起住在宿舍裡。一九三〇年代，劉允若的哥哥姐姐送到俄羅斯的國際兒童院，和一群龍蛇混雜的外國孩子一起生活，這是一回事；至於劉允若在莫斯科的「融冰時期（一九五〇到六〇年代）」被送至航空學院求學，並與蘇聯室友同住，還被告知要與室友「交朋友」以造福中蘇關係，這又是另一回事。此外，如果劉允若真心想交朋友，那麼他爸爸的建議可能沒用：

說到蘇聯室友，如果他真的像你說的那樣，熬夜賭博、喝酒起鬨，聲音大到其他室友和同學不能念書或休息，那這樣不對。你不該支持這種行為，應該給他建議，批評他，讓他改進。如果他沒有改進，也不需要以牙還牙，可以去找院長。但是還有一個更有組織的方法，可以解決蘇聯和中國同學的分歧，就是去找學校的中國青年組織，然後中青組織就會去找蘇聯組織，讓蘇聯組織來批評他、教育他。這樣可以避免傷害校內的中蘇學生關係，甚至可以將中蘇學生團結在一起。14

如果劉允若真的照他父親的話去做，那麼同儕會討厭他，而不會想要和他當朋友。甚至，說不定，他的室友想要舉杯慶祝中蘇友誼，建立起非正式的友情互動——在蘇聯解凍時期，強調的是真誠的、非正式性的互動；而這種互動，比劉少奇信中所寫的官方程序更重要。信中，劉少奇還指責兒子和同儕互動不良。

劉允若並不是唯一碰到問題的中國學生，可憐的是，他是唯一一個「老爸是中國國家副主席」的學生。蘇聯共青團多次報導，中國學生抱怨蘇聯學生聽廣播到深夜，或是在「紅色角落」裡演奏爵士樂（那是用來處理黨務的地方）；或是喝得爛醉，還帶男朋友回來，甚至在中國學生面前與女生發生性行為。蘇聯和東歐學生出雙入對，甚至結婚，挑戰蘇聯當局。莫斯科能源學院的一名中國學生公開表示，有些蘇聯學生的行為不配作為中國人的榜樣，這些學生成績差又作弊、行為不檢還逃學。[15]

蘇聯當局理解外國學生對宿舍、食物和室友的抱怨，而蘇聯人也擔心這些情況。到底是要讓外國學生了解蘇聯生活真相，還是要讓他們成為蘇聯支持者，這兩者在優先次序上存在極大的拉鋸。戰後初期，蘇聯讓外國學生與蘇聯學生一起住在宿舍裡，但由於怨聲四起，於是蘇聯就想為外國學生興建專屬的、較好的宿舍，還有特別的餐廳，定期供應每個國家的家鄉菜。其實莫斯科能源研究所有一家特殊的中餐廳，附近學校的中國人也會來這裡吃飯。[16]到頭來，蘇聯還是走了回頭路，採用共產主義東方大學式的隔離方案來解決這個問題，因此在一九六〇年，開設了盧蒙巴大學（Lumumba University 又稱俄羅斯人民友誼大學）。

但這種隔離並沒有解決核心的問題。各地官員不斷詢問共青團：外國學生可以參加軍事訓練、共青團會議、紅十字會或體育隊伍等組織嗎？他們可以去其他城市遊覽嗎？可以自行辦報，或參與宿舍建設嗎？外國學生可以和蘇聯學生一起接受評價，或一起獲獎嗎？如果外國學生受到種族歧視、傷害甚至在蘇聯死亡，會怎麼樣？面對這些問題，由於沒有統一的準則，經常使各地官員不知該怎麼辦。[17]甚至連劉少奇也不確定如何給自己的兒子建議，他把信轉交給中國大使館中負責學生事務的官員。

雖然各方都不知道該如何鼓勵中蘇學生的自發友誼，但官方促進友誼的活動照常舉辦（中國學生強制要參加）。一個學生回憶，他和同學被叫去這些活動中發表講話，宣傳中蘇友誼，活動舉辦的次數實在太多，以至於他們經常弄到凌晨才回家，不得不要求校方介入此事。如果他們沒有照做，就會在蘇聯共青團留下紀錄。有個農業學院的中國學生就是這樣，他說他不想公開談論他在蘇聯的經歷，因為沒有一個是好的。不過他只是例外，因為當時的紀錄或後來的回憶都顯示中國人很合作。[18]

然而，無論中蘇學生多努力想要自發地彼此成為朋友，他們很快就發現，雙方竟然對他們的共同點——社會主義——缺乏共識。當時蘇聯大學生更想要聽爵士樂，不想談論政治，因為蘇聯的社會主義可以說是已經實現了，只要讓它延續下去就好。劉允若的室友只需要好好學習駕駛飛機或製造飛機就好，他不需要為消除資本主義而煩憂，也不需要去建立大規模的國有航空電子工業——這是劉允若回國後所面臨的任務。有一次，一位中國學生問一位俄羅斯朋友為什麼蘇聯學生不更深入研究政治，這位朋友回答說，就他所知，蘇聯在俄國革命之後經歷了和中國同樣緊張的時期，但最後苦盡甘來，中國最終也會步上同樣的道路。中國學生當下聽了感到很憤怒，但多年後才開始相信他的俄羅斯朋友是對的。[19]

友誼的代價

由於中蘇學生對「社會主義」的看法不同，赫魯雪夫推動的解決農業政策「處女地運動」對許多中國學生來說是個驚喜，紛紛熱心志願加入。「處女地運動」這個大規模計畫於一九五四年發動，招募大量人力到哈薩克開墾荒地，以求增加蘇聯小麥的產量。這個計畫不像史達林的集體化那麼嚴格或具有破壞性，但也讓人回想起蘇聯革命早期的情況。[20]這個計畫的變革願景，吸引了年輕的中國學生，讓他們可以想像「建設社會主義」的真正含義。然而，從他們到達哈薩克的那一刻起，許多中國人就發現了「建設社會主義」的真正困難，以及這個過程對「友誼」的詛咒。

一位名叫陳培賢（音譯）的學生還記得令他自豪，卻也困惑的處女地運動經驗。他和三位中國同學報名在夏天至哈薩克墾荒，到達後卻被實際情況給嚇著了：蚊蠅猖獗，但最可怕的就是腐敗變質的肉品讓他們不斷肚子痛。蘇聯同學因為不滿生活條件，展開罷工，中國學生夾在中間不知該怎麼辦。多年後陳培賢回憶，

> 蘇聯官員認為我們是自願參加勞動，所以不應該罷工；但站在蘇聯學生的角度來看，我們想和他們交朋友，所以不能讓他們誤解我們，以為我們中國學生不支持他們對抗官僚。我們四人深刻了解，這件事的影響力很大，如果處理得好，可以推進中蘇友誼；若處理不好，不僅會影響我們與蘇聯同學的關係，甚至會破壞中國學生的形象。[21]

四個中國學生最後想出了一個解決方案：為了維持雙邊友好關係，所有的工作——除了自己份內的工作之外，還加上蘇聯學生的工作——都由中國學生來做吧。從「友好」的策略角度來看，這個方案很好。但從體力上看，這會累死自己。學生們駐紮在一個交貨點，這是個晒穀場，他們的工作是在卡車進來時負責卸貨，將小麥拿去曬乾。中國學生們努力工作，幾乎沒時間吃飯，還一直拉肚子跑廁所，體力虛弱幾近崩潰，但他們撐住了，最後接受當地政府頒發金牌。陳培賢後來一直保存著那個紀念品。[22]

中國學生忙著學俄語、念書、參加政治會議，實際上很難與周圍的人交朋友。所以，在他們的回憶錄中比較常見的是回憶一位特別的老師，這位老師有時還扮演母親的角色。年輕的中國學生發現，有些俄國老人（包含老年婦女）對他們很好，原因或許是這些老人還記得一九二〇年代他們年輕時，對中國革命的激情。

這些老年的婦女多半是俄語教師，面對大批的中國學生，他們是蘇聯的第一線人員。這些學生初來乍到，在蘇聯除了學俄語，什麼也不能做。即使是一年的速成課程，也不足讓他們的俄語好到可以修高級專業課程。學俄語的壓力非常大，更甚於一九二〇年代，因為當時大多數中國學生都是依靠譯者在上課的。

一九五〇年代的中國學生面臨著幾乎不可能完成的任務。一位據稱是修了俄羅斯文學的高年級學生被分配了尼古拉·車爾尼雪夫斯基的《怎麼辦》，這是一部十九世紀著名的小說，而該生得寫一篇關於這本書的詮釋文章。這部小說於一八六三年出版，講的是年輕激進分子曲折的愛情故事。[23]為了理解這部小說，也為了表達自己對當代俄羅斯文學評論的看法和批判，他向他的俄文老師尋求幫助，而他的老師恰好與小說中的女主角維拉·帕夫洛夫娜同名。

維拉花了許多時間指導這個特別的學生，但他記得，維拉對所有中國學生都照顧有加。放假時，維拉會邀請中國學生吃飯，她常製作一大盆俄羅斯沙拉——這可是中國人的最愛——甚至在課程結束後，她還會繼續邀請學生。學生說，在維拉家裡，學生們話匣子根本停不下來，忘卻了所有煩憂。「她真的像孩子們的慈母一樣。」多年以後，這位學生老了，回憶起維拉，覺得很難過，因為維拉很少談論她自己，所以這位學生不記得維拉的姓，對她也知之甚少。只有一次，當維拉在她家指導學生寫文章時，維拉說了列寧格勒圍城戰的故事，當時維拉失去了所有親人，她不知道為什麼她還活著。[24]

雖然維拉的故事非常引人注目，但她只是眾多擁有母親形象的人之一。有一位修俄羅斯電影課的學生將她自己簡短的回憶錄命名為《我的俄羅斯母親》，書中寫的是一位特別關心學生的老師，學生們對她印象深刻，她的課非常可怕，但她是個好人，從很多小事可以看出來。有一次，與她同宿舍的其他學生，偷了中國學生的錢，於是她把被偷的數額，交給了受害者。還有一位農婦，是一群中國學生在參加處女地運動時遇到的。她拿了一些瓜子請年輕的中國學生吃，還問他們莫斯科是什麼樣子，因為她從來沒有去過莫斯科。她說，她在戰爭中失去了唯一的兒子。中國學生們於是說，她就挑一個中國學生當她的兒子吧。她問道：你們誰沒有母親？每個學生都說自己的母親還健在，不過她還是可以挑一個。於是她挑了個學生，這位學生也喊了她一聲媽媽。一聽到這聲媽，她就哭了，她說她已經很久沒聽到這個詞了。[25]

最奇妙的或許是一位大約二十七歲的女性，學生都說她「看起來好老」。莫斯科中央共青團學院有個由十九名中國學生組成的特別小組，配有兩名翻譯，她就是兩位翻譯之一，中文非常好。從學生的說法看來，在學生眼中她既是情人角色又是母親角色，原因就在她的年齡。學生詳細描述了她的外表，並記載了有次與她在慶典上共舞的事。他用中文的客套話稱讚她說，她的個性「看起來像中國人」。她回答說，她非常愛中國，她希望女兒能嫁給中國人。於是學生問道，妳怎麼知道？「我在家裡掛著好多中國照片，還有很多中國男孩的照片。我正在培養她對中國的感情。」多年後，她還自費多次前往中國探望她以前的學生。[26]

事實上，這位女性和中國學生的關係，正好處於一種「在可接受和不可接受之間」的地位：中國學生和一般俄羅斯人的關係，母親是可以接受的，但情人是不可接受的。[27]三十年前，中國學生父母那一輩在莫斯科所經歷的那種公開的、瘋狂的濫交，現在不可以了。至於這兩個國家的關係，現在已經不再有戀情了。

然而，要硬性去規範一群二十多歲、離鄉背井的青年學生的感情，那是根本不可能的。中國學生之間會談戀愛，也會和俄羅斯同學產生感情。時間一久，中國學生與俄羅斯和其他國家學生之間的戀情越來越常見。有些中國學生趁著在蘇聯時與其他中國學生結婚，這樣比較容易獲得蘇聯的結婚證明和中國當局的批准（尤其是如果他們已經快畢業了）。但中國學生與外國人的關係就更麻煩。中國男性覺得年輕的俄羅斯和猶太女性「美得像洋娃娃一樣」，而他們也認為蘇聯女性比較喜歡他們，因為他們比一般俄羅斯男性更忠貞、勤奮和理性。[28]

有個中國學生還記得他返國時，不得不離開他的俄羅斯甜心。「我差點就結婚了，」他回憶道。「有個俄羅斯姑娘真的很愛我，可我不敢把她娶回家……她對我很好，還不是普通的好，說她愛我，我告訴她我也愛她，只是我沒辦法。她問沒辦法是什麼意思……？後來她去了表姐家，她喊道：『我愛他，他為什麼不在意我的感受？』她（表姊）解釋說不是我不在乎她，而是我們中國有個規定……最後到了我畢業前，她常來找我，抱著我，吻著我，我想離去，但動不了，我想拒絕，卻欲言又止……」[29]

命運多舛的戀人們陷入了中蘇戀愛漩渦，這種關係具有極高的象徵意義，因此引起了高層關注。一九六一年八月，一份由情報機關KGB呈報給蘇聯中央委員會的檔案中記載了列寧格勒國立大學（今聖彼得堡國立大學）一位年輕的俄羅斯男學生的情況。他認識了一位中國女孩相遇，與她相戀。

一九六一年七月二十四日，列寧格勒國立大學的研究助理、蘇聯公民B・M・羅加契夫（Logachev）抵達外貝加爾斯克（Zabaikal'sk）的邊境檢查站，表示他要在那裡會見人在中國的中國公民溫芳馨（音譯），兩人要結婚。兩人於一九五六年相識，當時溫芳馨在列寧格勒大學念書。隨後羅加契夫多次提出讓溫芳馨入境蘇聯的要求，但中國當局拒絕。不過兩人鐵了心就是要結婚。此時溫芳馨也已抵達邊境城鎮海拉爾，打算非法越過國界，並拜託搭乘北京往莫斯科火車的乘客告知羅加契夫此事。羅加契夫為了與溫會面，展現了異常的堅持，並表示如果他們的計劃沒能實現，就會和她一起自殺殉情。[30]

關於這個事件，KGB補充，它認為「應該給予羅加契夫協助」，並向中央委員會建議，如果羅加契夫得到中國的入境許可，蘇聯應允許他離境，而蘇聯中央委員會也會准許了。這對戀人最終的命運不得而知，但連劉少奇的孩子們都未能獲准讓他們的外籍配偶入境中國，所以羅加契夫和溫芳馨不太可能成功說服中國政府。雖然當時中國政府一直鼓勵人民把蘇聯人當朋友、當兄弟，不過，絕不允許發生像上一代的情況：把蘇聯人當愛人。[31]

第十七章
女性家庭：李莎的家，葉華的大冒險

家庭傳承

在中蘇兩國關係的故事中，雙方互往有幾種模式：一九二〇年代父執輩前往蘇聯朝聖，鋪好道路，讓一九五〇年代的兒子們踏上同樣的路；數以千計的中國學生至莫斯科留學，也有好幾千位蘇聯專家前往北京；毛澤東拜訪了史達林，而赫魯雪夫也回訪中國。然而，如果這是一個浪漫的故事，而故事的開始是瞿秋白的餓鄉之旅，那麼，是哪一場旅行代表了故事結束呢？

一九四六年，李莎應中國丈夫李立三的要求，在蘇聯政府許可之後抵達哈爾濱。那時她感到完全的迷失。近六十年後，她試著說明當時她的困惑：

> 現在大家都知道「適應」這個詞，但在我的時代才沒有這種概念。我們生活在框架裡，按照既定的規則思考，而且完全相信整個世界與我們過去的完全一樣。因此，當我抵達中國的時候，我對這個國家、人民和他們的日常生活一無所知，他們的世界顛覆了我的想法。關於中國，我唯一讀過的書是艾格妮絲．史莫德萊所寫的《土地》，描述的是過去父權體制下的中國，如此遙遠，如此難以理解，我幾乎記不起來書裡講了什麼。所以，雖然我和李立三在俄羅斯一起生活了十年，但中國對我來說仍然是一片未知。1

瞿秋白當年帶著對未知世界的抽象渴望，展開了他的追尋，想要顛覆他的世界。在他的旅行記錄裡，最浪漫、最誘人的角色是年輕的女貴族，她們決心要在險峻的革命環境裡努力尋得自己的地位，同時她們的魅力絲毫未減。無論是瞿秋白還是與他同時代的人，都不可能想出還有哪一個是比李莎更完美的女性角色，可以帶回中國——她貴族出身，信仰蘇聯，俄國美女，令人亟欲一探究竟。他們也無法想像，一旦她到達中國會怎樣，當她嘗試要適應中國時，又會怎樣。

哈爾濱時光機

瞿秋白俄羅斯之旅才剛開始，就在哈爾濱經歷了漫長又令人失望的延宕。李莎的情況類似，才開始展開她的中國經驗，也在哈爾濱待了好一段時間。她從下車的那一刻起就很困惑，因為她只看到一個空曠的月台，和一輛等著她的淡藍色福特汽車。接她的人告訴她，她的丈夫正在開會。她不理解，到底是什麼樣的會議，可以比遠道而來的妻子和孩子更重要？李莎已經好幾個月沒見過李立三，而且她常擔心他們可能永遠見不到面了。載著她的福特汽車在一棟磚房前停妥，一位穿著像國民黨將軍的男人早就站在那裡等著她。當她下車時，男人甚至沒有親吻她。

> 因為我對他有點火，所以重逢和我腦海中的想像完全不同……而且丈夫身上還出現了一些令人不安的變化：他好專橫，好浮躁，吼來喊去的……他已經不是那個謙虛的知識分子李明，在我面前的，是個完全不同的人——是個黨的領導者，一個將軍，身邊總有一群隨扈。[2]

然而，李莎很快就原諒了李立三，因為他不僅採購了兒童家具和寢具，還從當地聘了一位俄羅斯管家以及一位俄國廚師，讓李莎能更快融入新生活。

一九四〇年代末期的哈爾濱相當微妙。李莎在蘇聯軍隊到達後一年才抵達哈爾濱，但此時中共還不確定能贏得國共內戰。一九四六年底，國民黨軍隊就駐紮在松花江對岸，距離哈爾濱六十公里。當時大家都擔心松花將會結冰，這樣國民黨軍隊就會藉機渡江。此時日本人撤離了，不但留下軍事設施和工業設備，還留下了家具、衣服和餐具。李莎記得她被帶到一個裝滿日用品的大倉庫，身為中共高幹的妻子，她可以拿走任何她想要的東西。[3]這對她來說有一點諷刺，因為布爾什維克黨當年就是這樣徵收她家的財產，這也是她最早的童年記憶之一。

哈爾濱的俄國移民包含鐵路局的長期僱員、商人和白俄難民，龍蛇混雜，讓人瞥見俄羅斯的過去——這是李莎沒有的記憶。白俄移民努力保留舊政權文化，並認為他們的小社區比蘇聯控制的北方地區「更」俄羅斯。看著東正教的儀式，又聽到革命前的言論模式，李莎有時候覺得她彷彿回到了五十年前。在聖誕節，她驚訝地看見婦女們待在家裡，而男人們出門訪友，這種習俗她只有在契訶夫的《訪客》中讀過。然而，這一切正在改變：蘇聯政府不斷勸誘此地的俄國人「回歸」蘇聯祖國。至於當地的俄羅斯女孩，不僅僅是富有的中國人長期「關注」她們（正如瞿秋白在一九二〇年代早期所察覺的情況一樣），她們也常受到不守規矩的蘇聯士兵的騷擾。李莎的管家有兩個女兒，其中一個有一位富有的中國男友，另一個則被一名蘇聯軍官及部隊綁架，非法帶過了邊境。[4]

然而，不管俄國風情的哈爾濱對李莎來說有多迷人，她都不能參與。李立三、共黨和蘇聯領事館都認為當地俄國人是反革命的，不准她參加移民社區的活動。雖然在這座城市裡也有蘇聯俄共的圈子，但李莎很快就發現自己也打不進去，因為當地蘇共對李立三持保留態度。[5]因此，雖然她能在街上聽到俄語，在商店裡能講俄語，在家裡能和管家用俄語交談，但她其實毫無俄羅斯社交圈可言。

另一方面，她身為李立三的妻子，必須與他的中國同事互動。在她的生命中，她首度發現自己身邊圍繞著「真正的中國人，而不是歐洲化的中國人」。她晚年回憶說，當時她判斷這兩種中國人的標準，是「女性特質」及「女主內」這兩個條件。當時即使是高階的中共女黨員也是穿著寬鬆的深色長褲，頂著一頭不起眼的短髮。而李莎一買到布料，就拿來縫製成帶有紅色花邊的洋裝，她後來還找了兩位俄羅斯女裁縫，幫她把衣服改得更流行。在晚宴上，中國男人看見她的穿著，彷彿都把她當空氣，令她十分震驚。李立三安慰她別把這件事放在心上，因為中國男人都知道朋友妻不可戲。中國女人必須幫男人拿外套，公共場合必須走在男人身後，舞會時必須開口邀男人跳舞——而且這些中國男人參加宴會時從不好好打扮自己。這些對李莎來說實在是厭煩無比，她還寧願待在家裡。[6]

李莎懷了第二個孩子後，又面臨了一場全新的文化衝突。在俄羅斯，大家不會討論別人懷孕，但在中國，男男女女都對這件事指指點點，連林彪都對李莎越來越大的肚子說三道四。她的孩子出生後不久，中國人很驚訝她這麼快就下床活動了，因為中國人認為至少要坐月子一個月，還要遵守各種坐月子的規矩。李莎第二個孩子是個女兒，而中國人都認為她應該繼續生，一直生到男生為止。不過李莎認為，中國孩子的衛生和營養條件都太可怕了。[7]

漸漸地，李莎在哈爾濱有了一個特別的、緊密的中蘇朋友圈子。有些她認識的中國人，先前因為二戰而不能回國，現在慢慢回到中國了，其中有很多人搬到哈爾濱，有些人甚至還帶著俄羅斯妻子一起。李莎還與一位俄文名叫安妮雅的中國單身女士成為朋友。安妮雅的父親是一位受過歐洲教育的銀行家，他一直希望女兒學俄語，因此將她從小寄養在俄羅斯家庭裡。她在雙語和雙文化環境中長大，曾就讀於俄語教學的哈爾濱理工學院，又在上海的俄語新聞社塔斯社工作，後來曾搬到延安。而她來到哈爾濱之後負責督導一所新的俄語學院，該校僅限中共黨員就讀。[8]

李莎非常需要一份工作，於是安妮雅聘請她到學院教導已經學過一些俄語、程度相對較高的學生。而李莎的先生因為是高幹，所以她的政治背景正確。後來哈爾濱翻譯局設立了，李莎也順利入內工作。[9]現在的她有兩個孩子，一些朋友，還有很多事情可做，在哈爾濱的生活逐漸充實起來。等到要搬到北京的時候，她甚至不想走。

一九四九年三月，李立三調到北京，很快就被任命為勞工部長，而毛澤東本人則相當支持李立三。在一九四九年五月與史達林的駐中國代表伊萬．科瓦列夫（Ivan Kovalev）的談話中，毛澤東表示知道蘇聯對李立三有所保留，但毛也替李立三說話：

> 過去，李立三曾犯下了嚴重的政治錯誤……被革職送到蘇聯……在蘇聯又被指為托派而遭逮捕，但後來獲釋……李立三回國後，我們仔細研究過他，他表現得倒是很老實，積極參與工作，對蘇聯和蘇聯同志的態度沒有問題。[10]

科瓦列夫補充道：「李立三與毛澤東是同鄉，從小就認識，所以毛澤東自始至終都支持李立三。」因此，在毛澤東「自始至終」的支持下，李立三進入了即將成形的共黨政府統治的菁英核心。

與其他高級的中共家庭一樣，李立三和家人在那個夏天搬到北京郊外香山公園中的房子，而這將是他們未來十幾年的家。[11]

中蘇家庭

無論李莎和李立三在中華人民共和國建政之初扮演什麼樣的政治和專業角色，這兩位家長共同創造了一個和諧的家庭——可能是最穩定、最顯眼、最高層級的中蘇家庭。這個家庭，體現了國際共產主義當中兩大文化之間的親密溝通，也展現了中蘇歷史的一個新風貌。李莎故事中的家宅，住在裡面的人，他們的物品、活動、習慣和關係，他們進進出出，他們的訪客，還有背叛他們的人……這一切，全部隨著時間交織在一起。在當年兄弟之邦、友誼永固（以及後來發生的兩國翻臉）的時代主軸之下，李莎這一家傲然獨立，以非常女性溫柔婉約的特質，展現出一種非常不同的中蘇浪漫、家庭、忠誠關係。

從李立三決定將李莎帶回中國起，他就刻意塑造出這些特質。李立三於一九四六年從蘇聯回來後，本可以像其他人一樣，娶個新的太太，或者與前妻團聚，但根據李莎的說法，他婉拒了與其他女性見面的機會，並直接向周恩來和其他人表示，他堅決希望能和李莎一起。雖然他的動機為何已經不得而知，是愛也好，義務也好，懷舊也罷，但他告訴李莎，他向黨員們說明了在他蘇聯被監禁的時期，他感受到了李莎對他有多麼忠心。那些不斷打量李莎的中共黨員，可能不知道俄羅斯傳說中的十二月黨人的妻子們——這群女貴族在十九世紀初，與她們發動抗爭的丈夫一起被流放西伯利亞，但中共黨員確實知道自己的傳統文化要求妻子忠於丈夫，他們有些人也有第一手的經驗，知道在文化不確定、政治危機的時候，還要遭逢不忠，那是多麼痛苦的事。

李莎抵達北京兩天後，飯店房間門外有人敲門。她一開門，就看到了自己的母親，原來李立三在幾個月前就已將她接來北京。李立三在莫斯科與李莎的母親相當親近，所以李莎的母親鼓勵李莎，在李立三被監禁的期間要支持他。而現在李立三大權在握，他預備了一個新的、條件優渥的生活，回報李莎過去的忠心。李立三現在是一個家庭的中國族長，家中其他四個成員，包括他的女兒在內都是說俄語的女性，而女兒的奶媽也是有話直說的慈祥俄羅斯保姆。[12]可惜的是，李立三沒有寫下回憶錄來記錄這段經歷。

李立三接下來要照顧他中國大家族中的其他成員，第一步要從他母親開始。一九四九年九月，共產黨控制了他的家鄉湖南後，李立三便請他母親，帶著李立三的長子（長子從小由李立三的母親照顧）一同來到北京。李莎對這件事的印象歷歷在目。

李莎和她的母親以及兩個女兒，李雅蘭（Alla）在左，李英男在右。李英男提供。

李立三和我一起去火車站迎接他們。他們讓我們的車直接開進月台，而我們直接在臥鋪車廂旁停下來。車掌打開了門，從裡面走出一位骨瘦如柴的老婦人，她的臉像乾蘋果一樣皺巴巴的。她的孫子用手輕輕地抱起她，讓她騎在他的肩上，帶她上車。是在他的肩膀上，而不是在他的懷裡，中國女性就是這樣被照顧的。（試想一下，如果要你自己背著俄羅斯祖母！）[13]

李莎固然對李立三母親的瘦小感到訝異，但最令她震驚的是李立三母子之間缺乏溫情——雖然李立三小時候和媽媽感情很深。李莎認為：「很明顯，中國人雖然解放了，但傳統禮儀的習慣還是深植在心裡——不可表現出真實的情感和情緒。即使像李立三這樣的人也不例外。」李立三的房子有八個房間，他讓他母親住在房子的一頭，而岳母則住在另一頭。這樣他們可以在多元文化的氣氛中互相影響、融合，同時又尊重彼此的距離。

用餐時間，兩個女人分別坐在桌子的兩頭，每個人都享用著「自己的」食物。中國共產黨的薪酬是按照資歷來計算的，李立三很早就入黨，薪水相對較高，伙食津貼也多。李莎到中國的第一年就胖了二十磅，她說這是彌補了一輩子的貧窮。一位俄羅斯富商在北京創辦了一家奶品公司和雜貨店，販售各式各樣的乳製品（酸奶油、起司、凝乳），深受俄羅斯人喜愛，但很少有中國人去購買。雖然李莎的廚師是中國人，但俄羅斯保姆有教她怎麼做俄羅斯傳統食物。李立三的房子前面有一片面積廣袤的桑樹園，保姆每年都會採摘漿果製作俄羅斯果醬和甜酒，讓李莎的母親在不熟悉的環境中體驗到熟悉的感覺。在桌子的另一端，李立三母親的湖南菜中加了很多辣椒，辣到連李立三都不太敢吃。她不吃乳製品，但令人訝異的是她會想喝咖啡，也愛上了咖啡，而她每天早上也都要喝一杯咖啡。[14]

雖然在餐桌上可以滿足各種口味，但此刻中國社會正在經歷重大變革，這時若要調和兩種不同的文化，就需要不斷的努力。李立三的母親對於李莎和李立三在吃飯時自由自在地聊天感到很驚訝，因為她和丈夫吃飯時，女人是不准說話的。按照十二生肖的算法，李莎和李立三的生肖不合，讓李立三的母親憂愁不斷，強烈要求李莎繼續生孩子。而在房子的另一頭，李莎的母親和保姆正在籌劃，偷偷地讓北京市內俄羅斯東正教教堂裡的中國牧師，給孫女李雅蘭受洗。這件事，李莎和李立三都不知道。[15]

家家有本難念的經，而李立三的親戚們讓這部經更難念，包括前妻們的孩子。這些孩子在李立三的安排下來到北京，並與家人待在一起，而他也打算重新安排他們的生活。李立三另外負責照顧兩個侄女和侄子，讓他們學習俄語，並像李莎所說的那樣，成為「我們的一部分」。更麻煩的是一些年紀較大的孩子，他們都已經結婚，或有了自己的人生計劃。其中一個兒子是沉默寡言的獸醫，另一個是活躍的國民黨黨員，都計劃去美國念書，但李立三立即將兩人送到哈爾濱的俄語學校學習。當女兒到達北京時，李立三把她送到了蘇聯，讓她在莫斯科鋼鐵研究所學習。[16]

在李莎的回憶中，一幅畫面逐漸浮現：一個男人，正在進行一個細緻的、深刻的跨文化協調過程。當時中國許多的跨文化家庭，或是那些在蘇聯長大的孩子，都要求自己的下一代學習中文，不要學俄語。李立三強烈希望他的孩子接受雙語教育。在家裡，李立三與李莎以及雅蘭、英男這兩個女兒都講俄語，因為擔心自己的湖南國語會影響她們的中文。英男要入學的時候，李立三便要求蘇聯領事和中國當局批准她就讀俄羅斯移民學校。[17]

不過，每當出現身份認同的象徵問題時，李立三就採取另一種態度。例如他反對李莎購買消費品，因為共產黨普遍不贊成「私有財產」。他不穿西裝，李莎說毛澤東曾因為李立三穿外國服飾而斥責他。一九五二年李莎的母親去世，李莎希望李立三能允許她將母親埋葬在北京的東正教墓地，因為她母親經歷好幾次政治革命，都沒放棄東正教信仰。李立三也答應了，但也說老太太的墳上不可能按著她的遺願豎立十字架。李莎於是將十字架改為蘇聯國內代表著士兵墳墓的星星。

18

李立三對中俄文化的區分提出了一種複雜的自我意識，但有時也幾乎像是二分法，非黑即白。李莎這麼形容，

> 值得一提的是，李立三面對他那些年紀比較大的中國兒女時，採取儒家傳統加上毛澤東的規矩，也就是，父親對子女要匡正、教導、督責——等於對他們進行政治意識的教化，這也是所有幹部圈子裡的家庭所採用的教養風格。但李立三對我和女兒的互動完全不是這樣，他在家表現得像一個細心的丈夫和慈愛的父親，我們之間的互動都相當輕鬆，沒有涉及政治話題。

19

李立三心中的那種雙重性，在當代很罕見。依照高幹家庭中那些受過俄國教育的子女所回憶，比較常見的反而是父母堅持子女要說中文，要遵守中國家庭倫理——即使父母們在公開場合熱情倡導中蘇兄弟情誼和友誼。

中國人的俄語教師

李莎為了搬到北京，辭掉了在哈爾濱的教學工作，但很快就有了一批意想不到的新學生。一九四九年夏天，她奉命為一些已經學過俄語的中央委員會工作人員開設高級班。雖然她沒有教材，但她拿了一本獲頒史達林文學獎的人氣小說當教材，謝苗．巴巴耶夫斯基（Semen Babaevskii）的《金星英雄》（Cavalier of the Gold Star）。該書描繪的是鄉村現代化的美好景象，背景則是田園風情加上農村婦女的情慾。主角是二戰退伍軍人，在一個集體農場中發揮了他的軍事領導能力，還吸引了一位名叫艾琳娜的牧羊女。[20]對於剛擺脫戰爭並準備改變農村社會的中國共產黨來說，巴巴耶夫斯基的故事剛好符合時事。李莎的這門課，呈現出一幅很有趣的圖像：一小群共黨菁英在北京市郊，在一位俄羅斯婦女的指導下，仔細研讀一部帶有強烈浪漫情節的小說。

對李莎私人課程感興趣的還不只中央委員會的工作人員而已。一九四九年，李立三在香山公園向毛澤東介紹了李莎，毛澤東與李莎握了握手，說：「好同志！」隨後，江青要李莎教她基礎俄語發音，因為江青想要跟著毛澤東一起去莫斯科。李莎由於政治背景正確，所以可以定期前往毛澤東家去教導江青俄語。後來毛澤東和江青搬進了中南海，俄語課仍然繼續進行，每週有幾次都會有司機開著蘇製汽車來接李莎，將她帶到毛澤東的住所上課。雖然很多人討厭江青，但李莎對她的印象是：

> 我對江青的第一印象就是她很積極。她長得不錯，她的特點是，幾乎能像貓一樣進行柔軟的身體運動，有一種特別的吸引力……她對我很好，有時課程結束後她要我留下來吃飯。有幾次毛澤東和我們一起用餐，談話間充滿著普通家庭的氣氛。毛澤東對李訥（江青在延安所生）很溫柔，他也對伊諾琪卡（按，李莎的女兒）微笑，有幾次我帶著女兒一起，她會和李訥一

起玩。[21]

雖然李莎從江青那兒收到的物質報酬，只有花卉桌布和餐巾紙，但這項任務顯然帶有無上的榮譽。畢竟，要為毛主席的妻子上課，除了李莎這位俄羅斯女性，也不作他人之想了。

一九四九年晚期，李莎在北京俄語語言專家學校獲得了一份工作，這是個黨內組織，並不向公眾開放，專為高級幹部培訓翻譯員。學校的負責人是曾在蘇聯待過多年的師哲，他娶了一位俄羅斯妻子，並在毛澤東首次訪問莫斯科期間擔任毛的翻譯。這所學校的副校長是李莎的老朋友，來自海參崴的張錫儔，他的太太是露芭．帕茲德涅夫（Liuba Pozdneeva），是十九世紀末到二十世紀初北京俄文專修館創辦人的女兒。[22]

不久之後，李莎又得到了另一份重要的工作機會。北京大學剛開設了俄語系，系主任曹靖華為網羅中國共產黨菁英，提供了比北京俄語語言專家學校多一倍的工資。曹靖華曾於一九二一年留學莫斯科共產主義東方大學，當年他的老師批評他們這些中國學生說，他們很可能一輩子都沒辦法把俄文學好。後來曹靖華又到列寧格勒大學學習多年，成為著名的譯者和文學家。李莎對曹靖華印象深刻，但學校輕鬆開放的文化完全是外國式的。所以不到一年，她就決定回到只向高級幹部招生的北京俄語語言專家學校任教。「學校或許很小，但很乾淨，要求很高，有小社團，紀律嚴明，窗戶密不透風。」[23]

李莎喜歡她的工作，但工作量也越來越大。她每週教課二十四小時，「我在家裡一直改作業和考卷直到深夜，還要準備教材，以及其他事情。大多數中國老師根本無法勝任這項工作，但我一句抱怨也沒有。」不久，學校的學生人數迅速擴大到四千名學生。[24]「每天清晨，在學校的所有庭院裡，你都可以聽到從每棟樓的每個樓層，傳出大聲朗讀的那種非常純淨的聲音，所有這些聲音都融合在一起，就像鳥鳴或流水聲一樣動聽。」[25]

中國在一九五〇年代基於實用原因與政治意識形態的關係，對俄文的需求量大增，李莎的教學生涯也在這股浪潮中崛起。中共剛掌權的時候，全中國最流行的外語是英文，當時的知識分子都從美國和歐洲的科學與文化中尋找靈感和指引。中共中央委員彭真在當時指出：「技術型知識分子在美國受教育，表面上接受蘇聯的工作方式，但實際上並不支持。」[26]為了讓蘇維埃社會主義的夢想在中國實現，共產黨人認為中國人必須學習俄語，且不只是為了要學習蘇聯的技術，也要轉變思維方式。

中共建政初期，政府發起了一場大規模的俄語教學運動，但成效不良。一九四九年十二月，中蘇友好協會在北京的主要廣播電台播放俄語課程，並發送印刷教材。媒體驕傲地報導，截至一九五〇年一月，已有一萬兩千人在聽他們的廣播。黨、政、軍中也都有俄語學校，不過教學品質很差，結果也就不值一提。次年，中央委員會的俄語部門和教育部召開全國會議，討論如何提高教學品質，滿足大眾教學的需求。一九五二年，有七個主要城市開設了辦學用心且只專門教俄語的學校；最終有十二個類似的機構開辦。其他五十七所高等教育機構、東北部的一些中學，以及北京的所有中學也都開設俄語課。到了一九五六年，中國已經「生產」了近兩千名俄語教師，另有一萬三千名學生於全國各大學的俄語系畢業。[27]

如果中國有一位俄語第一夫人，那肯定非李莎莫屬：一位嫁給了新中國創始人之一的俄羅斯女子；兩種革命文化之間引人注目的人情聯繫；也是為學生們帶來深刻影響的老師。然而，在一九五〇年代的鼎盛時期，李莎卻感到被邊緣化了：因為她無法接觸到她所代表的俄國文化。或許最諷刺的是，在北京，越來越多蘇聯專家們對她避之唯恐不及，這些專家一副是她的老闆似的。有一位俄國專家，負責經營李莎的部門，李莎記得：

我真的不喜歡他的言行，他很冷漠，態度又很輕蔑。很明顯，這個人將所有人分為兩類：蘇聯派來的那些人屬於一類；其他人則是另一類，包括那些「迷途的」俄羅斯女人，沒有受過俄文語言學的訓練，又嫁給了中國人。28

李莎確信，她的蘇聯老闆正在準備揭發她「向學生傳教」，因為學生宿舍裡發現了一本聖經。不過此時那個老闆剛好就被調走了。

然而，蘇聯專家的出現繼續加深了李莎孤立的感覺。「當時要求我們對專家要畢恭畢敬，但我強烈感受到自己就是個二等公民。在蘇聯領事館，他們對待我們這種中國人的妻子相當冷漠，在我看來甚至是蔑視。」在她的回憶錄中，她譴責蘇聯人生活在自己的小圈子裡我行我素，她還說，據她所知，她從未聽說過任何一位專家或其配偶學中文。她說，他們還會在俄語中任意加入一兩個中文字詞，創造出一種李莎聽起來無知又傲慢的句子，例如蘇聯女性會用中文的「吃」代替俄語中的「宴會」；用中文「乾杯」代替俄文的「爛醉」。當然，她也公平地指出，專家們受到上級的嚴格監視，不能到中國家庭作客，這道禁令甚至對她都有效。多年後，一位專家記得，在中國，俄羅斯人和他們的中國東道主之間似乎存在某種隔閡，像一道透明又無形的牆，但就是有某種東西隔開。29

偶爾也有例外，當李莎去找俄式理髮沙龍或裁縫師的時候，就是她最接近那些俄國專家妻子

李立三和李莎與翻譯局的同事們合影，攝於一九五四年。照片左起為格蘭妮雅．古薩柯娃，而她的丈夫陳昌浩則站在最右邊。李英男提供。

葉華與埃彌，一九五二年五月攝於索契，他們於一九三四年就是在這間飯店的陽台上第一次相遇。蕭家提供。

們的時刻。李莎在工作上被排擠，也不得參加北京的蘇聯人圈子活動，因此她觀察到，換個時空環境這些女性或許可以當她的朋友，但她們在這裡的跨文化「適應能力」實在很弱。30

和平使者

李莎的回憶錄長達五百頁，裡面幾乎沒有提到葉華，這很奇怪，因為在她在北京認識的所有外國女性中，葉華的命運可能與她最接近。李莎有幾位朋友是講俄語的中國女性，包含哈爾濱的安妮雅，以及早在俄羅斯時期就認識的幾位嫁給中國人的俄羅斯妻子，如嫁給張報的娜狄婭·盧登科。而張報則是在蘇聯勞改營服了十八年的苦役後，於一九五〇年代回到中國。李莎最好的朋友是一位比較沒受過教育的女性，名叫格蘭妮雅，也是一位她和安妮雅在莫斯科就認識的、嫁給中國人的俄國女子。世故的中國人安妮雅嫉妒單純的俄羅斯人格蘭妮雅，於是問李莎：「妳在她身上看到了什麼？和她根本沒有什麼好聊的。」李莎回憶說，她當然無法與格蘭妮雅討論文學或戲劇，不過她也說：「但我喜歡她的自發性、她的歡呼，她充滿表現力和尖銳的語言，這都是她特有的。她帶著真正俄羅斯之魂，那是我在中國所失去的。」31

也許在李莎對格蘭妮雅的描述中，可以解釋為何她對葉華隻字未提。葉華和李莎一樣是蘇聯公民，也是中國著名人物的妻子，也很努力想找一份工作。她是少數留在北京的外國妻子之一。但是葉華無法為李莎提供她所渴望的「俄羅斯感覺」。而且在一九五〇年代，這兩位女性在日常生活中很少相遇。相較於李莎將全部精力投入在她的家庭和學生身上，葉華無論埃彌在不在身邊，幾乎都在中國和國外旅行。葉華不像李莎那樣想家，可能是因為她經常去東德長時間待著，但更有可能是因為她根本就有個不安份的靈魂，可以處處為家。她很喜歡她和埃彌在一九五〇年代所屬的國際創意社群，也都一直在思考自己的身份。

一九四九年，埃彌一直在處理中蘇友好協會的工作，但到了一九五〇年，他的焦點都放在協助中國參與蘇聯所資助的世界和平理事會。他於當年前往斯德哥爾摩參加理事會會議，並於四月初帶葉華一起到歐洲各大城市宣傳中國的和平運動。葉華用鏡頭紀錄了和平活動的真實畫面：在一張照片中，一群年輕士兵走過老城牆下的拱門，一個年輕的孕婦凝視著鏡頭。她牽著一個小孩子的手，那個孩子轉過身，看著遊行者。當時葉華已懷有身孕，而在她的第三個兒子於十月出生時，她和埃彌將他命名為「和平」。李莎推薦了一位五十歲的俄羅斯保姆給葉華。隨後，埃彌被派往布拉格擔任世界和平理事會的中國常任代表。而葉華和孩子們都隨他一起去了布拉格。[32]

當年埃彌對葉華的承諾，似乎已經實現了，一九三〇年代埃彌想說服葉華成為蘇聯公民時，他是這麼說的：「世界革命很快就會降臨……誰知道誰會被送出國工作呢？」接下來的那兩年裡，他們將享受到迷人的生活方式，不但在布拉格有個家，還可以在歐洲各地旅行。

兒子出生後，葉華獲悉她拍攝的中國和平集會的一些照片，已經在莫斯科展出，並發表在許多雜誌上。因此，她以國際社會主義攝影師的身份來到歐洲，並獲得了世界和平理事會宣傳部門的工作。由於她和埃彌的薪水都是現金支付的，他們的生活水準大大提升，而且這是幾十年來葉華第一次在財務上感到不虞匱乏。[33]

葉華對那些年，還有那些城市的記憶，變得越發清晰。無論世界和平理事會議在哪裡舉行——維也納、布加勒斯特、斯德哥爾摩、奧斯陸、柏林、布達佩斯、索菲亞——葉華和埃彌都參加了。一九五一年，他們將自己的大兒子萊昂帶去參加了東柏林的世界青年節，這是葉華自一九三三年以來第一次來到柏林，當時她看到這座城市到處都是納粹的宣傳標語。事情總有些不完美，但生活卻一如既往的好。他們在斯德哥爾摩拜訪了葉華的哥哥赫伯特，並結識了許多名人，像是蘇聯記者伊利亞·愛倫堡（Ilya Ehrenburg）和東德總統威廉·皮克（Wilhelm Pieck）都是他們的交談對象。當亞歷山大·法捷耶夫注意到埃彌不舒服的時候，他以個人的名義邀請埃彌，請他於一九五二年夏天至莫斯科療養院休養，還包含了一趟索契度假村的旅行，而埃彌將不用負擔任何費用。將近二十年前，葉華和埃彌就是在索契的度假村遇見彼此。34

一九五三年六月，葉華和埃彌參加了於布達佩斯所舉行的和平會議，之後回到了北京。未來他們還將繼續出國，在國際社會主義文化界擔任非正式的中國大使。現在他們暫時定居在北京飯店，他們的房間就在中共最著名的外國「朋友」之一的路易·艾黎（Rewi Alley）房間對面。艾黎出生於紐西蘭，於一九二〇年代移居上海後，參與中國共產黨，並收養了兩名中國兒童。他和葉華還合力寫了一本關於京劇的英語書籍在北京出版。35

到了一九五四年四月，葉華和埃彌搬到了一個較小的飯店。這家飯店「更漂亮、更舒適，還有一個花園，孩子和平可以在花園裡玩」，而葉華也在那裡結識了一位叫做伯多·烏澤（Bodo Uhse）的德國作家。伯多於一九三〇年加入德國共產黨之前，曾加入納粹黨。他居無定所，漂泊於布拉格和巴黎，參加過西班牙內戰，寫了幾本與西班牙內戰相關的著作，然後移居美國和墨西哥，最後於一九四八年返回東德。葉華、埃彌以及伯多和他的妻子徹夜談論中國革命，白天則出去觀光。葉華帶他們到明十三陵，讓伯多留下了深刻的印象。葉華拍攝了旅行的照片，而伯多回到柏林後提出一個企劃，希望以自己的文字和葉華的照片，一起在東德出一本圖文並茂的書。36

葉華欣喜若狂，覺得這個項目有可能平息她心中的躁動。

> 從布拉格回來後，我漸漸覺得很矛盾。我的夢想實現了，我終於來到中國了。我很享受我的工作，我的注意力都被那些美麗的、新奇的東西給吸引住。我擁有想要的一切。埃彌對我很好，從我眼中讀出了我的每一個願望並吻了我；孩子們都很甜美。然而，有時我也覺得很不可思議，我非常想去歐洲。（作家）史蒂芬．赫姆林曾寫信告訴我，我的情況無法解決：「妳在歐洲，就想去中國；但妳到了中國，卻又想回到歐洲。」
>
> 然後伯多進入了我的生活。我和這個不尋常、敏感的人談了很多關於我自己的事。我們對（明）十三陵動物雕像的共同經驗不言而喻，伯多對中國的熱情和我的照片，他透過溫暖的關懷和以及我合影的願望，協助我面對了我心中的衝突。我必須調和我對埃彌和中國的愛，以及我對歐洲的渴望。一方面，我得把中國帶到歐洲；另一方面，我要讓我的歐洲朋友透過我的眼睛看見中國，並把他們帶來中國。唯有如此，我的生活和工作才有意義。伯多指引我向這條道路前進。[37]

沒有兩人出軌的證據。伯多的漂泊之路，比葉華走得遠，走得久，他能理解葉華的想法，這是兩人共通的經驗，無須言語。或許伯多真的能夠馴服葉華心中的惡魔。葉華的鏡頭捕捉了伯多真實的一面，照片中的伯多叼著菸，眼神透出笑容。這張大頭照與其他八位作家和藝術家的照片並排，但伯多是唯一一位好似在與攝影師分享私密笑話的人。[38]

葉華說，「埃彌很大方，他讓我自由交朋友、工作、去德國及其他國家……他也有自己的密友，大多數是中國人，這些人給了他我所不能給的東西，而他也與這些人談論他在中國的工作和事情。」雖然葉華也學了一點中文，但埃彌的文章她不可能讀懂，而且在家裡，葉華、埃彌與孩子們講的是俄語。他們每天早上會一起喝咖啡，但接下來兩人在不同的世界各自度日。慢慢地，葉華開始為伯多的專輯《北京：印象與相遇》拍攝數百張照片。[39]

一九五四年夏天，埃彌去了智利，而葉華和孩子們則在北戴河度假，她在那裡搭建了一個臨時的暗室。在智利的時候，埃彌出了車禍，再度受到腦震盪，整個人非常不舒服。那年秋天，埃彌與他的長子艾倫一起回到北京，艾倫是《共青團真理報》的記者，打算留在中國學習中文。這時葉華的哥哥赫伯特也生病了，所以夫妻倆計劃去斯德哥爾摩旅行，而世界和平理事會也將在十一月於斯德哥爾摩召開會議。中國代表團在布拉格停留些時日，所以埃彌就在捷克著名的溫泉小鎮卡羅維瓦利（KarlovyVary）休息一段時間，而葉華則前往柏林與伯多一起完成她的書。十二月中旬，葉華前往莫斯科，而埃彌已經先在那裡參加了蘇聯作家大會的第二屆會議。[40]

在莫斯科，埃彌這顆閃亮的明星首度略顯黯淡。一九五四年，蘇聯作家第二次代表大會於莫斯科舉行，但埃彌卻未獲邀——整整二十年前，埃彌參加過第一屆大表大會；如果他沒參加過第一次，那麼第二屆未獲邀也不會那麼尷尬。法捷耶夫得知埃彌人就在莫斯科，於是要求一定要邀請埃彌，丁玲則建議埃彌透過中國代表團得到邀請函，不過中國代表團卻沒有動作。葉華推測，原因可能是某些著名中國作家不喜歡埃彌的作品。[41]

而第二屆作家大會正是中國政客亟欲理解的文化事件，所以他們迫切需要優秀的中間人從旁協助。原因是，參加過第一次代表大會的人，幾乎全部在史達林的大整肅當中遇害；伊利亞・愛倫堡（Ilya Ehrenburg）是少數出席了第一次與第二次大會的蘇聯作家，而且這位老作家——而不是年輕的作家——在當年剛推出小說《解凍》，該書的書名就代表了那個年代的蘇聯氣氛。會場中未經世事的觀察者，或許會覺得每篇演講都是反覆敘述史達林社會主義式的現實主義，跟二十年前第一屆的情況一模一樣。但是像愛倫堡這種老作家，只會小心翼翼地對這些原則質疑一下。當時的人不知道的是，赫魯雪夫本人正在用心觀察這場大會。[42]

埃彌精通俄語，而且參加過第一次大會，所以在他眼中第二次代表大會很不一樣。不過，中國代表團的其他成員就無法有這種感覺了。埃彌是史達林主義者，又與法捷耶夫有私交，但他在和平理事會的工作也讓他有機會與愛倫堡接觸。埃彌深知蘇聯行為舉止的弦外之意，且不管他自己政治立場如何，他一直是站在受到尖端作家讚許為「誠意」的一邊。他曾在一九三六年對蘇聯作家聯盟發表演講時說過，

> 沒錯啊，我們總是在談論革命、共產國際、社會主義、紅軍，我們總是需要這些歌曲，但總有些時候，人們心中想的並非共產國際或社會主義，因為你心裡別有所思，但也就是「心有所思」，所以我們才會寫歌。[43]

如果他能參加一九五四年的大會，並說出這些話，毫無疑問，他會得到與愛倫堡同樣的掌聲。早期他還沒回到中國之前，伊薩克．巴貝爾還沒遭逮捕之前，他曾是巴貝爾的喧鬧作家之夜的常客（見第十一章）。他也知道如何與像詩人聶魯達這樣的人進行互動。那次大會結束後，聶魯達在大都會酒店舉行了一場盛大的宴會，邀請埃彌和葉華當貴賓。他們坐在一張特別的桌子上，葉華坐在埃彌和愛倫堡中間，而丁玲和老舍則坐在愛倫堡的對面。[44]

埃彌在晚宴現場所了解的訊息，或甚至不必參加就能了解的訊息，就算丁玲和老舍坐在愛倫

堡旁邊再舉行十次宴會，全程同步口譯，他們也無法獲得。這次大會可說是政治作用最明顯的文化集會，《解凍》背後的時代思想，將為中蘇同盟帶來最大傷害。埃彌所擁有的知識和人脈，讓他能早期掌握這個政治風向的轉變：蘇聯對中國的政策改變了。但埃彌沒有受邀參加大會。這點不禁令人想像：在中蘇聯盟，到底還錯失了多少類似的微妙溝通機會呢。[45]

回想起來，聶魯達的宴會是埃彌生命的轉捩點。埃彌回到北京後，他的健康狀況惡化了，這也預告了他的未來會更加艱辛。一位蘇聯醫生安排他住院，並建議從他的腦部抽取一些液體檢查，然後吩咐他要有一段長時間的絕對安靜。葉華正在努力為伯多製作另一系列照片，並計劃再次前往柏林。她感到相當內疚，可是埃彌和醫生都叫她去，讓他安靜康復。[46]事後看來情勢很明顯：埃彌的病，不是醫生能治的。

第五篇

我和你吻別，一九六〇年代與之後

第十八章

內訌：承受壓力的中蘇家庭

從一九五〇年代到一九六〇年代中期，中華人民共和國與蘇聯之間，經歷了簽署了友好條約、公開宣傳俄羅斯的一切，到最後演變成雙方斷交，中共大罵蘇俄作結。而大量的研究文獻則是想探究為何雙方決裂如此之快，如此之全面無情。如果說中蘇間的故事是一種始於一九二〇年代的跨文化、人際之間的浪漫故事，那麼這說變就變的「漫長十年」，則可當作中蘇關係演變的一個階段。共產黨在中國掌權後，與蘇聯的利害關係越發深厚，隨之而來的，是壓力與不安，對中共菁英尤其如此。李莎認為：「我們現在會把一九五〇年代稱作蘇中友誼的『蜜月期』，但實際上，兩國之間向來有衝突。」[1]

孤獨的家

中蘇分手最早的記憶，來自一個特定的群體——中共黨員的孩子們，也是中蘇戀愛的結晶，在一九五〇年，他們還只是青少年而已。而他們的父母，則是在俄羅斯的國際兒童院長大的。回溯到一九四〇年代後期，有些年齡較大的中國孩子修完十年級的課程後，就讀於蘇聯高等教育機構，但仍有三十名較小的孩童還待在俄羅斯的國際兒童院。共產黨統治中國後，黨員們覺得該讓這些孩子們回家了。當這群孩子們的父母為共產中國而戰時，他們留在俄羅斯以策安全；如今孩子們能回歸，也代表了他們的父母取得了勝利。

一九五〇年七月三十日，三十二名說著俄語的中國學生離開了伊萬諾沃的國際兒童院，大多數人都在這裡度過了童年。蘇聯製作了一部關於他們的短紀錄片《回家》，他們快樂地搭上巴士，穿著搭配成套的服裝和手提箱，向身後的同學和老師揮手致意。他們其實不會說中文，也沒有為未來的中國生活做準備，對他們而言，這算是「離家」而不是「回家」。在莫斯科短暫停留後，他們登上了跨西伯利亞列車，並於八月六日抵達滿洲里。[2]

中國方面已經替孩子們訂好了車票，讓他們轉乘前往北京的列車，該次專列還有特殊的餐車。但麻煩的是，來自俄羅斯的列車大誤點，所以中方的用心安排全都白費了。當孩子們終於入境中國，到了與俄羅斯保姆分開的時刻，許多孩子放聲慟哭，哭到迎接他們的中國官員在發給北京的電報中都提到了孩子們的痛苦。當局了解這些孩子的痛苦，擔心他們在前往北京的長途列車上如果只坐一般長椅會坐不住，所以為他們訂了更貴的臥舖。[3]

在北京的月台上迎接這批孩子的，是來自俄文專修館的中國學生，他們揮舞著寫有俄語「歡迎」的布條，還帶著一束束的花，而學校樂隊則盡情地演奏。這群孩子是從俄羅斯回家的浪子，是俄羅斯革命的中國孩子。成群結隊的大人緊張地混雜在年輕人當中，他們其實是與孩子們分離多年的父母。沒有親戚在場的孩子在火車上則稍待片刻，最後才下車。直到熱情的俄文專修館學生湧向他們，他們才意識到沒有親人去接他們。這一大群孩子接著被帶到一家特別的酒店，接受中央委員會的招待。[4]

不過隨之而來的，卻是一系列跨文化交際的失誤、出差錯和不幸事件，讓這些孩子才明白，原來自己是「俄國人」——儘管他們在俄國時，至少名義上是中國人。有一天，孩子們受邀至毛澤東和其他高層領導人居住的中南海，享用最高領導團隊的妻子們為他們特別安排的膳食。這件事之後不久，他們又獲邀去吃了一頓道地的中國菜（先前他們吃的都是官方細心安排的俄羅斯菜），同桌滿是好奇的旁觀賓客，當孩子們很不熟練地使用著筷子，或者看到海參連一口都不敢吃（中國人認為海參是美味佳餚），賓客們就開心地笑了出來。其中一個女孩受不了了，對著這些旁觀者怒吼，其他孩子們乾脆拔腿就跑，到街上買了花生和甜麵包當晚餐。[5]這原本應該是快樂、代表「歡迎歸家」的洗塵之宴，這下演變成尷尬場面。

不久，孩子們悄悄地搭上了火車，前往俄國風情的哈爾濱。起初他們被安置在一所收養其他革命遺孤的學校裡，但學校裡的中國同學不斷向

國際兒童院的中國學生與黨政要員朱德（左）和任弼時（右）攝於中南海，而毛澤東的太太江青則是站在照片後排左邊，穿著短袖服裝。Roza Yubin 提供照片。

他們問東問西，讓他們感到很不耐煩，兩邊孩子就打起來了，其他各種事端更不用說，嚴重到黑龍江省長把全部共二十名孩子都帶進了自己的家中照顧。這位省長是一名將軍，他太太是個善良、慷慨的女性，夫妻倆將餐廳、客廳和陽台上的所有家具清出，讓孩子們在這些空間中擠一擠。6後來他們搬離省長的家，被安置在一個集體住宅中，與他們同住的還有一位會煮俄羅斯菜的中國廚師、俄羅斯保姆和中文老師。他們在哈爾濱這個中俄文化模糊區生活了將近兩年，才回到北京。

友誼時期下的戀愛結晶

起初，一些學生在北京大學上漢語課——他們的父母曾在一九二〇和三〇年代努力學習俄語，他們現在則是反過來努力學習中文。他們極度渴望李莎所描述的「俄羅斯」，但他們身為「中國」孩子，而不是種族上的俄羅斯人，所以無法像李莎一樣，可以時常追尋「俄羅斯」。李莎回

毛岸青／科里亞和李敏／嬌嬌，一九四九年攝於瀋陽。李多力提供。

憶起毛澤東的小兒子毛岸青時常造訪她家，次數頻繁到只要在中南海找不到他，那就肯定是在李莎家。毛岸青會一個人坐在鋼琴前，用一根手指找出他所熟悉的俄羅斯旋律。到了一九五〇年代，毛澤東允許毛岸青返回莫斯科接受長期治療。[7]

許多從俄國歸來的中國青年學子夢想著回到俄羅斯上大學，但僅有少數幾人夢想成真，例如康生的侄女回到蘇聯就讀基輔建築工程學院。她與其他來自中國的學生不同，她沒有語言或文化障礙，還交了俄羅斯男友，並非常享受學生生活。[8]不過有些俄國歸來的學生就沒有這麼幸運了。康生的朋友偷偷地講了一個故事，有個年輕人在北京適應不良，所以他不知道用了什麼方法越過中俄邊境回到莫斯科，不過他卻被下了藥送回中國，之後他就發瘋了，終生活在精神病院裡。這段故事的真偽並不重要，因為對這些俄國歸來的中國青少年而言，待在北京參與中蘇交流，絕對能讓人發瘋。

也不是每個人都過得這麼痛苦，有些人利用自己俄語母語，找到了適當的工作。朵拉（Dora，中文名劉夏）就是個很好的例子，她在西班牙內戰期間出生於莫斯科，父母是滿洲游擊隊隊員，他們為了紀念西班牙共產領袖多洛雷斯．伊巴露麗而將她命名為朵拉。朵拉是一九五四年在北京大學學中文的青年學子之一，當時北京廣播電台招聘俄語母語人士主持節目，而該節目也將在莫斯科播出。朵拉的音色既低沉又獨特，發音字正腔圓。朵拉當時年僅十六歲，電台還很猶豫是否要讓她獨挑大樑，但有個蘇聯專家聽了所有播音員的聲音之後，他選了朵拉來當節目主持人。於是從一九五五年到一九五九年，朵拉的聲音傳遍了蘇聯的家家戶戶，她以一種對俄羅斯人來說既熟悉又獨特的聲音，播送與中國相關的資訊。朵拉說，那幾年她收到了許多俄羅斯粉絲以她的中文電台藝名所寫給她的信件：「中國北京，北京電台的劉琅小姐收。」[9]

朵拉也很幸運地嫁給了親俄的中國人。她的許多同學都承認，當時他們都很想找到這樣的對象，因為要獲得與俄羅斯人結婚的許可相當困難，而且與蘇聯公民發生戀情往往很麻煩。一名年輕女子與在哈爾濱工作的俄羅斯飛行員同居，兩人沒有結婚，她懷孕時俄羅斯飛行員不認自己的骨肉，她只好墮胎。另一方面，有幾個年輕男性愛上了一個美麗的中德混血女子，他們稱她為亞馬遜（Amazonka），而這位亞馬遜小姐卻介入了李富春和蔡暢的女兒與一位俄羅斯男性的婚姻。[10]許多蘇聯返國的中國孩子，後來在中國的婚姻失敗，當然也有些人最後找到了中國配偶，享有美滿婚姻。還有一位女學生與她丈夫結婚後，第二天就離婚了，只因為這位丈夫不讓她去見她童年時代講俄語的朋友。一些朋友說到這裡還是會笑出來。在這種情況下，朵拉覺得很幸運能遇見自己這位中國籍的丈夫，她的夫家於一九四〇年移民到俄羅斯，而她丈夫是無線電專家，也於一九四五年被調回滿洲。[11]

在俄羅斯受教育的中共黨員子女當中，還有很多人像朵拉一樣，憑藉著語言優勢而找到工作。例如她的朋友羅莎（Roza）就在《中國畫報雜誌》的俄語版工作；有些人就任職於中蘇友好協會，規劃各種刊物，還有一些人則是在翻譯局找到了工作。在莫斯科讀完大學並重回職場的較年長的同學們，有時會擔任派來中國工作的蘇聯專家口譯。一九五〇年代還在北京的幾十個中蘇戀愛誕生的孩子們，盡可能地常常聚在一起徹夜狂歡，釋放他們所面對的壓力。

「你到底是誰？」

因為中蘇戀愛而誕生的孩子們，不僅不習慣中國的日常生活，而且有些人的父母不承認他們，或者強逼他們「成為中國人」。一位女性到晚年依舊清楚記得，有次她被帶去見生母，而生母並未預期她的到來，竟然躲到另一個房間，不肯承認這個女孩是她生的。原因是生母已有了新家庭，擔心她的丈夫知道她曾在莫斯科和另一個男人生過小孩。

要了解這些「中蘇家庭」最直接的管道，是一位名叫「蕾娜」的女性所撰寫的回憶錄。她的父母於一九三〇年代在東方大學墜入愛河，在一九三七年生下了她。第二年，她的父親在大整肅中遭到迫害，被送去蘇聯勞改營，而她的母親則被遣返回中國，在延安的翻譯部門工作。後來她母親因為會講俄語，又是滿族人，所以在一九四六年被派去協助共產黨接收東北。之後她的母親再婚，在東北的工廠擔任領導職位，最終被任命為全國人民代表大會代表。[12]

蕾娜在回憶錄中說，即使當年中國頌揚蘇聯這位「老大哥」有多好，盡全力鼓勵中國人學習俄語，她母親還是盡一切手段將她變成「真正的中國女孩」。一九五一年，蕾娜在哈爾濱待了一年後，她母親將她帶回遼寧的煤炭和冶金中心本溪市。晚上，母女倆一起上中文課。後來蕾娜的母親不願她回去哈爾濱。蕾娜在回憶錄中，記載了她與母親的互動：

> 某天課後，母親說：「我們來談談……我們學了中文，妳的進步也很明顯。妳知道我們為什麼要學中文嗎？如果妳回去哈爾濱，妳就回到了俄式環境，變回俄羅斯女學生，妳會忘記我們讀過的東西……不只是中文而已。哈爾濱沒有真正的中國環境，妳就好像還活在蘇聯一樣，這樣妳回到祖國有什麼意義呢？」
>
> 我回答道：「如果現在給我機會回到蘇聯，我快樂的不得了。在哪兒生活，哪兒工作，有差嗎？再怎麼說，共產主義是無所不在的。」

母親聽了我的回答，沉思了片刻，接著問：「告訴我，妳到底是俄國人還是中國人，妳的祖國究竟是哪個國家？」

我還沒搞懂，原來我的思想在母親看來是一種罪。我固執地回答：「我是誰，對我有什麼差嗎？不管在中國和蘇聯，都可以當共產主義者和革命者。在國際兒童院，老師教過我們國際主義……

「妳到底知不知道自己在說什麼呀？每個人都有自己的祖國，都必須愛國，第一個想到的是愛國，捍衛祖國，保護祖國。中國人就是中國人，不是外國人，為祖國服務自始至終都必須是第一位。」

我受夠了她這種訓話。我想起我學過的世界革命史。「十月革命後，中國人不是為紅軍而戰，犧牲奉獻了嗎？國際縱隊不是幫助了西班牙共和國與佛朗哥鬥爭嗎？蘇聯軍隊難道沒有在滿州幫助中國粉碎日本侵略者嗎？難道這一切都錯了嗎？」

母親憤怒地打斷我：「這些我比你更懂。我們中國人願意幫助任何人進行社會主義革命，但是以中國人的身分去協助，而不是外國人。就像我們現在在韓戰中所做的那樣。我只問你一句，妳是中國人？俄國人？還是吉普賽人？」[13]

實際上，蕾娜的母親可能比蕾娜「更懂這些」，因為她是以反日游擊隊員的身分加入共產黨，在東方大學期間還曾將每個月全部的津貼都寄到西班牙，協助西班牙對抗佛朗哥。但令蕾娜驚訝的是，她卻利用這種經驗來證明蕾娜應該留在中國讀中國書，而不是回到哈爾濱。「你已經長大了，都十四歲半了！」她說。

我像妳這麼大的時候，已經擔任女校共青團長。在對抗日本侵略者的不對等戰鬥中，我們願意隨時為國捐軀，因為我們在捍衛祖國。家人、朋友、興趣和情感都不能阻止我。我活著就只為了做一件事：反日鬥爭。黨決定把我送到蘇聯學習時，我毫不猶豫就去了。蘇聯完全是個未知的國家，語言不同，傳統不同。我短短的一年半就學會俄語，把自己該做的事做好。我才十七歲。[14]

蕾娜的母親得到了組織委員會的許可，將蕾娜從哈爾濱的俄羅斯學校轉到本溪的中國學校。她還把女兒帶到她上班的工廠，讓蕾娜知道那邊工人的生活條件有多苦。

蕾娜的母親替她取了一個新的中文名字，也給她買了一套中國服裝。[15]儘管母親對蕾娜所有期望，但蕾娜依然故我。她在中國學校裡很不快樂，同學們常圍著她拍手叫道：「蘇聯人，唱一首俄國歌吧！」秋季學期結束時，蕾娜的精神崩潰了——到此時她母親終於心軟了，同意她回到哈爾濱讀書，直到一九五三年中，蕾娜才轉學到中國學校。[16]

蕾娜的母親為何強迫女兒改變語言和文化認同，這點不得而知。但我們可以推測，她是用「毛澤東的行為」，來衡量俄羅斯在中國的地位，而不是「政府的大規模親蘇宣傳」。很多黨內比她高階的人，例如李立三和埃彌，他們的想法就和她截然不同，對孩子的要求也沒那麼嚴格，劉少奇甚至允許他兒子把蘇聯妻子和孩子帶回中國。原因或許也是世代的差異：蕾娜的母親是在一九三〇年代加入共產黨，時代背景是殘酷、慘烈的民族主義反日戰爭，而不是在一九二〇年代早期那種浪漫、令人興奮的國際主義時期。無論什麼原因，蕾娜記得她和母親在中蘇兩國分手之前，就討論過一些雙方交惡的根本原因。其實，在兩國同盟早期的樂觀氛圍中，問題就已經存在了。

要當中國人嗎？

蕾娜和其他年齡相仿的孩子，面臨著要從中國的高中畢業這項艱鉅挑戰，有時在家中也會因文化差異而衝突。不過，在一九四九年前有些較年長、當時就讀於蘇聯大學的學長們，則已經長大成人回到中國，這些學長們似乎已將壓力內化，而他們通常是在就業後才體會到這種壓力。[17]運動員尤拉（黃健）就是最好的例子，他的父親是周恩來的朋友。尤拉放棄了他愛的俄羅斯女孩塔瑪拉，只因為他要「回歸」一個他連一點印象都沒有的中國。尤拉和蕾娜的認同轉變是完全相反的：蕾娜激烈地捍衛她的俄羅斯風格，反抗母親，而尤拉則用盡一切方法成為中國人。

一九五一年，尤拉首次抵達滿洲，沒有人到車站迎接他，這讓他非常緊張。他走在月台上，看到一位老人躺在一張草墊上。

> 我看到他有兩根辮子，長長的辮子！還有一撮鬍子。喔，我好害怕，因為聽說清朝的男性都要薙髮留辮。然後我就想，他們會不會真的要我留辮子啊？我是真的嚇到了。我在那裡等了兩小時，都沒人來接我，於是我挨近那個老頭，顯然他是鄉下人，穿得像個窮光蛋一樣，但他腳上卻穿著一雙網球鞋，而且還是新的！這種鞋子連我都沒穿過，這反差也太大了吧！這裡有過時的封建制度，卻也有最先進的物品，我稍稍鬆了口氣，這裡還是有跟運動相關的東西。我還在俄國唸書的時候，我們都對穿這種鞋的人感到很眼紅，我們都想盡辦法想買一雙這種鞋子。

而在這裡，一個樸素的老頭……這也代表中國有責運動用品，或許也表示，也有人在運動……[18]

尤拉年紀很小的時候，就在一九二九年被母親帶到莫斯科，他從來沒有回過中國，而且再也沒有父母的消息。二十三歲時，他覺得自己的命運是成為建立新中國的一分子。

尤拉抵達北京時，大家都認為他是一名優秀的體育員，這點令他大感吃驚。他曾在莫斯科菁英體育學院接受傳奇高跳教練佛拉迪米爾·德雅奇科夫（Vladimir Dyachkov）的指導。在莫斯科，他只是個普通的窮學生，但在北京，他獲邀參加貴賓旅行團。[19]

一九五三年，尤拉被選為新中國第一支田徑隊的教練，不過這是支倉促組成的隊伍，參加當年夏天的世界青年節。起初隊上只有五名運動員；不過到了當年底，隊伍擴大到了四十三人，年齡從十五歲到二十七歲不等，是一盤散沙。這對任何一位教練來說都是一項艱鉅的任務，但是對於二十六歲、中文不好、文化上是徹底俄國人的尤拉來說，他卻能一展長才。有些外國專家每個月都會提供他書面培訓計劃讓他參考，對此他非常感激，雖然這些資料派不上用場。[20]

他的運動員和同事認為他是「外來的」中國人。他回憶：「感覺自己像『白色的烏鴉』那樣被孤立，久了真的不太好。我想大叫：『我也是中國人！你們為什麼認為我是外國人？』」尤拉於是展開了「歸化」行動，開始說中文（很難）或吃中國菜（很簡單），而且還要尊重權威，參與政治，努力克服自己的弱點。他的記憶中也充滿了矛盾，雖然他想成為中國人，但他並不一定就不想當俄國人。作為一個俄羅斯人，最重要的就是要有幽默感、會玩，專業優先政治次之，天賦和技巧都得高人一等。最後，尤拉有點像是中蘇綜合體，他喜歡中國菜，也保留著年輕時期開始就喜歡的俄羅斯食物。他確實學過中文，但講出來的中文帶有濃厚的俄羅斯口音。他工作時間很長，但他時常與他的運動員開開玩笑，也一起玩遊戲。[21]尤拉表示他不會尊重任何權威，不管是中國或是蘇聯都一樣，特別令他厭惡的是中國在一九五〇年代沒完沒了的政治會議。他很早就表示他不想參加，

> 我是在蘇維埃社會主義共和國聯盟（U.S.S.R.）接受教育的，這裡是全世界第一個社會主義國家。我在大學裡讀了好幾年的馬克思《資本論》，這一科的考試成績優異。在蘇聯，除了在電影裡之外，我從未見過活生生的資本家、地主或富農。所以在我心中，不可能有任何資產階級餘孽影響我，我也不需要改造自己。[22]

尤拉不理睬政治運動，專注培訓他手下的運動員，用他的專業知識來提升運動員的能力——但徒勞無功。尤拉回憶起他與一位名叫鄭鳳榮的十五歲女學生有過一段特別逗趣的對話，她相當有才華，來自山東省的貧困家庭，在一次學生跳高競賽中獲得第三名後，她被招募到尤拉的隊伍中。

> 有次訓練，我教導她跳高技巧，鉅細靡遺把理論拆解給她聽，我對自己是個好老師感到相當滿意。但之後我發現她的舉動有些怪異：她到處張望，甚至，我的天啊，竟然挖起鼻孔來。然後我們簡單談了一下。「妳都不會感到丟臉嗎？為何妳什麼都不聽？」「教練啊，我告訴你，別說這麼細，我根本不想聽，你直接示範給我看就好。」[23]

尤拉天性好勝，他對於許多外國教練認為中國運動員素質天生較差這件事，深感不以為然。儘管他手下的運動員沒怎麼讀過書，但他很快就發現他們有著極端的熱情，平常的訓練強度比競賽本身還要來得強。當時大多數跳高選手每週練習五到六次，尤拉將練習次數和訓練時間都增加，並加入各種各樣的訓練項目，從舉重到體操不一而足，而這樣的訓練菜單在當時被認為太容易造成傷害。事實上，尤拉的狂熱也使他手下一些最優秀的運動員因過度疲勞而受傷。他的訓練內容超出了鄭鳳榮的負荷，也讓她不得不花一整年養傷，才能再次歸隊。[24]

傷癒後，鄭鳳榮仍然是尤拉手下最有潛質的運動員，所以他繼續提高訓練標準。不過鄭鳳榮從未抱怨過。她跳得不夠高時，她雖然會哭，但隨後重新整理情緒，再試一次，練到其他運動員都回家為止。有時尤拉會告訴她算了，但她卻一次又一次的跳。「我們在訓練中打破了所有安全規則，」尤拉回憶：「但別忘了這是一九五〇年代，運動事業的浪漫歲月。」[25]

由於他在專業方面偏離莫斯科的訓練教條，並且與中國運動員有更多個人互動，所以尤拉與他的蘇聯同事越來越疏遠。對於尤拉來說，最大的心理障礙是放棄德雅奇科夫所教的方法，轉而選擇一種看起來更適合中國人體型、老式的「剪式」跳高法。做這個決定不容易，而他的做法也招來批評，批評他的不僅是蘇聯教練，中國同僚的撻伐也相當不留情。「想像一下我的立場：一九五〇年代，這個國家在解放後要踏出建立社會主義的第一小步，蘇聯『老大哥』這個詞對我們中國人來說，就是我們心中的一把尺。」[26]其實在一九五七年夏天，尤拉在莫斯科狄那莫體育場為鄭鳳榮進行訓練時，德雅奇科夫過來告訴他，如果鄭鳳榮不改變她的「剪式」技術的話，她就永遠贏不了。尤拉一直對這個建議感到很掙扎，但他還是堅持自己的計劃。[27]

一九五七年十一月十七日，鄭鳳榮在北京成為第一位打破世界體育紀錄的中國女子，她以「剪式」技術跳過了一米七七的高度。[28]這是大躍進之前的一次偉大飛躍——也完美象徵了中國想在世界舞台上所做的事情。這是由一位堅強的中國年輕女性，和一位受過俄羅斯訓練的教練所達成的，他結合了蘇聯理論的精華，然後卻放棄了它，轉而採用他認為更適合中國的強化訓練，以及不那麼「進步」的技術。

壓力下的家長們——葉華、埃彌以及專業政治

中蘇家庭的兒童們在一九五〇年代早期經歷了適應上的緊張，而家長角色的人，則是要到一九五〇年代晚期，才首度在職場上經歷衝突。例如，葉華和埃彌都在受高度關注的文化領域工作，也都在一九五〇年代末期首次發現自己與雇主不和。葉華於一九五五年前往德國拍攝她最新的相冊，埃彌留在北京接受蘇聯醫生的照顧。兩個月後她從德國回來，決定帶著埃彌和孩子們在北戴河度過寧靜的夏天。但她很快就聽到了針對自己和丈夫的閒言閒語：有人批評埃彌懶惰，並沒有生病，並且「渾身充滿外國氣息」。最後這個說法讓葉華感到特別不快。她認為，埃彌在國內外招待中國的外國朋友是很重要的工作。雖然她沒有說出來，但她難道就不是埃彌身上那「外國氣息」的一部分嗎？[29]

另一方面，埃彌也試著安慰葉華。儘管她大部分的照片都發表在東德的刊物上，但她仍算是新華社的一員，也因此受到了批評。葉華認為，攝影是一種自然表達的直觀方法。在為京劇拍照時，她不僅在演出期間拍攝了演員，而且也捕捉到了演員在上妝時，以及演出結束後汗流浹背和疲憊

不堪的畫面。[30]雖然她在新華社的直屬上司給予她鼓勵，但她卻與編輯發生了衝突。

這位編輯只想要擺好姿態的照片，就像在蘇聯雜誌上經常看到的那些一樣。你是哪一行的人，就穿哪一行的服裝，還要有模有樣，最重要的是，臉上總要掛著微笑。但玉石藝術的雕刻家在工作時是不會笑的；相反的，他必須表現出專注的形象，散發出強烈的內心參與。正在學習和玩耍的工人們或孩子們臉上的熱誠並不夠「樂觀」，但我卻相信（並且仍然相信），正是這些照片顯示了建立新中國的樂觀意願。[31]

在藝術上，葉華所應用的自發性和真實性原則，就和愛倫堡和蘇聯其他藝術家所用的非常類似。

在政治上，葉華也支持去史達林化，因此與中國政治中的主流脫節。一九五七年七月，毛澤東發起了反右派運動，特別針對知識分子。當這場運動波及到中國作家聯盟時，埃彌正在莫斯科參加國際青年節。雖然他人在蘇聯——仍然是一個在政治上來說正確的地方——但丁玲和許多其他朋友卻被貼上了右派的標籤。莫斯科青年節的興奮與驚奇，以及埃彌回國後所面臨的局面，兩者間的對照可說是大到不能再大。有人告訴他，大家都知道他所犯的「錯」，就是他與丁玲的友情，因此他必須盡快自我批判。他的自我批判草稿被上級否決，而且遭到修改。最後，埃彌在作家大會上宣讀了「上級」同意的版本之後，總算是沒事了。同年十月，一個印度作家代表團抵達，而負責將該代表團介紹給毛澤東的人則是埃彌。自從在延安那段時期過後，他就從未見過毛澤東，而毛澤東現在也熱情地接待了他。[32]

葉華回憶說，反右派運動期間，埃彌曾告訴過她一些細節，她當時只覺得埃彌與上級有些齟齬。埃彌在公開的回憶錄中並沒有任何關於這段時期的內容。然而，他一直在國外跑，充分體會到蘇聯相對寬鬆的局勢與北京日益緊張的政治氛圍中間有多麼巨大的差異——更不要說和智利或印度相比了。埃彌很清楚，他服務的老闆隨時可能翻臉，而這個老闆不是別人，就是他兒時的朋友毛澤東。他那位老派史達林主義的朋友法捷耶夫最近自殺了，而相對開明的丁玲也被中國共產黨開除，這說明了莫斯科和北京在時代精神上差得有多遠。在某種程度上，中共和蘇共這兩種共產主義之間，在文化的差距越來越大，這種差距很容易被找出來利用，日後即將帶來中蘇分裂。

疏離

一九五七年間，本該有可能巧妙地應對的感性差異，卻在一九五八年演變成嚴重的政策差異。中國展開了「大躍進」，當局過度徵糧，又為了滿足虛有其表的工業化而用土高爐煉鋼，還設立集體廚房來管理食品消耗。中國的這些舉措，讓人想起史達林的第一個五年計劃。駐中國的蘇聯專家和許多中國領導高層對此都持懷疑態度。大躍進導致一九五九年的大飢荒，就連城市居民也無法倖免，最後有些黨內高層也開始餓肚子。[33]同年，彭德懷元帥公開批評毛澤東，而曾為二十八個半布爾什維克成員、現任外交部副部長的張聞天也起而效尤。當時蘇維埃經濟政策強調先進科學和技術的成就，強調提高人民生活水準，因此中國國內的批評者用蘇聯的經濟政策為對照，開始批評大躍進——正如「去史達林化」曾被用來批評毛澤東日益猖獗的人格崇拜一樣。

與此同時，中蘇之間發生了一系列地緣政治分歧，使兩國瀕臨斷交。這一系列衝突包括：

一九五八年毛澤東故意讓蘇聯因為台灣問題而與美國起衝突；一九五九年赫魯雪夫與艾森豪會晤；同年赫魯雪夫與毛澤東之間的尷尬會面，以及中國的印度和西藏政策導致兩國意見不同。到了一九六〇年，毛澤東和赫魯雪夫不斷相互指責，終於赫魯雪夫按耐不住脾氣，失去了冷靜，將駐中國的蘇聯專家全數召回。過了一陣子雙方妥協，收回了激進的言論，並放低了姿態。在一九六〇年代初期，雙方一再想要和解，卻導致敵意不斷升高。[34]這一系列事件對今日的學者可說是再熟悉不過了，不過當時的菁英政治家還看不清局面，不曉得雙方即將全面、長期的決裂。

李莎以她的文字，細緻地描繪了她在一九六一年末，與李立三因為情感和政治上的分歧，而經歷的一段疏遠時期。她說，一九五九年彭德懷批評了大躍進之後，人們普遍懷疑彭德懷私底下與赫魯雪夫有聯絡。「這時興起了一波『暗自通外』的懷疑。」她回憶道。不過，她當時只知道她的丈夫正似與她漸行漸遠。[35]

彭德懷與毛澤東在一九五九年發生摩擦後，康生有次向李立三建議，叫他要求李莎改變國籍。李立三自己承受了這股壓力，甚至對李莎隻字未提。在她的回憶錄中，李莎引用了一封她說是李立三寫給康生的信，信中李立三與康生理論：

> 我仔細想過這件事，但這在政治上來說有必要嗎？如果她真的在政治上不可靠，那麼入籍中國也不會有任何改變，而且我可以保證，她在政治上沒有任何問題。另一方面，她真的與廣大群眾站在一起。她是俄羅斯人，在莫斯科長大，她的習俗自然也是她的一部份，也因此，她會想家，想回家去看看。她在蘇聯有親戚，而現在她只和她的嫂子以及妹妹通信。她非常想念她們，收到他們的來信時，她真的很開心。因此，我認為要求她與她的國家決裂，將國籍改為中國，

她永遠不會同意。如果我強迫她，那我們之間會大吵，甚至離婚。如果這在政治上是必要的，那麼無論如何，我都會強迫她這樣做，但我認為這在政治上來說沒有必要。[36]

李立三也致信外交部長陳毅這位密友。

在日常生活中，我事事讓著李莎，但在政治上，我走著自己的路。當我在蘇聯被關時，即使情況艱困，她也沒有離棄我，因為她信任我。而且我相信她不曾、未來也不會背著我，做任何傷害黨的事情。[37]

他也將類似的信件寄給鄧小平，甚至上達天聽寄給毛澤東。再怎麼說，李莎是江青的俄語家教，還不止一次與毛澤東共進晚餐。所以當毛澤東聽到康生對於李莎的指責，毛澤東只是問道：「有證據嗎？」就這樣，毛澤東暫時終止了外界對他倆的質疑。[38]

隨著中俄緊張局勢升高，許多俄羅斯妻子乾脆離開中國，所以李莎的俄羅斯女性朋友圈子逐漸縮小。到了最後還留在中國的，只剩下她最親密的朋友格蘭妮雅。格蘭妮雅的丈夫陳昌浩是個與李立三不同的人。李莎另一個朋友、身為中國人的安妮雅曾警告李莎，不要什麼話都跟格蘭妮雅說，免得她無腦轉述給陳浩昌聽，恐怕會帶來麻煩。不過李莎以為安妮雅只是嫉妒而已。李莎認為，格蘭妮雅是一個可以分享所有事情的朋友，也是除了李立三之外唯一一個無條件信任的人。隨著大躍進害死越來越多的人，李莎有次將自己對大躍進的疑慮告訴了格蘭妮雅，而格蘭妮雅果然也轉述給陳昌浩聽。陳昌浩是最初的二十八個半布爾什維克之一，在長征時期還與張國燾一道抗衡毛澤東。中華人民共和國成立後，他在中央委員會的翻譯局工作，雖然不是頂級的部長職，但也算是政治中心。簡言之，他是有所顧忌的。[39]而陳昌浩也確實利用他聽到的這些資訊來增加自己的籌碼。他寫了一封信給中央委員會，以各種罪名指控李莎和李立三，說李莎時常帶著機密資訊造訪蘇聯大使館，並在北京一家常有俄羅斯女性光顧的裁縫店，安排與大使的妻子會面。[40]

這封信引發了一場風波，李立三也多次受到中央委員會召見。在場有李富春（他的女兒嫁給俄羅斯人）、康生（親自將毛澤東的兒子帶到俄羅斯，他自己也在莫斯科待了相當長的一段時間）和周恩來（他的養女接受過俄羅斯的演藝訓練，並在北京經營一家深受蘇聯人喜愛的兒童劇院），他們都想說服李立三與李莎離婚。在這整個期間，李立三什麼也沒有向李莎說，但她擔心李立三會離開她。

> 目前的局勢影響了我與丈夫之間的關係，他什麼都藏在自己心裡，什麼都不告訴我，我覺得在我們之間好像有一堵牆，將我們隔開，我感到相當困惑和擔心。有一次他甚至搬到了頤和園附近的高等黨校。他的老朋友，也就是學校的主任，給了他一個小公寓讓他住。他沒有說明理由，雖然這對我來說很難過，但我也沒問。我告訴自己，他只是想獨處一段時間。也許他的家庭已經受到太多的「外國影響」，但難道這應該受到譴責？但我卻無能為力，因為要改變你從小就養成的習慣並非易事。[41]

李立三不在家的那段時間，中共內部也剛好出現了關鍵的緊張時刻。一九六二年一月，大躍進已經劃下句點，但經濟狀況卻沒有改善；中央於是召集一大批省籍官員召開會議，重新檢視黨的計劃。劉少奇在會議上發表了重要演講（他一直被認為是李立三的盟友），小心翼翼地重新提出飢荒的責任問題，而毛澤東的回應則被一般人認為算是為飢荒道了歉。然而，劉少奇還重申了中國對批評蘇維埃修正主義的立場。毛澤東也指出，雖然「蘇聯的許多黨員和幹部都很優秀」，但莫斯科政治圈卻是由修正主義者把持。不難想像與會者們——特別是李立三——聽到這些演講，心中的焦慮有多麼深厚。[42]

會議最終決議鬆綁經濟政策，而劉少奇的地位也大大提升。儘管還是有新的要求，但李立三的壓力降低了不少。會議結束後，他也搬回家裡。李立三向李莎解釋了因為國籍與離婚問題而給他造成的壓力，並告訴李莎，他很努力保護她。雖然周恩來迫使他與李莎離婚時，他告訴李莎，他拒絕了，還說李莎「沒有能力從事間諜活動」，如果他們不相信他，就開除他的黨籍吧。他告訴周恩來：「蘇聯人民大多都是好人……我們不能把每個蘇聯人都當成壞人看待。」李立三告訴李莎，中央委員會做出了決定：他們不必離婚，但李莎必須成為中國公民。李莎的回應一如李立三的預期，她擔心自己無法回到莫斯科，再也見不到她的家人，甚至可能會被視為叛徒。但李立三向她一再保證：「目前的衝突是暫時的，中蘇關係最終會改善，那時你就能回家。你的同胞會理解你的。」[43]

李莎的處境其實相當艱難。在一九六〇年之前，她的大女兒英男一直在莫斯科念書。當她回到家時，在沒有告訴母親的情況下，放棄了蘇聯國籍。這倒是讓她父親大鬆了一口氣。隨著英男的歸化中國，李莎推斷，若她回到俄羅斯，等待她的是「孤獨的晚年」：沒有丈夫、孩子和工作。此外，「我明白，在目前的政治環境下，對李立三來說，他的妻子擁有蘇聯護照，無異於斷送他的政治生涯。」並且，「我相信在蘇聯領導層中有修正主義者，儘管我並不了解修正主義。」李莎和李立三後來說好，當她手上的護照到期時，她就不要申請新護照。

在李莎的故事中，她先生儘管面對政治壓力，依然保持對她的忠誠，但在這故事背後，令人驚訝的是，對李立三的婚姻施加壓力的陳昌浩，自己卻有個俄羅斯太太。然而，根據李莎的說法，陳昌浩的表現實在是無法與李立三相提並論。陳昌浩為了與太太格蘭妮雅離婚，鬧出了個大醜聞。「他指謫格蘭妮雅在政治上不忠，又支持蘇維埃修正主義，還過著資產階級的生活，更想要用修正主義影響兒子。」然而，當格蘭妮雅和陳昌浩對簿公堂時，法官卻以個人差異，而非政治差異，判定他們得以離婚，而且格蘭妮雅還獲得了一半的財產，以及撫養兒子的權利。[44]陳昌浩明顯是做得太過火了。陳昌浩、康生、李立三、周恩來等人的事情說明了，一九六〇年代的那種仇外氣氛所造成的不安全感，很可能是來自中共領導層對自己的俄羅斯教育和俄羅斯連結產生懷疑。這些事還顯示了一個人如何將對自我的懷疑投射到另一個人身上，擴大了集體不安全感，並重新塑造了地緣政治。

分手

隨著社會主義陣營的緊張局勢升級，葉華和埃彌繼續運用特權在社會主義國家中旅行，親身經歷到這些國家之間的矛盾。一九五八年初，東德提供葉華駐中國特派記者一職，並將她帶到柏林接受培訓，還給她一部電影攝影機，用以拍攝紀錄片。因此她辭去了新華社的工作，成為外國記者，其活動由中國外交部新聞司管理。新的狀態給了她更大的自由和空間進行藝術工作。[45]

葉華回憶，在大躍進早期，整個國家，包括她自己在內，都被一種興奮感籠罩。那年夏天在

葉華、埃彌以及他們的三個孩子，左側的是萊昂，上方的是維克多，而下方的是和平。蕭家提供。

北戴河，埃彌與毛澤東再次見面；他的大兒子萊昂被北京電影學院錄取；而一九五九年八月，葉華獲准前往西藏，拍攝西藏抗暴結束之後的畫面。赫魯雪夫訪華時，東德政府特別要求她拍攝赫魯雪夫，所以葉華也出席了這場盛會，可是中國人阻止她拍攝的時候，她火氣爆發了。回家後，葉華擔心她的反應會造成不良後果。埃彌建議她道歉，而她也這麼做了。然而，她仍然認為阻止她拍攝的，正是毛澤東的各種運動所要打擊的那種官僚主義。[46]

葉華的觀點在她前往柏林的旅途中逐漸轉變。有一次，她在列寧格勒停留，去見了瓦莎和艾倫，但這次拜訪很快就因為話題轉向政治，不歡而散。到了柏林，她才知道她的合約期限突然縮短了，理由是「政治不確定性」。她回憶：「中、蘇和東德之間的衝突折磨著我，因為我覺得我與這三個國家都有關，而我多年來一直為這些國家人民之間的友誼而努力。」[47]一九六一年十月，葉華和埃彌邀請蘇聯大使館的兩位客人參加埃彌的六十五歲生日慶祝會。後來這對夫婦獲邀參加蘇聯電影週的開幕式，但上級卻不讓埃彌出席。回想起來，在葉華看來，她和埃彌故意無視中蘇衝突日益嚴重的跡象，如常地繼續生活，就彷彿這種分歧只是暫時的，很快就能獲得解決一樣。[48]

葉華曾描述一九六一年末與埃彌疏遠的那段時期。奇怪的是，這與李莎以及李立三在同一年所遭遇的經驗非常相似。

> 我們之間所出現的危機主要是個人性質的，當然也與政治有關。我不知道是什麼原因造成我倆疏遠，蕭三自己形成了一層又一層的保護網，不和我說話，又總是感到很洩氣、很沮喪，還常常生病。萊昂和維克多抱怨父親都不陪他們，反而是父親的西班牙朋友陪他們玩。蕭三當然不是這種人，我親眼見到他受苦，但我也感到很惱怒。我們還是會談談新聞和政治，但他

心裡還有許多事情沒有告訴我和孩子們。有一次，維克多給父親寫了信，在信中傾訴了自己所有的感受，之後我也同樣寫了信給蕭三。我總是覺得，以文字傳達心中的話語，比起用說的要容易些。蕭三知道後，很認真地看待這兩封信。他很高興我們對他坦誠相告，但即使如此，他還是有些什麼藏在心裡。[49]

葉華回想她和埃彌的生活，想知道到底發生了什麼事。但是直到一九六二年中，他們一家在北戴河度假時，埃彌才說明了一切。在時間上來看，與李立三回到家裡並向李莎坦白一切十分接近。埃彌說，人們一直指他為修正主義者，散佈各種關於他的謠言。這樣的家庭對話，讓他們家裡的緊張氣氛降低了，但是他在黨內和作家協會之中繼續面臨壓力，這些都是他很少提及的。[50]

值得注意的是，葉華依然繼續她的工作和出差。然後，有次剛從柏林和斯德哥爾摩回來後，她就神經衰弱了。

雖然沒有特別的理由，但我卻哭個不停，莫名其妙地哭到出神。當然，這與中國與蘇聯之間緊張的政治局勢有很大的關係……我身在這場衝突的中間，通過我的電影和照片，將中國人民的訊息，鉅細靡遺地傳達給了另一方的人民。[51]

她的兒子開始教她中文，以讓她忘卻煩憂，讓她閱讀毛澤東的作品；到了五月，她說她已經撐過了危機，但家庭的困境仍未解決。儘管埃彌出版了詩歌，並且在作家協會中表現傑出，但到了一九六四年，他向葉華坦承，娶一個外國妻子讓他付出了極大的代價，於是葉華同意入中國籍。[52]

而李莎則於一九六四年退讓，那年夏天，她與李立三一起在公園散步時，答應成為中國公民。九月，他們收到了周恩來親自批准入籍的信。因此，當中國在朋友和敵人之間，以及在自我和他人之間進行更嚴格的區分時，這兩位在共產主義文化關係中備受矚目的女性將被「融入」，而不是「退出」。李莎所代表的，是中國想從根本上去理解蘇俄的嘗試，而她也繼續教書。至於葉華，她所拍攝的照片，為東方集團的其他國家提供了一個視覺管道了解中國，儘管中國越來越難以理解，而她也繼續的她攝影事業。從跨文化的角度來看，這兩位女性幾乎令她們的丈夫黯然失色，她們的丈夫一度呼風喚雨，但現在卻年老力衰，遭受排擠。她們的丈夫支持著她們——畢竟在直接表達政治立場的權利如此受限時，這種個人的忠誠行為就是一種政治聲明。

第十九章
頑抗的愛情：文化大革命的諷刺

文化大革命

雖然一九六三年的中蘇正式分裂，明顯宣告了中蘇浪漫的結束，但在事實上並沒有這麼簡單。對那些在年輕時於莫斯科求學、或夢想著在中國發動俄式革命的第一代中共黨員而言，就算他們對於二戰前布什維爾克所掌控的共產國際感到幻滅，他們依舊在戰後於中國國內發動俄式革命。至於他們那些在蘇聯出生或受過蘇聯教育的孩子們，中蘇分裂只會加深他們對於「家鄉」的渴望。而對國內一些新的親俄人士來說，在文化大革命的殘酷歲月裡，政府對俄羅斯語言和文化的暴力鎮壓，只會讓他們更加懷念自己過去幸福的俄羅斯時光。中蘇分裂會持續多久，沒有人知道，不過許多人希望這只是暫時的。文化大革命雖然讓任何對俄羅斯懷有一絲同情的人遭受極大的身心折磨，卻也無法永遠抹殺他們對俄羅斯的感情。

暴風雨前的寧靜

中蘇分裂在一九六三年浮上檯面後，蘇共和中共打起激烈的筆戰、隔空交火，而這些公開信也在中國的新聞和廣播上被發布出去。李莎還記得，這些廣播多麼吸引聽眾，以及她聽得有多認真：

晚間八點整是全國人民坐下來聽全國廣播的時刻，新聞播音員會以鏗鏘有力的聲音，念出這些可怕的消息。這些聲音透過收音機傳來，我和女兒們也屏住氣息，在收音機前聽著。對我們來說，這些聲音就是馬克思主義思想的啟示。我們真心相信這些文章的內容是真的；而這些文章真正想表達的，是社會主義註定要毀滅的各種徵兆，我們也因此嚇壞了。我們希望中國避免這樣的命運。[1]

李莎記得，赫魯雪夫在一九六四年被免除一切職務後，中蘇關係曾有修復的希望。周恩來就趁著蘇聯慶祝

李莎與李立三，攝於一九六五年。李英男提供。

十月革命的時機，飛至莫斯科會見布里茲涅夫（Leonid Brezhnev）。蘇聯領導層內也燃起了相同的希望，因為中國一度暫停了反蘇宣傳，就連毛澤東好像也相信蘇聯領導層會改變蘇修路線。然而，重建中蘇關係的最後一絲機會，也被克里姆林宮內某晚的「酒後吐真言」給毀了。時任國防部長的馬林諾夫斯基（Malinovskii）在一場酒宴上暗示周恩來，中國人應該推翻毛澤東。有位研究中蘇分裂的歷史學家很好奇，「馬林諾夫斯基是否喝醉了，所以才脫口而出克里姆林宮內每個人藏在心中、卻不會公開，至少不會在清醒的時候公開出來的想法」。周恩來和他的代表團離俄的時候，至少得到了他們想知道的答案：蘇聯領導層確實是一群「修正主義者」。於是中國重新展開了反蘇宣傳。[2]

有一段時間好像一切如常，李莎繼續在外國語學院教書，俄語在中國依然占有一席之地。因為蘇聯專家離開中國之後，中國的工程人員努力將俄國人留下的資料拼湊起來，以便完成大規模的計劃——包含核武計畫。同時，新設立的「中共中央委員會毛澤東著作及重要文獻翻譯室」將大批的俄語專家聚集在共黨組織部所擁有的一間特別飯店裡，供他們吃住。[3]

這個團隊對於一些親俄人士而言可說是個詭異的樂土。值得一提的是，瞿秋白的女兒瞿獨伊也在這個團隊裡。瞿獨伊追隨她父親的腳步，在一九五〇年代短暫擔任新華社第一位莫斯科通訊記者。現在，儘管全國有飢荒，她和這個享有特權的翻譯局成員，包括幾位因中蘇戀愛而誕生的年輕人，能過上不愁吃的生活，也能自由地當「半個俄羅斯人」——不過十年前，許多人還得壓抑自己想當「半個俄羅斯人」的渴望。團隊成員蕾娜記得，一位一九三〇年代曾在共產黨東方大學地下學校學習的年輕女孩「菲菲（音譯）」，是「各種活動的主要號召者。在所有人中，就屬她最貼近俄羅斯習俗。她喜歡俄羅斯美食，唱著俄文歌曲，穿著洋裝和裙子，大量用俄語閱讀，而且總是和我們的譯者講俄語，那些譯者都是中國人，曾在中國的機構學過俄語。」蕾娜也記得，團隊中唯一的俄羅斯人（出生於哈爾濱）與其他成員爭論說，翻譯應該準確地反映原作的品質，而非改善它，因為該團隊的主要任務是翻譯毛澤東的作品。[4]這個小團隊隱身在一間舒適的酒店裡，賦予了毛澤東的作品動人的俄語口吻，他們也許故意忽略了自身的存在是多麼諷刺。

然而，就算是這個團隊，也無法倖免於橫掃一九六〇年代中期的四清運動。這是劉少奇等領導人巡視鄉村之後推出的計畫。大躍進結束後，劉少奇一方面震驚於地方上的黨內領袖如此腐敗，也訝異城市知識分子竟無法苦民所苦。四清運動將一群群的城市幹部送入農村，在「剷除腐敗」的同時，也「向農民學習」。然而這個過程混亂又無效。一九六四年六月，毛澤東翻譯委員會的一批俄語譯者被派往北京以外的農村地區，但他們事前並不了解地方政

一九六六年，李立三全家最後一次合影。左起：李雅蘭、李莎、李立三、李英男。李英男提供。

治，更無法打擊腐敗。這種狀況表明，四清運動其實普遍來說成效不彰。[5]

李莎回憶起「四清運動」對她的家庭所造成的影響：

英男和我們學校的師生一同出發前往鄉村，而李立三也很快地就被派到湖北省，領導四清運動。他住在一位農民的家，睡在炕上。他穿著加了襯墊的綠色軍裝外套，以及品質粗劣的鞋子，在鄉村巡視。在鄉村地區帶了幾個月後，李立三帶著不安的心情回到家中。國內的情況在他內心留下了深刻的印象，他從未想到人民的生活如此困苦……在我看來，李立三似乎受到了良心的譴責，因為我們家過得實在是太舒服了，雖然我們在生活上並沒有超支，而這也是李立三嚴格遵守的。[6]

李莎說，光靠共產黨每個月給李立三的錢，絕對無法讓他們家吃好穿好，又能將家裡布置得美輪美奐。還得靠著李莎在外國語學院教書所賺的每個月四百元人民幣才行。李莎因為在外國語學校教書，因此有管道前往專門供應外國人的店購買香腸，即使在大躍進的高峰期間也不虞匱乏。

雖然李立三曾在他的黨員面前捍衛李莎，而李莎也成為了中國公民，但兩人不同的經歷也意味著兩人的觀點不同。李莎記得，去農村向貧農學習的想法「違背了我的理解，這和我在蘇聯受過的政治教育完全不同：為什麼要研究農民？他們時時刻刻都想讓資本主義茲長。為什麼不研究工人？他們才是領導革命的人。」[7]李立三曾是一個勞工運動者，不是出身農村，但在農村待幾個月獲得的經歷，與李莎在北京的菁英學校擔任俄語教師的感覺，是完全不同的。

在一九六〇年代，家庭內部的分裂因為社會日益隔離而加劇，甚至連在北京親俄人士這種連結最緊密的群體中也出現了分裂。李莎回憶起盛行於北京的「間諜狂熱」，據說有許多人因間諜罪被捕。師哲是毛澤東的個人俄語翻譯兼中央翻譯局局長，他的失蹤使得他也是蘇聯間諜的謠言甚囂塵上。打到李家的電話越來越少，只有少數幾個親密的朋友持續來訪。外交部長陳毅是外國語學院名義上的負責人，也是李立三自法國勤工儉學時期的朋友，他就是偶爾造訪李家的朋友之一，俄羅斯人格蘭妮雅，以及李莎的哈爾濱中國朋友安妮雅和歐莉亞有時也登門拜訪。8

李莎也和葉華保持聯絡，她現在的生活比起早些年在歐洲遊歷時，和李莎更為相似。成為中國公民之後，葉華不但失去了東德的工作，在中國也無法找到工作，而埃彌和孩子們倒是去了鄉下旅行，完全抛下了葉華。她常在家附近做粗活，或是騎車到遠方，藉以抒發挫折感。葉華和埃彌想繼續他們積極的社交生活，但「間諜狂熱」席捲北京，而他們很快就成為主要的嫌疑犯。9

李立三勸李莎不要那麼頻繁地去見葉華時，李莎回答道：「你難道不覺得他們有和我們類似的遭遇嗎？」蕾娜也還記得，她母親勸她不要和孩提時代那些說俄語的朋友去參加派對。蕾娜回答：「你想想看，我躲得掉這些人嗎？他們是我工作上的同事。另外，毛澤東、朱德、劉少奇以及其他領導人的孩子們也都參加了這些聚會啊，有什麼好擔心的？」但她母親就是聽不進去。當時這些聚會多半在埃彌和葉華家中舉辦。過了不久，康生的姪女和毛澤東的女兒就不再參加了。蕾娜某位朋友的父親是高官，這位朋友勸蕾娜，埃彌和葉華正在「秘密警察的監視下，因此這兩個人最好少碰為妙」。儘管有這些警告，許多人還是參加了一九六三年五月一號在葉華和埃彌家中所舉辦的派對，這也這群人是最後一次敢參加這麼公開這麼大型的聚會。10

一個分裂的中蘇家庭

李莎記得，文化大革命可說是無聲無息地降臨。她女兒的一位朋友，是個叫做蘇妮雅的中德混血女孩，到她家要「破除迷信」，意思就是拆掉李莎家中的佛像。奇怪的是，李莎並沒有告訴女兒，她自己年輕時蘇聯正在實施反宗教運動，當時的她也是扔掉了母親的神像。一九六六年中，李立三獲悉他從此不必參加中共中央華北局的會議，同時間她女兒也加入了其他學生，到「資本主義者」的家裡去抄家。某天，李莎和格蘭妮雅正坐在李莎家的院子裡，他們聽到街上的暴民闖入鄰居家中又打又砸，不過她家的院子有圍牆圍住，不至於受到侵擾。於是李莎和格蘭妮雅靜靜地坐著不出聲，等到暴民離去。[11]

很快地，大字報貼滿了北京城內，內容都是在批評李立三、李莎和他們家的生活方式。某天他們接到一通電話，詢問他們家的狗是否睡在床墊上、是否有喝牛奶。很不幸地，他們家的狗確實過得相當舒服，所以李立三只好開車將他的狗帶到城外放生，然後他在街上走著，看著大字報上寫的內容，而他的司機則在旁保護著他。他們的女兒們都加入了紅衛兵，所以李莎隻身一人待在家中。李莎記得，就算女兒們回家了，大家的話也不多，都是各自回到各自的房間。有次一位在軍事學院教書、曾在紅軍服役的朋友，要李立三至他家中避避風頭，李立三答應了。但李莎一看就知道是個外國人，無法陪李立三同去，所以李立三只好放棄。這一切實在太瘋狂了，李莎有次回到外國語學院，請一位同事告訴她大字報的內容，都是些針對她的荒謬控訴。[12]

一九六七年二月一號，李立三被帶去參加了他的第一場批鬥大會。紅衛兵突然出現，將他帶去批鬥大會。李莎記得：「紅衛兵把他押回家時，他根本站不起來。紅衛兵先是把他拉到客廳，然後將他扔到床上。我坐在他身旁，什麼也沒問，我不想再加深他心中的創傷。」很快地，紅衛兵就到李立三家中審問他。問完後，就在他家中大肆破壞。

> 那年的五月又熱又溽，某天晚上我十一點鐘回到家，來到院內卻被嚇了一跳，我們家竟然燈火通明，到底發生了什麼事？怎麼這麼亮？院子內，就在戶外的露天平台上，停了一輛車，還有一群人在車旁叫囂。我上前發現其中一人手中拿著一個很舊的洋娃娃，那是很久以前我的一位朋友從國外買來，當成禮物送給我女兒的。洋娃娃的頭髮凌亂不堪，但那碧藍色的眼睛還是隨著紅衛兵的動作而一眨一眨的。一個紅衛兵憤怒地搖了搖洋娃娃，轉頭盯著我們管家。「看看這是什麼！妳小時候就玩這玩意嗎？」那年長的太太嚇得說不出話來，而那個紅衛兵又將另一個黑人女孩洋娃娃塞到她鼻子前面，說道：「原來你們資產階級就玩這些東西。」我恍然大悟：我們家被抄了，他們正在找我們是資產階級的證據。而證據就在他們手上：玩具、他們塞到我鼻下的薄薄的尼龍襪、人畜無害的小裝飾、相簿，以及其他他們能掰出來的證據。紅衛兵們則將這些東西堆到車上，隨後揚長而去。[13]

李莎進到屋內，發現她家被翻箱倒櫃，而她先生則是躺在床上。隔天她把家裡整理好，但搜查和騷擾卻持續著。某天晚上，一群紅衛兵來到他們家中，他們自稱是從天津來的，要將李立三帶去天津。當李莎用俄語問李立三一個問題時，卻惹毛了這群紅衛兵，好在鄰居叫了著軍裝的士兵前來協助，紅衛兵這才罷手離開。[14]

但事情越每況愈下，某天，李立三告訴李莎，說他看到女兒在書桌前不知道在筆記本裡寫了什麼，於是他要李莎去把筆記本翻出來，念給他聽。雖然這讓李莎心中充滿了罪惡感，但她還是照辦了。

> 甫翻開第一頁，我便嚇得跌坐在椅子上。我女兒在筆記本中寫道：中央文革小組成員戚本禹在一場針對造反派和紅衛兵的會議上宣布，李立三並不是「死老虎」，而是反革命分子，還暗通外國，李莎則是一名蘇修特務，也不需要對她客氣，因為她已經是中國人了，而不是外國人。接著下來的內容，可讓我心頭淌血了：「我絕對信任的母親，真的是那麼卑鄙、那麼可悲嗎？戚本禹都公開講了，代表這是真的，這樣我以後還能相信誰？」我可憐的女兒！要我不落淚真是太難了。要在純潔無瑕的孩子心中播下猜疑的種子，是多麼容易啊。[15]

李莎告訴李立三筆記的內容後，李立三陷入了一陣沉默。李莎的反應就像個憂心的母親，不過她感受到，李立三此時心中所想的，是政治後果。

現在街上所貼的大字報，都是針對李莎犯下叛國罪的控訴，而且還特別指出，李莎不單是與蘇聯大使館有所聯繫，和其他大使館也有聯絡，據說她女兒們還充當她的打手，經常一道造訪這些使館。按照大字報所寫的，反李立三的全國組織已經建立。李莎被外國語學院召去參加會議，而在會議上她被指控為間諜，還被要求做自我陳述。她回家後，對李立三感嘆：「如果這些都發生在蘇聯，恐怕我們早都被關了吧。」李立三看著李莎，像是想知道還有什麼言外之意似的，但卻不發一語。[16]

隨後李莎和李立三都被傳去接受批鬥大會的審判。

現場擠滿了人。上千雙眼睛緊盯著前方的高台，台中央的是李立三，兩側各站著三人，都受到了批鬥。這些都是（中共中央）華北局的領導階層，而我則站在最左側。我們每個人胸前都掛著一塊牌子，寫有我們所犯的各種「罪行」，我的牌子上面寫著斗大的「蘇修特務李莎」。[17]

李莎向台下望去，看到台下大部分的人都是學生，有些還是她學校裡的。她和其他幾人在台上站了相當長的一段時間，不過最後卻沒有揭發出更驚人的罪行，於是人們開始起身離去。批鬥結束時，廳堂內也只剩下約一半左右的人。他們回到家後，李立三癱倒在床上，勉強振起精神，苦中作樂地說：「李莎，你的級別提高了，現在你和華北局書記們可以平起平坐了！」[18]

之後，所謂的反李立三的鬥爭中心搬到了他們家。李莎記得紅衛兵在他們家中搜出了電動攪拌器，並認為這就是李莎用來與蘇聯大使館通訊的道具。廚師想解釋這是用來做蛋糕的，而且李莎也不知道要怎麼操作這個機器，但百口莫辯。這個家的成員都遭到禁足，他們的電話也被切斷了，俄語言學院的一名紅衛兵被派來教育李莎，至於上課的教材則是毛澤東名言名句的俄文版，而李立三也有一位這樣的「家教」。[19]

一九六七年六月十九日，兩人又再次受到批鬥。批鬥結束後，他們在一個房間中獨處一會兒，在李莎必須離開之前，她有時間用桌上的保溫瓶為李立三倒一杯水。李立三以俄語向李莎說道：「你多保重！」這是他對李莎最後的遺言。兩天後，李莎從家裡被帶到她自己的學校，紅衛兵告訴她，要麼承認她的罪行，或是接受群眾批鬥。第二天她就被逮捕了，關在臭名昭著的秦城監獄，那邊關的都是位階較高的政治犯。她穿上了黑色的囚服，編號七十七號。最後，她被關入了單人牢房。在經歷了幾個月的喧鬧混亂之後，當牢門在她身後關上時，她本能地在恬靜中感到一股舒坦。她與外面複雜而危險的世界隔離開來，能夠在牢中活著。看似簡單，實則不易。[20]

蘇聯間諜就在你身旁

文化大革命造成數百萬中國人民不聊生，不論是中蘇家庭、在蘇聯生活過的人或是親俄人士，都是要鬥垮的目標。而其他各類的人也都以千奇百怪的罪名遭到誣陷。文革產生了許多諷刺，當中最大的諷刺是，它不分青紅皂白地將人們歸類在一起批鬥，但是這些人不久前還在彼此劃清界線。

文革中，還產生了一系列全新的中蘇經歷故事，故事裡的劇情曲折離奇，連故事主角都會傻眼。更複雜的是，有些受害者真的曾在蘇聯接受過間諜訓練。雖然文化大革命造成的損失相當明顯：失業、軟禁、勞教、流亡、鬥爭、酷刑、牢獄、疾病、死亡，但受害者及其家人的命運和結局卻不盡相同。

文革的目標是讓中國持續實施激進的平等主義，這正是史達林去世後的蘇聯沒做到的。中國政府一再對人民洗腦：蘇聯在赫魯雪夫統治下，階級鬥爭已經消失，取而代之的是顢頇的官僚主義；不再對抗全球資本主義了，只剩下「和平共處」的失敗主義政策。中國革命也面臨著類似的危機：社會正義這個核心任務還未達成，就被拋棄了。所以年輕人必須起來，找出那些長年活在特權中的老人，那些握手權力的老人，驅除他們，懲罰他們，因為他們想要在國內、國外都阻撓對我們有利的社會變革與政治變革。

大躍進之後，毛澤東的許多政敵擴大了權力，並支持與戰後蘇聯社會主義相似、較溫和的政策。而毛澤東和親信或許以為，可以透過文化大革命清除這些政敵。但文革也煽動了廣大群眾心中被壓抑的情緒——對新興特權階級的憤怒，以及年輕人對革命冒險的極度渴望——這些情緒最終助長了「紅衛兵」的大規模崛起，其範圍也遠超過毛澤東的想像。文革的目標既然是打擊蘇聯式的「修正主義」，有蘇聯經驗或與蘇聯有關係的人自然就成了批鬥的目標。一九六七年一月，毛澤東和親信公開將鄧小平和劉少奇打為「中國的赫魯雪夫」，宣告了文革正式啟動，最資深的共黨菁英也遭到波及。[21]李立三在二月份受到第一次鬥爭，最終在六月份被捕並且遭到謀殺（李莎並不知情）。

短暫幾個月的混亂，使得多年來的疑慮、爭論和分歧變得很奇怪，甚至有點荒謬。劉少奇一九二一年首度訪問蘇聯時就對蘇聯持懷疑態度，又不讓他的孩子們帶他們的俄羅斯配偶回國，以此表明他孩子們最重要的身份是中國革命者。但是這些又有什麼關係呢？劉少奇還是第一個被推出來犧牲的呢。其實劉少奇也沒有被抓出來鬥爭過，他只是被剝奪了醫療，在一九六九年去世，他的兒子劉允斌也臥軌自殺。[22]陳昌浩休了格蘭妮雅，盡一切可能與她切割；李立三則支持著李莎，竭盡全力為她辯護。不過陳昌浩和李立三都於一九六七年被殺，格蘭妮雅和李莎也都被關在同一所監獄。李立三允許他那俄羅斯籍、信奉東正教的岳母由一名牧師主持葬禮，但是沒有為她的墳墓立十字架；他允許李莎穿洋裝，但不讓李莎使用他的公務車。這些又有什麼關係呢？他與許多人都一起遭到文革迫害。

文化大革命不分青紅皂白，羅織出千奇百怪的叛國罪名。李莎回憶起她在秦城的第一次審訊，她得知她要面對由公安部長本人領導的五十人法庭時，她感到非常驚訝，而她被定罪的理由，是她已經遺忘許久、她與李立三出面邀請的一頓晚餐。晚宴上的榮譽嘉賓是一位名叫克里莫夫的人，他於一九二五年到一九三八年間在莫斯科學習、教書，最後於一九三八年被捕，但赫魯雪夫的大赦了他。克里莫夫的中國之行，除了李立三，也有其他很多人設宴款待他。但顯然法庭已經判定，李立三是晚宴的主謀，當晚在他的領導下，建構完成了一個蘇修派間諜網。諷刺的是，克里莫夫早年曾因同樣詭異的指控，而在蘇聯遭到監禁——曾參加有陰謀的晚宴。23

與克里莫夫晚餐是李莎一再被審訊的原因，但她還被指控，女兒英男要去莫斯科念書時，她在英男的行李箱裡藏匿秘密文件，其他罪名還包含了許多她不可能做到的行為。24就算李莎是蘇聯間諜，但法庭上控方的說詞也不太可能是事實，甚至可說是捏造的。無論如何，與中國共產黨人結婚的俄羅斯女人，要怎麼破壞中國革命呢？

文革時期的間諜案件最詭異的是，在某程度上以及某些情況下，荒謬的指控背後，竟然是有幾分真實的——但這種指控，只會讓事實更加模糊。早在一九二四年，共產主義東方大學的校長曾吹噓，該校畢業生可以推翻亞洲任何共產黨的領導。而歷史證明，共產國際不僅僅是致力煽動革命而已，而且更想控制世界革命。許多在二戰前來到蘇聯的年輕中國人，參加過各式各樣的培訓計劃，並以蘇聯領導的世界革命為名，捲入了疑似間諜案。當中國由蔣介石統治時，莫斯科訓練中國人進行地下工作，包括聯絡技能、以及維持對莫斯科的溝通管道。這樣算是親蘇聯的間諜活動嗎？或只是當時即將滅亡的中共的生存技能？還是兩者都有？如果沒有這樣的培訓，中共能否在國民黨黃金十年當中或日本佔領下倖存？當紅衛兵指控受過蘇聯教育的那些人從事「親蘇聯間諜活動」時，卻沒有彰顯出「這種訓練對當年中共有益」的事實。

然而，整個文革背景的環節極其複雜。其實在一九三〇年代，康生和王明組織了一個特別的中國青年團體，成員包含毛澤東的兒子們、瞿秋白的女兒，以及其他幾個在蘇聯地下學校接受培訓的人。這意味著，到了文革的時空底下，該組織的成員都有可能被指控為蘇聯間諜（其中幾人也真的遭到指控了）。而指控者採用一種模糊的論述，利用這些經歷來打擊當事人。紅衛兵不知道這間學校的存在（蘇聯解體後這間學校的存在才被發現），他們也不知道文革關鍵人物康生其實就是蘇聯秘密警察和中國學生之間的關鍵聯絡人。年輕的紅衛兵不能理解當年學生努力學習這些課程（例如毛的大兒子毛岸英／謝爾蓋和瞿秋白的女兒瞿獨伊），正是為了完成由蘇共和中共菁英同構思的使命。

即使當年地下學校關閉後，蘇聯安全機構也一直在尋找有前途的年輕中國幹部。因此，有些俄羅斯國際兒童院的第一批畢業生於一九四〇年代獲選接受無線電通信或其他技能的培訓，這些技能使他們在返回中國後，可以將資訊傳回莫斯科。[25]當年留俄的這些年輕人所接受的教育，就是要信奉「國際主義」——中國革命等於蘇聯革命——所以當蘇聯政府要求他們效命的時候（別忘了，他們認為蘇聯政府就是自己的政府），他們並不會感覺到有哪裡不對，因為這是對革命事業的奉獻，而不是叛國。紅衛兵看來確實擁有一些關於這些留俄學生的資訊，但是沒有辦法正確地使用這些資訊，來建立出誣陷他們的罪名。即使紅衛兵想要這樣做，也做不到。

最諷刺的間諜指控，也許是針對一九四〇年代後期在莫斯科建立了非正式互助小組的中國學生協會。這些學生當時在蘇聯讀研究所，成立中國學生協會的初衷，是希望更了解中國國內迅速變化的形勢，為未來回到中國做好準備。當莫斯科有中國共產黨人來訪時，他們會與學生見面，分享新聞，並提供學生們所需的財務支援。該組織在蘇聯並不完全合法，但當局知道它的存在。中國學生協會是一種集體熱情，打造出愛中國、奉獻革命的小世界（雖然這種集體熱情有時也是一種同儕壓力）。然而，對於那些掌握到把柄的紅衛兵來說，當年學生們在莫斯科加入這種半合法、半正式的協會，那就一定是叛國，而不是愛國。[26]

一九五〇年代末期蘇聯曾指控，有些在機敏領域就讀的中國學生，好像一直在探聽東西。換句話說，這些學生其實是為了中國革命，想要學習的東西比蘇聯想教的還要多。可是文革期間哪管得了當年的奉獻精神，所以當時不僅受過蘇聯教育的學生受到懷疑，連當年管理他們的使館工作人員也受到池魚之殃，牽連範圍上達當年的大使張聞天（他受過蘇聯教育）、王稼祥以及外交部長陳毅——整個外交部門與全中國都一樣，飽受文革的摧殘。[27]

殘暴的經歷

無論這些中蘇家庭最初面臨什麼樣的控訴，等到文化大革命的暴力全面展開之後，他們才知道自己處於何等恐怖的境地，恐怖到就算被關在秦城監獄的單人囚室中，都相對好過些。蕾娜是一位年輕的俄羅斯女性，她母親曾努力將她變成「真正的中國女孩」，所以當她母親被指控為「走資派」時，蕾娜非常的震驚，因為這個詞形容的，是背離社會主義真道的人。「真是史上最諷刺的事，」蕾娜回憶道：「母親是百分之百的狂熱共產主義者。」狂熱到她曾在一九三〇年代，在蘇聯向秘密警察代表打了中國學生的小報告（這件事與紅衛兵對她的指控一點關係都沒有，紅衛兵也不知道這件事）。康生曾是蕾娜母親的贊助人，所以，當她母親被紅衛兵鬥爭時，她母親寫信給蕾娜，要求蕾娜透過康生的侄女，向康生傳達消息，康生的侄女是蕾娜小時候在俄羅斯時的朋友。不料，康生卻袖手旁觀。蕾娜的母親被關在蕾娜學校圖書館旁的一個房間裡。[28]後來，蕾娜從她同父異母的妹妹（與蕾娜的母親被關在一起）那邊，聽到了她母親的命運：

半夜，他們凌虐了「敵人一號」，將針插進她的指甲裡，扯下她的頭髮，整晚都要她跪著，不讓她站起來。隔天早上……她被押上卡車，站在上面遊街示眾，帶到長沙的每一間學校展示。29

一九六八年五月的一個早晨，蕾娜的母親「被發現上吊在學生廁所的水管上」，家人還來不及見到她的遺體，就立刻火化。蕾娜自己後來才知道她母親的死。但是，和許多人一樣，蕾娜有一種不祥的預感，她連忙將日記燒掉，並把自己的女兒寄託在一個工人的家中。30

同年八月，也就是她母親去世三個月後，紅衛兵終於找上了蕾娜。康生本人已經做好了標籤：當年在俄羅斯國際兒童院長大的中國孩子（當然，不包括他的侄女），有組成一個名叫「裴多菲（Petofi Club）」的團體。這個名字來自一群批判匈牙利共黨政權的匈牙利知識分子所組成的團體，他們的言論後來引發了匈牙利一九五六年十月革命。其實，「裴多菲」這是名稱真是非常諷刺，因為匈牙利的裴多菲俱樂部反對在學校強制教授俄語。一旦這群「因中蘇戀愛而誕生的孩子」被貼上這個標籤，他們就完了，而一九六三年在葉華和埃彌家中舉行的最後一次聚會，也再次成為他們的罪證。這次聚會有張合照，是康生的侄女不經意提供給康生的，也被用來當證據，證明當時有誰在場。蕾娜以痛苦的語言述說她所受的監禁和酷刑。

他們把我丈夫帶到院子裡，把我正睡著的六歲兒子帶到另一個房間，然後開始狠狠地嘲笑我，逼我立正站好，回答他們所有的問題，他們說我的母親是蘇聯特務。稍有不服從，他們就怒吼、大叫、羞辱和咒罵……我被關在一間政治隔離室裡，這還不是最糟的。最糟的是，這些「革命先鋒」們連片刻的安寧都不給我……白天，我們每個人都在等待所謂的「批鬥大會」，大會沒有規則，沒有限制，一片混亂……他們對「蘇聯特務的孝女」充滿了恨意——這是革命先鋒們在我身上貼的標籤……然後他們開始將我痛打一頓。[31]

蕾娜對於自己在這段期間沒有發瘋，感到很驚訝，不單如此，她還活了下來。她的丈夫也成功地將她的兒子送到了工人的家庭，而且他在蕾娜受難期間始終沒有背棄她，這點與其他的丈夫不同。若想到蕾娜和她母親遭受如此可怕的對待，那麼蕾娜早年的一位俄羅斯同學決定帶著受過俄羅斯教育的母親一起自殺，也就不奇怪了。[32]其他同學則是失去了配偶，他們的先生或太太要麼離開他們，與「蘇聯特務」劃清界線，要麼自殺。

雖然很多人都認為批鬥是文化大革命中最糟糕的部分，但還是有人有不同的感受，至少尤拉就是如此，這說明了主觀經驗會因人而異。

物質環境很苦，常挨打，還有各種侮辱的「人民公敵批鬥大會」——所有這一切我都堅定忍受著……讓我難以忍受的是他們長時間把我單獨監禁，孤立起來，不讓我跟任何人說話，不讓我去任何地方……我有些朋友受不了這些，於是就瘋了，或自殺了。等到他們叫我受審，帶到群眾大會上對我的「罪行」進行殘酷的指控，這些竟然令我興奮，真的很難相信。當然，在紅衛兵的目光下，以羞辱性的姿勢站幾個小時，對生理和道德來說都是一大挑戰。但是，無論多麼奇怪，每當接受這種羞辱過後的幾天，我都感到精力充沛，準備好迎接新的鬥爭。

> 即使是用這種可怕的方式與人互動（天哪，希望再也不要有人經歷這麼可怕的事），也對我的心靈產生了正面的影響，我再次覺得自己是個人、是個戰士。[33]

尤拉還記得他告訴逮捕他的人，也就是他之前的實習生，說他們遲早會了解真正的敵人是誰。像蕾娜一樣，尤拉被監禁了十五個月之後獲釋，然後被「下放」做苦役。尤拉和其他在俄羅斯長大的中國人認為，文革期間他們在中國的苦役，跟他們小時候在二戰蘇聯所面臨的艱苦環境是相同的，而且因為他們曾經歷過二戰的艱難時期，所以他們會比其他中國菁英更能適應文化大革命的各種暴行。

事實上，紅衛兵想要從在俄羅斯長大的中國人口中套取叛國罪的自白這種做法，卻不經意地讓這些當年在俄國受教育的人，開始專心回想他們的早年生命經歷（雖然這些過去的經歷，據稱會在未來對文革時期的中國有害）。在每次受審之前，他們必須絞盡腦汁去回想細節，藉由回憶往日蘇聯生活中的每一個場景，來維持自己的心理平衡。有一個人回憶起文革時指出，多虧那段囚禁的時光所受到的刺激，他才能喚起童年的記憶：

> 在這十八個月裡，我被迫一再回想那些我早已忘記的事。說實話，這些回憶對任何人來說都沒用，它們只是我生命中的軼事。當然，他們找不到他們想要的東西，因為它根本不存在。可是由於這十八個月的努力回想，讓我逐漸恢復了過去的一些經歷和回憶。[34]

說這段話的人，是埃彌在法國的朋友趙世炎的兒子（趙世炎本人於一九二七年被殺）。他三歲時，和母親來到俄羅斯。文革期間為了從過去回想起「有用」的東西，他面臨龐大的壓力。在獨自蹲了一年半苦牢的這段日子裡，他反而想起他童年的第一段記憶，是去莫斯科的動物園旅行，以及他的朋友窩瓦在睡覺時點頭的方式。雖然紅衛兵們要的不是這些，他們只對他一九四〇年代在莫斯科鋼鐵研究所上學期間，參加中國學生會這件事特別感興趣。然而，他記得最清楚的是，當年他和他的中國同學實在難耐飢餓，於是違反校規，去莫斯科河的碼頭打工，幫忙卸下蔬菜以換取馬鈴薯果腹。有一次，紅衛兵強逼他承認自己不是趙世炎的兒子，而是在蘇聯出生、受訓的特務，並說趙世炎的兒子另有其人。但是紅衛兵的折磨卻喚醒了他的俄羅斯記憶，增強了他的自我意識，於是他駁斥了紅衛兵的說法。

頑抗的愛情

與蘇聯有直接聯繫的人，當然就是文化大革命期間的批鬥對象，而他們比其他知識分子更有可能面臨暴力的群眾大會、逮捕和死亡的威脅。有些人被殺，其他人在監獄中撐了大約一年之後，被送到了所謂的五七幹校，接受農村勞動的「再教育」。在農村地區，他們與其他成千上萬的人，一起走過了那一代中國知識分子的共同經歷。學校解散後，許多人還在農村公社或邊境地區從事勞力工作。

文化大革命當中，一個最關鍵、最為人所知的現象就是限制大眾閱聽書籍、雜誌或電影，特別是外國進口的。這種限制，對下放農村的知識份子打擊最為嚴重。城市中的少數特權家庭仍然可以取得革命前出版的書籍；知識分子家裡自己或許還保存著中國經典、流行小說、歐洲文學的翻譯本。但是下放的知識份子在農村沒書可讀幾年之後，於是開始為了閱讀而冒險。

到了一九七〇年代，有些農村裡的年輕人展開了私下寫作，然後「出版」小說，這些地下出版的作品內容經過傳閱、再傳閱、繼續加油添醋等方式，有很濃厚的浪漫氛圍，這是在官方批准出版的書中所看不到的。其中一本名為《公開情書》的「書」，實際上就是下放青年的情書集結而成。另一個下放青年學生寫了一個故事，當中主角買了瓜子後，發現包著這些瓜子的，是普希金作品的某一頁。於是，主角每天都去買更多瓜子，直到他買到了整本書。在這個故事裡，如果把普希金換成巴爾扎克、狄更斯或任何作家，也都說得通，因為到了一九七〇年，對外國文學的禁令所涵蓋的範圍之廣，連在一九五〇年代受寵的俄羅斯小說都遭到池魚之殃。[35]

諷刺的是，一九五〇年代出版了非常多的蘇聯作品譯本，意味著俄羅斯社會主義現實主義小說在整個文化大革命期間，仍然是最能為大眾所取得，也是政府睜一眼閉一眼的外國文學作品。特別是《鋼鐵是怎樣煉成的》這本小說，直到一九六六年都還持續印刷。父母們雖然會仔細篩選孩子所讀的書，但對於孩子們在枕頭底下所藏的《鋼鐵是怎樣煉成的》卻睜一眼閉一眼，這意味著在文化大革命中，幾乎所有識字青年都讀過這本外國書。

然而，在文化大革命期間閱讀這本書（當時每個人的時間都很多，可以一面讀一面仔細思考），與一九五〇年代的大眾閱讀有很大的不同。在中蘇友誼的高峰期，中共鼓勵年輕人效仿書中主角保爾．柯察金，特別是柯察金拒絕他那位資產階級女友冬妮婭的這部分。後來在文化大革命期間，高度壓抑任何的女性溫柔形象，也壓抑個人的獨立性，因此當時的官方宣傳中明顯缺乏女性形象，雜誌封面的女性也都很中性，而且似乎很高興成為集體的一部份。[36]所以在很多年輕讀者心目中，小說中的冬妮婭角色就特別突出。一位文學專家寫道：

李莎與她的孫子帕夫利克，攝於一九七八年。李英男提供。

對於許多年輕男孩來說，佟妮婭代表了他們與異性的第一次接觸和熱愛。二十年後，劉曉峰在他的回憶錄中說，佟妮婭是他的「第一個具象化的美」；他後來以「佟妮婭的形式」來表述「美」這個概念。文學評論家丁凡則承認：「《鋼鐵是怎樣煉成的》是我在青少年時期所閱讀的第一部小說。奇怪的是，我印象最深刻的，是保爾和佟妮婭的愛情關係，特別是對青春期幻想的浪漫描述。」文學評論家李景澤承認，「無論佟妮婭是好還是壞，她都有一些特別之處。她很漂亮，她那水手裝的襯衫、短裙、輕巧的動作，以及如陽光般燦爛的笑聲，給一九七〇年代初期的中國男孩留下了永恆的印象。」至於佟妮婭是否喚醒了中國青少年對性愛的夢想，或者青少年讀者是否將他們的夢想投射到佟妮婭身上，則很難有定論。不過，中國青少年與柯察金不同，他們始終對佟妮婭有興趣；他們也不像一九五〇年代的讀者，因為他們沒有義務去克服或壓抑他們對佟妮婭的這種情緒。[37]

無論當局是否意識到讀者對這部小說的解釋在不斷變化，它與高爾基的《母親》是在一九七二年獲得正式出版的外國作品。

李莎獲釋

李莎被單獨監禁了八年，但這段時間在她那五百頁的回憶錄中，僅佔不到三十頁。在一九六八年經歷了一段激烈的，徹夜的審訊之後，她每隔幾個月就會從牢房中被召去審訊一次。每次問的都是一樣的問題，就像是例行公事一樣，所以她也不再害怕受審了。後來對她的偵訊完全停止了，一停就是好幾年，令她懷疑上級是否已經忘了她。但每天送進來的飲食和例行的放風，意味著她還要繼續被關。秦城監獄規定每個庭院每一次只能有一名囚犯放風，關了幾年後李莎發現，劉少奇的妻子王光美就住在她隔壁的牢房裡；王光美告訴她，她認出了李莎的俄羅斯口音。在秦城待了六年的葉華，則是記得她在牢房內維持每天運動和學習的習慣，以保持理智，而李莎則吟誦俄羅斯詩歌給自己聽，並想像李立三和她一起在同一間牢裡。她閉上眼睛，描繪出她未來生活的景象：孫子，孫女，回到莫斯科。[38]

一九七二年，一名獄卒將一條柔軟的毛巾遞給李莎，這是生活條件即將改善的第一個跡象。不久後，她的牢房出現了一堆俄文書，包含了馬克思、恩格斯、列寧。在此之前她唯一能閱讀的東西，是法文版的《毛語錄》和中文的人民日報。她很遺憾自己先前沒有持續學習中文。「在字裡行間猜測著，彷彿是走過黑暗的森林。」有時候，她會敲敲自己的牢門，問一名路過的獄卒某個中文字的發音和意義，而獄卒通常都會幫她解答。她就這樣終於學會了閱讀中文。而葉華的經歷也是類似。

毛巾和書送來之後，餐飲方面也改善了，餐點中出現了肉，甚至還有乳製品和水餃。但是李莎的健康逐漸惡化，病情不見好轉，有個最近入獄的女醫過來為她看診。有一天，這位醫生在李莎的耳邊低聲說道：「妳要不要見女兒？現在可以探親了。」[39]

於是在一九七五年五月，英男和雅蘭第一次拜訪她們的母親。

> 兩個女兒撲向我懷裡，接著，我發現我說不出俄文了：我沒辦法張嘴就說俄文，我得努力記

起來要講的字句。女兒後來告訴我，那時我說起話來，像個曾經精通俄文，但似乎全忘記了的外國人。好吧，一個人在獨居房關了八年！甚至連母語都忘了。[40]

李莎問到李立三的情況，女兒們趕緊把話岔開，女兒們也沒有聊到自己被監禁的細節。兩個女兒都在牢裡待了一年多，再做了幾年的苦役，才回到北京。雅蘭在北京的一家工廠工作；英男則已經結婚，生下了李莎想像已久的孫子，並在外國語學院教授俄語。他們第一次探親就聊了三個小時，在這三小時內，李莎吃著優格，並對於她們花了半個月工資去買麵包、糖果、水果和餅乾而大感吃驚。

令李莎料想不到的是，不久後她就從秦城監獄獲釋。稍早獲釋的人如葉華和埃彌，獲准回到北京，但後來才獲釋的李莎和其他人則被送往各個省城。她的一位前同事來到她身邊陪著她，和她一起到了山西運城，協助李莎安頓下來。李莎住在一棟單層住宅裡，由一名護士和一名圖書管理員照顧她，到了晚上，警察局長還來找她玩遊戲和聊天。他和當地的其他人一樣，對她很好奇，問了她許多問題，還給她很多建議，包括天冷的時候如何穿衣服。「當然，我沒有想打扮得像中國農婦那樣，但我待在運城的那段時間，我發現我拉近了與中國百姓之間的距離。」[41]

一九七五年八月，英男帶著丈夫和兒子到訪，而李莎也終於見到了她的孫子帕夫利克。令李莎驚訝的是，帕夫利克指著從蒸汽火車頭冒出的蒸汽用俄語說「煙，煙」。儘管政府禁止俄語，但英男自從帕夫利克出生以來就向他說俄語。英男看了李莎的小房子，說道：「媽，我認識的妳可不是這樣的！妳的家事是怎麼做的？怎麼連窗簾都沒掛上？」不過李莎已經不在意了。「彷彿我的一切都麻木了，我的靈魂已經枯萎了。」英男想要和李莎一起住下來，但李莎婉拒了英男的好意。她相信，如果女兒能留在北京，那她就更有可能返回北京。42

英男看穿了她母親這個決定背後的邏輯，但是既聰明又堅定的英男也決定：她工作繁重，又想生第二個孩子，所以乾脆讓老大帕夫利克與李莎住在一起。這也許是為了協助降低李莎的悲痛：不久前英男才告訴李莎說，李立三在李莎被捕的前一天晚上去世了。李莎一聽到她要照顧小孩，第一個反應是害怕：如果帕夫利克發生了什麼事，該如何是好？但果然如英男所想的，帕夫利克讓李莎恢復了精神，讓她事情可以忙，可以想。李莎買了一隻雞，帕夫利克面還看著牠下蛋，讓生活中充滿了樂趣。「我這輩子從沒想過，我會和一隻雞互動！」她回憶道。夏天，祖孫會去看露天電影。「帕夫利克讓我和外界有了聯繫，帶領我跨越萬丈深淵。」三年後，當局終於允許李莎回到北京。43

復活

李莎和文化大革命中的其他知名人士，落戶在北京著名的木樨地的現代公寓中。李莎和女兒們與埃彌的兒子維特亞同住在一棟公寓內好多年，而只要騎腳踏車一小段路，就是瞿秋白的女兒瞿獨伊居住的大樓。儘管在文化大革命開始時，瞿秋白已經過世三十年了，但他仍然是文革的受害者：瞿秋白在八寶山（專埋共黨烈士與政要）的墳墓遭到挖墳破壞，他的女兒和妻子楊之華也被監禁。楊之華於一九七三年去世，但瞿獨伊倖免於難。文革之後，她和俄羅斯國際兒童院的校友們恢復了聚會，吃著俄羅斯美食，唱著俄文歌曲；他們後來還常常舉辦旅行，到伊萬諾沃參加學校的國際團聚。二〇一五年，瞿獨伊、劉少奇的女兒劉愛琴和毛澤東的女兒李敏在俄羅斯二戰勝利七十週年的慶祝會上，獲頒俄羅斯駐華大使所頒發的獎項。[44]

李莎也享有類似的榮耀和獎項。就像文革中其他的受害者一樣，她開始慢慢重建一個新的生活。她得到了一間夢幻公寓，以及兩萬元的工資損失。六十四歲時，她重回北京外國語學院任教，直到一九九六年，一場突如其來的心臟病讓她在工作中倒下。[45]最後，她和李立三正式獲得平反；她繼續參加中國人民政治協商會議的工作。二〇一三年，九十九歲的她獲頒法國榮譽軍團勳章。

李莎最親密的中國朋友安妮雅和林莉被關了好多年，格蘭妮雅也是，但這三個女人都出獄了。格蘭妮雅渴望返回俄羅斯，但遭到蘇聯政府拒絕，後來她與兒子移民到澳洲。其他人也移民了，蕾娜是在國際兒童院長大的滿洲特工的女兒，她對於戈巴契夫的開放政策很有興趣，並活躍於一九八〇年代的中國反政府運動，最後在一九八九年移民到加州。早年曾被流放至西伯利亞的蔣經國，後來在台灣擔任總統，蔣方良陪著他；他在台灣實行政治自由化（戈巴契夫也有類似的作為），而他的孩子們最後也搬去了加州。就連一九二〇年代的托派浪漫主義者彭述之和陳碧蘭，也在一九七〇年代從巴黎搬到了洛杉磯。

李莎回憶起，在那些年頭，能離開中國的人都會走，好吧，應該說幾乎每個人都想走。不過葉華倒是留下來了，照顧著埃彌直到他於一九八六年去世，她自己到二〇〇一年死前都留在中國。李莎寫道：「一九七〇年代末和八〇年代初，中國沒有人相信『這個國家』有未來可言。」

> 很多人問我「你怎麼不離開？」但沒有哪個地方吸引著我……真的，經過了幾次顛沛流離，我甚至沒有注意到，自己多少習慣了中國的生活方式、習慣了中國人，即使是最傳統的人也承認我是自己人。畢竟，我和他們一起經歷所有事情：「批鬥大會」、牢獄之災和流亡歲月。

獲得大家的信任，就是我的獎賞。46

在半個世紀的激情和悲劇中，中國革命最終接受了俄羅斯女性，而她們一直是自己故事中最精彩的部分。李莎·基什金娜於二〇一五年五月十二日在北京逝世，享年一百零一歲。

第二十章
懷舊：王蒙的追尋

二〇〇四年冬天，一位中國老人搭上了前往莫斯科的班機，他在機上聽著音樂打發時間，想前去莫斯科尋找某種他找不到的東西。他聽著百老匯頻道、義大利歌劇以及俄羅斯流行歌曲，但他就是不聽蘇聯時期的音樂，連俄羅斯民謠都不聽。[1]整趟航程約八小時半，但他可是等了五十年才到了莫斯科，既然如此，再多等一天殺殺時間有什麼差別嗎？

其實這也不是他第一次去莫斯科，早在一九八四年，王蒙就受邀前往烏茲別克的塔什干參加一場影展，中途他就在莫斯科停留了一天。王蒙這一生都夢想著一定要去趟莫斯科，並用中國革命的主觀經驗將這趟旅行寫成小說。在一九五〇年代末的反右運動中，王蒙被送到農村，但很快就回到了北京。當中蘇分裂浮上檯面時，他感到自己徹底毀滅了。「沒有辦法，蘇聯就是我的十九歲，就是我的初戀，我的文學生涯的開端……上個世紀六十年代我知道蘇聯已經『變修』，已經成為我們的『敵人』的時候，我感到的是撕裂靈魂的痛苦。這種痛苦甚至超過了處決我本人。本人處決了理想和夢還在，而蘇聯變修了呢？」話是講得這麼激情，不過他本人的行動倒是很小心，免得真的被處決了。一九六三年，他感受到有場風暴即將降臨，於是主動申請讓自己和家人下放到新疆。他認為，寧願在新疆待個幾年，不要在北京再經歷一場痛苦的政治運動，弄到妻離子散。[2]

王蒙和家人在距離蘇聯哈薩克邊境不到五十英里的回族城市伊寧（也稱為固勒扎或伊犁）度過了十六年。文革時期紅衛兵終於蔓延到伊寧的時候，他們的氣焰已經沒那麼高了，而且學過維吾爾語的王蒙在當地有許多朋友願意保護他。王蒙繼續寫小說，一九七九年他的一篇故事終於在主流文學期刊上發表；中國作家協會將他召回北京，他在一九五〇年代所寫的第一部小說《青春萬歲》也終於問世，而由這本書翻拍成的電影也讓他於一九八四年獲邀至塔什干參加電影節。由於烏茲別克也有少數的維吾爾族人；加上烏茲別克語就像維吾爾語一樣，是突厥語的一支，因此王蒙在塔什干覺得有賓至如歸的感覺，相當享受。[3]

不過塔什干不是莫斯科。瞿秋白和其他一九二〇年代的旅行者，曾因自己的行程在遠東邊境地區受到耽擱，因此感到不滿。王蒙也像他們一樣。王蒙夢寐以求的蘇聯是「俄羅斯式的」，而不是「歐亞式的」。王蒙花了十六年的時間來愛上西北邊境，但他仍然渴望歐俄的大城市，這點顯示了「歐亞」與「俄式」兩者之間確實有著天壤之別，也顯示了在王蒙的想像中，俄羅斯文化、人民和歷史有多麼重要。王蒙可說是最國際化的第二代中國共產黨人，但上述這些想像對他的重要性也無法抹煞。當王蒙在二〇〇四年到訪莫斯科時，他身為中國著名作家，已經走遍了世界各地，而且從一九八六到八九年，他更是以中國文化部長的身份走天下。二〇〇四年，他的小說剛被翻譯成俄文，他本人也由俄羅斯科學院授予榮譽博士學位，因此中俄友好協會贊助了他這次訪問。[4]然而，他這次訪問還有一個意義：他代表了他那一代與他志同道合的知識分子，前去進行個人的追求之旅。

就算是一九八四年，他也去過夠多的地方，可以讓他做比較了：美國、德國和墨西哥。王蒙自十五歲起就渴望親臨蘇聯，但他到了四十五歲時才想到要去趟美國看看。他說，對一名作家而言，要去趟美國並不難。「只要你有足夠的幽默感，你就會有足夠的胃液去消化你的訪美經驗，但是蘇聯不行。」

> 沒有哪個國家像蘇聯那樣；我沒有親眼見過它，但我已經那麼熟悉，那麼了解，那麼惦念過它的城市、鄉村、湖泊，它的人物、旗幟、標語口號，它的小說、詩、戲劇、電影、繪畫、歌曲和舞蹈。到了莫斯科，一切都給我似曾相識、似曾相逢的感覺：莫斯科河畔釣魚的老人；列寧墓前的銅像般一動不動肅立著的兩個哨兵的藍眼睛；克里姆林宮鐘樓上報時的鐘聲……這種似曾相識感甚至是令人戰慄的。我真的來到了列寧和史達林、普希金和高爾基的故鄉，我聽到過許多歌兒歌唱過，我自己也動情地唱過許多歌唱它的歌兒的莫斯科嗎？……再沒有第二個外國像這個國家那樣在我年少時代引起那麼多愛、迷戀、嚮往，後來提起它來又使我那麼迷惑、痛苦乃至恐怖。好也罷，壞也壞，它和我們的關係是太深、太息息相關了。我和我的朋友們都感到一種少有的關切，都納悶……它的一切美麗都使我憂傷而又欣慰；它的一切不美麗都使我欣慰而又憂傷。[5]

一九八四年，王蒙在莫斯科的短暫停留結束後，就飛往了塔什干，他採用了「觀光客」模式來描述塔什干，而隨後的撒馬爾罕和提比里斯之旅，他也採用同樣的模式。但他就不會用同樣的這種模式來描述莫斯科。在喬治亞，他如此接近史達林的家鄉，但在他的行程中卻只能過其家門而不入的這件事，顯然讓王蒙感到相當遺憾。三週後，王蒙搭上飛機回到北京，並迅速地重新編寫了他的旅行日記以供出版。[6]

王蒙當過三年的文化部長，卻沒有再訪莫斯科，看似奇怪，但若考慮當時中國的國內情況，倒也覺得可以理解。一九八〇年代，王蒙主導當時被稱作「文化熱」的活動，那時處處充滿著樂觀的氛圍，而作家、藝術家、電影製作人和音樂家發起了一系列令人眼花撩亂的美學異象，這是中國自五四時期以來所未見的。王蒙首度在藝術領域崛起，是在一九五〇年代初期，背負著當時的青春希望。文革時期與他同齡的知識分子遭受無情的打壓，但同時間王蒙卻努力學習維吾爾語，並在新疆積累了新的經歷，這使得他在一九八〇年代初期的作品煥然一新，讀來令人興奮。一九八〇年代末，他投入大量時間為前衛作家辯護，並讓自己的女兒參加天安門的示威活動，這也難怪他沒有時間去莫斯科。

等到王蒙再次訪問俄羅斯時，蘇聯已經解體了——他對此事感到相當沮喪，但並不意外。正如他所愛的「蘇聯」在昔日曾是「俄國」，他所愛的「俄羅斯」在過去也曾經是蘇聯。

> 我想起了「前蘇聯」一詞，本來我覺得莫名其妙，誰不知道蘇聯已經「前」了？加一前字純粹脫褲子放屁。但是在俄航班機上找尋歌曲的經驗使我想起了那種前清朝「遺老」的悲哀。我自嘲像是蘇聯的遺老，於是從遺老想到「前清」，不也是加「前」字的麼？歷史，使過去、現在以及未來的許多「前」一去不復返了。[7]

像兩國的許多共產黨人一樣，王蒙的問題在於，他為自己、蘇聯和中國所夢想的未來，後來都沒有成真。俄羅斯和中國都陷入了暴力和混亂之中，反目成仇，然後放棄了他們革命的核心使命，轉向了變幻莫測的「改革」，沒有實現光明未來的偉大轉型。

當飛機向著莫斯科謝列梅捷沃國際機場降落時，他注意到直到機場邊緣的森林有多濃密，而也他在心裡糾正了自己，因為在他寫的一篇短篇小說中，他說這些樹是山毛櫸樹，而實際上大多數都是樺樹。後來，當他回憶起這個時刻時，他用了個奇怪的方式來影射原因。

> 我還發現，在俄羅斯畫家偏愛的風景畫中，樹木，特別是白樺起著主角的作用，例如列維坦的《春天和大水》。我的可憐的美術鑒賞能力和背景，使我喜愛列維坦勝過了法國和荷蘭的大師。可是，我又迷惑了，介紹說列維坦是立陶宛人，立陶宛在脫離蘇聯和遠離俄羅斯方面是最積極的，它現在已經加入了北大西洋公約。還能把列維坦算作俄羅斯畫家嗎？[8]

列維坦（Issac Levitan）其實是猶太人，一八六〇年出生於俄羅斯帝國控制的地區，蘇聯在一九五〇年代起多次以他的畫作發行紀念郵票，而王蒙很可能是第一次看到他的作品。列維坦的畫作如此的「俄羅斯」是大家公認的。

王蒙在七十歲的時候去了俄羅斯，但他並不像前幾代人一樣是去看看中國的未來，而是去尋找他自己的過去。他所遇到的是一份俄羅斯禮物，散發著懷舊的光芒，只有細膩和耐心才能心領神會。當他下飛機時，他看到了英文標語和國際大品牌的標誌：耐吉、約翰走路的紅黑藍正方形、維多利亞的秘密的粉紅色。他想起了匈牙利筆會的作家在一九八八年的那次會議上堅持要說英語的情形。

我也想到，一個商品的名牌，能不能比五十年代的蘇聯外交部副部長維辛斯基在聯合國的氣壯山河的長篇講演更持久？半個多世紀前，大概也只有我這樣的中華少年革命人如饑似渴地閱讀這位據說在史達林的大整肅中立過功勞的同志的宏文讜論。現在，不論俄國還是中國，有幾個人像我這樣還念念不忘他老人家？[9]

誰知道呢，但只有王蒙可以從約翰走路快速談到維辛斯基，中間短暫點出匈牙利。維辛斯基因自己協助史達林的作秀公審，而臭名遠播，他也在二戰後的紐倫堡大審代表蘇聯。在以上那段文字中，王蒙將全球資本家那無所不在、輕鬆單純的特性，與全球共產主義歷史中那被遺忘的高度複雜性進行了比較。就算維辛斯基在一九三〇年代蘇聯恐怖統治扮演核心角色，這件事後來似乎也沒讓王蒙覺得他在一九五〇年代讀過維辛斯基講稿有什麼不好的。王蒙這種作法是刻意的，他有意識地斬斷「現有知識」與「過去情緒」的連結。

王蒙在莫斯科花了幾天，把該去的幾個景點都看了看。他前往克里姆林宮和紅場，還去了列寧的墓地，莊嚴地向他致敬。他在商業區阿爾巴特散步，在一家餐館吃了晚餐，這家店的基輔雞讓他想起了北京莫斯科餐廳隆重的開幕典禮。他兩次去了列寧山；不斷地讚嘆史達林時代的建築；他每天都會遇到塞車，堵塞的情況比他記憶中在墨西哥市所遇到的還要嚴重。他在莫斯科大劇院看到了《天鵝湖》，但令他失望的是，在蘇聯時期的幸福結局現在卻被一個悲慘的結局所取代。他造訪了聖彼得堡，欣賞閃耀的波羅的海日落。[10]當他現身於莫斯科的書店時，發現有數十位好奇的讀者等待著他。觀眾們問了一連串天真的問題，都是關於當代中國的，之後觀眾當中有人要求他唱一些蘇聯歌曲。雖然觀眾可以和他一起演唱〈喀秋莎〉和〈莫斯科之夜〉，但當他繼續演唱鮮為人知的戰時經典時，觀眾就跟不上了，只剩下他一人繼續高歌。之後，一位老婦走近他，問他是否認識某位王蒙稱之為「老G」的翻譯，而王蒙當然認得，因為他和老G其實是朋友。而這位女士其實是拉脫維亞女詩人，她帶了一本相冊來給王蒙看。其中有她自己和老G的照片，那時候他們正在戀愛。看到他的朋友看起來如此「帥氣和冷靜」，著實令王蒙感到驚訝，但真正令他驚訝的是老G從未告訴過他這個蘇聯女友。11

無論王蒙對莫斯科的各種體驗感到多滿足，這趟旅行令他最感動的部分發生在他所住的飯店餐廳，在那一刻，他覺得自己找到了他想要的東西，那是蘇聯時代的和諧宇宙，有著俄羅斯民謠晚間音樂會的特色。

> 飛機上沒有的地面上有。一個男子用彈撥樂器伴奏，兩個青春無瑕的姑娘唱歌。有時她們倆也拿起三角琴或者搖鼓。她們還在。民歌還在。她們唱了〈喀秋莎〉，唱了〈山楂樹〉，唱了〈紅莓花開〉和〈莫斯科郊外的傍晚〉……其實她們唱的〈有誰知道他呢？〉韻味悠長，純情無限，天真無邪。一面唱一面輕輕搖著身體，像是微風中的花朵。有女懷春，起士誘之：她們的歌聲直出直入，無裝飾無表演無技巧，自語自歎，卻又俏皮諧謔，靈動隨意。每句詞都是以啊、呀、nia、lia、達押韻，比中文詞唱起來動人得多開放得多也熱烈得多。這樣的歌聲是無法抵擋的，聲聲入耳入心，令人心蕩神迷，難以自已，揮之不去……我想起了一九五三年十九歲時候的冬季，那是唯一的一季冬天，我每週到什剎海冰場滑冰。12

從他的描述中看起來，在整趟莫斯科之旅當中，似乎只有聽到這兩個漂亮的女孩唱著〈有誰知道他呢？〉才值回票價，這是他在一生中，在最愛的一年裡，在最愛的一夜裡，最愛的一首歌。向列寧行禮很重要，波羅的海的日落也令人難以忘懷，但〈有誰知道他呢？〉才是他來此的原因。

然而，當演唱結束時，王蒙才想起，時代已經改變，而且還要給小費。他總結道：「藝術和小費是密不可分的。小費中不包含友誼、青春、愛情和夢想；藝術的創造者和傳播者是人；人們在意利潤；俄羅斯歌唱女孩對小費來者不拒。」此時，他出神回到他年輕時的理想的這一刻，他也想起了這些理想的缺陷。

回到北京後，王蒙整理了他的旅行日誌，然後他在開頭寫道：

沒有。

還是沒有。

終於找不著了啊。

曲終

在尤拉家

從北京市區西北一路搭地鐵到東南邊，再走過一排排專售體育用品的小商店。穿過酷熱又刺眼的後巷，進入涼爽的陰暗公寓。尤拉和沃雅準備了美味的俄羅斯晚餐。尤拉是中國人，年近八旬，體型高大。沃雅身材苗條，頂著半俄羅斯、半韓式的髮型，穿著荷葉邊圍裙。他們一起說著俄語，而公寓中的一切，包含他倆，都散發著一種自在的感覺。他們聊著貓與植物，這是他們介紹自己的方式。

然後尤拉開始說起自己的故事。沃雅身為妻子，自然聽過，三不五時插一句嘴；但身為第二任妻子，她聆聽這故事的興致自然有點不一樣。尤拉用俄語口述了一本回憶錄，沃雅以打字記錄下來，想翻譯成中文出版。所以他們現在說的，其實也就是他們所寫的。故事很快就說完了，吃過晚飯，回到客廳，舒服地坐在扶手椅上，現在是時候發問了。

塔瑪拉後來到底怎麼了？尤拉搖著頭，笑而不語。沃雅思忖著，還是很好奇塔瑪拉到底怎麼了。她曾看過一個俄羅斯電視節目「尋人啟事」，觀眾尋找失散多年的親人，劇組幫忙找到後讓他們在電視上重新團聚。於是沃雅擅自決定，幫尤拉寫了封信，然後他們就找到了塔瑪拉。

真的假的？你上電視了？真的啊，一九九八年啊！妳想看嗎？

節目開始時一如預期，尤拉按了按門鈴，然後塔瑪拉出來應門。尤拉眼前的她年事已高、頭髮稀疏，臉上佈滿皺紋，身材矮小而豐滿，有點駝背。歲月不饒人，她已經談不上漂亮了，更沒有性感可言。攝影機接著轉向尤拉，觸景傷情，他終於因情緒崩潰而哭了出來。但尤拉才哭了幾秒，鏡頭就切換到下一個場景：在塔瑪拉的客廳裡，家具被移到四周，尤拉和塔瑪拉正隨著音樂跳舞。不過尤拉太高了，塔瑪拉又太老，兩人之間擦不出火花，跳著舞顯得綁手綁腳的，但後來動作就順暢了許多。一時之間，他們忘記當下，回到了他們的時代，融入了他們的音樂。這是想像中的中蘇戀情史上一個具體的片段，在那個瞬間裡，中國和俄羅斯兩國，純粹只是在跳舞。

第 1 章

1 Xiao, Zhengui, 136; Siao, Shi ji, unnumbered photo section; Wang, Xiao, 170, 178– 180; Emi's birth name was Xiao Zizhang. Gong, "Xiao," 186, 189.
2 Emi (Siao Emil') as first Chinese student from France: RGASPI f. 532, op. 1, d. 393, ll. 4, 14. The next Chinese students recorded as arriving from France are groups in April and November 1923.
3 Wang, Xiao, 2– 4; Barr, "Four Schoolmasters," 68. The leader of the Taiping Rebellion, Hong Xiuquan, was a failed examination candidate. Elman, Cultural History, 366– 370.
4 Wang, Xiao, 4, 15; Xiao, Mao, 18.
5 Liu, Red Genesis, 52.
6 Xiao, Zhengui, 117.
7 Xiao, Zhengui, 117– 118; Xiao, Mao, 34.
8 Xiao, Mao, 34– 35.
9 Liu, Red Genesis, 35, 57– 58; Xiao, Zhengui, 119, 122, 123. Xiao, Mao, 32.
10 Xiao, Mao, 81. Yu's claim to be Mao's close friend is substantiated in their letters. Schram, Mao's Road, 70– 82, 85– 105 to Xiao Yu, 610 to Xiao Zizhang/ Emi.
11 Significance of 1911: Esherick and Wei, China; Harrison, Republican Citizen; Fitzgerald, Awakening China.
12 Xiao, Zhengui, 120– 121; Snow, Red Star, 141; Spence, Mao, 12; Esherick, Reform, 52– 65.
13 Xiao, Zhengui, 122– 123; Xiao, Mao, 58– 60.
14 Xiao, Zhengui, 124– 126. Boy Scouts in China imparting skills of group organization later useful in student protests: Wasserstrom, Student Protests, 82– 83.
15 Schwarcz, Chinese Enlightenment, 4– 5, 13, 46– 54.
16 Zhu, Xiwang (jixu), 5– 7; Rhoads, Stepping Forth, 7– 12; Harrell, Sowing, 11– 39; Huang, Chinese Students, 1– 16, 67; Wang, Chinese Intellectuals, 52– 53.
17 Konishi, Anarchist Modernity; Huang, Chinese Students, 201– 239.
18 Zhu, Xiwang (jixu), 7– 8; Wang, Chinese Intellectuals, 99– 104, 111– 116, 157– 160; Chinese student experiences in the United States: Ye, Seeking Modernity.
19 AVPRI, f. 143, op. 491, d. 2752. This file contains individual petitions; refusal on grounds of national security, l. 68. Liu, "Shi yue," 195, 198.
20 Wang, Xiao, 85– 86.
21 Wang, Xiao, 88– 89, 98.
22 Zhou, May Fourth, 84– 90.
23 Wang, Xiao, 99– 100; Lanza, Behind the Gate, 169– 173; Zhou, May Fourth, 105, 109– 117.
24 Wang, Xiao, 102– 107; Yeh, Provincial Passages.
25 Wang, Xiao, 107– 108; Levine, Found, 51– 52.
26 Wang, Xiao, 108– 110.
27 Xiao, Zhengui, 28.
28 Zheng, Oppositionist, 4– 5.
29 Wang, Xiao, 117– 126.
30 Wang, Xiao, 130– 131; Levine, Found, 80– 81.
31 Wang, Xiao, 130– 131.
32 Wang, Xiao, 131– 132, 141– 143; Xiao, Zhengui, 17– 18.
33 Levine, Found, 36– 37.
34 Zheng, Oppositionist, 17– 18.
35 Levine, Found, 38– 39.
36 Levine, Found, 115– 134.
37 Wang, Xiao, 162– 169; Barnouin and Yu, Zhou, 25– 28; Levine, Found, 155.
38 Xiao, Zhengui, 131– 134; Wang, Xiao, 170– 171.
39 Xiao, Zhengui, 133. The student who had written to Emi from Moscow was Ren Bishi.
40 Xiao, Zhengui, 133– 134.
41 Levine, Found, 169– 172. Levine argues that the Comintern was not the mastermind of the European branch of the Chinese Communist Party. Subsequent correspondence from Paris to Moscow about sending students to Moscow to study supports this argument, reading as letters from one Chinese communist to another and make no reference to direct Comintern involvement. On the other hand, they were retained in the Comintern archive. RGASPI f. 532, op. 1, d. 14, ll. 3– 16.
42 Wang, Xiao, 177– 178.
43 Xiao, Zhengui, 9, 136.

第 2 章

1 Mao, "Qiubai," 254.

註釋

前言

1 Whiting, Soviet Policies in China; North, Moscow and Chinese; Schwartz, Rise of Mao; Dirlik, Origins of Chinese Communism; van de Ven, Friend to Comrade.
2 Usov, "Finansovaia pomoshch"; "First Conversation," trans. Zubok for CWIHP. The Cold War International History Project at the Woodrow Wilson Center in Washington, DC, has played a critical role in promoting innovative new scholarship.
3 Elleman, Diplomacy; Pantsov, Bolsheviks; Wolff, "One Finger's"; Luthi, Sino- Soviet Split; Radchenko, Two Suns; Pantsov and Levine, Mao; Shen and Xia, Mao and the Sino- Soviet; Friedman, Shadow Cold War; Radchenko, Unwanted Visionaries.
4 Kotkin, Magnetic Mountain; Fitzpatrick, Everyday Stalinism; Weiner, Making Sense; Kirschenbaum, Legacy; Hellbeck, Revolution; Lahusen, How Life; Yurchak, Everything Was Forever; Evans, Between Truth.
5 Slezkine, Arctic Mirrors; Edgar, Tribal Nation; Martin, Affirmative Action Empire; Hirsch, Empire of Nations; Chakers, Socialist Way of Life; Scott, Familiar Strangers.
6 Young, Communist Experience; Zhuravlev, "Malen'kie liudi"; Epstein, Last Revolutionaries; Shore, Caviar and Ashes; David- Fox, Showcasing; Chatterjee, Americans Experience Russia; David Fox, Holquist, and Martin, eds., Fascination and Enmity; Gilburd, "To See Paris and Die"; Gorsuch, Soviet Tourism; Clark, Fourth Rome.
7 Exceptions: Yu, "Sun Yat- sen University"; Yu, Xingsu xinren; Galitskii, Tszian; Pantsov and Spichak, "New Light"; Eiermann, "Autobiographies."
8 Levine, Found; Ye, Seeking; Reynolds and Reynolds, East Meets East; Rhoads, Stepping; Harrell, Sowing; Huang, Chinese Students.
9 Qu, "Chi du."
10 Pan, When True Love Came; Liu, Revolution Plus Love; Glosser, Visions; Lee, Genealogy of Love; Stites, Revolutionary Dreams; Naiman, Sex in Public; Fitzpatrick, Cultural Front; Bernstein, Dictatorship of Sex; Kaminer, Bad Mother.
11 Brinton, Anatomy of Revolution; Skocpol, States and Social Revolutions; Mayer, Furies; Smith, Revolution; Furet, Marx; Malia, History's Locomotives; Meisner, Li Tachao. Histories of the Comintern as an "exporter" of revolution summarized or referenced in McDermott, Comintern.
12 Wilbur and How, Missionaries; Shen, Sulian zhuanjia; Kaple, "Agents of Change." Pedagogical undertones in Sino- Soviet cultural relations: Bernstein and Li, eds., China Learns; Gamsa, Russian Literature in China.
13 Shlapentokh, French Revolution in Russian Intellectual Life; Shlapentokh, Counter- revolution; Gorsuch, " 'Cuba, My Love' "; Kirschenbaum, International Communism.
14 David- Fox, "Iron Curtain"; Katsakioris, "L'Union soviétique"; Matusevich, No Easy Row; Babiracki and Zimmer eds., Cold War Crossings; Sanchez Sibony, Red Globalization; Mehilli, "Socialist Encounters"; Ivaska, "Transnational Activist Politics"; Jersild, Alliance; Shen, Sulian zhuanjia; Cook, Little Red Book; Rozman, Mirror.
15 Geraci, Window; Ram, Imperial Sublime; Tolz, Russia's Own Orient; Fein, "Science and the Sacred"; Kirasirova, " 'Sons of Muslims' in Moscow."
16 Catherine quoted: Schimmelpenninck van der Oye, Russian Orientalism, 52.
17 The Russian Ecclesiastical Mission in Beijing produced occasional spurts of research and translation but was the exception. Widmer, Russian Ecclesiastical; Paine, Imperial Rivals; Lim, China and Japan.
18 Attention to China in 1920s: Tyerman, "Soviet Images"; 1960s: McGuire, "Fun House Mirror." Soviet cultural diplomacy focused on Europe: David- Fox, Showcasing, 56.
19 V. G. Gel'bras, Kitaiskaia real'nost' Rossii, 101– 103, 118– 120; Kalita and Panich, Krosskul'turnoe issledovanie, 81– 94; Galenovich, Rossiia v 'kitaiskom zerkale', 39.
20 Bassin, Glebov, and Laruelle, eds., Between Europe and Asia; Laruelle, Russian Eurasianism.
21 Marks, Metaphors in International Relations.
22 Hunt, Family Romance; Elshtain, Family in Political Thought; Chaihark and Bell, Politics of Affective Relations.
23 "Emotional regimes": Reddy, Navigation of Feeling; Plamper, History of Emotions. On socialist "brotherhood" and "friendship" specifically: Martin, Affirmative Action Empire; Applebaum, "Friendship of the Peoples."
24 Liu Wenfei quoted in He, "History of Russian Lit." Scholarship on Russian literature in China voluminous, e.g., Chen, Er Shi; Wang, Youyuan; Liu, Hong Chang; Zeng, 19 shi ji; Cao, E Su.
25 Westad, Brothers; Dittmer, Sino- Soviet Normalization; see chapters on "Menage a Trois, 1945– 1949," "Sino- Soviet Marriage, 1950– 1960," "Romantic Triangle, 1969– 1976."
26 In using a metaphor as structure, this book was directly inspired by Slezkine, Jewish Century.

53 Larin, Kitaitsy, 13– 23, 71– 80; Qu Qiubai, Zuopin, 274; Liu, "Shi yue," 209– 210.
54 Qu, Zuopin, 273, 289– 290.
55 Qu, Zuopin, 274.
56 Qu, Zuopin, 275– 277.
57 Qu, Zuopin, 279– 280, 291, 293.
58 Li, "Ch'u," 59– 60.
59 Interesting comparison to Africa: Baldwin, "Russian Routes." Li, "Ch'u," 61– 62; Skachkov, Bibliografiia Kitaia, 489, 648. Kolokolov later published a well- regarded Russian- Chinese dictionary.
60 Qu, "Chi du," 307.
61 Qu, "Chi du," 311– 312.
62 Qu, "Chi du," 310, 332– 334.
63 Qu, "Chi du," 318– 322. Sofia may have been enacting the kind of cultural diplomacy the Soviet regime expected of non-party intellectuals, or this may have been one of the many chance encounters between foreigners and Soviet citizens—both described by David- Fox, Showcasing, 49, 120.
64 Qu, Zuopin, 325– 326.
65 Qu, Zuopin, 326– 327.
66 Qu, Zuopin, 329– 330.
67 Qu, Zuopin, 350, 339, 332– 333.
68 Qu, Zuopin, 353.
69 Qu, Zuopin, 353– 354.
70 Qu, Zuopin, 357– 359.
71 Qu, Zuopin, 360– 361.

第3章

1 Zhang, Rise, vol. 1, 121.
2 Feigon, Chen, 37– 43, 54– 55, 71.
3 Chen, "On the Literary Revolution."
4 Jiang, Xin E.
5 Meisner, Li Ta- chao, 31– 34, 60– 70, 90– 95; Dirlik, Origins, 24– 32.
6 Elleman, Diplomacy, 24– 27, 35– 37; Smith, Road, 11– 12; Zhang, Rise, vol. 1, 121– 122. On widespread disappointment with Wilsonian ideals: Manela, Wilsonian Moment.
7 Go and Titarenko, eds., Komintern, vol. 1, 48; Lazi and Drachkovitch, Dictionary, 497– 498; Dalin, Memuary, 42– 43.
8 Zhonggong, ed., Gongchanzhuyi, vol. 1, 182.
9 Zhang, Rise, vol. 1, 121– 124.
10 Smith, Road, 11– 18; Sotnikova, "Komintern," 128. Voitinskii survived purges and war to become a respected Sinologist. Lenchner, "Khronika," 167– 168.
11 Yu and Zhang, Yang, 1– 7; Smith, Road, 16; Larin, Kitaitsy, 89– 90; Benton, Chinese Migrants.
12 Bulgakov, "Chinese Tale," xiv– xv, 146– 158. Other literary variations on the theme of the Chinese Red Army partisan are found in Platonov's Cherengur, Ostrovsky's How the Steel Was Tempered, and Ivanov's Armored Train, 14– 69. Tyerman, "Soviet Images," 90– 108.
13 Peng, Memoires, 183.
14 Usov, "Finansovaia pomoshch," 121. Even the Bolsheviks complained about the difficulty of finding cadres among Red Army Chinese. Larin, Kitaitsy, 112.
15 Xiao, "Fu Su," 2.
16 Xiao, "Fu Su," 5.
17 Peng, Memoires, 11– 13.
18 Peng, Memoires, 135– 139, 151– 166.
19 Yeh, Provincial Passages, 208– 212; Xiao, "Fu Su," 6– 7; Fu, Waiyu, 46.
20 Bao, Chi E, 1– 2.
21 Peng, Memoires, 229– 231; Bao, Chi E, 3.
22 Xiao, "Fu Su," 7– 11; Bao, Chi E, 5– 8.
23 Peng, Memoires, 239– 240.
24 Peng, Memoires, 240– 245.
25 Gamsa, "Red Beards," explains that there was, actually, no Chinese bandit group called "Red Beards."
26 Peng, Memoires, 245– 255.
27 Peng, Memoires, 262.

第4章

1 Peng, Memoires, 263– 264.

2 Photos of Qu before, during, and after Moscow: Qu Qiubai hua zhuan, 43, 44, 49, and 55.
3 Xia, "Ch'u," 181–182; Li, "Ch'u," 1–8, 11.
4 Xia, "Ch'u," 183; Spence, Gate, 133.
5 Qu, Duoyu. 3.
6 AVPRI, f. 143, op. 491, d. 2042, l. 9–15; Tyerman, "Soviet Images," 56.
7 History of railroad: Wolff, Harbin. Russian language school: Fu, Waiyu, 22, 37 note 1; Qu, "E xiang," 268–269; Bugayevska, "Beijing Institute," 2–3.
8 Wolff, Harbin, 17, 32; Bugayevska, "Beijing Institute," 3–4.
9 Khokhlov, "Pokotilov," 40.
10 Chen, Zhong E, 40–43; Bugayevska, "Beijing Institute," 4–5, 9.
11 Pushkin, Captain's Daughter.
12 Shi, Water Margin; Chen, Zhong E. 58–60.
13 Price, Russia and the Roots, 193.
14 Hu, Translation, 106–120; Price, Russia and the Roots, 195–196.
15 Recent, succinct analysis of language and social revolution: Barlow, "History's Coffin."
16 Zhou, May Fourth, 61–65. Lin's translation has been discussed in classic scholarship such as Link, Mandarin Ducks and Lee, Romantic Generation.
17 Turgenev, trans. unknown, "Chun Chao."
18 Turgenev, Torrents.
19 Qingnian zazhi, no. 1.
20 Effects of translation on Chinese: Gunn, Rewriting Chinese; Liu, Translingual Practice.
21 Lee, Lu Xun, 49, 53–57,
22 Gamsa, Reading, 15–24; Gálik, Genesis, 30–31, 58, 74, 125, 134, 194, etc.; Dirlik, Origins, 26–27.
23 Konishi, Anarchist Modernity, 93–141, esp. 111–112; Zarrow, Anarchism, 25, 95–96; Bodde, Tolstoy and China, 56–57; 63–75, 81.
24 Chen, Zhong E, 265–339; Shneider, Russkaia klassika, 19–20.
25 Qu's nostalgia for gentry culture and his use of Russian literature to express it is also described in Widmer, "Qu," 103–125.
26 Bugayevska, "Beijing Institute," 6–7; Gálik, Genesis, 217–218.
27 Qu, Duoyu, 3.
28 Qu, "Xian tan," 197.
29 Qu, Duoyu, 4.
30 Li, "Ch'u," 25, 28–29; Shneider, Tvorcheskii put', 21.
31 Qu, Duoyu, 5.
32 The other two were Yu Songhua and Li Zongwu, neither of whom achieved Qu's prominence. Li was a fellow student at the Russian language institute but lacked Qu's literary talent; Yu spoke no Russian. Li, "Ch'u," 43, 59.
33 Pickowicz, Marxist Literary, 25, note 55, p. 30; Shneider, Tvorcheskii put', 20–21; Li, "Ch'u," 43–46; Xia, "Ch'u," 184–190.
34 Translation of eighteenth-century classic and Qu quote, Xia, "Ch'u," 190–191.
35 Old regimes: Paine, Imperial Rivals.
36 Qu Qiubai, Zuopin, 256.
37 Qu Qiubai, Zuopin, 256–257.
38 Qu Qiubai, Zuopin, 257.
39 Qu Qiubai, Zuopin, 257–258.
40 Qu Qiubai, Zuopin, 258–259.
41 On Harbin: Carter, Harbin; Wolff, Harbin; Lahusen, "Harbin."
42 Qu Qiubai, Zuopin, 259–261.
43 Qu Qiubai, Zuopin, 261, 265–266.
44 In addition to posting his reports back to Chen Bao, Qu also kept a "diary." Journey seems to be a collage of excerpts from that diary and selections from his Chen Bao reports. There is no known original of the diary, however. Journey was first published in Shanghai in 1922 as Xin E guo you ji: cong Zhongguo dao Eguo de ji cheng (Travel notes on new Russia: a travel diary from China to Russia).
45 Barlow, " 'History's Coffin,' " 263.
46 Qu Qiubai, Zuopin, 265.
47 Liu, Translingual Practice, 106–107.
48 Ding, Qu Qiubai mulu, 4–6.
49 Qu Qiubai, Zuopin, 271, 273.
50 Qu Qiubai, Zuopin, 275.
51 Qu Qiubai, Zuopin, 288–289.
52 Qu Qiubai, Zuopin, 273–274.

50 Babaev, Khikmet, 93; Fish, Khikmet, 34– 54.
51 Xiao, Zhengui, 137– 138; Xiao, Wenji, vol. 3, 16– 18. Emi would rework the Internationale in 1939 with a short introduction explaining the history of its translation.
52 Xiao, "Fu Su," 16; Harrison, Long March, 37– 38.
53 Xiao, Zhengui, 139; Gao, Xiao San, 115.
54 Another early example is a filmmaker, Shu Heqing, educated in the Soviet Union in the 1930s, whose footage of the Chinese revolution was used for a major Soviet documentary, which won him and his Soviet collaborators the Stalin prize. Du and Wang, Zai Sulian, 1– 15; Shu Heqing, interview by author, Beijing, fall 2004.
55 Xiao, Zhengui, 141– 142. Mayakovsky came to Eastern University in January 1925 to read his poem, "Lenin." RGALI, f. 963, op. 1, d. 1574, l. 1.
56 Xiao, Zhengui, 143– 144.
57 Peng, Memoires, 281.
58 Peng's efforts to root out anarchists actually mirrored a similar effort in China 1920– 1921. Dirlik, Origins, 211, 221– 223; Feigon, Chen, 154– 156; Van de Ven, Friend, 65; Bao, Chi E, 24– 26.
59 Bao, Chi E, 43.
60 Xiao, Zhengui, 137; Zheng, Oppositionist, 55; Gao, Tian ya. 115.
61 RGASPI, f. 532, op. 1, d. 99, ll. 13, 21– 25; d. 22, l. 23.
62 RGASPI, f. 532, op. 1, d. 23, ll. 1– 3.
63 RGASPI, f. 532, op. 1, d. 4, l. 16.
64 RGASPI f. 532, op. 1, d. 7, ll. 32– 33; d. 21, l. 2; d. 99, l. 14. The university also spent the most on the Chinese whose sheer numbers combined with cost of transportation made them by far the largest item in the recruiting budget. RGASPI f. 532, op. 1, d. 6., ll. 1– 3.
65 Peng, Memoires, 367– 370; Xiao, Zhengui, 140.

第5章

1 Yang, "Yi Qiubai," 63; Kong, "Ji Qu," 145– 146.
2 Li, "Ch'u," 110, 137; vitality and clothing: Ding, "Qu," 123– 124; Zhou, "Qu," 269; Zhang, Rise, vol. 1, 297.
3 Jiang nan, photos pp. 2, 33, 37, 41, 44, 49, 55; Ding, "Qu," 115, and Yang, "Yi Qiubai," 63.
4 Li, "Ch'u," 108– 109.
5 Qu, " 'Shanghai daxue,' " 1– 13; Yeh, Alienated, 152– 156.
6 Yeh, Alienated; Wasserstrom, Student Protests, 45– 46.
7 Yang, "Yi Qiubai," 63– 64; Qu, "Duoyu," 14; Li, "Ch'u," 137– 140.
8 Fu, Waiyu, 47; Qu, "Shanghai Daxue," 11.
9 Fu, Waiyu. 48– 49.
10 Yeh, Alienated, 139– 143, 147– 150.
11 Smith, Road, 69.
12 Van de Ven, Friend to Comrade, 85– 90.
13 Saich, Maring, 18– 22.
14 Van de Ven, Friend to Comrade, 86– 88.
15 Saich, Maring, 58, 78.
16 Drakhovitch, Internationals; Pantsov, Bolsheviks, 9– 70 is an incomparable discussion of Trotskyist and Leninist views on China and foreign policy more broadly. Smith, Road, 213.
17 Zheng, Oppositionist, 73; Zhang, Rise, vol. 1, 224.
18 Saich, Maring, 475– 479; Zhang, Rise, vol. 1, 300.
19 Zhang, Rise, vol. 1, 139.
20 Maring's other interpreter was Zhang Tailei, whose English was good. Zhang, Rise, 138; Saich, Maring, 555– 587, 640, 858.
21 Saich, Maring, 560– 570, 577– 579; Li, "Ch'u," 125– 126.
22 Kartunova, "Moscow's Policy," 69– 70.
23 Holubnychy, Borodin, 1– 4, 18– 34, 40– 50, 224, 246; Jacobs, Borodin, 1– 3, 21– 24, 41– 51; Spence, To Change China, 184– 185.
24 Holubnychy, Borodin, 220.
25 Holubnychy, Borodin, 220– 245.
26 Yoshihiro, "Chinese National Revolution," 148; Li, "Ch'u," 144– 146.
27 Yang, "Perspectives," 77– 97; Yu, "Reassessment," 98– 125.
28 Yang, "Perspectives," 77– 79.
29 Yu, "Reassessment," 99, 102.
30 Peng, Memoires, 338– 339.
31 Kartunova, "Military Aspect," 66– 73.

2 Peng, Memoires, 265– 266, 275. Xiao, "Fu Su," 14– 15.
3 Peng, Memoires, 277– 279.
4 Li, Liu, 8; Zhu, Xiwang, 15; and Xiwang (jixu), 421. The Liu talk was recalled by future PRC Foreign Ministry official Chen Xianyu.
5 Peng, Memoires, 268– 270; David- Fox, Showcasing, 30– 39.
6 Timofeeva, "Universitet, 1921– 1925"; Timofeeva, "Universitet, 1926– 1938." There is no English- language monograph on the school. See, however, McClellan, "Black Hajj," and Sokolov, Komintern i V'etnam. David- Fox, Revolution of the Mind, 87– 88. Ch. 2, "Power and Everyday Life at Sverdlov University," provides an interesting comparison to Chinese experiences.
7 Broido (1885– 1956) had been a Menshevik who joined the Bolsheviks in 1918. After spending several years during the Civil War in Turkestan he returned to Moscow in 1921 as deputy commissar of nationalities under Stalin and rector of Eastern University, where he remained until 1926. Lazi and Drakhovitch, Dictionary, 45. RGASPI f. 532, op. 1, d. 110, l. 16.
8 Timofeeva, "Universitet, 1921– 1925," 47– 48.
9 Numbers of foreign students: RGASPI f. 532, op. 1, d. 2, ll. 49– 51; d. 12, ll. 53– 54; d. 23, ll. 1– 2; d. 25, ll. 37, 44; Timofeeva, "Universitet , 1921– 1925," 51.
10 Keddie, Iran, 63– 93; Manela, Wilsonian Moment; Scalapino and Lee, Korea, 3– 32.
11 Peng, Memoires, 264– 265; Zheng, Oppositionist, 53.
12 Zheng, Oppositionist, 29– 30.
13 Zheng, Oppositionist, 51. Sample lists of names: RGASPI f. 532, op. 1, d. 8, ll. 9, 15.
14 Li, "Ch'u," 67.
15 Skachkov, Bibliografiia Kitaia, 488– 492; Li, "Ch'u," 68; Peng, Memoires, 273.
16 Liu, Zi shu, 24– 25.
17 Qu's system: Qu, Wen ji, vol. 3, 351– 422.
18 Bao, Chi E, 22.
19 Peng, Memoires, 273.
20 Qu, Duoyu, 5.
21 Peng, Memoires, 288– 289.
22 Cao, Huiyi, 41.
23 Xiao, "Fu Su," 11– 12; Bao, Chi E, 55; Zheng, Oppositionist, 52; RGASPI f. 532, op. 1, d. 5, ll. 31– 33.
24 Li, "Ch'u," 68.
25 Bao, Chi E, 55– 56; Zheng, Oppositionist, 30– 34, 52.
26 RGASPI f. 532, op. 1, d. 22, ll. 7– 8; d. 293, l. 77; op. 7, d. 2, l. 217; Lazitch and Drachkovitch, Dictionary, 39– 40.
27 RGASPI f. 532, op. 1, d. 22, ll. 11– 17, 22; d. 23, ll. 11– 24; Peng, Memoires, 272.
28 Xiao, "Fu Su," 12– 13. Among the serious generals of the Chinese revolution who studied in Moscow besides Xiao Jingguang was Ye Ting, who was at Eastern University in 1924– 1925. Xiao, Zhengui, 46. In the late 1920s the university designed a special military training course for Chinese. McGuire, "Sino- Soviet."
29 RGASPI, f. 532, op. 1, d. 17, l. 3.
30 RGASPI, f. 532, op. 1, d. 17, l. 3.
31 In the 1890s, Russian Social Democrats could not decide whether to tutor workers in ideological concepts or teach them activist techniques. Wildman, Russian Social Democracy.
32 RGASPI f. 532, op. 1, d. 23, 3– 27; Zheng, Oppositionist, 54– 55; Bao, Chi E, 23.
33 Bao, Chi E, 57– 59.
34 Bao, Chi E, 47– 53.
35 Peng, Memoires, 265, 327; Bao, Chi E, 28– 29, 59– 60; Murav'ev, Tverskoi Bul'var, 143.
36 Peng, Memoires, 294– 302; Xiao, "Fu Su," 12.
37 Li, "Ch'u," 74, 76; Zhang, Rise, 201; Shneider, Tvorcheskii put', 33– 35.
38 Bao, Chi E, 40. Bao Pu refers here to Zhang Guotao.
39 Scalapino and Lee, Korea, 41– 42.
40 Bao, Chi E, 40; Zhang, Rise, 201.
41 Zhang, Rise, 201.
42 Zhang, Rise, 193.
43 Bao, Chi E, 37– 38.
44 Bao, Chi E; Peng, Memoires, 302– 303.
45 RGASPI f. 495, op. 30, d. 293, l. 12. In 1922, KUTV brought 1,000 students on a total of 51 excursions. RGASPI f. 532, op. 1, d. 5, ll. 35– 40; Lianov, "Na prazdnike."
46 RGALI, f. 2653, op. 1, d. 68, ll. 1– 4.
47 Xiao, Zhengui, 10.
48 Xiao, Zhengui, 10.
49 Gao, Tianya, 114; Murav'ev, Tverskoi, 130– 137.

10 Sheng, Sun, 88.
11 Yu, "Sun," 148; Wang, Liu E, 38– 39.
12 Kartunova, "Moscow's Policy," 67– 68.
13 Pantsov, "Bolshevik Concepts," 30– 43; Sheng, Sun, 33– 34, 144– 163.
14 English: Cline, Jiang Appendix, "My Days in Soviet Russia," 147– 187. Chinese: Jiang, Wo zai Sulian.
15 Soviet autobiographers: Hellbeck, Revolution; foreign communists: Kirschenbaum, "Dolores."
16 Jiang, Wo zai Sulian, 2. All translations of Jiang's Chinese language text are my own.
17 Jiang, Wo zai Sulian, 2.
18 Differences in Russian and Chinese bathing rituals are a matter of frequent mention, e.g., Hu,"Liu E,"135– 136; Wei,"Tan Wang," 159.
19 Jiang, Wo zai Sulian, 2– 4.
20 Jiang, Wo zai Sulian, 4– 8.
21 Tuck, Radek, 75– 76, 80– 81; Wang, Liu E, 35.
22 Sheng, Sun, 33– 37; Ren, "Liu E," 76; Liu, "Zi Fu," 263.
23 Wang, Liu E, 37– 38. The school acquired a dorm for married students in 1928. Sheng, "Sun," 89.
24 Gorsuch, Youth. Naiman, Sex.
25 Zheng, Oppositionist, 152– 153.
26 RGASPI, f. 530, op. 4, d. 49, ll. 113, 116– 1160b,
27 RGASPI, f. 530, op. 4, d. 49, ll. 101– 101ob.
28 Hu, "Liu E," 133– 136.
29 Galitskii, Tszian, 27, citing RGANI f. 550, op. 1, d. 2, l. 268; Yu, "Sun," 174– 175.
30 Cline, Jiang, 157– 158.
31 Galitskii, Tszian, 27.
32 RGASPI f. 530, op. 4, d. 49, l. 115– 115ob.
33 RGASPI f. 530, op. 4, d. 49, l. 93.
34 RGASPI f. 530, op. 4, d. 49, ll. 113ob, 114, 116ob.
35 Yu, "E guo," 113– 115; Galitskii, Tszian, 28.
36 Sheng, Sun, 111– 116; RGASPI f. 530, op. 4, d. 5, passim. The Chinese wrote Rafailovshchina, inserting an "ov" into the more typical Russian formulations, Rafailshchina or Raphaelshchina.
37 RGASPI f. 532, op. 1, d. 99, ll. 5– 9. The idea of merging the two groups of Chinese was much debated. RGASPI f. 532, op. 1, d. 393, ll. 14– 20; d. 398, ll. 26– 32; RGASPI f. 532, op. 1, d. 35, ll. 100– 102; RGASPI f. 532, op. 1, d. 36, ll. 91, 94, 95; RGASPI f. 532, op. 1, d. 50, passim.
38 Ren, "Liu E," 73– 79. Lenin's tomb was an obligatory field trip for most Chinese students. Wang, Liu E, 28– 32.
39 Wilbur and How, Missionaries, 527– 528.
40 RGASPI, f. 530, op. 4, d. 5, ll. 35– 48; f. 532, op. 2, d. 97, ll. 15– 19. Sun, "Guanyu Zhongguo," 180– 183.
41 Wang, Liu E, 36.
42 HA, Peng Papers, Box 3, Ch. 7, 13– 14.
43 Zheng, Oppositionist, 142– 146.
44 Numerous cases of "flag- switching" described: Zheng, Oppositionist, 138– 153; Sheng, "Sun," 113.
45 RGASPI, f. 530, op. 4, d. 49, l. 105, 113.
46 Ren, "Liu E," 76.
47 Ren, "Liu E," 76; Yu, "Sun," 103– 104; RGASPI f. 530, op. 4, d. 5, 49– 57, ll. 227– 228. The idea of a secret, puritanical, anti- Russian, Chinese organization in Moscow haunted Soviet authorities for years— as is evidenced by a reinvestigation of it in 1940. RGASPI f. 532, op. 4, d. 1, ll. 1– 3.
48 Sheng, Sun, 112– 116. Sheng's wife was a student in the school; presumably this account of Krupskaia's meeting with the girl students comes from her. Yu, "Sun," 133, 152– 158, citing RGASPI f. 530, op. 4, d. 49, l. 105.
49 RGASPI f. 530, op. 2, d. 49, 3– 4a, 80– 96.
50 RGASPI f. 532, op. 1, d. 401, ll. 122– 123ob.
51 Gudkov as Shen Zemin, see Go (Krymov), Zapiski, 179. Shen's wife, Zhang Qinqiu, was with him in Moscow. Shen came to Chinese University in November 1926. RGASPI f. 532, op. 1, d. 27, ll. 12– 13; RGASPI f. 530, op. 4, d. 5, ll. 26– 34.
52 Sheng, "Sun," 79– 80. Sheng estimated that even after two years in Moscow less than 10 percent of Chinese students achieved Russian proficiency. High- ranking Chinese with wives/ girlfriends in Moscow: Cai Hesen and Xiang Jingyu; Zhang Guotao and Yang Zilie; Wang Ming and Meng Qingshu; Zhu De and his wife, and more. Ren Bishi brought his first, arranged- marriage wife. She had bound feet and did not study. Shao Lizi came to Moscow as a widower and married a younger woman, Fu Xuewen. Others came with wives and had affairs with Russians. Sheng, "Sun," 44, 147; Praeger Young, Choosing Revolution, 62, 78– 79; Wei, "Tan Wang," 159; Ren, "Liu E," 78.

32 Cherepanov, Zapiski, 47.
33 Rigby, May 30th.

第6章

1 Zheng, Oppositionist, 146.
2 HA, Peng papers, Box 3, Ch. 3, 12– 13.
3 HA, Peng papers, Box 3, Ch. 3, 14– 15.
4 Gilmartin, Engendering; Gilmartin, "Inscribing Gender," 244– 249.
5 Recent, high readable analysis of China's love revolution: Pan, When True Love Came.
6 Lang, Chinese Family, 202– 203.
7 Zheng, Oppositionist, 95 and note p. 297; Link, Mandarin Ducks.
8 Liu, Revolution Plus, 17– 20, 44– 53; Xia, Gate, 62, 70, 77, 89; Zheng, Oppositionist, 50– 51.
9 Zheng, Oppositionist, 94; Xia, Gate, 62, 73– 76, 84; Li, "Ch'u," 112– 116, 135.
10 Chen, Zhong E, 78– 83.
11 Chen, Zhong E, 304– 339.
12 Yoshihiro, Formation, 98; Tyerman, "Soviet Images," 38, 126– 128, 149, 158, 186, 189– 192.
13 Lee, Revolution of the Heart.
14 Ding, "Qu," 113– 141 is the memoir; Qu signing as Weihu, p. 132. Fictionalized: Ding, "Wei Hu," 3– 111. Partial English summary of "Wei Hu": see Liu, Revolution Plus, 126– 134.
15 Ding, "Qu" 115– 116, "Wei Hu," 4– 6.
16 Ding, "Qu,"116.
17 Ding, "Wei Hu," 12.
18 Ding, "Qu," 116.
19 Ding, "Qu," 118– 119.
20 Ding, "Qu," 119– 120, 122.
21 Ding, "Qu," 121– 125; Zhang, Rise, vol. 1, 298.
22 Pan, When True Love Came, 270– 275.
23 HA, Peng papers, Box 3, Ch. 4, 5; Li, "Ch'u," 142. Ding, "Qu," 127– 128.
24 Ding, "Qu," 123.
25 HA, Peng Papers, Box 3, Ch. 1, 1– 7; Ch. 2, 3.
26 HA, Peng Papers, Box 3, Ch. 2, 1– 3.
27 HA, Peng Papers, Box 3, Ch. 2, 3– 16.
28 HA, Peng Papers, Box 3, Ch. 3, 15– 18. Lively account of one such captivity: Xie, Woman Soldier's, 92– 134.
29 HA, Peng Papers, Box 3, Ch. 3, 19– 20, 24.
30 HA, Peng Papers, Box 3, Ch. 4, 14, Ch. 5, 2– 3.
31 HA, Peng Papers, Box 3, Ch. 5, 20– 21, 42.
32 HA, Peng Papers, Box 3, Ch. 5, 5, 10.
33 HA, Peng Papers, Box 3, Ch. 5, 10– 18.
34 HA, Peng Papers, Box 3, Ch. 5, 21– 22, Ch. 6, 1– 2.
35 HA, Peng Papers, Box 3, Ch. 5.
36 Yang, "Yi Qiubai," 66– 67.
37 Yang, "Yi Qiubai," 72; Zheng, Oppositionist, 140– 141; Schoppa, Blood Road, 70.
38 Yang, "Yi Qiubai," 72– 74.
39 Yang, "Yi Qiubai," 75; Zheng, Oppositionist, 89– 90; Li, "Ch'u," 163.
40 HA, Peng Papers, Box 3, Ch. 6, 4– 8.
41 HA, Peng Papers, Box 3, Ch. 6, 8– 9.
42 HA, Peng Papers, Box 3, Ch. 6, 9– 10.
43 HA, Peng Papers, Box 3, Ch. 7, 1.

第7章

1 Chiang Kaishek is the popular Western spelling of Jiang Jieshi; I have chosen to call the father Chiang and the son Jiang.
2 Taylor, Generalissimo's Son, photo section after p. 188.
3 Jiang, Biography, 3– 10; Ch'en, Chiang, 67.
4 Cline, Chiang, 153– 154; Jiang, Biography, 13– 14.
5 Peng, Jiang, 7– 8.
6 Tuck, Radek, 50.
7 Yu, "Sun," 22.
8 Yu, "Sun," 17, 37, 41– 42.
9 Sheng, Sun, 87– 88; Wang, Liu E, 33– 36; RGASPI f. 530, op. 4, d. 5, ll. 227– 228; Liu, "Zi Fu," 304– 307.

42 Pantsov, Bolsheviks, 207– 208; Pantsov and Spichak, "New Light," 32– 45. Daria Spichak is the leading expert on Chinese students at the International Lenin School (MLSh). According to the admittedly incomplete information contained in the Sakharov Center database, in June of 1929, one Li Haozhou, of primary education only and unknown occupation, was sentenced to death for espionage; he was shot on September 16, 1930. Only later in the 1930s were larger numbers of Chinese sentenced to death.
43 Sheng, Sun, 223– 224; Sin- Lin, Shattered Families, n. 52, p. 441, notes that Qu's brother had been exiled; Wang, Memoirs, 82; Zhang, Rise, vol. 2, 102– 105.
44 Spence, Search, 387– 399. Zhang tells the story of his own Long March in vol. 2 of his memoirs, pp. 181– 473.
45 Usov, Sovetskaia Razvedka, 222– 239; Whymant, Sorge, 30– 40.
46 Wakeman, Policing Shanghai, 135– 142.
47 Notable examples include Yang Shangkun, who was president of China 1988– 1993 and who played a key role in the outcome of the Tiananmen Square demonstrations, as well as Wang Jiaxiang and Zhang Wentian, who were both early PRC ambassadors to the Soviet Union and major figures in PRC diplomacy. Bartke, Biographical Dictionary, 268– 269, 216– 217, 303.
48 Fu, "Zhui nian Qu," 261; Widmer, "Qu," 118– 122; Pickowicz, Marxist Literary, Chs. 6– 11, engage carefully with Qu's literary polemics.
49 Barlow, " 'History's Coffin,' " 282– 284.
50 Pickowicz, Marxist Literary, 192, 209; Xu, Qu Qiubai yu Lu Xun. Mao Dun describes how Qu helped shape his writing in Mao Dun, "Hui yi Qiubai," 254– 259.
51 Yang, From Revolution, 73– 82. Yang argues that the Russia connection was not decisive in faction formation.
52 Chang and Halliday, Mao, 113– 119, 122.
53 Xia, "Ch'u"— the translations here are from him. Newer work that reinterprets "Superfluous Words" as a prism for Qu's biography: Roux and Wang, Des mots de trop.
54 Qu, "Duoyu," 35– 36. My translation.
55 Xia, "Ch'u," 212. I use Xia's translation here.
56 North, Moscow and Chinese, 165.
57 Xia, "Ch'u," 205– 211.

第9章

1 RGASPI f. 530, op. 4, d. 49, l. 80– 81.
2 Yu, "E guo," 120.
3 RGASPI f. 530, op. 4, d. 49, l. 89– 91; Yu, "E guo," 111.
4 Sheng, Sun, 89, 113.
5 Sheng, Sun,122.
6 Galitskii, Tszian, 55– 63; Yu, "E guo," 123– 124.
7 Sheng, Sun, 141– 143. Shao Lizi's son sent him a similar letter: "You are a counter- revolutionary you are no longer my father and henceforth shall be my enemy." Smith, Road, 123.
8 Jiang, Wo zai Sulian, 21– 29. In his English memoirs he calls this person "General Malshev"; it is possible this was Malyshev, who was a Tolmachev graduate and also ran summer camps to teach military skills to students from Chinese University.
9 Galitskii, Tszian, 22, 80– 81.
10 Jiang, Wo zai Sulian, 38– 44.
11 These letters are wonderful glimpses of Chinese life in unmediated contact with the Soviet Union. Hundreds of pages of handwritten Chinese originals are in RGASPI f. 514, op. 1, d. 601, 602, 603, 604 and 973, 974.
12 Galitskii, Tszian, 80– 87.
13 Jiang, Wo zai Sulian, 46– 48; Cline, Chiang, 170– 174.
14 Cline, Chiang, 170– 174; Galitskii, Tszian, 93– 94, citing RTsKhIDNI (RGASPI), f. 495, op. 225, d. 932, ll. 30, 117.
15 Hellbeck, Revolution. Kotkin, Magnetic Mountain. Lahusen, How Life.
16 Jiang, Wo zai Sulian, 49– 52.
17 Cline, Chiang, 174– 177; Galitskii, Tszian, 228.
18 Galitskii, Tszian, 119.
19 Cline, Chiang, 182.
20 Galitskii, Tszian, 139, 142.
21 Jiang, Wo zai Sulian, 66.
22 Cline, Chiang, 186– 187.

第10章

1 Kishkina, Iz Rossii, 86
2 Kishkina, Iz Rossii, 85.

第8章

1 Sheng, Sun, 118– 120.
2 Zhelokhovtsev, "Mayakovsky's Poetry in China," 165; L. E. Cherkasskii, Maiakovskii v Kitae, 62– 74; Tyerman, "Soviet Images," 9– 10, 60– 61, 108– 114, 326– 354. This play was re- performed in the early 1950s and was subject to much criticism from the Chinese themselves, including Emi.
3 Trampedach, "Chiang Kaishek, 1926/ 27," 131.
4 Classic Trotskyist interpretation: Isaacs, Tragedy; Trotsky, Trotsky on China, esp. 149– 198; Stalin: Pantsov, Bolsheviks, 152– 153; Borodin: Jacobs, Borodin, 286.
5 Liu, Revolution Plus, Ch. 1; Smith, Road, 126; Wang, Memoirs, 29– 32; Pan, When True Love Came, 254– 275, suggests that after 1927, revolution replaced love as a focus for young Chinese radicals and that Russia became associated with loveless sex.
6 Communists after 1927: Stranahan, Underground; Wakeman, Policing Shanghai, particularly Ch. 9, "Reds." Tyerman, "Soviet Images," 355– 413 is an extended discussion of the "bio- interview."
7 Wang, Memoirs, 42.
8 Sheng, Sun, 48; Wang, Memoirs, 44. Similar reaction to Spanish exiles after Republican defeat: Young, "To Russia with Spain."
9 RGASPI, f. 532, op. 1, d. 35, ll. 117– 118.
10 Elleman, Moscow and Nanchang, 122– 138.
11 Li, "Ch'u," 270– 273. On Guangdong: Tsin, Canton.
12 Deutscher, Prophet Unarmed, 286– 288.
13 Pantsov, Bolsheviks, 123.
14 Pantsov, Bolsheviks, 183– 184. No arrests: Wang, Memoirs, 62– 67.
15 Pantsov, Bolsheviks, 189– 208. Zheng, Oppositionist, xv– xvi. Chen describes their fate vividly in her memoir. HA, Peng Papers, Box 3.
16 Zhang, Rise, vol. 2, 68; Wang, Memoirs, 116– 117.
17 Du and Wang, Hongse houdai, 15– 16: the memoir of Qu Duyi, who was six at the time.
18 Smith, "Moscow," 222– 227; Eiermann, "Chinese Comintern Delegates"; Eiermann, "Chinesische Komintern-Delegierte." Tensions among translators: RGAPSI f. 530, op. 4, d. 5, passim.
19 Harrison, Long March, 156. These numbers of delegates come from 1950s Communist Party histories; no list is included in relatively recently published document collections such as Go and Titarenko, VKPb, Komintern i Kitai or Saich, Maring.
20 Sheng, Sun, 184– 187.
21 Sheng, Sun, 185.
22 Steve Smith, "Moscow," 238. Based on a careful examination of the evidence, Smith concludes: "The brute fact was that a national revolution based on workers and peasants, capable of proceeding in a socialist direction, could not have succeeded in 1927 because objective conditions were overwhelmingly unfavorable."
23 Zhang, Rise, vol. 2, 75– 76.
24 Zhang, Rise, vol. 2, 78; Sheng, Sun, 187– 197.
25 The other Politburo members were Xiang Zhongfa, Li Lisan, Zhou Enlai, Cai Hesen, Zhang Guotao, and Xiang Ying. Harrison, Long March, 165– 157. Of the twenty- odd Central Committee members elected, 11 had already or subsequently would study in the Soviet Union. Bartke, Biographical Dictionary, 364– 365; Zhang, Rise, vol. 2, 83– 84.
26 Zhang, Rise, vol. 2, 114– 115.
27 Zhang, Rise, vol. 2, 114– 115.
28 Zhang, Rise, vol. 2, 116.
29 Brown, "Russification of Wang," 5– 6, quoting Feng Yuxiang. On rector in 1925: see Ch. 4 of this book.
30 Brown, "Russification of Wang," 14– 32. Wang Ming left no detailed firsthand account of his early years in Moscow; even a recently published memoir contains little about his Soviet 1920s and 1930s. Wang, Huiyilu; Zhang, Rise, vol. 2, 77.
31 Sheng, Sun, 205– 228.
32 Smith, Revolution, 58– 66.
33 Heated debates about zemliachestvo in 1928: RGASPI, f. 530, op. 4, d. 5, passim; Mif as instigator, l. 213; Chinese restaurants, l. 26; see also Yu, "Sun," 203– 205.
34 Wang, Er shi jiu; Sheng, Sun, 205– 261.
35 Zhang, Rise, vol. 2, 87– 91.
36 Zhang, Rise, vol. 2, 94– 96.
37 Zhang, Rise, vol. 2, 95; Sheng, Sun, 218– 219.
38 Zhang, Rise, vol. 2, 95.
39 Sheng, Sun, 178.
40 Ma, Lu Su, 124– 125.
41 Pantsov, Bolsheviks, 204– 206.

13 Xiao, Shi wenji, vol. 2, 197. Gao Tao, Xiao, 235– 238; RGALI, f. 1495, op. 1, d. 101, l. 2.
14 RGALI, f. 1495, op. 1, d. 101, l. 2.
15 RGALI, f. 1495, op. 1, d. 131, l. 3– 8. Xiao, Shi wenji, vol. 2, 197.
16 Xiao, Izbrannoe, 11– 14; Xiao, Shi wenji, 18– 21.
17 Siao, Shi ji, 13.
18 Wang, Xiao, 248, Gao Tao, Xiao, 1, 8– 10, 240.
19 Martin, Affirmative Action Empire, 185– 200.
20 De Francis, Nationalism and Language, 92– 97. Chinese language reform is, of course, a major issue of scholarly research in its own right: Zhou, Language Policy; Emi: RGASPI f. 514, op. 1, d. 666, l. 13– 32ob.
21 RGASPI, f. 495, op. 225, d. 96, l. 40– 43.
22 Among the writers Emi wrote to invite was Cao Jinghua, with whom he had attended Eastern University in the early 1920s and who was at the time teaching and translating in Leningrad, but Cao could not attend. He was, according to Emi, in the process of disguising his entire family as ordinary "overseas Chinese" to return to China and could not publicly represent "left- wing" writers. Xiao, Shi wenji, vol. 2, 198.
23 "Stenograficheskii otchet," 365– 366.
24 Wang, Xiao, 272– 278.
25 Hu, "In a German Women's Prison," 74– 75; Kisch, Egon.
26 RGALI, f. 631, op. 1, d. 836, l. 1– 23. Quote: p. 6.
27 Siao, Shi ji, 5.
28 Siao, Shi ji, 7– 8. It seems likely that this collective farm was one of the model sites described by David- Fox, Showcasing, 106– 122.
29 Siao, Shi ji, 22– 23.
30 Siao, Shi ji, 14.
31 Siao, Shi ji, 17– 18.
32 Xiao, Izbrannoe, 105– 109.
33 RGALI, f. 1495, op. 1, d. 101, l. 4.
34 RGALI, f. 631, op. 15, d. 199, l. 47– 56. Quote: 48– 49.
35 RGALI, f. 631, op. 15, d. 199, l. 55– 56.
36. Fitzpatrick, Cultural Front, 196– 205; Clark, Fourth Rome, 211– 212.
37 Clark, Fourth Rome, 242– 251.
38 Siao, Shi ji, 21, 26– 28.
39 Siao, Shi ji, photo section, 14, 31.
40 Pirozhkova, Vospominaniia, 289.
41 Siao, Shi ji, 48.
42 Siao, Shi ji, 24.
43 Siao, Shi ji, 41; Gao, Xiao, 300– 305.
44 Siao, Shi ji, 46– 54.
45 Xiao, Shi wenji, vol. 2, 200– 201.
46 RGASPI f. 514, op. 1, d. 1040, ll. 4– 7.
47 RGASPI f. 514, op. 1, d. 1040, ll. 72– 74.
48 Chang and Halliday, Mao, 208, 217.
49 RGASPI, f. 495, op. 225, d. 96, l. 57.
50 RGASPI, f. 495, op. 225, d. 96, l. 50– 51.
51 RGASPI, f. 495, op. 225, d. 96, ll. 57– 58, 40– 43; English language version of Mao biography: Siao, Mao.
52 Siao, Shi ji, 56.
53 Siao, Shi ji, 54– 58. Advocating for release: Interview by author, Xiao Weijia, Beijing, August 2005; Proceeds and activities: RGASPI, f. 495, op. 225, d. 96, l. 59, 62; RGALI f. 1495, op. 1, d. 131, l. 13.
54 Wang, Xiao, 348– 350.

第 12 章

1 Since it is awkward in English to call her "He," she is referred to here as Zizhen.
2 Chang and Halliday, Mao, 22– 25, 81– 87.
3 Wang, He Zizhen; Chang and Halliday, Mao, 58– 59.
4 Cheng, He, 20, 50; Ip, "Fashioning Appearances," 344.
5 Wang, He Zizhen, 17; Cheng, He, 74– 82.
6 Averill, Jinggangshan, 77– 78, 180, 188. Averill cites the local historian Liu Xiaonong, who wrote "Mao Zedong dierci hunyin neiqing" as well as a historical novel called Jinggang yanyi. Chang and Halliday, Mao, 58.
7 The first child was a daughter who was lost and apparently died; the second was a son who was left behind with her sister, who was married to Mao's little brother Zetan. A third child had died a few months after birth. Chang and Halliday,

3 Kishkina, Iz Rossii, 11, 13– 14, 20– 21, 31.
4 Kishkina, Iz Rossii, 21– 22.
5 Kishkina, Iz Rossii, 13, 18, 25.
6 Kishkina, Iz Rossii, 34, 36– 38, 43, 47– 48.
7 Kishkina, Iz Rossii, 11, 49– 53, 59.
8 Kishkina, Iz Rossii, 62– 63, 66– 68.
9 Kishkina, Iz Rossii, 73– 75, 89.
10 Kishkina, Iz Rossii, 80, 89– 90.
11 Kishkina, Iz Rossii, 86.
12 Kishkina, Iz Rossii, 77– 79.
13 Kishkina, Iz Rossii, 88– 93. Multigenerational Sinologists in Vladivostok: Kriukov, 29 Ulitsa Mol'era.
14 Kishkina, Iz Rossii, 97.
15 Kishkina, Iz Rossii, 95. Interviews and conversations by author with Liza, family and friends, Beijing, Fall 2004.
16 Kishkina, Iz Rossii, 97– 98.
17 Kishkina, Iz Rossii, 98– 99.
18 Photo: Spence, Search, photo after p. 327.
19 Kishkina, Iz Rossii, 99.
20 Kishkina, Iz Rossii, 101– 102.
21 Kishkina, Iz Rossii, 101– 103.
22 Kishkina, Iz Rossii, 103– 104.
23 Kishkina, Iz Rossii, 106– 112.
24 Kishkina, Iz Rossii, 113.
25 Kishkina, Iz Rossii, 113– 114.
26 Kishkina, Iz Rossii, 117– 118, 120.
27 Kishkina, Iz Rossii, 117, 120.
28 "Save the Homeland" was Jiu guo shi bao, published in New York, 1938.
29 Wang, Kua guo zhi lian, 91.
30 Him, Chinese American, 65, 84 and 85.
31 Wang, Kua guo zhi lian, 53– 76.
32 Lescot, Before Mao, 165– 167. First published in French in 1999 as L'Empire Rouge: Moscow- Pekin, 1919– 1989, the book came out in English in 2004 under two separate titles, The Red Empires: A Tale of Love Divided and Before Mao.
33 RGASPI, f. 514, op. 1, d. 973, ll. 6– 7.
34 RGASPI, f. 514, op. 1, d. 973, ll. 42– 43.
35 RGASPI, f. 514, op. l. 41.
36 RGASPI, f. 514, op. ll. 41– 43.
37 RGASPI, f. 514, op. l. 40.
38 Kishkina, Iz Rossii, 140.
39 Kishkina, Iz Rossii, 147.
40 Kishkina, Iz Rossii, 149, 152.
41 Kishkina, Iz Rossii, 186– 216.
42 Kishkina, Iz Rossii, 225– 228.

第11章

1 Khikmet, Izbrannoe, 275– 288, Russian translation. English: Hikmet, Poems, 6– 7. Hikmet blurred Chinese demonstrations in Paris during the May 30 Movement in 1925 and events in China in 1927. As Hikmet well knew, Emi left France in 1921.
2 Meisner, Mao, 40– 41; Terrill, Mao, 100; Chang and Halliday, Mao, 34– 35; Wang, Xiao, 200– 226; Smith, Road, 172– 173.
3 Wang, Xiao, 230; Siao, Shi ji, 22. Photo: Gao, Xiao, 303.
4 Siao, Shi ji, 21; Wang, Xiao, 231; Kishkina, Iz Rossii, 290: "Lively, energetic, he attracted female attention."
5 RGASPI, f. 495, op. 225, d. 96, l. 30. This is the lichnoe delo for Emi Siao which appeared to be organized in chronological order, backward. All subsequent references to page numbers in this file are counting from the back.
6 Wang, Xiao, 229– 231.
7 RGASPI, f. 495, op. 225, d. 96, l. 30; Wang, Xiao, 234– 236; Siao, Shi ji, 21.
8 RGASPI, f. 495, op. 255, d. 96, ll. 22– 29; Wang, Xiao, 237.
9 RGASPI, f. 495, op. 255, d. 96, l. 30.
10 Wang, Xiao, 239– 240; RGASPI, f. 495, op. 255, d. 96, ll. 30, 33– 34.
11 Xiao, Shi wenji, 195– 197; Wang, Xiao, 244– 247.
12 Reznik, "Romm's Unpublished," 2– 10. Drucker, "Formalism's Other," 750. Tsareva, "Romm."

50 Lin, "Wangshi"; RGASPI f. 495, op. 30, d. 1206, ll. 1– 25, 1– 5 for Zhou's letter.
51 Failure to improve health: RGASPI f. 495, op. 30, d. 1206, ll. 1- 5; Closure of school and dispersal of students: GARF f. 8265, op. 4, d. 70, ll. 1– 61; d. 76, l. 16.

第 13 章

1 Jian, "Bol' i schast'e," 4.
2 Ball, Abandoned Children. 176– 178, 183– 184.
3 Tuya/ Qu Duyi, interview by author, Beijing, August 2004; Qu, "Nan yi minmie de jiyi," 15– 16.
4 Tuya/ Qu Duyi, interview by author. Vaskino as a summer house for Eastern University: RGAPSI, f. 532, op. 1, d. 26. Vaskino as a home for eighty foreign children: GARF f. 8265, op. 1, d. 672, ll. 1, 11.
5 Xiao, Shi xuan, 34– 36.
6 Interview by author, Zhao Shige, Beijing, September 2004.
7 Kishkina, Iz Rossii, 111– 112.
8 Vova Neverov/ Shen Linru, interview by author, Beijing, Fall 2004.
9 Kishkina, Iz Rossii, 93; RGASPI f. 495, op. 225, d. 1144, l. 3.
10 I have completed the research for a history of this home, tentatively titled Communist Neverland: History of a Russian International Children's Home. 1933– 2013.
11 Some of these children are listed clearly in the school's record books, others (Dennis, Pak, Bierut) I have interviewed, others are simply well- known in the oral history of the school or are listed in memoirs, e.g., Sin- Lin, Shattered Families. 86– 87.
12 These statistics come from my own database, compiled from the Interdom's record books of students and their arrivals and departures, "Osnovnaia Kniga," and "Kniga Ucheta."
13 "Broshiura Fritsa Beisa o detskom dome MOPRa v g. Ivanovo, Stat'ia p polozhenii detei politzakliuchennykh 1922–1936" in RGASPI f. 539, o. 5, d. 35, ll. 82– 115; Internatsional'nyi Maiak, e.g., no. 17– 18, June 1932, p. 13, and no. 31, November 1932, pp. 10– 11; Postcards: Sofia Ivanovna Kuznetsova, interview by author, Ivanovo, Fall 2005.
14 GARF, f. 8265, op. 1, d. 55.
15 Zhao Shige, interviews by author, fall 2004. Photo albums and loose photos in Interdom archive depict the bears and toys.
16 Group memoir of Chinese Interdom students is a rich source on life in the home: Du and Wang, Hongse houdai.
17 Jian, "Bol' i schast'e," 6.
18 Jian, "Bol' i schast'e," 7.
19 Jian, "Bol' i schast'e," 9.
20 Tuya, interview by author. Yang: RGASPI, f. 495, op. 205, d. 554, l. 4ob.
21 RGASPI, f. 17, op. 130, d. 10, ll. 10, 49; d. 16, ll. 38– 42.
22 RGASPI f. 532, op. 1, d. 403, l. 3.
23 RGASPI, f. 495, op. 225, d. 2799, l. 7. MOPR may have funded a children's home in Shanghai in 1930: RGASPI, f. 539, op. 3, d. 21.
24 Du and Wang, "Bu kui Mao," 63– 66; Chang and Halliday, Mao, 177– 178, 190– 191.
25 RGASPI, f. 532, op. 1, d. 403, ll. 63– 64.
26 RGASPI, f. 532, op. l, l. 64.
27 RGASPI, f. 532, op. 1, d. 403.
28 RGASPI, f. 532, op. 1, ll. 63– 65; interview by author, Tuya; in Interdom records Karl was listed in the "Uchetnaia kniga," entry number 499, "Strakhov Karl (Tsiu- Tsiu Karl). Strakhov had been Qu's Russian pseudonym, though Qu had kept his Chinese name in Russian, Tsiu Tsiubo. Tuya was not the only young woman from the youth sector to have a child there; Su Zhaozheng's daughter "Liva" gave birth at age nineteen. RGASPI f. 495, op. 225, d. 2800, l. 6.
29 GARF f. 8265, op. 1, d. 100, ll. 102– 132.
30 Zhao Shige, interview by author; GARF f. 8265, op. 4, d. 70, l. 49 refers to "Dom otdykha TsK MOPR SSSR v Monino Byv. Vtoroi IDD" and is dated November 26, 1939, indicating that by then Monino was no longer functioning as a children's home. At the same time, this document is one of several sending Chinese adults and children to Monino.
31 Qualls, "Niños to Soviets?"
32 Shi, Zai lishi, 99. Lists: GARF f. 8265, op. 4, d. 70, ll. 5, 9, 15, 16, 18.
33 GARF f. 8265, op. 4, d. 60, ll. 121, 136.
34 GARF f. 8265, op. 4, d. 70, ll. 47 and 48 are lists of children who arrived in Moscow on November 16 and November 23.
35 Liu, "Zai shenghuo," 132– 138.
36 Du and Wang, "Xin Zhongguo," 343– 345; Chen Xiaoda, "Bu gai," Hongse houdai, 449– 453.
37 Jian, "Bol' i schast'e," 11.
38 Content of "Monument": Turner, Translations, 24.
39 Liu, "Zai shenghuo," 139– 140.

Mao, 59 and 111, 124– 125.
8 Gilmartin, Engendering, 215– 216; Praeger Young, Choosing Revolution; Shu, Long March, 132– 155.
9 Chang and Halliday, Mao, 148– 151.
10 Li, Moi otets, 1.
11 Li, Moi otets, 3– 7.
12 Niu, Ya'nan to the World.
13 Price, Agnes Smedley, 303– 309.
14 Wang, Xiao, 290, 295– 299, 306– 311.
15 RGALI f. 631, op. 15, d. 510, l. 9– 9a.
16 Siao, Shi ji, 66– 67.
17 Xiao, "Wang Shi," 528.
18 Wang, Xiao, 313.
19 Wang, Xiao, 278, 313– 317. Emi also spoke at the Yan'an forum but apparently did not deliver his talk very well.
20 Siao, Shi ji, 67– 93.
21 Emi's relationship with the Chinese woman: Jiang, "Ganlou yu Xiao," 42– 45.
22 Price, Agnes Smedley, 315– 320; Chang and Halliday, Mao, 195; Snow, "Mao's Love Affair," cited in Price, 310
23 RGASPI, f. 495, op. 225, d. 420, ll. 5– 6 on her arrival with a group of sick party members and a brief note admitting her to the Kremlin's Polyklinik no. 1 on January 20, 1938. In the Russian archives she appears under the pseudonym "Ven Iun."
24 RGASPI, f. 495, op. 225, d. 420, l. 4. Zizhen's roddom was called Sechenov.
25 Li, Moi Otets, 12– 14.
26 Lee, Manchuria; Levine, Anvil of Victory.
27 RGASPI f. 532, op. 1, d. 402, ll. 52– 56. Sukharchuk, "Uchennyi- Internatsionalist."
28 Byron and Pack, Kang Sheng, 112– 114, 117– 118, 122– 123; Yu, "Sun," 291– 297; Mayer, The Furies.
29 Byron and Pack, 112– 114, 122– 123; RGASPI f. 532, op. 2, d. 107, passim.
30 RGASPI f. 532, op. 2, d. 107, ll. 7– 16. If the Chinese students were not taken to see the performance, it might also have been because it was considered too elite— Mei inspired long theoretical responses from cultural giants including Eisenstein, and Brecht, as well as Sergei Tretiakov; Clark, Fourth Rome, 192– 209.
31 Kraevskii's lectures: RGASPI f. 532, op. 1, d. 171, ll. 1– 73. Quote: ll. 15– 19.
32 RGASPI f. 532, op. 1, d. 402, 139– 143a. Battle of Madrid November 1936 especially influential among international socialists, including Mao: Tanner, Battle for Manchuria, 8– 9. One Chinese woman at the school named her baby daughter Dora after Dolores Ibarruri. Similar enthusiasm on the part of Soviet citizens: Kirschenbaum, "Dolores Ibarruri"; Soviet citizens naming children Dolores, Young, "To Russia with Spain," 404.
33 RGASPI f. 532, op. 1, d. 402, ll. 35– 36, 39– 40.
34 RGASPI f. 495, op. 18, d. 1073, ll. 191– 192. My thanks to Shen Zhihua for providing me with a copy of this document. RGASPI f. 532, op. 1, d. 402, ll. 119– 123.
35 RGASPI f. 532, op. 1, d. 404, ll. 69– 70. Weapons, location: 66– 68.
36 RGASPI f. 532, op. 1, d. 405, l. 23.
37 RGASPI f. 532, op. 1, d. 40, ll. 23– 23ob.
38 RGASPI f. 532, op. 1, d. 405, ll. 23– 24. Reports on individual students note their relationships with women (including Eastern University employee Mariia Kirsanova) or nights away from school. One Van Khuan (born 1908, a partisan in 1933– 34) was said to have met a girl named Lena Gavrilova, who got pregnant by him. RGASPI f. 532, op. 1, d. 405, 50– 60.
39 RGASPI f. 532, op. 1, d. 405, 26– 26ob.
40 RGASPI f. 532, op. 1, d. 404, ll. 58– 60. Kang Sheng's action, p. 60.
41 RGASPI f. 532, op. 1, d. 403, ll. 59– 67 is the entire report; Q & A: 62– 63.
42 RGASPI f. 532, op. 1, d. 404, ll. 58.
43 Fitzpatrick describes the ongoing controversies in Soviet society more generally over abandoned wives in the 1930s in Everyday Stalinism, 143– 147.
44 RGASPI, f. 514, op. 1, d. 973, ll. 48– 51.
45 "Yi Su Keqin," 30– 51. The story was corroborated in interviews by the author with her daughters' friends in Beijing in 2004. Similar observations regarding Spanish exiles during these years, including difficulties in defining "appropriate" romance and "good" women: Kirschenbaum, "Dolores Ibarruri," 574– 575, 581– 583, 586– 587.
46 For a popular, contemporary version of this story [in Chinese] see http:// sq.k12.com.cn/ discuz/ thread- 343378- 1- 1.html.
47 Sin Lin, Shattered Families, 345; Postoiannaia, Butovskii Poligon. Sakharov Center database includes over sixty Chinese sentenced to death, including numerous people who are listed as working in laundries, and about a half dozen students from the Eastern University, Colonial Research Institute, or the Moscow Lenin School.
48 The Mao brothers remembered that she studied at Eastern University even before she gave birth.
49 Lin, "Wangshi," 95; Shi, Zai Lishi, 132.

25 Shen, "1950 nian."
26 Radchenko and Wolff, "To the Summit," 105.
27 Radchenko and Wolff, "To the Summit," 106– 109, 111; Chang and Halliday, Mao, 338– 339, 350– 351.
28 Chang and Halliday, Mao, 350.
29 Chang and Halliday, Mao, 351– 353.
30 Zubok, " 'To Hell with Yalta!' " 25; Chang and Halliday, Mao, 351– 353.
31 Zubok, " 'To Hell with Yalta!' " 24– 27; Westad, "Fighting for Friendship," 224– 226.
32 Wolff and Radchenko, "To the Summit," 111; Chang and Halliday, Mao, 352– 355.
33 Honeymoon: Shen and Xia, "Hidden Currents during the Honeymoon." Earlier useage: Luthi, Sino- Soviet Split, 38, quotes John Gittings's use of the term "honeymoon," in his Survey of the Sino- Soviet Dispute, 19. Marriage: Dittmer, Sino- Soviet Normalization, 167.
34 Experts: Jersild, Sino- Soviet Alliance; Shen, Sulian zhuanjia; Kaple, "Soviet Advisors."
35 Jersild, Sino- Soviet Alliance, 31, 39– 42, 45– 46.
36 Li, Mao and the Economic; Kaple, "Agents of Change."
37 http:// www.china- underground.com/ magazine/ cool- sino- soviet- propaganda- images. Accessed July 5, 2015. Other images show two men, one Chinese and one Russian, holding in hands in various poses, sometimes standing very close with arms around shoulders, with hands intertwined, or embracing.

第 15 章

1 Wang, Ban sheng, 60.
2 Wang, Ban sheng, 60; Gladkov, Cement.
3 Tanner, Battle for Manchuria, 44– 47.
4 Yick, Urban Revolution, 6, 66– 68.
5 Wang, Ban sheng, 40– 41.
6 Wang, Ban sheng, 58.
7 Wang, Ban sheng, 39– 40.
8 Wang, Ban sheng, 42, 54. Role of charismatic students in general: Yick, Making Urban Revolution, 40– 45.
9 Wang, Ban sheng, 54, 58, 60; Curiously, both "I am the son of the working people" and "Rainbow" had been translated into Chinese by Qu Qiubai's old friend, Cao Jinghua. Chen, Zhong E, 327, 340– 341; Robert Busch, "Gladkov's Cement."
10 Wang, Ban sheng, 61.
11 Arrests of student communists in Beijing in the fall of 1947: Yick, 112– 113.
12 Wang, Ban sheng, 63.
13 Wang, Ban sheng, 65.
14 Wang, Ban sheng, 75– 81, 86– 91.
15 Wang, Ban sheng, 107.
16 Volland, "Translating," 66. Volland argues that translations from foreign literature were somewhat protected from the new regime's determination to achieve linguistic conformity in literature. Volland, "Linguistic Enclave"; Chen, Zhong E, 159.
17 He, "Coming of Age," 406; Yu, "Pavel Korchagin."
18 Tyerman, "Soviet Images," 93– 94; Clark, Soviet Novel.
19 He, "Coming of Age," 403– 404, quoting Wang Meng, Season of Love, 9.
20 He, "Coming of Age," 403, quoting Chinese writer Liu Xinwu.
21 Chen, "Film and Gender," 423, 425, 428– 430.
22 Chen, "Film and Gender," 430– 431, 438– 439.
23 Wang, Ban sheng, 90.
24 Wang, Ban sheng. Zoya was a household name in China because a Soviet children's book about her had been released in translation in 1952 with a print run of 1.3 million copies, additional versions for young children, and a side- by- side Chinese/ Russian version for language students. Volland, "Translating," 63.
25 Wang, Ban sheng, 90.
26 Wang, Ban sheng, 108. Pushkin translation from Russian original, mine.
27 Wang, Ban sheng, 108, 117. Tolstoy, Anna Karenina, 26– 29.
28 Wang, Ban sheng, 110– 112.
29 Melvin and Cai, Rhapsody in Red, 165; Jones, Yellow Music; Yu, "Cong gao."
30 Yu "Cong gao"; Wang, Ban sheng, 89.
31 Wang, Ban sheng, 120– 126.
32 Wagner, Chinese Prose, 194– 195. Later a Chinese theater group attempted a stage version of the story. Jersild, Sino-Soviet Alliance, 152.
33 Wang, The Butterfly, 189– 190.
34 Wang, The Butterfly, 210, 213– 214.

40 Din- Savva, Iz Moskvy, 24– 25; Li, Moi Otets, 17– 18.
41 Hong Yingtao (Red Cherry) was made in 1995 about the Interdom during the war. It is available with English subtitles in some US libraries.
42 Du and Wang, "Shuai men," 205– 211.
43 GARF, f. 8265, op. 4, d. 139, ll. 1– 24.
44 RGASPI, f. 495, op. 73, d. 180, ll. 18, 20– 24. GARF f. 8265, op. 1, d. 221, 172– 173, 197– 199; op. 4, d. 104, ll. 11– 24. Many stories of wartime experiences in Du and Wang, Hongse houdai, e.g., 99– 102.
45 Fritz Shtraube, interviews by author, Berlin, August 2005 and July 2008. Similar relief among some Spanish child refugees: Qualls, "From Niños to Soviets?", 290– 291.
46 Shtraube, interviews by author; letter from Fernanda Lacerda to me, July 29, 2008.
47 Shtraube, interviews by author; RGASPI, f. 495, op. 73, d. 180, ll. 19– 20.
48 Usov, "Kitaiskie vospitanniki," 109. Usov takes the letters from a collection of Mao's writings. On the Interdom's attempts to procure Chinese language materials, see GARF f. 8265, op. 1, d. 277, l. 17; interview by author, Monia Kibalchik, Beijing, October 2004.
49 RGASPI f. 495, op. 73, d. 180, ll. 14– 15; f. 495, op. 225, d. 2799, l. 23.
50 The original letters are in the local Ivanovo archive, Ivanovo Gosudarvennyi Arkhiv, f. r- 25, op.1, d. 9.
51 Letter from Serezha to Fritz, 1943, in Fritz's personal archive. Serezha thanks Fritz "with all his heart for the open, honest, comradely criticism" Fritz has given him.
52 Zhao Shige, "Shuo shuo wo de xiao huo ban he wo ziji," 308– 309.
53 Yura, interview by author.
54 Yura, interview by author.
55 Yura, interview by author.
56 Zhao Shige, interview by author.
57 Du and Wang, Hongse houdai, 55– 56, 101– 103.
58 Usov, "O Zhizni," 106– 107.
59 Du and Wang, Hongse houdai, 102, 346– 352.

第14章

1 Liu, "Zai shenghuo," 142. Aiqin remembered that when her father saw her dresses he "shook his head with dissatisfaction."
2 Chen, Mao's China and the Cold War, 44– 46; Chen, "The Sino- Soviet Alliance," 11– 17; Radchenko and Wolff, "To the Summit," 110– 111.
3 Study or work: Liu Shaoqi, Zhu De, Ren Bishi, Chen Yun, Kang Sheng, Dong Biwu, Lin Boqu, Zhang Wentian, and Deng Xiaoping. Children or adopted children: Liu, Zhu, Lin, Zhang, plus Mao Zedong, Zhou Enlai, and Gao Gang. No affiliation: Peng Zhen, Peng Dehuai. Information compiled from Bartke, Biographical Dictionary, and Du and Wang, Hongse houdai.
4 Liu, "Zai shenghuo," 142– 143.
5 Liu, "Zai shenghuo," 142– 143.
6 Interview by author, Liu Aiqin, Beijing, fall 2004; Liu, "Zai shenghuo," 141– 142.
7 Siao, Shi ji, photo section.
8 Siao, Shi ji, 102– 103.
9 Siao, Shi ji, 102– 103; Siao, China, 206– 207.
10 Siao, Shiji, 101– 103; Siao, China, 204.
11 Siao, Shiji, 107– 108.
12 Siao, Shiji, 108– 111.
13 Hess, "Big Brother," 161; Yu, "Learning," 105– 106.
14 Hess, "Big Brother," 178.
15 Hess, "Big Brother," 112; Pringsheim, "Sino- Soviet Friendship" 151– 164. On construction of Soviet- style buildings to house Friendship Societies in numerous cities, as well as later construction of Beijing's Soviet Exhibition Center, see Li, "Building Friendship."
16 Siao, Shiji, 112; Xiao, "Sulian de wenhua."
17 Siao, Shiji, 114.
18 Pringsheim, "Friendship Association," 33.
19 Pringsheim, "Friendship Association," 37.
20 "Su wenhua daibiao"; Pringsheim, "Friendship Association," 41.
21 "Zong Su," Yu, "Learning," 102; Siao, Shiji, 122– 124.
22 Wolff and Radchenko, "To the Summit," 111.
23 Comprehensive description of Mao- Stalin talks in English: Heinzig, Soviet Union, 263– 384.
24 "Record of Conversation." Tone: Westad, "Unwrapping."

6 Kishkina, Iz Rossii, 255– 262, 329.
7 Kishkina, Iz Rossii, 274– 276.
8 Kishkina, Iz Rossii, 277– 280.
9 Kishkina, Iz Rossii, 281, 285–286.
10 "Cable, Kovalev to Stalin, 17 May 1949," APRF f. 45, op. 1, d. 331, ll. 50– 55, trans. Sergey Radchenko, republished in Cold War International History Project Bulletin 16 (Fall 2007/ Winter 2008), 161– 164.
11 Kishkina, Iz Rossii, 288, 295– 296, 312.
12 Kishkina, Iz Rossii, 292– 293, 332– 333.
13 Kishkina, Iz Rossii, 314– 315.
14 Kishkina, Iz Rossii, 313, 317, 324, 330– 331, 333.
15 Kishkina, Iz Rossii, 317– 318, 334.
16 Kishkina, Iz Rossii, 315, 318– 322.
17 Kishkina, Iz Rossii, 336.
18 Kishkina, Iz Rossii, 326– 328, 334– 335
19 Kishkina, Iz Rossii, 321.
20 Kishkina, Iz Rossii, 338. Babaevskii, Cavalier; Weiner, Making Sense of War, 50– 52. Babaevskii was criticized by Soviet "Village Prose" writers of the 1950s who rejected idealized versions of collective farms. Kozlov, Readers. 49.
21 Kishkina, Iz Rossii, 300, 309– 311.
22 Kishkina, Iz Rossii, 92, 197, 285, 338.
23 Kishkina, Iz Rossii, 339– 340.
24 Kishkina, Iz Rossii.
25 Li [Liza Kishkina], Wo de Zhongguo, 230.
26 Jersild, Sino- Soviet Alliance, 15.
27 Pringsheim, "Friendship Association," 57; Fu, Zhongguo waiyu, 71.
28 Kishkina, Iz Rossii, 383.
29 Kishkina, Iz Rossii, 386; Kaple, "Soviet Advisors," 129.
30 Expert attitudes and behavior: Jersild, Sino- Soviet Alliance, 23, 44.
31 Kishkina, Iz Rossii, 398.
32 Siao, Heping; Siao, China 224, 229, 236; Siao, China: Photographien. 17; Siao, Zhongguo, 132– 133; Siao, Shi ji, 123– 131.
33 Siao, Shi ji, 131– 138.
34 Siao, Shi ji, 138– 144.
35 Siao, Shi ji, 149– 150. Siao and Alley, Peking Opera. Alley, like many "friends of China," was a somewhat controversial person. Brady, Friend of China.
36 Siao, Shi ji, 151– 153.
37 Siao, China. 265– 266.
38 Siao, China: Photographien. 130.
39 Siao, China, 267; Siao and Uhse, Peking.
40 Siao, Shi ji, 155– 158.
41 Siao, Shi ji, 158– 159.
42 Turkevich, "Second Congress," 31– 34.
43 RGALI, f. 631, op. 15, d. 199, ll. 55– 56.
44 Sincerity: Kozlov, Readers, Ch. 2; Jones, "Breaking the Silence"; Siao, Shi ji, 158– 159.
45 Garrard, Inside, 70. Beginning in 1953 Ambassador Zhang Wentian did write good reports of changing Soviet attitudes toward Stalin, but the Chinese leadership in Beijing paid little attention until Khrushchev's Secret Speech. Luthi, Sino-Soviet Split, 46– 50.
46 Siao, Shi ji, 160– 161.

第 18 章

1 Kishkina, Iz Rossii, 387.
2 Dates: Interdom, Prikazy, 1949- 1953, pp. 96– 97; WJBDAG, 109- 0050- 02 (1), p. 10.
3 WJBDAG 109- 0050- 02 (1), 4– 12.
4 Din- Savva, Iz Moskvy, 39– 40.
5 Din- Savva, Iz Moskvy, 43. Sea cucumber: Interview by author, Dora Liuxia, Summer 2004,
6 Xue, Bai fa, 96– 97; Din Savve, Iz Moskvy, 44– 46.
7 Mao Anqing's personal file at RGASPI states that he arrived for his first stay in January of 1952. He came and went throughout the 1950s, finally departing Russia for good in 1959. RGASPI f. 495, op. 225, d. 2799, ll. 30– 37.
8 Zhenya Chuwen, interview by author, Beijing, Fall 2004.
9 Dora Liu Xia, interview by author, Beijing, Summer 2004.

35 Wang, The Butterfly, 216, 236– 238. Wagner, Chinese Prose.
36 Wagner, Chinese Prose, 203.
37 Zha, "Servant."
38 Wang, Ban sheng, 126.

第 16 章

1 Cheng, Zhang, 589.
2 Zhu, Xiwang (jixu), 417, 421, 426.
3 Cheng, Zhang, 105.
4 Wang and Dong, Tebie jingli, 123– 124.
5 Li, Zhonghua, vol. 1, 220. This is a two- volume collection of official documents regarding Chinese students abroad after 1949. Zhu, Xiwang (jixu), 441; RGANI, f. 535, op. 1, d. 58, l. 9; RGASPI, f. m1, op. 46, d. 248, l. 11.
6 Zhu, Xiwang (jixu), 441. In seeking Soviet technical, not political expertise, the Chinese were typical of postwar foreign students from developing countries. Engerman, "Second World's," 205– 207.
7 Li, Zhonghua, contains numerous documents on student selection, e.g. pp. 98, 11– 112, 118– 119.
8 Redlining: Li, Zhonghua, 148; Liu: Liu Shaoqi to Li Fuchun, September 18, 1952. I received a copy of this document from the Ministry of Education archives from a team of researchers led by Zhou Wen at Huadong Shifan Daxue's Russian Research Center. Li's daughter: interview by author, Vova Neverov, Beijing, July 2004.
9 Zhu, Xiwang, 15; Du and Wang, Hongse houdai, 115– 118.
10 Zhu, Xiwang. 15.
11 Interview by author, Tan Aoshuang, Moscow, November 2003.
12 Du and Wang, Hongse houdai, 647; Li, Zhonghua, 237, 244.
13 Liu, Zi shu, 262– 263.
14 Liu, Zi shu, 259– 260.
15 RGASPI, f. m1, op. 46, d. 125, ll. 12– 15, 24– 26; d. 135, ll. 10– 15; d. 208, ll. 43– 56; d. 184, ll. 47– 50, 61– 77; d. 176, ll. 109– 113. On another, later group of critical foreign students, see Maxim Matusevich, "Visions of Grandeur," 361– 366.
16 RGASPI, f. m1, op. 46, d. 184, l. 24– 25; d. 293, l. 25; d. 247, l. 54– 55.
17 RGASPI, f. m1, op. 46, d. 152, ll. 10– 12, 64– 69, 72– 76; d. 164, ll. 7– 12, 37– 39; d. 135, ll. 3– 6; d. 208, ll. 10– 36. Hessler, "Death of an African"; Katsakioris, "Soviet- South Encounter," 153– 160.
18 Zhu, Xiwang, 88– 91, 103– 106; RGASPI, f. m1, op. 46, d. 135, l. 39. Julie Hessler has described similar instances of student resentment over being exploited for political purposes on the part of Africans, "Death of an African Student," 46– 47.
19 Zhu, Xiwang, 125– 128.
20 Pohl, "Virgin Lands."
21 Zhu, Xiwang, 135– 136. Soviet student dissatisfaction: Tromly, Making the Soviet Intelligentisa, 176– 183.
22 Zhu, Xiwang, 134– 137.
23 Paperno, Chernyshevsky, 23– 29, for plot summary; more broadly, Paperno describes how early Russian radicals, like later Chinese ones, scripted their behavior using fictional texts, e.g., 29– 36.
24 Zhu, Xiwang, 234– 239.
25 Zhu, Xiwang, 222– 225, 146– 147.
26 Zhu, Xiwang, 168– 171.
27 Even in Sino- Soviet friendship propaganda of the late 1940s the mother theme was prominent. Hess, "Big Brother Is Watching," 179– 180.
28 Katsakioris, "Soviet- South Encounter," 153, 157; Quist- Adade, "The African Russians," 153– 173; Zheng Yifan interviews by author, Beijing, September 2004; Zheng himself married a fellow Chinese student and has the wedding certificate to prove it; Wang interview by author (name has been changed at request of interviewee), September 12, 2004, Beijing; interview by author, Ren Xiang, Beijing, October 2004.
29 Interview by author, Ren Xiang.
30 RGANI f. 5, op. 30, d. 369, l. 106. Eastern European students who married Soviet citizens and applied to return together to their home countries had a surprisingly high success rate. Tromly, "Brother or Other," 94.
31 The prohibition extended to foreigners in China as well. Forbidden affairs: Jersild Sino- Soviet Alliance, 97– 102.

第 17 章

1 Kishkina, Iz Rossii, 254– 255; Soviet permission: GARF f. 8265, op. 4, d. 156, l. 172.
2 Kishkina, Iz Rossii, 249– 250.
3 Kishkina, Iz Rossii, 256.
4 Manchester, "Repatriation," 354– 360, 374– 377; Kishkina, Iz Rossii, 251– 253
5 Kishkina, Iz Rossii, 265, 277.

7 Kishkina, Iz Rossii, 409.
8 Kishkina, Iz Rossii, 410– 411, 415; Sin Lin, Shattered Families, 164.
9 Siao, Shi ji, 228– 229.
10 Kishkina, Iz Rossii, 410– 411; Sin Lin, Shattered Families, 163– 164.
11 Kishkina, Iz Rossii, 413– 416.
12 Kishkina, Iz Rossii, 417– 420.
13 Kishkina, Iz Rossii, 423– 424.
14 Kishkina, Iz Rossii, 424– 425.
15 Kishkina, Iz Rossii, 425– 426.
16 Kishkina, Iz Rossii, 426.
17 Kishkina, Iz Rossii, 427.
18 Kishkina, Iz Rossii, 428.
19 Kishkina, Iz Rossii, 428– 430.
20. Kishkina, Iz Rossii, 431– 437.
21 Macfarquhar and Schoenhals, Mao's Last Revolution, 145– 146.
22 Du and Wang, Hongse houdai. 130.
23 "Statement from A. G. Krymov," trans. Jersild.
24 Kishkina, Iz Rossii, 438– 444.
25 Du and Wang, Hongse houdai, 102, 184– 187.
26 Interview by author, Chen Zutao, Beijing, Fall 2004; interview by author, Zhao Shige, Beijing, October 2004.
27 Ma, Cultural Revolution.
28 Sin Lin, Shattered Families, 171– 174.
29. Sin Lin, Shattered Families, 173– 174.
30 Sin Lin, Shattered Families, 175– 176.
31 Sin Lin, Shattered Families, 176– 178.
32 Du and Wang, Hongse houdai, 229– 230.
33 Jian, "Bol' i schast'e," 40– 41.
34 Du and Wang, Hongse houdai, 299.
35 Clark, Cultural Revolution, 226– 231; Qin, "The Sublime and the Profane," 240– 265.
36 Andrews and Shen, "Chinese Women," 139– 142.
37 He, "Coming of Age," 408.
38 Kishkina, Iz Rossii, 445, 456; Siao, Shi ji, 268.
39 Kishkina, Iz Rossii, 452– 455.
40 Kishkina, Iz Rossii, 456.
41 Kishkina, Iz Rossii, 470.
42 Kishkina, Iz Rossii, 466– 468.
43 Kishkina, Iz Rossii, 469– 473.
44 http:// www.womenofchina.cn/ womenofchina/ html1/ news/ china/ 1504/ 1764- 1.htm. Accessed July 27, 2015.
45 Kishkina, Iz Rossii, 347– 348.
46 Kishkina, Iz Rossii, 477– 478.

第 20 章

1 Wang, Sulian ji, 15. For an interesting review of Sulian ji, see Nicolai Volland, "Mourning the Soviet Union," China Beat, August 7, 2011. All quotes here are my translation. For biographical sketch: Zha, "Servant of the State." For more detail: Wang, Ban sheng.
2 Wang, Sulian ji, 21.
3 Wang, Sulian ji, 99– 100.
4 Wang, Sulian ji, 35– 36.
5 Wang, Sulian ji, 54– 55.
6 Wang, Sulian ji, 95– 121.
7 Wang, Sulian ji, 15.
8 Wang, Sulian ji, 18.
9 Wang, Sulian ji, 18.
10 Wang, Sulian ji, 21– 35.
11 Wang, Sulian ji, 21– 22.
12 Wang, Sulian ji, 19– 21.

10 In November 2003 "Amazonka" — Tan Aoshuang— was still alive and well in Moscow, where she told her side of the story.
11 Dora, interview by author.
12. Lena has published two overlapping but not identical memoirs, one in Russian and one in English, already cited here: Sin-Lin, Shattered Families, and Din- Savva, Iz Moskvy. Sin Lin, Shattered Families, 45– 55, 57– 58, 79.
13 Sin Lin, Shattered Families, 14– 15.
14 Sin Lin, Shattered Families, 18.
15 Sin Lin, Shattered Families, 20– 23.
16 Sin Lin, Shattered Families, 23– 24, 28, 32.
17 Stories of culture clash in industrial settings: Zhao Shige, interview by author, Beijing, Fall 2004, and Han Moning, Beijing, interview, Fall 2004. Zhao worked as a railroad expert and Han was a hydraulic engineer.
18 Yura Huang Jian, interview by author, September 2004.
19 Jian, "Bol' i schast'e," 20, 58, 87.
20 Jian, "Bol' i schast'e," 23, 63– 64.
21 Jian, "Bol' i schast'e," 32– 33, 86– 87.
22 Jian, "Bol' i schast'e," 32– 33.
23 Jian, "Bol' i schast'e," 71.
24 Jian, "Bol' i schast'e," 27– 28, 57, 90, 105.
25 Jian, "Bol' i schast'e," 92, 111, 109– 114.
26 Jian, "Bol' i schast'e," 108, 120– 121.
27 Jian, "Bol' i schast'e," 55– 57.
28 This record was not internationally recognized as China had boycotted the Olympics. In summer 2008, when China finally hosted the Olympics, Zhen was chosen as one of eight highly symbolic flag- bearers. Si, "Zheng's Great Leap."
29 Siao, Shi ji, 166– 167.
30 Siao, Shi ji, 163– 164.
31 Siao, China, 288– 289; Siao, Shi ji, 165.
32 Siao, Shi ji, 176– 181.
33 Dikotter, Mao's Great Famine; discussion of "revolutionary" and "bureaucratic" Stalinism in the Chinese context: Luthi, Sino- Soviet Split, 21– 23, 41– 45, 82– 90. Luthi repeatedly shows Mao directly referencing Stalin's policies, suggesting that for all Mao's insistence on the independence of his revolution, Soviet Russia was his main external reference point.
34 Luthi, Sino- Soviet Split, 115– 115, 125– 150; Radchenko, Two Suns, 12– 14, 25– 30.
35 Kishkina, Iz Rossii, 400– 401. Luthi's review of the evidence shows that there was no separate communication; Luthi, Sino- Soviet Split, 124– 125.
36 Kishkina, Iz Rossii, 402.
37 Kishkina, Iz Rossii, 402.
38 Kishkina, Iz Rossii, 402.
39 Kishkina, Iz Rossii, 398, 405.
40 Kishkina, Iz Rossii, 399, 401.
41 Kishkina, Iz Rossii, 400– 401.
42 MacFarquhar, Origins of the Cultural Revolution, vol. 3, 131– 134, Ch. 7.
43 Kishkina, Iz Rossii, 403– 404. In fact, there was a movement afoot, led by the Soviet- educated former ambassador Wang Jiaxiang, to rethink China's relationship with the Soviet Union, but it failed. Luthi, Sino- Soviet Split, 212– 218.
44 Kishkina, Iz Rossii, 405.
45 Siao, Shi ji, 183– 189.
46 Siao, China, 353– 354, Siao, Shi ji, 190– 191.
47 Siao, China 372– 373, SiaoShi ji, 205.
48 Siao, Shi ji, 198– 201, 205.
49 Siao, Shi ji, 206.
50 Siao, Shi ji, 206– 207.
51 Siao, Shi ji, 210– 211.
52 Siao, Shi ji, 211, 214, 218, 222.

第19章

1 Kishkina, Iz Rossii, 408.
2 Radchenko, Two Suns, 120– 137, 148– 164.
3 Din- Savva, Iz Moskvy, 220; Sin Lin, Shattered Families, 157.
4 Din- Savva, Iz Moskvy, 220– 226; Sin Lin, Shattered Families, 157– 162.
5 Din- Savva, Iz Moskvy, 229.
6 Kishkina, Iz Rossii, 376, 409– 410.

國家圖書館出版品預行編目資料

紅心戀歌：20世紀兩場革命中的跨國愛情體驗 / 伊麗莎白.麥瑰爾(Elizabeth McGuire)著；李自軒譯. -- 初版. -- 臺北市：遠流, 2020.07
面；公分
譯自：Red at heart : how the chinese communists fell in love with the russia revolution.
ISBN 978-957-32-8818-3(平裝)

1.中俄關係 2.歷史

578.248 109007876

紅心戀歌

20 世紀兩場革命中的跨國愛情體驗

Red at Heart: How the Chinese Communists Fell in Love with the Russian Revolution

作　　者 伊麗莎白．麥瑰爾（Elizabeth McGuire）
史料彙整 林少予
譯　　者 李自軒
行銷企畫 李雙如
執行編輯 陳希林
封面設計 陳文德
內文構成 6 宅貓

發 行 人 王榮文
出版發行 遠流出版事業股份有限公司
地　　址 臺北市南昌路 2 段 81 號 6 樓
客服電話 02-2392-6899
傳　　真 02-2392-6658
郵　　撥 0189456-1
著作權顧問 蕭雄淋律師
2020 年 08 月 01 日 初版一刷
定價 新台幣 599 元（如有缺頁或破損，請寄回更換）

978-957-32-8818-3
ylib 遠流博識網 http://www.ylib.com E-mail: ylib@ylib.com